프로이트와 종교를 말한다

이경재

집문당

머리말

노만 O. 브라운은 <삶과 죽음>에서 프로이트의 혁명성을 다음과 같이 말하고 있다.

> 왜 프로이트인가? 서구 전통의 도덕성과 합리성을 믿으며 진지하게 살아온 사람들이 프로이트의 교설을 확고하고 뚜렷하게 바라본다면, 모든 것이 파괴되는 경험을 하게 될 것이다. 그렇게 많은 위대한 이상들에 엄청나게 어두운 면이 있다는 것을 인정해야만 하는 것은 굴욕감을 갖게 하는 것이다. 어두운 면을 은폐하고 있는 문명화된 타부를 모독하는 것은 범죄처럼 느껴진다. 프로이트를 경험한다는 것은 금단의 과실에 다시 한번 손을 대는 것이다.[1]

프로이트라는 금단의 과실은 이를 접촉하는 사물을 부식시켜 버리는 산(酸)과도 같다. 문명의 표층을 부식시켜 그 심층에 은폐되어 있는 원시적 야만을 들추어 내고, 개인적 삶의 표층을 부식시켜 그 밑에 감추어져 있는 억압된 성 본능을 노출시킨다. 종교에 있어서도, 전능한 신에 대한 광신적 헌신이 유아적 무력감의 반동형성일 수 있고, 신을 위해 생명을 바친다는 순교 지상주의가 극단적 마조히즘의 은폐일 수 있으며, 지나친 도덕주의가 무의식적 죄의식에 괴로워하는 우울증의 합리적 투사일 수 있고, 사랑 지상주의가 무의식적 증오를 은폐하기 위한 자기기만의 수단일 수도 있다.

프로이트의 이러한 혁명적 성격 때문에, 기독교 신학은 종교에 대해 비판적일 뿐만 아니라 무신론자로 자처했던 프로이트를 금단의 과실처

---

1) Norman O. Brown, *Life against Death: The Psychoanalytical Meaning of History*, Hanover, New Hampshire: Wesleyan University Press, 1985, xvii.

럼 기피하는 경향이 있다. 반면에 종교를 적극적으로 수용할 뿐만 아니라, 스스로 샤먼처럼 살았던 융의 분석심리학을 환영하는 경향이 있다. 그러나 융의 사상이 집단 무의식이라는 용광로에서 영지주의를 재구성한 신비주의 철학으로서, 기독교 신학 또한 집단 무의식의 인류학적 용광로에서 해체되어 버린다는 사실을 자각한다면, 융이야말로 기독교 신학에 더욱 위험할 수 있다는 것을 깨닫게 될 것이다. 여하튼 프로이트의 종교비평은 신학 언어와 개념의 모든 면에 관계를 맺을 수 있다. 그 일부 자취들은 본서가 진행되는 동안 곳곳에서 모습을 보이게 될 것이다. 그러나 프로이트의 관심은 신학적인 것이 아니라 심리학적인 것, 즉 신학적 언어가 심리학적으로 무엇을 의미하는지를 탐구하는 것임을 주의할 필요가 있다. 프로이트는 종교의 내적 가치나 진리 가치에 관심하는 것이 아니라, 종교의 심리학적 의미에 관심을 두는 것이다.

그럼에도 불구하고 종교가 프로이트로부터 배워야 할 중요한 교훈 중의 하나는 우상파괴의 개념이다. 프로이트는 전능한 신이나 권위적 지도자에 대한 믿음의 뒤에는 인간 존재의 무력감이 작동하고 있고, 그 뿌리를 따라가 보면 유아 시절의 무력감과 전능한 부모에 대한 믿음이 있다고 주장한다. 더욱이 프로이트는 개인의 무의식적 욕구나 집단적 나르시시즘을 충족시키기 위해 신의 이름을 부르면서 건설하는 개인적 우상과 집단적 바벨탑의 허구를 부식시키고, 그 실상을 탈(脫)은폐시킨다. 또한 프로이트는 욕망의 최대치를 추구하는 세속적 가치가 종교의 깃대를 꽂기만 하면 선교 사업이 되고 구원 사역이 되며 하느님의 거룩한 일로 변해 버리는 이름의 주술화를 탈신비화시킨다.

따라서 프로이트는 얼핏 종교를 부정적으로 비평하고 있는 것처럼 보이지만, 실상은 종교의 이름으로 행해지는 거짓 우상을 파괴하고, 인간을 유아적 단계로부터 성숙한 단계로 발달시키기 위한 인류 가능성의 실현 과제를 천명하고 있다고 볼 수 있다. 이 과제를 프로이트는 로고스의 종교와 에로스의 종교라고 부르는데, 본서는 에리히 프롬이나 한스 큉과 함께 프로이트의 종교비평과 과제야말로 성숙한 종교를 말하기 위한 전제로 수용되어야 한다고 주장한다.

본서는 비록 프로이트가 무신론자로서 종교에 대하여 매우 비판적 입장을 취했다 할지라도, 프로이트의 비관적 세계관이야말로 오히려 실낙원의 신화로부터 역사가 시작되었으며 성서적 세계관의 연장선 또는 성서적 세계관의 세속화라고 주장하는 입장을 취한다.

성서는 인간의 현실적 삶을 에덴에서 추락한 삶, 실낙원에서 일어나는 땀과 고통의 현실적 삶으로 묘사한다. 프로이트도 인간을 쾌락원칙에서 살아가고 싶어 하지만 현실원칙에서 생존해야 하는 모순과 갈등의 비극적 삶으로 묘사한다. 그러나 성서가 실낙원의 원인을 한때는 천진했던 인간의 타락이라는 원죄의 교리로 설명하는 반면, 프로이트에게는 한때 선했던 인간이란 존재하지 않는다. 단지 쾌락원칙과 현실원칙의 갈등과 본능의 이원론적 갈등이 존재할 뿐이다. 따라서 성서가 죄의 해결을 통한 구원의 복음을 전하는 복낙원의 비전을 제시하고 있다면, 프로이트에게는 그러한 구원의 복음은 애당초 존재할 수 없는 실낙원의 비극적 현실만이 존재할 뿐이다. 이것이 바로 본서가 프로이트의 세계관을 성서적 세계관의 세속화라고 주장하는 이유다.

프로이트가 철저히 비관론적 세계관에 속할 수밖에 없었던 철학적 이유는 해소할 수 없는 본능의 이원론에 서 있기 때문이다. 따라서 프로이트를 서술하기 위해서는 무엇보다도 무의식의 이론, 그리고 그 바탕인 본능의 이론으로부터 시작하는 것이 가장 유용하고 편리한 길로 생각된다. 프로이트의 사상은 실로 이원론적 본능론의 역동성과 경제성에 의해서 운영되고 있다. 따라서 본서는 프로이트의 무의식과 본능론으로부터 이야기를 시작하고, 이로부터 파생되는 제반 개념들과 이들의 종교적 의미들을 그의 중심 저서들을 따라 서술하는 방식을 택할 것이다.

본서는 인간을 사회과정에 보다 잘 적응시키고 순응시킴으로써 행복하게 하려는 수정주의 프로이트주의인 에고 심리학이나 상담 심리학 등의 입장과는 거리를 두고 있다. 오히려 본서는 프로이트 이론의 기반이랄 수 있는 급진적 이원론, 쾌락원칙과 현실원칙, 에고 리비도와 대상 리비도, 사랑의 본능과 죽음의 본능, 이드와 자아와 초자아 사이에서 일어나는 대립과 모순과 갈등이 인간과 문명을 근원적으로 모순적 관점에서 보게 하고, 항구적 행복이나 영원한 화해가 불가능하다고 보는 비관적 입장을 갖게 하는 동시에, 그런 관점이야말로 프로이트 사상을 역동적이고 변증법적으로 만든다는 통찰을 수용한다.

따라서 본서는 프로이트의 이원론적 본능론에 근거한 메타 심리학이 어떻게 인간의 행태와 문화와 종교를 해석할 수 있는지를 탐구하면서, 이들의 철학적 함의를 밝히는 데 주안점을 둔다. 말하자면 본서의 목적은 정신분석학을 어떻게 정신치료와 연결할 수 있을까에 관심을 두지 않는다. 오히려 프로이트의 중심 이론이 철학적으로 무엇을 의미하는지를 서술하는 일차적 단계로부터 출발하여, 그것이 급진적으로 확대될 때 어떤 사상적 결과가 일어날 수 있는지를 탐구하는 정신분석의 철학, 특히 정신분석의 종교철학에 기여하려는 데 있다.

헤겔은 철학이 어딘가로부터 시작되어야 하고, 시작은 전체지의 한 부분으로서만 존재하기 때문에, 종국에는 시작한 곳으로 다시 돌아올 때, 즉 하나의 원을 그릴 때에만 완성된다고 하였다. 여행을 떠나는 것은 집으로 돌아오기 위함이다. 돌아오지 않는 여행은 죽음일 뿐이다. 마찬가지로 본서의 시작이 본능의 이원론으로부터 시작했다면, 결론 또한 본능의 이원론으로 되돌아올 때, 하나의 원을 그리게 될 것이다.

따라서 본서는 결론에서 이원론적 본능론에 근거한 비극적 세계관을 어떻게 극복하고, 희극적 세계를 향할 수 있는지에 초점을 모을 것이다. 그런데 프로이트에게는 본능의 이원론이 해소될 수가 없다. 만약 이원론이 현실적으로 해소되고 지양될 수 있다고 믿는다면, 그것은 헤겔의 '화해'나 융의 '자아'처럼 신비주의적 합일의 개념으로 끝을 맺어야 할 것이다. 그러나 프로이트에게 쾌락원칙과 현실원칙의 괴리는 세계 내 존재인 인간에게는 불가능한 환상일 뿐이다. 그렇다면 어떻게 본능의 이원론을 넘어서는 결론을 맺을 수 있을 것인가?

헤겔이나 융에게는 신과 인간, 무한과 유한, 의식과 무의식 사이의 영원한 화해와 합일이 가능하다는 것은, 기호학적으로 말하면 모든 기표가 하나의 기의로 통합될 수 있다는 것이요, 신학적으로 말하면 신과 인간을 화해시키는 그리스도의 탄생, 메시아의 도래가 현실적으로 일어났다는 것을 의미한다. 따라서 헤겔이나 융은 기독교적 유산에서 사상을 전개하고 있다고 할 수 있다. 그러나 이원론적 모순을 철학적 구조로 갖고 있는 프로이트에게 헤겔의 화해나 융의 합일은 소원 성취의 희망사항이요 환상일 뿐이다. 이것이 프로이트와 헤겔, 프로이트와 융의 차이점이라고 할 수 있다.

메시아는 아직 도래하지 않았다. 프로이트에게 메시아는 영원히 도래하지 않을 것이다. 기호학적으로 말하면 기표는 초월적 기의로 통일되지 않고, 영원히 '부유하는 기호'로 남는 것이요, 해석이 해석을 낳고 해석이 해석을 낳는 해석의 부유만이 존재할 것이다. 이런 점에서 프로이트는 메시아의 도래를 기다리는 랍비 유대교의 전통에 서 있으면서, 또한 그들과는 달리 인류의 미래를 메시아의 희망에서 보지 않고 계몽주의적 로고스와 낭만주의적 에로스의 확대에서 찾았다. 프로이트의 종교는 한마디로 로고스와 에로스의 종교다.

로고스와 에로스가 확대되어 인류가 아름답게 살 수 있는 세계에 대한 꿈은 현실이 아니라 환상이다. 현실이 아니기에 현실에 대한 부정성의 원리를 가지고 현실을 초월하는 형태와 내용을 가지고 있다. 이것이 바로 프로이트가 말하는 예술의 본질이다.

그렇다면 본서는 종교를 예술적 차원에서 이해할 수는 없겠는가? 즉 종교를 예술의 가장 높은 형태로서 이해할 수 있는 가능성은 없는가를 묻는다. 헤겔은 이미 절대정신의 감각적 표현을 예술로, 신화적 표현을 종교로, 개념적 표현을 철학이라고 말하면서 이들을 모두 동일한 절대정신의 자기계시라고 불렀다.

비록 프로이트가 종교적 환상을 부정적으로 보았다 할지라도, 예술적 환상에 대한 긍정적 논술을 급진적으로 확대 해석한다면, 실러와 마르쿠제의 '미학적 차원'의 철학과 연결될 것이요, 나아가서 미학적 차원의 종교로 발전될 수 있을 것이다. 따라서 본서는 프로이트 철학의 종교적 차원을 '미학적 차원의 종교'로 결론지음으로써 본능의 이원론으로부터 출발한 하나의 큰 원을 닫으려고 한다.

끝으로 오늘날과 같은 '가벼움'의 시대에 프로이트라는 매우 '무거운' 주제를 말한다는 것이 이색한 일인지도 모른다. 그 무거운 주제를 선뜻 받아준 집문당의 무거운 결단에 감사를 드린다. 또한 교정을 위해 애써준 조서영 씨에게도 감사의 마음을 전한다.

이경재

차 례

___머리말 3

1. 서론: 프로이트와 억압의 변증법 ——— 15
___위대한 천재 15
___강력한 시인 18
___철학적 기질 20
___안티 소크라테스 24
___무의식과 억압 27
___쾌락원칙과 현실원칙 30
___반복적 회귀 34
___개인심리학과 집단심리학 36
___빛과 어두움 40

2. 본능의 이원론 ——— 43
___본능 43
___본능과 변화 45
___자아 본능과 성 본능 47
___자아 리비도와 대상 리비도 50
___원시적 살해 본능 53
___생명 본능과 죽음 본능 56
___열반원칙과 쾌락원칙 60
___죽음 본능과 문명 62

___논쟁과 의미 64

3. 본능의 지형학 ——— 67
___서언 67
___플라톤의 지형학 68
___프로이트의 지형학 70
___초자아와 문명 76
___나가는 말 79

4. 오이디푸스 콤플렉스 ——— 83
___오이디푸스 신화 83
___신화의 몇 가지 해석 85
___오이디푸스 콤플렉스 90
___모성상, 양가감정, 부친살해 96
___에리히 프롬의 프로이트 비판 101
___나가는 말 106

5. 토템과 터부 ——— 107
___종교 기원의 문제 107
___토템과 터부 113
___터부와 양가감정 114
___우울증과 심리학적 섭취 118
___쥐 인간과 신경증적 강박 의례 120
___애니미즘, 주술과 사유의 전능성 123
___토템동물과 조상신 127
___원부살해와 사회계약 132
___프로이트의 사회철학 136

6. 집단심리학과 종교 139
___개인과 집단 139
___감정적 유대 142
___감정 전염과 에로스 유대 145
___이상화와 동일시 149
___집단과 지도자 153
___교회와 군대 160
___전이현상과 권위적 사제 163
___성숙한 개인 167

7. 모세와 유일신교 169
___프로이트와 모세 169
___모세의 살해 171
___억압된 것의 회귀 174
___유대교의 특성 177
___바울의 기독교 181
___오이디푸스 반역 183
___예수의 죽음에 얽힌 문제 185
___부친 종교로서의 기독교 189
___해석의 자유와 화해의 자유 190

8. 나르시시즘 195
___나르키소스 195
___나르시시즘 196
___대상선택 201
___악성과 양성의 나르시시즘 205

9. 나르시시즘과 종교 215

___서언 215
___일차적 나르시시즘과 신비주의 216
___자연과 문화 220
___파우스트의 길 222
___가이아 224
___뉴 에이지 운동 226
___부모의존 유형의 종교 230
___나르시시즘 유형의 종교 232
___부족종교와 보편종교 234
___로고스와 에로스 238

10. 종교 진화의 정신분석학 ——— 243
___인류의 발전사: 주술, 종교, 과학 243
___개인의 발전사: 나르시시즘, 부모의존, 성숙한 이성 246
___종교적 환상과 현실에의 교육 253
___종교교육과 과학교육 256
___로고스의 종교 258
___나가는 말 263

11. 신학과 정신분석학 ——— 265
___서언 265
___지성주의적 종교의 거부 266
___유아의 무력감과 부모의 권위 268
___여성적 감정 270
___강박 의례: 신경증과 종교 272
___아버지와 하느님 아버지 276
___삼위일체와 의식의 발전사 277
___가족 로맨스와 삼위일체 281

___신성 가족의 로맨스: 성부, 성자, 성모 283
___성모와 성령 287
___죄의식, 거룩한 죄인, 마조히즘 290

12. 문명 속의 불만 ——— 297
___서언 297
___행복의 가능성 298
___불행의 원인 303
___환상 304
___쾌락원칙 308
___문명과 공격 본능 311
___공격 본능의 해소 장치 315
___공격 본능의 통제 장치: 초자아 318
___문명적 초자아 321
___에로스의 종교 323

13. 프로이트와 마르쿠제 ——— 325
___마르쿠제의 공헌 325
___쾌락원칙과 현실원칙, 그리고 억압 327
___수행원칙과 과잉억압 330
___통제와 관리의 획일사회 332
___오이디푸스 콤플렉스의 쇠퇴 335
___환상, 종교, 예술 337
___나르키소스와 오르페우스 343
___에로스의 확대와 비억압적 문명 346

14. 결론: 미학적 차원의 종교 ——— 351
___서언 351

___한스 큉과 프로이트의 신학적 수용 352
___헤겔과 기독교의 운명 355
___권위주의적 종교와 인간주의적 종교 362
___프로이트의 놀이와 예술 369
___실러의 미학적 차원 372
___미학적 차원의 종교 374

찾아보기 379

1. 서론: 프로이트와 억압의 변증법

위대한 천재

19세기의 서양에는 전통적 패러다임의 틀을 바꾸어 놓은 네 명의 거인적 사상가들이 활동하였다. 이들의 이름은 다윈, 니체, 마르크스, 프로이트였다. 현대를 살아가는 사람이라면, 싫든 좋든 이들이 일으킨 사상적 혁명의 그늘을 피해 갈 수 없다. 이들은 인간의 정신과 문화의 심층 속에 은폐되고 억압되어 있는 실재를 탈은폐하고, 인간적 삶을 새로운 관점에서 바라보게 하는 혁명적 패러다임을 제시하는 선도적 역할을 감당하였다.

먼저 다윈은 자신보다 3세기 전에 코페르니쿠스가 지동설로 우주론적 혁명을 일으킨 것처럼, 진화론으로 생물학적 혁명을 일으켰다. 진화론적 혁명의 사상사적 의미는 무엇보다도 동물계로부터 진화한 인간의 내면에는 동물성이 존재한다는 사실, 문명의 찬란한 베일의 심층에는 동물적 본능이 도사리고 있다는 사실을 드러냈다는 데 있다.

니체는 '망치로 철학하기'를 외치면서 전통적 사상사에 망치질을 하였다. 그 결과가 '신은 죽었다'라는 혁명적 언사로 나타났는데, 신의 죽음은 바로 모든 가치가 사라져 버린 허무의 시대를 가리키는 예언적 통찰이었다. 니체는 존재의 영원성에 닻을 내리는 본질주의적 진리론을 해체하고, '과정의 천진성'을 구가하는 다원적 '관점주의'(perspe.ctivism)를 찬양하면서, 철학을 수사학으로 탈구축하였다. 시대를 너무 앞서 살아갔던 광인 니체는 후대 사람들이 그가 쏘았던 화살이 떨어진 곳에서 화살을 주우면서 새로운 철학이 시작될 것이라고 예언하였는데, 실로 탈현대주의는 니체 예언의 실현이라고 보아도 무방할 것이다.

마르크스는 의식과 실재, 이데올로기와 물질적 토대, 상부구조와 하부구조를 상정하면서 인간의 의식 또는 문화 현상이 자체적 독립성을 가지고 있는 것이 아니라, 거꾸로 시대의 사회 경제적 생산 양태, 즉 물질적 조건을 '반영'(reflection)하고 '굴절'(refraction)하고 있는 상부구조라고 보았다. 따라서 마르크스는 사상사를 물질적 조건과는 무관하게 영원하고 초역사적이며 본질적인 것이라고 보는 견해를 관념론적 환상으로 해체하고, 이를 경제관계를 기반으로 하는 역사성의 지평, 전체성의 지평에서 재해석하였다.

프로이트는 자신의 사상을 코페르니쿠스의 우주론적 혁명, 다윈의 생물학적 혁명에 버금가는 심리학적 혁명이라고 자부하였다. 프로이트는 의식의 베일에 가려져 있는 무의식의 세계, 문화의 현란한 베일에 억압되어 있는 본능의 세계를 탈은폐하고, 이를 통하여 의식의 세계를 탈구축하였다. 프로이트에게 인간의 정신과 문화, 또는 의식의 보이는 세계는 마치 힌두교의 마야(maya)의 교리처럼 실재의 환영(幻影)으로서, 생물학적 본능을 근간으로 하는 보이지 않는 세계, 무의식이라고 불리는 어두운 지하실의 기초 위에 건축된 집이다.

이들 혁명적 사상가들은 리쾨르의 용어를 따르자면 모두 의심과 설명의 해석학에 속하는 사람들이다. 의심과 설명의 해석학은 의미와 이해의 해석학에 반하여 탈신비화의 길을 걷는다. 이해를 뜻하는 영어의 under/stand는 '밑에 서 있다'는 뜻을 가지고 있다. 밑에 선다는 말은 상대방의 신발을 신는다는 말이다. 즉 상대방의 입장에서 사물을 볼 때 이해가 가능하고 의미가 드러난다. 따라서 이해와 의미의 해석학은 바로 텍스트의 입장에서 텍스트를 이해하고 텍스트의 의미를 해명하려고 한다. 종교와 문화 해석에 있어서도, 의미의 해석학은 종교와 문화를 삶으로 살아가는 사람의 입장에서 이를 이해하고 해석하려는 내재적 해석학이다. 반면에 설명을 뜻하는 영어의 ex/plication은 '밖에 서다'는 뜻을 가지고 있다. 밖에서 바라보는 것은 텍스트를 객관적으로 바라보고, 텍스트가 억압하고 있는 것, 텍스트가 말하고 있지 않는 것을 찾아내 암호 해독하는 작업이다. 따라서 설명의 해석학은 의심과 탈신비화의 해석학이 된다.

다윈은 인간성의 밑바닥에 존재하는 동물성을 밝히고, 니체는 문화의 밑바닥에 있는 권력에의 의지를 드러내며, 마르크스는 이데올로기의 토대가 되는 경제적 생산관계를 해명하고, 프로이트는 문명이라는 베일의 심층에 존재하는 무의식적 본능의 억압과 승화를 설명한다. 따라서 이들은 모두 이전에 자명하고 자연스럽게 보이던 사물들을 생소하게 만들고 전혀 새로운 관점에서 바라보게 하는 의심의 해석학자들이요 탈신비화의 기수들이다.

이들 혁명적 사상가들 중에서 프로이트는 특히 매우 특별한 위치를 차지한다. 왜냐하면 프로이트는 인간 정신의 욕망과 환상과 모순을 그 누구보다도 깊은 통찰력을 가지고 파헤쳤기 때문이다. 실제로 프로이트 이후, 그 누구도 인간의 심리와 문명을 액면 그대로 바라볼 수 없게 되었다. 과대망상증 환자가 매우 합리적일 수 있고, 나치주의자가 매우 지성적일 수 있듯이, 합리성의 뒤에는 비합리적 욕망이 꿈틀대고 있다고 고발하기 때문이다. 오늘날 프로이트를 이해하든 못하든 간에 프로이트의 이름을 모르는 사람이 없을뿐더러, 그의 의학적 개념이었던 무의식, 오이디푸스 콤플렉스, 억압, 신경증, 전이, 나르시시즘, 에로스, 공격 본능, 과대망상증 등의 용어들은 더 이상 의학 전문용어가 아니라 일상용어가 되었다. 그것은 프로이트의 현대 문화에 대한 거대한 영향을 반증하고 있는 것이다.

강력한 시인

해롤드 블룸은 <영향의 불안, *The Anxiety of Influence*>에서 시인에는 '강력한 시인'(strong poet)과 '유약한 시인'(weak poet)이 있다고 하였다. '강력한 시인'은 이전의 세계를 타파하고 새로운 세계를 창조하는 사람이다. 반면에 '유약한 시인'은 기존의 세계를 답습하고 모방하는 자를 말한다. 시인이라는 말의 희랍어가 창조(poiesis)를 뜻하고, 시인의 본질이 창조적 상상력에 있다고 한다면 사도 바울과 아우구스티누스 같은 종교적 천재, 단테와 밀턴과 블레이크 같은 시적 천재, 그리고 코페르니쿠스와 뉴턴과 아인슈타인과 프로이트 같은 과학적 천재들을 위대한 시인이라고 부른들 전혀 이상할 것이 없다. 이들은 모두 보통 사람들이 보지 못하는 세계를 바라보았고 창조하였을 뿐만 아니라, 이를 통하여 보통 사람들이 당연시하던 세계를 탈구축한 사람들이다. 이런 점에서 블레이크는 강력한 시인들을 예언자(visionary)라고 불렀다. 블레이크는 예언자의 길을 다음과 같이 말했다.

> 나는 체계를 창조해야 한다. 그렇지 않다면 다른 사람의 체계에 의해서 노예가 될 뿐이다. 나는 이성적으로 판단하고 비교하지 않을 것이다. 나의 과업은 창조하는 것이다.[1)]

블레이크에게 예언자는 일반적인 지각의 대상을 새로운 상징주의를 통하여 충전하고 변형함으로 새로운 정신세계를 창조하는 사람이다. 예언자는 프로이트 식으로 말하자면 구시대를 무너뜨리고 새시대를 창

---

1) William Blake, *Blake's Poetry and Designs* (Jerusalem, Plate 10), New York: Norton, 1979, 316.

조하기 위하여 오이디푸스 반역을 감행하는 사람이다.

프로이트는 정신분석학이라는 새로운 상징체계를 창조함으로써 강력한 시인이 되었고, 자신이 만든 성전의 대제사장이 되었으며, 정신분석학적 복음의 미래를 전하는 예언자가 되었다. 그의 상징체계는 매우 거대해서 인간적 삶의 모든 부분이 그 안에 정리될 수 있었다.

프로이트는 마치 르네상스 시대의 다빈치가 과학에서 예술에 이르기까지 모든 지식을 자신의 세계 안으로 통합하는 위대한 정신을 보여 주었고, 근세의 헤겔이 모든 학문의 주제를 자신의 철학체계 속으로 흡수하는 거대한 혼의 세계를 보여 주었듯이, 인간행위의 모든 주제들을 자신의 심리학적 세계 안으로 흡수하고 그 세계 안에서 새롭게 해석하고 비평하고 탈구축하는 천재성을 발휘하였다.

실로 프로이트의 정신분석학은 단순히 개인심리학이나 상담학에 제한되지 않을뿐더러 또한 제한될 수도 없는 역동적 힘과 폭발성을 갖고 있다. 그것이 사회비평, 집단심리학, 문명비평, 종교비평, 예술비평 등의 모든 부면에 적용되어 나타났다. 따라서 프로이트에게 심리학적 이론은 개인심리학에 적용되는 이론일뿐더러 나아가서 예술과 집단과 사회와 문명과 종교를 이해하는 강력한 준거틀로 응용될 수 있는 도구로 작용한다. 그 결과로 모든 비평이론에서 프로이트를 제외하고는 심도 있는 논의를 할 수 없는 지경에까지 이르렀다. 모든 보이는 현상에는 보이지 않는 그 무엇이 은폐되어 있기 때문이다.

하이데거가 진리를 기호와 사물과의 일치라는 고전적 정의로부터 벗어나서, 은폐되어 있는 것을 '탈은폐'시키는 작업으로 새롭게 정의하였듯이, 프로이트 또한 표면적으로 나타나 있는 내용으로부터 은폐되고 억압되어 있는 내용을 탈은폐시키는 작업을 진리라고 생각하였고, 그러한 철학적 방법을 모든 부면에 적용시킴으로써 새로운 해석학적 결과를 산출하였으며, 그것이 시대정신으로 정착되도록 하였다. 따라서 W. H. 오든은 1939년에 프로이트의 죽음을 애도하는 추모 시에서, "이제 그는 우리에게 더 이상 한 인간이 아니라, 시대 전체를 표상하

는 하나의 사조"라고 하였다.[2)]

철학적 기질

미국 프래그머티즘의 1세대에 속하는 윌리엄 제임스는 철학자들이나 종교인들이 경험하고 주장하는 내용과 그들의 정신적 기질 사이의 연관 관계를 처음으로 제시한 사상가로 유명하다. 인간의 믿음이나 사상이 하늘에서 떨어지거나 땅에서 솟은 것이 아니라 구체적으로 그것을 행하는 인간의 작업이라고 한다면, 철학자나 종교인이 자신의 사상을 어떻게 전개하는가의 문제는 그들의 정신적 기질이나 경험과 밀접한 관계에 있을 수밖에 없을 것이다. 이런 관점에서 프로이트의 사상과 그의 기질은 어떤 관계에 있다고 말할 수 있을까?

제임스는 <종교적 경험의 다양성>(1902)[3)]에서 모든 종교 경험의 유형을 '건강한 영혼'(healthy-mindedness)과 '병든 영혼'(morbid-mindedness), 또는 낙관주의적 성품과 비관주의적 성품이라는 종교적 성품론 또는 종교적 기질론으로 설명하였다.

건강한 영혼의 기질을 가진 사람들은 우주를 신뢰하고 우주와 조화를 이루며 살아가기를 원한다. 그리고 비록 인생이 고난과 슬픔의 시간으로 점철되어 있다 할지라도, 궁극적으로는 모든 것이 잘되고 행복하게 될 것이라는 낙관주의적 믿음을 갖는다. 따라서 이런 믿음을 가진 사람들은 이성과 조화를 이루며 살아가기를 원하며, 만물에서 악과 고통을 발견하기보다는 선과 행복을 발견하려고 한다. 이 세상에 악이 있다면, 그것은 이성과 조화되지 않은 비실재로서 극복되고 벗어버려야 할 요소로 생각하는 것이다.

반면에 병든 영혼의 기질을 가진 사람들은 이 세계를 근본적으로

---

2) "to us he is no more a person / now but a whole climate of opinion."
3) 윌리엄 제임스, <종교적 경험의 다양성>, 김재영 옮김, 한길사, 2005.

잘못 되어 있는 고통과 악의 터전으로 생각하기 때문에, 세상 안에서 참된 행복을 획득한다는 것은 불가능한 꿈이라는 비관주의적 믿음을 갖고 있다. 세계는 신뢰할 수 없는 우수와 절망의 장소요, 악이 인생을 삼키기 위해 혀를 널름거리고 있는 곳이다. 따라서 이들은 악으로부터 해방되기 위해서는 어떤 근원적인 변형이나 구원이 필요한데, 그 구원은 개인적 자아를 넘어서는 초월적인 존재로부터 도래할 수밖에 없다고 생각한다.

건강한 영혼 또는 낙관주의적 기질에 속하는 종교 경험에는 19세기의 자유주의 신학, 가톨릭의 영적 훈련, 스피노자의 철학, 월트 휘트먼의 자연주의, 상담 치유법, 적극적 사고방식, 행복 만들기, 자아 심리학 등을 예로 들 수 있다. 반면에 병든 영혼 또는 비관주의적 기질에 속하는 종교 경험에는 위대한 종교적 업적을 남긴 성자들의 경험을 비롯하여 선천적으로 악의 존재에 괴로워하는 운명을 타고난 사람들의 종교 경험이 이에 속한다. 한 마디로 "쾌활하고 낙관주의적인 성품은 비참한 생활에서도 습관적으로 밝은 태양이 비추는 면에서 살고, 억압되어 있고 우울한 성품은 그 반대편인 불안과 어둠 속에서 산다."[4]

윌리엄 제임스는 다양한 종교 경험을 이해하는 데 있어서, 어떤 것이 옳고 그른지의 문제를 넘어서서, 그러한 종교 경험이 어떤 종교적 기질과 관련이 있는지를 밝힘으로써, 종교 경험을 이해하기 위한 새로운 과학적 지평을 열 수 있었다. 나아가서 제임스는 종교적 기질이 개인적 기질뿐만 아니라 민족적 기질로도 나타나기 때문에, 민족적 종교 경험의 특수성을 연구하는 데 이용될 수 있음을 지적하였다.

제임스의 종교적 기질론은 <실용주의>(1907)에서 더욱 확대되어 철학적 기질론으로 나타났다. 여기서 제임스는 "철학사는 많은 부분에 있어서 인간 기질들의 충돌의 역사"[5]라는 유명한 명제를 제시하였다.

---

4) 윌리엄 제임스, <종교적 경험의 다양성>, 201.

5) William James, *Pragmatism / The Meaning of Truth*, Cambridge: Harvard University Press, 1978, 11.

사상가들은 기질적으로 다른 사상가들에 비해서 보다 감성적일 수 있고, 보다 지성적일 수 있으며, 보다 직관적일 수 있고, 보다 경험적일 수 있다. 각 사상가들은 인간관이나 우주관을 선택하고 주장하는 데 있어서 그 자체가 지니는 진리 가치보다는 오히려 자신들의 정신적 기질에 따라서 취택하는 경향이 있다. 말하자면 사상이 지니는 어떤 객관적 요소보다도 오히려 사상가의 기질적 특성이 사상적 특질의 큰 부분을 결정하는 것이다.

이런 전제에서 제임스는 철학자를 크게 합리주의자와 경험주의자로 나누었다. 합리주의자가 추상적이고 영원한 원리를 추구한다면, 경험주의자는 모든 종류의 구체적 사실들을 사랑한다. 모든 사람들이 나름대로의 원리를 가지고 있고 사실을 사랑하며 살아간다면, 양자의 차이는 결국 강조점의 차이라고 할 수 있다. 합리주의와 경험주의는 역사적으로 흔히 지성주의와 감관주의로 불리곤 하였다. 이들의 차이는 다음과 같이 말할 수 있다. 지성주의가 관념론적이고 낙관적 경향을 갖는다면, 경험주의는 흔히 유물론적이고 조건적 또는 상황적 낙관론을 주장한다는 점에서 비관론적이라고 할 수 있다. 합리주의가 전체와 보편으로 출발하면서 만유의 일치를 주장하는 일원론적 경향을 갖는다면, 경험주의는 부분으로부터 출발해서 부분의 집합으로서의 전체를 주장한다는 점에서 다원론적이다. 합리주의가 흔히 종교와 적극적 유대관계를 갖는다면, 경험주의는 흔히 종교에 대해 사실적이고 때로는 반종교적일 수도 있다. 합리주의가 자유의지를 주장한다면, 경험주의는 운명론적 경향이 있다. 합리주의가 자신의 주장에 대하여 독단적 기질을 갖는다면, 경험주의는 보다 회의적이면서 논쟁에 대해 개방적 태도를 취한다.[6)]

제임스는 이러한 차별적 특성들을 '심약한 성품'(the tender-minded)과 '현실적 성품'(the tough-minded)이라는 두 종류의 철학적 기질로 분류하였다. 이를 따라서 위의 논의를 정리하면 다음과 같이 도식화할

---

6) William James, *Pragmatism / The Meaning of Truth*, 12-13.

수 있을 것이다.[7)]

심약한 성품	현실적 성품
합리주의적('원리'에 의해 진행)	경험주의적('사실'에 의해 진행)
지성주의적	감관주의적
관념론적	유물론적
낙관론적	비관론적
종교적	비종교적
자유-의지론자	운명론적
일원론적	다원론적
교리적	회의적

심약한 성품의 특징은 무엇인가? 심약한 성품은 삶의 모순과 갈등, 또는 수용하기 어려운 인생의 비극을 전지전능한 신의 개념이나 이데아와 같은 본질적 개념을 통하여 합리화하고 초극하려고 한다. 뒤집어 말하면, 심약한 성품은 우주의 본체나 신적 세계와 같은 보이지 않는 세계를 상정하고, 이를 통하여 마음의 안전을 보장받고 평안을 유지하려고 한다. 따라서 심약한 성품의 철학은 신과 같은 초월적 존재에 의해 보장되고 통합되는 일원론적 세계 또는 종교적 세계를 갖게 되고, 이를 통하여 최후 승리를 보장받는 낙관적 세계를 소망하게 된다.

그렇다면 현실적 성품의 특징은 무엇인가? 현실적 성품은 신이나 본질적 세계와 같은 인생의 작업가설 또는 정신적 보험회사를 요청하는 심약한 성품과는 달리, 철저히 사실적 인식에 근거한 철학을 추구하는 경향을 갖는다. 현실적 성품은 추상적 이념이 아니라 객관적 사실을 중요시하며, 지성적 보편성이 아니라 감각적 구체성을 판단의 근거로 삼는다. 즉 현실적 성품은 개념적이라기보다는 감각적이요, 관념론적이기보다는 유물론적이요, 신적 일원론의 총체적 세계가 아니라 감각적 다양성의 다원론적 세계를 주장한다. 현실적 성품은 유물론적이요 비종

7) William James, *Pragmatism / The Meaning of Truth*, 13.

교적이며, 낙관적이기보다는 운명론적 또는 비관론적 경향을 갖는다.

제임스의 종교적 또는 철학적 기질론에서 보자면, 리쾨르가 의심의 해석학이라고 불렀던 범주에 속했던 사람들이 여기에 속한다. 특히 프로이트는 비관적 성품과 현실적 성품의 철학적 범주에 딱 들어맞는다. 프로이트의 사상은 임상자료를 바탕으로 이론을 정립하는 경험적이고 감각적인 입장을 취하고, 인간과 세계를 필연적인 모순과 갈등의 역동성에서 이해하는 유물적이고 비관적인 입장을 가지고 있으며, 종교에 대하여는 비종교적 또는 회의적 태도의 입장을 견지하였기 때문이다.

안티 소크라테스

소크라테스의 '너 자신을 알라'는 경구는 인류사의 영원한 숙제다. 델피의 신탁은 소크라테스가 세상에서 가장 현명한 자라고 말했다. 소크라테스는 당황했다. 그러나 소크라테스는 결국 그 이유를 알게 되었다. 자신은 자기 자신을 모른다는 것을 알기 때문에 현명한 자요, 다른 사람들은 자기 자신을 모른다는 것을 모르기 때문에 우둔한 자라는 것이다. 소크라테스는 인간의 잠자는 영혼을 일깨우고 '무지(無知)의 지(知)'를 깨닫게 해 주는 역할을 하려고 했다. 그것이 산파술과 변증법적 대화술로 나타났다.

플라톤은 자신의 스승 소크라테스의 무지의 지를 넘어서, 사유의 절대성, 이데아의 실재성을 주장함으로써 관념론을 확립했다. 세계는 보이는 것과 보이지 않는 것, 현상과 본질, 감관과 사유, 변화와 영원의 '이층집'으로 구성되어 있다. 감관이 변화하는 현상, 보이는 세계에 대한 인식이라면, 사유는 영원한 본질, 보이지 않는 세계에 대한 인식이다. 여기서 실재하는 것은 영원한 것이요, 영원한 것은 이데아의 세계, 관념의 세계다. 따라서 플라톤은 관념의 절대성을 주장하였고, 관념론의 아버지가 되었다.

관념론은 여러 부파에도 불구하고 사유와 실재를 동일시하고 사유할 수 있는 것만이 실재한다고 믿는다. 그러나 프로이트는 사유하는 것과 존재하는 것 사이의 엄청난 모순과 괴리를 주장하면서 전통적 관념론을 무너뜨린다. 프로이트에게 의식의 철학은 무의식의 극히 일부에 불과하다. 무의식은 쉽사리 의식할 수 없는 세계다. 쉽사리 의식할 수 없기 때문에 비합리적이요 비이성적이다. "서양 철학사는 플라톤의 각주"라는 화이트헤드의 말이나 "철학은 플라톤이요, 플라톤은 철학"이라는 에머슨의 말을 수용한다면, 철학사는 고대로부터 현대에 이르기까지 합리성의 역사요 이성의 역사며 로고스의 역사라고 말할 수 있다. 따라서 꿈과 환상과 광기와 같은 비이성적 현상은 철학의 대상이 될 수 없고, 비이성의 근원인 무의식은 억압되고 방기되어야 했다. 그러나 그것이 본격적으로 탈구축된 것은 쇼펜하우어, 니체, 특히 프로이트에 이르러서다.

> 철학적으로 교육받은 대부분의 사람들에게 의식적이지 않은 정신적인 것에 대한 이념은 생각할 수 없기 때문에 그것이 그들에게는 논리학적으로 모호한 것이거나 단순히 부정되어야 하는 것처럼 보인다. 이것은 그들이 최면과 꿈에 관계된 현상들을 연구한 적이 없기 때문에 그러하다고 나는 믿는다.…… 그들의 의식의 심리학은 꿈과 최면의 문제들을 해결할 수 없다.[8)]

그러나 프로이트는 바로 꿈과 최면과 같은 무의식적 세계의 비합리적 대상을 탐구함으로써 이성적 의식의 표면성을 고발하였다. 물론 프로이트가 무의식을 처음 발견한 것은 아닐지라도, 프로이트만이 무의식을 심리학적 체계의 중심에 올려놓았고 그 체계를 과학적으로 진술하였다.

프로이트의 무의식의 개념이 사상사에서 차지하는 중요성은 아무리 강조해도 지나칠 수 없다. 프로이트는 무의식의 세계는 의식의 세계와

---

8) "자아와 이드" <프로이트 전집 11권>, 열린책들, 2003년, 348-349. 이하 <전집>으로 표시.

는 다른 활동 법칙을 갖는다고 주장하면서 무의식의 세계를 이해하는 것이야말로 인간을 이해하는 지름길이라고 생각했다. 그는 <나르시시즘 서론>(1914)에서 자기 자신이 이 지름길을 발견했다고 자부하면서, 코페르니쿠스의 혁명, 다윈의 혁명과 함께 자신의 혁명을 인류사의 3대 혁명이라고 했다.

무의식의 세계가 근원적이고 의식의 세계가 표면적이라면, 무의식의 개념은 전통적 의식의 철학, 이성의 철학은 자연스레 해체될 수밖에 없다. 프로이트에게 의식은 무의식적 본능의 세계로부터 발생한 결과물이다. 프로이트는 본능이 있었던 곳에 자아가 탄생한다고 하였다.

'너 자신을 알라'는 소크라테스의 경구가 철학의 시작이라면, 프로이트 이후 누구도 자신 있게 '나 자신을 안다'고 말할 수 있는 사람은 없게 되었다. 내가 나라고 생각하는 의식은 생각처럼 그렇게 투명하고 명백한 것이 아니다. 의식은 무의식이라는 거대한 빙산의 극히 표면에 불과할 뿐이요, 이성은 무의식이라는 처녀림의 극히 일부분의 개간지이기 때문이다. 프로이트는 무의식적 본능의 언어를 통하여 의식의 가면을 벗기고 문화의 우상을 파괴한다.

따라서 소크라테스가 '너 자신을 알라'고 했다면, 프로이트는 '너 자신의 무의식을 알라'고 말할 것이다. 프로이트에게 자신을 아는 길은 의식의 변증법이 아니라 무의식의 변증법이요, 사유의 세계가 아니라 상징의 세계며, 합리성의 세계가 아니라 비합리성의 세계다. 소크라테스의 전통 속에 있는 데카르트가 '나는 생각한다. 그러므로 나는 존재한다'라고 말할 때, 프로이트는 라캉의 표현처럼 '나는 생각하는 데서 존재하지 않고, 존재하지 않는 데서 생각한다'라고 말한다. 이런 점에서 우리는 프로이트를 니체의 '안티 그리스도'(Antichrist)처럼 '안티 소크라테스'라고 부르려고 한다.

무의식과 억압

프로이트의 무의식의 개념은 전통 철학의 전통뿐만 아니라 윤리적 전통, 나아가서 종교와 문명 자체에 대한 새로운 이해를 촉구한다. 니체가 신을 절대 가치가 아니라 '가치 중의 한 가치'라고 하였을 때, 하이데거는 이야말로 기독교 문명에 대한 최대의 가격이라고 하였다. 왜냐하면 신이 가치들 중의 한 가치로서 존재한다면, 기독교의 절대성은 하루아침에 무너지고 상대적 가치들 중의 하나가 될 것이기 때문이다. 그러나 프로이트는 더욱 급진적으로 가치 자체가 무의식적 욕망에 대한 은폐요 합리화라고 주장하였다. 이것은 하이데거 식으로 말하면, 니체 이상으로 문명에 가하는 일대 가격이요 해체가 아닐 수 없다.

에리히 프롬은 프로이트의 공적을 무의식의 개념을 통해서 사유와 존재 사이의 차이, 생각하는 것과 존재하는 것 사이의 괴리, 우리가 생각하고 있는 것과 실제로 존재하고 있는 것 사이에 엄청난 모순이 있다는 것을 발견한 데 있다고 보았다.[9)]

예를 들어 국가와 종교와 이념에 사랑과 헌신을 바친다고 생각하는 사람들이 실제로는 무의식적 권력욕이나 무력감이나 마조히즘에 사로잡힌 사람들일 수 있다. 도덕적 결벽증을 가진 도덕론자가 실제로는 무의식적 죄의식에 사로잡혀 괴로워하는 우울증 환자일 수 있다. 의식적으로 정직을 강조하는 것이 실제로는 무의식적 기만을 은폐하기 위한 수단일 수 있다. 자식이나 학생에게 가하는 사랑의 매가 실제로는 사디즘의 발로일 수도 있다. 원수를 사랑하라고 외치는 사람들이 실제로는 무의식적 증오를 은폐하기 위한 자기기만의 수단일 수도 있다.

이러한 예들은 종교를 논하는 데 있어서 왜 프로이트를 고려하지 않을 수 없는가라는 질문에 대한 대답이 될 것이다. 비록 프로이트의 종교관에서 무리를 발견하고 비평의 칼날을 들이대려는 사람이 있을지

---

9) 에리히 프롬, <프로이트를 넘어서>, 김남석 역, 서음출판사, 42 이하.

라도, 인간 존재의 모순성에 대한 거부할 수 없는 통찰과 이로부터 발생하는 우상 파괴에 대한 통찰은 부정할 수 없을 것이기 때문이다.

프로이트에게 인간은 자신이 하는 행동을 자신도 모르고 하는 존재, 무의식적 욕망을 의식적 행위와 사유를 통해서 은폐하고 합리화하며 정당화하는 존재, 노만 O. 브라운이 '인간이라 불리는 병'(the disease called man)이라고 호칭한 것처럼 자기기만의 존재로 나타난다. 이러한 인간 이해를 가능케 하는 것은 그 배경에 무의식이라는 혁명적 개념이 작동하고 있기 때문이다.

무의식은 우리가 그 실체에 대해서는 전혀 모르고 있지만, 그 작용과 효과로부터 그 존재를 추론해서 가정할 수밖에 없는 어떤 심리적 과정을 지칭하는 개념이다. 말하자면 "그것이 그 순간 활동하고 있음이 틀림없는데도 우리가 그에 대해서는 아무것도 아는 것이 없을 때 우리는 그것을 무의식"이라고 부른다.[10] 따라서 무의식은 의식이 없다는 '비존재'의 개념이 아니라, 인간 존재에는 의식할 수 없는 어두운 부분이 있다는 사실, 즉 지젝의 표현을 따르자면 의식에 대한 '균열'과 '결핍'의 개념이다. 프로이트의 균열과 결핍에 대한 통찰은 인간과 세계에 대한 총체적 인식체계를 구축할 수 있다는 환상, 그리고 이를 따라서 모든 것을 설명할 수 있다는 과대망상적 형이상학의 환상을 거부케 하는 매우 중요한 의미를 지닌다.

의식이 이성적, 현실적 세계라면 무의식은 본능적, 쾌락적 세계다. 무의식적 세계의 본능적 욕망은 즉각적 만족을 원하지만, 현실적 세계는 본능이 욕망하는 대로 살도록 허용하지 않는다. 따라서 두 세계 사이에는 구조적으로 모순과 갈등이 존재할 수밖에 없다. 여기서 의식은 무의식적 욕망에 대하여 감시자가 되고, 무의식적 욕망은 감시자를 피하여 꿈이나 환상을 통하여 자신을 표현하려고 한다. 따라서 무의식은 존재도 아니고 비존재도 아니며 아직 실현되지 못한 욕망의 저장소라

10) "심리적 인격의 해부," <전집 2, 97>.

고 말할 수 있다.

여기서 프로이트는 실현되지 못한 채 잠재되어 있다가 쉽게 의식될 수 있는 무의식의 부분을 '전의식'이라고 부르고, 그 외에 의식으로 떠오르기 힘든 부분을 '무의식'으로 구별해 서술하기도 한다. 이는 마치 모든 사진이 일단 음화(negative)의 과정을 거치지만, 좋은 화질을 가진 것만이 양화(positive)가 되어 나오는 것과 같다.11) 그러나 이렇게 무의식을 두 부분으로 나누어 서술할 수 있을지라도, 의식과 무의식 사이의 역동적 관계를 따질 때에는 오직 하나의 무의식만이 있을 뿐이다.

무의식이 '아직 실현되지 못한 욕망의 저장소'가 되는 이유는 무엇인가? 프로이트는 이를 다음과 같은 공간적 은유로 설명한다.12) 무의식이 머무는 장소를 어둡고 거대한 대기실로 가정해 보자. 이 대기실에는 무수한 심리적 충동들이 북적대고 있다. 이 대기실 옆에는 의식이 머무는 매우 협소하지만 밝은 방이 있다. 그리고 이 두 방 사이의 문턱에는 문지기가 서 있다. 문지기는 대기실에 있는 심리적 충동들이 의식의 방으로 들어가려는 것을 하나씩 검열한다. 그리고 자기 마음에 들으면 통과시키고, 그렇지 않으면 통과를 불허한다. 따라서 무의식의 어두운 대기실에는 문지기에 의해 통과되지 못한 무수한 충동들이 언젠가 의식의 방으로 가기를 기다리면서 북적거리고 있다.

이 공간적 은유에서 통과가 불허되었다는 것을 프로이트는 '억압되었다'고 표현한다. 그러나 분석가가 분석 치료를 통해서 무의식의 대기실로 들어가려고 한다면, 억압의 주체였던 문지기는 저항의 주체가 될 것이다. 즉 억압이냐 저항이냐의 문제는 동일한 문지기의 행위를 어디서 보느냐에 따라 달라지는 이름이라고 할 수 있다. 여하튼 억압된 충동들은 무의식의 어두운 대기실에 남아 있으면서 에너지를 충전하고 강화하면서 밖으로 나올 때를 기다린다. 따라서 프로이트는 다음과 같이 말한다. "우리는 억압의 이론으로부터 무의식의 개념을 얻는

11) "정신분석에서의 무의식에 관한 노트" <전집 11, 34>.
12) "저항과 억압," <전집 1, 401>.

다. 억압된 것이 무의식의 원형이다."[13] 말하자면 무의식의 이론은 곧 억압의 이론이요, "억압의 본질은 어떤 것을 의식으로 진입하지 못하게 하여 의식과 거리를 두게 하는 데 있는 것이다."[14]

프로이트는 억압의 이론을 통하여 전통 철학이 무의미한 것으로 치부해 버린 꿈, 신경증, 판타지, 심지어는 빗나간 언어나 실수마저도 결코 무의미한 것이 아니라, 오히려 억압된 욕구를 표출하고 있는 매우 의미 있는 행위로 이해했고, 암호 해독을 기다리는 텍스트로 보았다. 따라서 엄밀히 말하자면, 프로이트의 혁명은 단지 무의식의 발견이 아니라, 무의식적 이념들이 일상적 삶에서 의식될 수 없도록 억압되고 은폐되어 있다는 가설에 있다. 이러한 무의식적 억압의 개념으로부터 비로소 정신분석학의 세계가 본격적으로 열리기 시작한다.

쾌락원칙과 현실원칙

그렇다면 억압의 근원과 동력은 무엇인가? 프로이트는 억압의 근원적 모델을 정신분석학의 고전으로 불리는 "정신적 기능의 두 가지 원칙"(1911)[15]에서 쾌락원칙과 현실원칙의 대립과 갈등을 통하여 명쾌하게 설명해 주고 있다.

인간의 무의식적 본능은 선악을 알지 못하고, 오직 고통을 피하고 즉각적 만족과 쾌락을 추구하는 '일차 과정'에 의해 지배된다. 프로이트는 이를 '쾌락원칙'이라고 불렀다.[16] 그러나 인간은 쾌락원칙에 의해서만 살아갈 수 없다. 쾌락원칙과 대립되는 외부 세계의 현실이 있

13) "자아와 이드," <전집 11, 350>.
14) "억압에 관하여," <전집 11, 139>.
15) "정신적 기능에 대한 두 가지 원칙," <전집 11, 18>.
16) 프로이트는 이미 <꿈의 해석> 제7장에서 인간의 정신 과정을 '일차'(primary) 과정과 '이차'(secondary) 과정으로 구별하였다. 일차 과정이 '쾌락원칙'에 지배를 받는다면, 이차 과정은 '현실원칙'에 지배를 받는다.

기 때문이다. 만약 쾌락원칙의 노예가 되어 외부 현실을 무시한다면, 삶 자체가 파탄되고 말 것이다. 따라서 정상적 인간이라면 자신의 본능이 원하는 쾌락원칙을 억압하고 외부 현실에 적응하는 과정, 즉 '이차 과정'을 통하여 삶을 유지하려고 한다. 이렇게 외부 현실에 적응하는 정신의 이차 과정을 프로이트는 '현실원칙'이라고 부른다.

인간의 정신행위가 쾌락원칙과 현실원칙으로 구분되듯이, 정신행위의 주체인 자아 또한 '쾌락 자아'와 '현실 자아'로 구별된다. 쾌락 자아가 쾌락원칙을 추구하는 본능적이고 무의식적 자아라면, 현실 자아는 쾌락원칙을 제한하고, 현실에 적응하려는 현실적이고 의식적인 자아다. 따라서 무의식적 자아가 본능적이고, 쾌락적이며, 선악을 초월하는 무차별적 자아라면, 의식적 자아는 이성적 자아요, 계산적 자아며, 선악과 진위를 구별하고 판단하는 차별적 자아다.

> 쾌락 자아가 소망만 할 뿐이며, 쾌락 생산에만 매진하고, 쾌락을 추구하며, 불쾌를 피하려고 하듯이, 현실 자아는 유용한 것을 추구하고 자신을 손실로부터 보호하려고 한다.[17)]

그러나 현실적 삶을 살아가기 위하여 쾌락원칙을 현실원칙으로 대체하였다 하더라도 쾌락원칙이 사라지는 것은 아니라 잠시 억압되고 유보될 뿐이다.

> 쾌락원칙을 현실원칙으로 대체한다 해서 쾌락원칙을 완전히 폐기해 버리는 것을 의미하는 것은 아니다. 오히려 그와 같은 현실원칙의 대체가 쾌락원칙을 보호한다고 할 수 있다. 그 결과가 불확실한 어떤 순간적인 쾌락은 포기되지만 그것은 새로운 길을 통해서 나중에 더욱 확실한 쾌락을 보장받기 위함이다.[18)]

---

17) "정신적 기능에 대한 두 가지 원칙," <전집 11, 18>.
18) "정신적 기능에 대한 두 가지 원칙," <전집 11, 18-19>.

말하자면 확실한 쾌락을 위해서 즉각적 만족을 원하는 쾌락원칙을 잠시 포기하고 유보하는 것이다. 이렇게 현실 자아에 의해서 변형된 쾌락 자아의 목표를 프로이트는 '지연된 쾌락'이라고 불렀다.

지연된 쾌락은 생리학적 현상에서 쉽게 간취되고 설명될 수 있다. 예를 들어 소변이 마렵다고 가정해 보자. 소변을 참으면 긴장이 쌓이고, 긴장의 축적은 고통을 낳는다. 쾌락 자아는 배설을 통하여 긴장을 해소하고 즉각적 쾌락을 얻으려 한다. 그러나 아무데나 배설을 한다면 경범죄로 처벌될 것이다. 따라서 즉각적 쾌락을 원하는 쾌락 자아는 현실 자아에 의해서 변형되어서 화장실을 찾으려 한다. 현실 자아는 마침내 화장실에서 배설을 하고 시원한 쾌락을 맛본다. 이로써 지연된 쾌락이 성취되는 것이다. 또 다른 예를 들어보자. 배가 고프면 긴장이 쌓이고, 긴장의 축적은 불쾌를 낳는다. 쾌락 자아는 상점에 있는 빵을 마음대로 먹고 싶은 충동을 느낀다. 그러나 현실 자아는 노동을 하고 돈을 벌어 빵을 살 것을 명한다. 노동은 쓰지만 그 열매는 달다. 돈을 벌어 빵을 사 먹음으로써 지연된 쾌락이 성취된다. 따라서 현실원칙은 쾌락원칙을 안전하고 확실하게 성취하기 위한 수단으로 작용한다. 즉 현실원칙은 쾌락원칙에 대립하면서도 쾌락원칙에 봉사하는 변증법적 타자가 되는 것이다.

지연된 쾌락은 현상학적으로 보자면 즉각적 만족을 바라는 무의식적 욕구를 미래로 투사하고 미래에 실현하려는 욕구다. 이것이 유토피아에 대한 판타지나 내세에 대한 종교 신앙으로 나타나고, 꿈의 언어나 예술적 비전으로 나타나기도 한다. 따라서 지연된 쾌락은 문화 현상을 이해하는 데 중요한 개념으로 작용한다.

막스 베버의 <프로테스탄트 윤리와 자본주의 정신>은 지연된 쾌락의 좋은 예가 될 수 있다. 베버는 청교도 윤리의 특성을 노동의 신성성, 검약의 윤리, 그리고 내세 신앙이라고 말한다. 청교도들은 내세의 영원한 행복을 꿈꾸기 때문에 현세적 쾌락을 죄악시한다. 따라서 열심히 일하면서도 현세적 쾌락을 거부하고 검약한 생활을 한다. 그 결과로 자연스레 자본이 축적되고, 자본의 축적은 자본주의를 발달시킨다. 따라서 베버는 청교도 윤리가 초기 자본주를 발달시키는 정신적 에토스로 작용했다고 말한다. 여기서 노동의 신성성과 검약의 윤리가 현실원칙이라면, 내세 신앙은 지연된 쾌락에 속한다. 따라서 프로이트 식으로 말하면, 청교도들은 지연된 쾌락을 위해서 현실원칙에 충실하였다고 할 수 있다.

반면에 오늘날과 같은 후기 산업사회에서는 초기 자본주의 논리가 적용되지 않는다. 초기 자본주의 사회가 자본의 축적과 검약의 미덕 위에 성립되었다면, 후기 산업사회는 소비와 쾌락의 미덕 위에 성립한다. 소비가 없으면 생산도 없다. 후기 산업사회에 지연된 쾌락이 있다면, 그것은 내세적 천국의 쾌락이 아니라 현세적 소비의 쾌락이 있을 뿐이다. 따라서 후기 산업사회는 경제구조에서뿐만 아니라 심리구조에 있어서도 소비사회로 존재한다고 말할 수 있다.

이렇게 보자면 프로이트의 쾌락원칙과 현실원칙의 대립은 억압의 개념을 통하여 인간 심리의 역동성을 설명할 뿐만 아니라 사회와 문화를 해석할 수 있는 통찰을 제공함을 알 수 있다. 여기서 억압의 이론은 두 가지를 암시한다. 첫째로 인간과 문명의 현실원칙은 쾌락원칙에 대한 억압에 근거한 것이다. 즉 억압 없는 인간과 문화는 존재하지 않는다. 그러나 둘째로 억압은 인간과 문화 발달의 원천이기도 하다. 현실원칙의 쾌락원칙에 대한 억압이 없다면 문화는 발달할 수 없기 때문이다. 따라서 마르쿠제는 다음과 같이 말했다.

> 프로이트의 이론으로부터 발생하는 인간의 개념은 서구 문화에 대한 거부할 수 없는 고발인 동시에 움직일 수 없는 변증이다. 프로이트에 의하면 인간의 역사는 인간 억압의 역사다. 문화는 인간의 사회적 존재와 생물학적 존재, 인간 존재의 부분 뿐 아니라 본능적 구조 자체의 부분을 제한한다. 그러나 그러한 제한은 바로 진보의 전제조건이다.[19)]

---

19) Herbert Marcuse, *Eros and Civilization*, Boston: The Beacon Press, 1966, 11.

여기서 자연과 문화, 억압과 진보의 변증법적 역동성은 바로 "문명의 역사는 야만의 역사 없이는 존재하지 않는다!"는 발터 벤야민의 명언을 상기시킨다.

반복적 회귀

쾌락원칙과 현실원칙 사이의 모순과 갈등, 또는 현실원칙의 쾌락원칙에 대한 억압이 인간과 문명의 피할 수 없는 굴레요 조건이라면, 억압은 프로이트 교설의 일관된 주제요 마스터 플롯이다. 따라서 프로이트의 억압이론은 기독교의 원죄론과 같은 역할을 한다고 말할 수 있다.

기독교에서 원죄론은 개인과 역사를 구속사로 설명하기 위한 마스터 플롯이다. 인간은 원죄로 인하여 실낙원을 경험하고, 원죄 때문에 신의 은총이 필요하며, 원죄를 씻기 위하여 메시아가 등장한다. 원죄는 그리스도 출현의 전제조건이다. 따라서 밀턴은 <실낙원>에서 아담이 에덴동산으로부터 추방당할 때, 지평선 저 너머로부터 그리스도가 출현하는 장면을 그리면서 아담의 타락을 '다행스런 타락'(felix culpas)이라고 불렀다. 죄악이 없다면 은총도 없고, 아담이 없다면 둘째 아담도 없으며, 원죄론이 없다면 구속사도 없다.

기독교의 원죄론처럼 프로이트의 억압이론은 개인과 역사를 지배하는 기본 이념이다. 프로이트에게 억압은 사라지는 것이 아니라 니체의 '영원한 회귀'처럼 언제나 다시 돌아오는 것이다. 이러한 개념을 프로이트는 "억압에 관하여"라는 논문에서 세 단계로 요약하였다.

억압의 첫째 단계는 본능이 의식의 영역으로 들어가지 못하는 '원초적 억압'이다. 원초적 억압은 본능에 대한 억압이 아니라 본능이 의식으로부터 배제되는 것을 말한다. 그 원인은 쾌락원칙에 대한 현실원칙의 제한, 또는 본능의 표출을 감시하는 초자아의 감시 때문이다. 말하자면 무의식적 본능이 의식적 자아에 의해 거부되고 '저항'되는 것이다. 따라서 억압의 교리는 또한 저항의 교리와 상통한다.

억압의 둘째 단계는 '억압 이후'(after-pressure)라고 불린다. 원초적 억압에 의해 무의식의 내용이 최초로 형성되기 시작한다면, 억압 이후는 억압된 것들이 '감정'으로 형성되는 것을 말한다. 동일한 대상에 대한 감정적 반응이 개인마다 다른 것은 억압된 내용이 다르고, 이에 대한 감정적 변형이 다르기 때문이다. 자신도 제어할 수 없는 분노나 격정의 폭발은 표출되기를 거부당한 억압된 것들이 감정적 색깔을 가지고 자신을 나타내는 저항의 방법이다.

억압의 마지막 단계는 '억압된 것의 회귀'(return of the repressed)다. 이것은 억압된 감정들이 결코 사라지는 것이 아니라 신경증, 꿈, 판타지 등의 다양한 형태를 통하여 반복적으로 회귀하는 것을 말한다. 따라서 프로이트의 억압의 도식은 '원초적 억압-감정 형성-억압된 것의 회귀'라고 요약할 수 있다.

프로이트의 억압의 도식은 개인의 심리뿐만 아니라 역사와 문화를 이해하는 마스터 플롯으로 작용한다. 그런데 기독교가 '원죄-실낙원-은총과 구속'의 도식에서 전개된다면, 프로이트에게는 은총과 구속의 플롯이 존재하지 않는다. 왜냐하면 억압된 것은 결코 사라지는 것이 아니라 언제나 표출되기를 기다리다가 폭발적으로 회귀하는 것이기 때문이다. 기독교가 원죄를 제거하는 초월적 은총의 교리를 가지고 있다면, 프로이트에게는 그러한 은총의 교리가 존재하지 않는다. 원죄는 사라지지 않고 언제나 회귀하는 숙명과 같은 것이다.

억압된 것이 언제나 회귀하는 것이라면, 인간이 유아기에 경험하는 원초적 억압이야말로 가장 중요한 의미를 지닌다고 말할 수 있다. 실로 프로이트는 유아기의 첫 5년간의 경험이야말로 인간의 삶에 결정적 영향을 발휘한다고 보았다. 그렇다면 인간은 왜 유아기에 결정적인 억압의 경험을 갖게 되는가? 그것은 인간이 동물과 달리 미완의 동물로 탄생한다는 점에 있다. 동물은 태어난 후 비교적 빨리 독립적 삶을 영위할 수 있다. 반면에 인간은 오랫동안 부모의 돌봄을 필요로 하는 '지체된 유아기'를 갖는다. 조셉 캠벨의 비유처럼 모태가 일차적 자궁이라면, 가정의 돌봄은 이차적 자궁이다.[20] 여기서 인간의 심리학적 특성은 지체된 유아기에 형성된 복잡한 정신적 변화 과정이 회귀하고 반복하면서 일생 동안 결정적 영향을 미친다는 데 있다.

실로 프로이트의 정신분석학은 유아의 부모에 대한 관계에서 일어나는 애증과 억압의 심리학적 역동성, 즉 가족 로맨스를 존립 기반으로 삼고 있다. 유아기에 형성된 심리적 억압의 내용은 결코 사라지는 것이 아니라 반복적으로 회귀한다. 따라서 프로이트에게 인간은 미래를 사는 것이 아니라 과거를 산다고 할 수 있다. 워즈워드(Worthward)가 '어린이는 어른의 아버지'라고 했듯이, 어른 속에는 어린이가 살고 있고, 현재 속에는 과거가 살고 있다. 따라서 정신분석학적 인류학을 전개한 게자 로하임은 낯선 세계의 위험으로부터 부모의 보호를 받기를 원하는 유아의 욕구는 성인이 되어서도 '사랑을 받으려는 욕구'[21]의 근원으로 작용한다고 하였다. 현재의 병이 과거가 잉태한 결과물이듯이, 현재의 신경증, 판타지, 꿈은 과거 억압의 회귀라고 말할 수 있고, 사랑의 대상은 어머니의 대체물이요, 권위에의 순종은 아버지의 대체물로 해석할 수 있는 것이다.

개인심리학과 집단심리학

프로이트에게 개인과 집단, 개체발생과 계통발생, 개인심리학과 집단심리학은 동일한 원리에서 운영되는 상동 관계에 있다. 인간의 발달

---

20) Joseph Campbell, *The Flight of the Wild Gander*, New York: Harper Perennial, 1990, 53.

21) Geza Roheim, *The Origin and Function of Culture*, New York: Nervous and Mental Disease Monographs, 1943.

이 지체된 유아기를 거치듯이, 인류의 발달도 지체된 성숙기를 거친다. 인간의 이해가 유아기의 이해로부터 시작하듯이, 역사의 이해는 역사 이전의 원시성을 연구함으로써 시작한다. 유아기의 심리학은 원시인의 심리학과 동일하다. 유아기의 비합리성은 원시인의 비합리성이다. 여기서 비합리성은 합리성의 타자로서 시간적, 논리적으로 합리성 이전의 원초적이라는 뜻을 지닌다. 의식이 원초성이 무의식이듯이, 역사의 원초성은 역사 이전이 되고 비합리성이 된다.

프로이트의 이러한 역사 이해는 역사를 자아의식의 진보사요, 자유의식의 진보사라고 보았던 헤겔과는 정반대의 입장이다. 프로이트에게 역사는 역사 이전의 증상이 반복적으로 회귀하여 표출되는 증상의 연속이기 때문이다. 따라서 헤겔이 아프리카는 역사의 적합한 주제가 아니라고 생각했다면, 프로이트는 바로 그 이유 때문에 이를 가장 중요한 자료로 생각할 것이다. 물론 프로이트는 아이가 어른이 되고, 단순한 것이 복잡한 것이 되듯이 발전과 진보를 당연한 것으로 여긴다. 실로 프로이트는 <토템과 타부>에서 개인이 유아적 나르시시즘으로부터 부모에 대한 대상선택을 거쳐 이성의 단계로 발전하듯이, 역사도 정령 주의에서 종교적 단계를 거쳐, 과학의 단계로 발전한다고 말한다. 그럼에도 불구하고 프로이트는 역사의 심층에는 은폐된 과거와 억압된 내용이 반복적으로 자신을 표출한다고 생각했다.

여기서 역사를 진보로 보는 것은 계몽주의자 프로이트의 모습이지만, 역사를 반복적 회귀로 보는 것은 낭만주의자 프로이트의 모습이다. 프로이트에게는 이러한 두 가지 모습이 상존하고 있지만, 보다 근원적인 교설은 진보보다는 반복적 회귀의 교리라고 볼 수 있다.

프로이트는 억압과 반복의 원리를 따라서 개인의 오이디푸스 콤플렉스가 인류적 차원에서 부친살해로 일어났고(<토템과 타부>), 유대교 안에서 모세살해로 일어났다고(<모세와 유일신교>) 주장했다. 억압의 변증법은 억압과 억압된 것의 회귀를 통해서 개인과 집단에 반복적으로 나타난다. 이런 점에서 프로이트의 역사관은 니체의 말처럼

'영원한 회귀'요, 전도서의 지적처럼 '해 아래 새것은 아무 것도 없다'는 것과 맥을 같이 한다.

따라서 프로이트에게 혁명이라는 것은 오이디푸스 콤플렉스의 반복이요, 전쟁은 죽음 본능의 회귀다. 인간은 신화시대 카인의 살인 이래 아직도 살인자요, 원시시대로부터 현대에 이르기까지 아직도 전쟁을 반복적으로 행하고 있다. 프로이트에게 변화는 불변이 되고, 역사는 자연이 되며, 발전은 반복이 된다.[22] 따라서 프로이트의 반복적 회귀의 교리는 진보의 환상을 해체하고, 역사에 억압되어 있는 피의 실체를 일깨운다. 제임스 조이스의 명언, "역사는 내가 깨우려고 노력하는 악몽이다"[23]는 말은 프로이트에게도 적용된다.

개인심리학과 집단심리학 사이의 상동 관계는 종교에도 그대로 적용된다. 프로이트는 종교현상이 개인의 신경증에서 이해될 수 있다는 것을 결코 의심하지 않았다. 신경증은 유아 시절에 억압되었던 내용물이 다양한 증상으로 회귀하는 것이다. 따라서 신경증은 억압된 것의 상징적 표현이라고 할 수 있다. 신경증 환자들은 정신적 불안을 피하기 위해 다양한 형태의 강박적 제의를 수행한다. 예를 들어 죄책감에 사로잡힌 사람은 결벽증의 제의를 갖는다. 재난을 염려하는 사람은 불안을 피하기 위해 주문 낭송의 제의를 갖는다.

신경증이 강박행위를 통해 불안을 피하려고 하듯이, 종교도 제의를 떠나서는 존재하지 않는다. 종교는 단지 강박신경증의 사적 제의가 아니라 집단제의라는 점이 다르다. 따라서 프로이트는 강박신경증이 개인 종교라면 종교는 집단 강박신경증이라고 말한다. 종교인이 묵주를 돌리는 행위와 신경증 환자가 단추를 헤아리는 행위 사이에는 종교행위와 강박행위라는 차이가 있지만, 무의식적 동기에서 보자면 강박증세라는 점에서 차이가 없다. 따라서 프로이트에게 강박신경증은 종교

---

22) Philip Rieff, *Freud: The Mind of the Moralist*, Chicago: The University of Chicago Press, 1979, 215.

23) History is a nightmare from which I am trying to awaken.

적 경건으로, 종교적 경건은 강박신경증으로 쉽게 번역되고 대체될 수 있다.

종교의 신경증적 요소는 역사적 종교를 통해서 나타나고 현대인의 정신 상황에서도 반복한다. 개인 종교인 신경증이 개인의 억압된 무의식에서 발원한다면, 집단 신경증인 종교는 집단의 억압된 무의식에서 발원한다.

> 종족의 역사에서 개인적 삶의 사건과 유사한 것이 발생했다. 말하자면 인류는 영속적 흔적을 남기는, 그러나 대부분 억압되고 망각되어 버린, 성적-공격적 본성의 갈등 과정을 통과했다. 이들은 오랜 잠복기 후에 다시 소생해서 구조적으로나 경향성에서 신경 증상과 유사한 현상을 발생시켰다.[24]

이런 관점에서 프로이트는 <토템과 타부>에서 원시인의 종교인 토테미즘의 터부 관습과 강박신경증 사이에 유사성이 있음을 추적했고, <모세와 유일신교>에서는 심화된 죄의식과 유대교 율법주의 사이의 신경증적 관계를 설파했다.

현대인의 일반적 정신 상황에서도 원시종교의 형태가 반복한다. 쥐 인간의 경우처럼 부모가 죽은 후에도 부모의 인정을 받으려고 하는 신경증은 조상숭배의 반복적 형태다. 사자나 독수리와 같은 국가의 문장, 호랑이나 말과 같은 대학의 문장, 또는 수많은 집단들의 문장들은 모두 토템의 재현이라고 할 수 있다. 국기에 대한 경외나 집단에 대한 헌신은 토테미즘의 요소가 반복되고 있는 것이다. 더욱이 스탈린주의나 나치즘과 같은 집단주의는 토테미즘의 현대적 재현이요, 그 지도자들은 토템집단의 샤먼이라고 할 수 있다.

---

24) *Moses and Monotheism*, London: Hogarth Press, 1939, 129. 필자의 번역, "인간 모세와 유일신교," <전집 13, 356>.

빛과 어두움

이렇게 보자면 역사는 억압의 반복이요, 종교는 신경증의 반복이다. 프로이트에게 미래는 과거가 잉태한 것이요, 과거가 반복적으로 나타나는 것이다. 미래는 과거의 억압에 얽매여 있다. 따라서 미래를 개방하는 것은 과거의 억압을 푸는 것으로부터 시작해야 한다. 정신분석학은 바로 은폐되어 있는 과거의 무의식적 억압을 의식의 영역으로 드러냄으로 과거로부터 자유롭게 하려고 한다. 따라서 프로이트는 치료의 목적을 "이드가 있었던 곳에 자아가 발생해야 한다"[25]는 유명한 말로 요약하였다.

억압된 무의식적 욕망을 의식의 영역으로 끌어올리는 것은 동굴 속의 암흑에 빛을 비추는 것이다. 플라톤은 <국가론>의 저 유명한 '동굴의 비유'에서 그림자를 실재로 알고 살아가는 사람들에게 밝은 빛의 세계를 깨닫게 하고, 이성의 빛에서 살아가도록 인도하는 행위를 철학의 사명이라고 했다. 마찬가지로 프로이트는 무의식적 어두움의 동굴에 빛을 비추고 그곳에 억압되어 있는 욕망을 의식화시키는 것을 정신분석학의 사명으로 생각했다. 이런 점에서 프로이트는 플라톤으로부터 시작한 서구 철학의 전통을 따르고 있다고 할 수 있다.

그럼에도 불구하고 프로이트는 플라톤적 전통과 큰 차별성을 갖는다. 플라톤은 이성의 세계를 실재의 세계라고 생각했다. 그리고 동굴 속의 어두움을 교육을 통하여 이성의 빛으로 밝게 할 수 있다고 믿었다. 이것이 플라톤을 관념론적 낙관론자라고 말하는 이유다. 그러나 프로이트에게 이성의 능력에는 한계가 있다. 플라톤처럼 이성이 실재도 아니다. 비록 프로이트가 계몽주의자답게 이성의 중요성을 매우 강조했다 하더라도, 이성보다 더욱 강력한 것은 본능이다. 이성은 본능의 힘을 차용하여 본능에 방향을 지시해 줄 뿐이다. 따라서 이성의 빛

---

25) "심리적 인격의 해부," <전집 2, 109>. "Wo Es war, soll Ich werden."

이 본능의 세계를 순화시킬 수는 있지만, 쾌락원칙과 현실원칙 사이의 간극처럼 양자의 궁극적 화해는 불가능하다. 본능의 어두움은 이성적 빛의 부재가 아니라, 빛의 실재보다 더욱 강력한 근원적 실재다. 이런 점에서 프로이트의 사상은 철저히 이원론적이요, 악을 선의 부재로 보았던 플라톤주의와 이를 따르는 기독교 신학에 대한 거부요 반명제다.

실로 프로이트 사상의 열쇠는 무의식과 의식, 이성과 본능, 쾌락원칙과 현실원칙을 비롯하여 후기의 죽음 본능과 생명 본능, 자아와 초자아와 이드의 개념에 이르기까지 이원론적 모순과 갈등의 대립에 근거해 있다. 이 모순과 갈등으로부터 종교가 발생하고 문화가 탄생하며 인간 심리의 역동성이 등장한다. 따라서 프로이트를 본격적으로 이해하기 위해서는 그의 본능론으로부터 시작하는 것이 첩경이다. 우리는 이를 다음 장으로부터 살펴보려고 한다.

2. 본능의 이원론

본능

인간의 본능[1])이 무엇이냐는 질문은 대답하기 힘든 질문이다. 왜냐하면, 본능이 불변적이고 고착적이라면, 인간의 개체성과 다양성을 설명할 수 없을 뿐만 아니라, 자기 자신과 환경을 변화시킬 수 있는 인간의 능력을 거부하는 숙명론에 빠지고 말 것이기 때문이다. 하이데거가 동물은 환경(Umwelt)을 갖지만 인간은 세계(Welt)를 갖는다고 하였을 때, 그것은 동물이 고착된 본능에 의해서 주변 환경에 능동적, 수동적으로 적응하는 반면, 인간은 자신의 세계를 스스로 창조한다는 것을 지적한 말이다. 그러나 그것이 인간에게는 본능이 없다는 말은 아니다. 단지 인간의

---

1) 독일어에는 본능을 가리키는 Instinkt와 Trieb라는 말이 있다. Instinkt가 유기체가 환경에 대하여 이미 유전적으로 결정되어 있는 반응을 보인다는 정적 개념을 가지고 있다면, Trieb는 욕구의 목적과 대상이 비결정적으로 다양하게 나타날 수 있다는 보다 역동적 개념을 가지고 있다. 프로이트는 양자의 사이를 특별히 구별하지는 않지만, 흔히 동물계를 가리킬 때는 Instinkt를 사용하고, 인간에 대하여는 Trieb라는 말을 사용한다. 여기서는 이들을 통합하여 프로이트의 영어 번역인 instincts를 따라 본능이라는 말로 표현한다.

본능은 동물의 본능과는 다른 차원의 특성을 가지고 있다고 말하는 것이 보다 적합할 것이다.

그렇다면 인간의 본능은 무엇이고 어떻게 작용한다고 말할 수 있을까? 만약 인간이 성행위를 하기 때문에 성 본능이 있고, 음식을 먹기 때문에 음식 본능이 있으며, 권력을 추구하기 때문에 권력 본능이 있다고 한다면, 그것은 다양한 인간 행태의 목록으로부터 그에 해당하는 본능을 추정하고, 추정된 본능으로부터 인간 행태를 설명하는 해석학적 순환의 덫에 빠지는 결과를 초래한다. 따라서 인간의 본능에 대한 연구는 순수 경험과학의 영역이라기보다는 경험적 자료들을 통하여 일반 가설을 추론하는 철학적, 형이상학적 작업에 속한다.[2)]

프로이트는 이러한 사정을 다음과 같이 말한다. "우리는 종종 과학은 명료하면서도 분명하게 정의된 기본 개념들을 바탕으로 세워져야 한다는 주장을 듣는다. 그러나 현실을 보면 그런 명확한 개념 정의에서 출발하는 과학은 없다."[3)] 모든 과학은 현상을 기술하는 단계에서 어떤 기본 개념들을 사용하고, 그 기본 개념들을 끊임없이 수정하고 발전시키는 가운데 학문으로 발달한다. 그것은 본능의 이론을 전개하는 데 있어서도 마찬가지다. 프로이트는 정신분석학이라는 과학을 발달시키는 데 가장 필요한 개념이 바로 본능의 개념이지만, 이러한 사정 때문에 본능을 모호한 신화적 존재로 부르고, 본능의 이론을 신화학[4)]이라고 불렀다.

그렇다면 프로이트는 본능이라는 모호한 존재를 어떻게 파악하는가? 이를 위해서 프로이트가 말하는 본능에 대한 개념 정의로부터 시작하여, 본능의 종류, 이들의 상호 관계에 대한 이론을 살펴보도록 하자.

---

2) Norman O. Brown, *Life Against Death*, 77.
3) "본능과 그 변화," <전집 11, 102>.
4) "불안과 본능적 삶," <전집 2, 128>.

본능과 변화

프로이트는 <본능과 그 변화>(1915)에서 본능은 일시적 현상이 아니라 생명이 존재하는 한 지속적으로 작용하는 현상이요, 그 근원은 유기체 내부에서 발생하기 때문에 피할 수 없다는 전제를 말하고 있다. 예를 들어 식욕이나 성욕은 외부에 존재하는 것이 아니라 유기체 내부로부터 발생하는 것이요, 그것은 일시적이 아니라 지속적으로 작용한다고 말할 수 있다. 식욕과 성욕이 쌓이면 긴장이 일어나고, 긴장은 불쾌감을 초래한다. 긴장은 결핍의 축적이요 불쾌감은 결핍의 결과다. 그런데 결핍은 충족을 통해서만 해소될 수 있기 때문에, 본능이 지향하는 궁극적 목적은 만족이요 쾌락이라고 할 수 있다.

여기서 본능의 목표인 쾌락에 도달하는 데 도움을 주거나 수단이 되는 것을 본능의 대상이라고 부를 수 있다. 그런데 다른 생물들에게는 본능의 대상이 매우 제한적이고 규정적인 반면에, 인간의 경우에는 본능의 대상이 매우 다양한 형태를 취한다. 즉 인간에게는 무엇을 먹고 어떻게 먹으며, 무엇을 사랑하고 어떻게 사랑하느냐에 따라서 다양한 정신적 변화와 육체적 변화가 수반된다. 특히 성적 대상의 경우에는 쾌락의 대상이 사랑해서는 안 되는 금지된 대상일 수도 있고, 자기 자신이거나 자신의 몸일 수도 있으며, 성도착적인 사물일 수도 있다. 말하자면 인간의 본능에는 몸을 바탕으로 하는 심리학적 차원이 존재한다.

따라서 프로이트는 본능을 유기체 내부로부터 발생하는 자극과 자극이 마음에 도달하여 나타나는 '정신적 표상'을 모두 포함하는 통합적 개념으로 정의한다. 즉 본능은 정신과 육체 사이의 프론티어, 또는 "정신과 육체 사이의 경계선에 있는 개념으로, 신체기관 내에서 발생하여 정신에 도달하는 자극의 심리적 대표자"[5]라고 말할 수 있다.

---

5) "본능과 그 변화," <전집 11, 107>.

그렇다면 프로이트에게 심리학적 차원에서 본능을 이론화할 수 있는 가장 중요한 자료는 무엇일까? 그것은 바로 신경증이다. 의사인 프로이트가 다루어야 할 환자들은 신경증을 앓는 환자들로서, 정신분석학은 바로 신경증과 같은 심리학적 증상에 대한 탐구로부터 시작되었다.

프로이트는 심리학적 증상이 존재한다는 말을 은유적으로 영혼 속에는 자아와는 다른 낯선 어떤 것이 존재한다는 것으로 이해한다. 즉 신경증은 마치 현실이 '외적 외계'로 존재하듯이, 자아에 대해 어떤 '내적 외계'가 존재하면서,[6] 자아와 모순적이고 역동적인 관계를 맺고 있기 때문에 발생한다고 말할 수 있다. 여기서 내적 외계로 존재하는 그 무엇은 의식과는 다른 무의식에 속하는 것으로서, 의식의 무대에 등장하지 못한 본능, 즉 억압된 본능의 욕구로 구성되어 있다. 억압된 본능은 강력한 힘을 가지고 있는 존재로서, 이것이 의식의 세계와 대립하고 충돌하고 변형을 일으키면서 심리학적 증상이 출현한다. 따라서 신경증의 문제는 서로 다른 힘의 대립의 문제로 귀착된다.

프로이트에게 신경증은 정도의 차이는 있지만 쾌락원칙과 현실원칙, 본능과 현실 사이의 괴리와 갈등 속에 존재하는 인간의 필연이다. 대립이 없는 곳에 모순과 갈등이 있을 수 없고, 억압과 저항이 있을 수 없다. 헤라클레이토스로부터 헤겔에 이르기까지 대립은 자아의식의 본질이요, 역동성의 근원이며, 변증법의 모태로 이해되었다. 대립을 바탕으로 하지 않은 철학은 저항과 억압, 모순과 갈등을 설명할 수 없다.

프로이트에게 대립은 신경증의 모태인 동시에 본능론의 근간이다. 대립이 없다면 신경증도 없고, 인생의 모순과 갈등도 없다. 따라서 프로이트의 본능론은 인간 존재를 균열의 존재로 파악하는 이원론으로 발전될 수밖에 없다. 이것이 프로이트가 융의 일원론적 신비주의를 수용할 수 없었던 이유요, 또한 메타심리학의 근원인 프로이트의 본능론이 변증법적 역동성을 띠게 되는 이유며, 프로이트의 철학을 현대판

6) "심리적 인격의 해부," <전집 2, 79>.

마니교적 이원론이라고 부르는 이유다.

실로 프로이트는 초기의 자아 본능(자기보존 본능)과 성 본능(종족보존 본능)의 개념으로부터 시작하여, 후기의 삶의 본능과 죽음의 본능, 말기의 이드, 에고(자아), 초자아의 지형학적 개념에 이르기까지 이원론을 포기한 적이 없다. 프로이트의 본능론은 보다 완전한 이원론에 도달하기 위한 끊임없는 발전이었다고 보아도 무방하다. 본 장에서는 그러한 발전을 차례대로 살펴보려고 한다.

자아 본능과 성 본능

실러는 '배고픔과 사랑이야말로 세계를 엮는 장치'라고 했다. 먹지 않고 살 수 있는 생물이 없고 성과 무관한 생물도 없다. 먹음을 통하여 자기가 보존되고, 성을 통하여 종족이 보존된다. 이 두 가지 사실이 없다면 생명 자체가 있을 수 없고 세계가 존재할 수 없다.

프로이트가 최초로 제시한 본능론도 이러한 흔들릴 수 없는 사실, 모든 생물이 공유하는 자기보존과 종족보존의 생물학적 사실로부터 출발한다. 프로이트는 이를 자기보존 본능(또는 자아 본능)과 성 본능이라고 명명하면서, 이들의 심리학적 동반 현상을 연구하였다.

자기보존 본능은 인간의 자기보존, 자기 주장, 자신의 확장과 관련된 모든 것을 의미한다. 자기를 보존하기 위해서는 하부구조인 의식주의 문제가 먼저 해결되어야 한다. 이 중에서도 가장 중요한 것은 먹음의 문제, 즉 경제다. 공자는 어떻게 정치를 해야 좋으냐는 제후의 질문에 먼저 배불리 먹이라고 했다. 그리고 가르치라고 했다. 사흘 굶고 담 넘지 않을 사람이 없기에, 배를 굶기면서 정치를 하기란 불가능하다. 그러나 단지 배를 채우는 데 급급하다면 인간은 금수와 다를 바 없다. 따라서 배를 불린 후에 교육을 통해 인간됨의 틀을 가르치는 것이 필요하다. 예수도 돌로 떡을 만들라는 사탄의 시험에 인간이 "빵만으로 사는 것이 아니라, 하나님의 말씀으로 산다"고 했다. 여기서 "빵만으로"라는 말은 빵이 필요 없다는 것이 아니라, 빵을 전제로 하여 말씀 교육의 중요성을 강조한 것이다.

먹음은 먹이사슬을 통하여 만물을 엮는 근원적 힘이다. 따라서 <우파니샤드>는 "만물은 먹히고 다시 먹고 하나니, 브라흐만을 먹을거리라 부른다"[7]고 노래한다. 우주의 먹이사슬은 제쳐 놓더라도 인간은 경제라는 먹이사슬을 통하여 사회적 존재가 되고 역사적 존재가 된다. 따라서 헤겔은 "먼저 먹을거리와 입을 거리를 찾아라. 그리하면 천국이 너에게 더해지리라"고 하였다.[8] 마르크스는 이 같은 먹음의 문제를 과학적 이론으로 급진화시켜서 생산력과 생산관계로 구성되는 생산양태라는 경제적 하부구조의 마스터 플롯을 통하여 사회와 역사를 해석하였다.

성 본능의 중요성은 먹음의 문제 못지않게 아무리 강조해도 지나칠 수 없다. 성은 종 사이의 유대를 이룩하고 종을 지속시키는 근원적 힘이다. 특히 인간의 성은 생물학적 성에 심리학적 차원이 부가된 에로티시즘의 역동성을 갖는다.

프로이트는 성 본능과 자아 본능 사이의 근본적 차이를 다음과 같이 말한다. 자아 본능은 현실적 대상에 의해서만 충족될 수 있기 때문에 쾌락원칙보다는 현실원칙의 편에 서 있는 반면, 성 본능은 철저히 쾌락원칙의 지배 영역에 속한다. 또한 프로이트는 자아가 성적 욕구의 대상들에 쏟는 에너지의 집중을 '리비도'라 부르고, 자기보존 본능에서 촉발되는 모든 다른 에너지의 집중을 '관심'(interest)이라고 부르면서 양자 사이의 차이를 지적하였다.[9]

성의 쾌락은 철저히 사적 영역에 속한다. 만약 성 본능이 여과 과정

---

7) *Taittiriya Upanishad*, II, 2.

8) Walter Benjamin, *Illumination*, New York: Harcourt Brace & World, 1968, 254에서 재인용.

9) "리비도 이론과 나르시시즘," <전집 1, 556>.

을 거치지 않고 노출된다면, 현실원칙에 의해 운영되는 사회는 혼돈으로 빠지고, 문명은 붕괴되고 말 것이다. 따라서 공적 영역에 속하는 사회는 성 본능의 에너지를 사회보존과 문명발달을 위해 차용해야 한다. 차용의 방법은 승화다. 승화는 성 본능의 '목표가 수정되고 대상이 변화되어' 사회적 가치에 중요한 의미를 지니게 되는 것을 말한다. 그러나 승화와는 달리 성 본능의 목표가 '억압 또는 저지'된다면, 대상에 대한 리비도 집중은 퇴행이라는 우회로를 통해서 여러 가지 변형된 형태로 나타난다. 즉 "성 본능은 결코 공략될 수 없으며 자신의 패배에 대한 보상을 받는다."[10] 그 보상으로 불안이 발생하고 신경증과 같은 매우 복잡한 심리적 결과가 나타날 수 있다.

그러나 허기와 갈증 같은 자아 본능의 불만족은 성 본능과는 달리 불안의 감정으로 전환되지는 않는다. 즉 쾌락원칙에 속하는 성 본능은 현실원칙에 속하는 자아 본능과는 다른 특성을 갖는다. 따라서 프로이트는 억압의 동력을 자아 본능이 아니라 성 본능의 문제에서 찾았다. 이것이 문명을 성본능의 억압에서 해석한 프로이트와 자아본능의 경제적 플롯에서 해석한 마르크스가 큰 차이를 보이는 부분이다.

여하튼 프로이트의 자아 본능과 성 본능의 대립은 엄밀히 말하면 본능의 이원론이라고 말할 수 없다. 왜냐하면 이원론이 되기 위해서는 근원적 갈등이나 내재적 모순이 있어야 할 터인데, 자아 본능과 성 본능은 서로 다른 근원과 목표를 가지고 있는 개별적인 본능이기 때문에 이원론적 대립이 존재할 수 없다. 자아 본능과 성 본능은 모순과 대립의 이원론적 본능이라기보다는 생물학적 현상에 대한 서술일 뿐이다. 따라서 프로이트는 <나르시시즘 서론>에서 자아 본능과 성 본능의 구별은 의심할 바 없이 타당하지만, 이들은 심리학적 토대 위에 세워진 이론이라기보다는 생물학으로부터 유입된 원리로서, 정신분석학에 '필요한 가정'이 아니라 단지 '보조적 가설'일 뿐이라고 생각하게

10) "리비도 이론과 나르시시즘," <전집 1, 553>.

되었다.[11]

자아 리비도와 대상 리비도

프로이트가 초기에 제시하였던 자아 본능과 성 본능의 이원론은 <나르시시즘 서론>(1914)에서 크게 수정된다. 여기서 처음으로 나르시시즘이라는 중요한 개념이 소개되는데 그 대강은 다음과 같다.[12]

나르시시즘의 개념은 태아의 성장 단계를 생각해 본다면 쉽게 접근할 수 있다. 자궁 속의 태아나 갓 태어난 유아는 자기 자신과 주변 환경을 아직 구별하지 못할 뿐만 아니라, 타자에 대한 인식도 갖지 못한다. 타자에 대한 인식이 없기에 자아라는 인식도 아직 존재하지 않는다. 이 단계의 유아는 모든 에너지를 오직 자기 자신을 향해서만 집중하고 있을 뿐이다.

여기서 유아가 자신을 향해 집중하는 모든 에너지의 총체를 리비도라고 부른다면, 위의 문장은 다음과 같이 달리 쓸 수 있다. 즉 유아는 모든 리비도를 자기 자신을 향해 집중함으로써 자기보존 본능을 충분히 달성한다. 이 말은 자신만을 향하는 리비도, 즉 자신만을 사랑하는 자기애적 리비도가 근원적 리비도임을 보여 준다.

리비도의 본질은 자기애적 리비도요, 자기애라는 점에서 성적 리비도다. 이렇게 자기애적 리비도의 개념이 도입되면, 초기에 제시되었던 자아 본능과 성 본능의 구별은 의미가 없어진다. 왜냐면 자기애적 리비도가 자기보존 본능을 충분히 달성할 수 있기 때문이다. 따라서 이제는 자아 본능과 성 본능의 구별이 아니라 리비도의 방향이 어디를 향하느냐에 따라서 새롭게 이론을 전개할 수 있다.

---

11) "나르시시즘 서론," <전집 11, 53>.

12) 여기서는 나르시시즘에 대한 개괄적 내용만이 제시되기 때문에, 자세한 내용은 본서의 "8. 나르시시즘"과 "9. 나르시시즘과 종교"를 참조.

실로 프로이트는 리비도의 방향에 따라서 일차 나르시시즘과 이차 나르시시즘을 구별한다. 일차 나르시시즘은 태아 또는 유아의 경우처럼 리비도의 방향이 오직 자기 자신을 향해 있는 단계다. 이를 프로이트는 '자아 리비도,' '나르시시즘 리비도'라고 불렀다. 그러나 유아가 성장하면서 리비도의 방향은 주변 환경과 대상을 향하는 대상애로 발전한다. 이를 프로이트는 '대상 리비도'라 불렀다. 그러나 대상 리비도는 독립적 리비도가 아니라 자아 리비도로부터 유래한 것이기 때문에, 자아 리비도야말로 리비도의 저수지라 할 수 있다.

이차 나르시시즘은 외적 대상을 향하든 리비도, 즉 대상 리비도가 어떤 이유로 좌절하게 되면서 다시 자기 자신을 향하게 될 때 발생한다. 말하자면 모든 에너지의 저수지인 자아 리비도가 대상애로 발전하게 되면 대상 리비도가 되고, 대상을 향하던 리비도가 거꾸로 자기 자신을 향하게 되면 이차 나르시시즘의 자기애가 된다. 이러한 사정을 프로이트는 다음과 같은 비유를 통해 말하고 있다.

> 여러분은 거의 분화되지 않은 원형질 덩어리 같은 아주 단순한 생물을 생각해 보십시오. 이 생물은 위족(僞足)이라고 부르는 돌기(突起)를 통해서 자기 몸의 원형질을 흘려 내보냅니다. 그러나 이 생물은 돌기들을 다시 몸속으로 집어넣어 몸을 공처럼 둥글게 만들 수 있습니다. 돌기들을 펼치는 동작을 우리는 리비도가 대상들을 향하는 것과 비교할 수 있습니다. 반면에 대부분의 리비도는 자아의 내부에 머물 수 있습니다. 그리고 우리는 정상적 상황에서는 자아 리비도가 거침없이 대상 리비도로 전환하며, 이를 다시 자아의 내부로 흡수, 수용할 수도 있다고 간주합니다.[13)]

이렇게 원형질 덩어리의 비유에서 보자면 <나르시시즘 서론>은 리비도 일원론을 말하는 것처럼 보인다. 비록 프로이트가 자아 리비도와 대상 리비도를 구별하였을지라도, 양자는 동일한 리비도의 방향성에 따른 차이일 뿐이기 때문에 모순과 갈등의 이원론으로 발전할 수는

13) "리비도 이론과 나르시시즘," <전집 1, 559>.

없다. 또한 여기서 리비도의 개념은 모든 '심리적 에너지'의 저수지로 사용되기 때문에, 융의 일원론적 리비도의 개념처럼 이원론적 대립을 상실한다.[14] 따라서 이곳에서의 리비도 개념은 그 통찰과 함의에도 불구하고, 이원론적 대립을 위해서는 만족스런 결과를 낳지 못한다.

따라서 프로이트는 이 견해를 오랫동안 견지하지 않고, <나르시시즘 서론>의 다음 해에 발표한 <본능과 그 변화>(1915)에서 이원론적 도식을 부활시켰다. 여기서 프로이트는 본능의 범주를 수동성과 능동성, 자아와 외적 세계, 쾌와 불쾌의 대립으로 제시하였다. 수동성과 능동성은 순종과 지배, 여성성과 남성성, 마조히즘과 사디즘의 대립을 말하고, 자아와 외적 세계는 본능의 원천인 에고와 본능이 지향하는 외적 세계의 관계를 말하며, 쾌와 불쾌는 본능이 얻으려 하는 쾌락과 피하려 하는 불쾌의 대칭 관계를 말한다. 그러나 이러한 대립도 현상학적 이원론은 될 수 있지만, 인간의 모순과 갈등의 심리를 설명할 수 있는 근원적 이원론은 될 수 없다.

따라서 프로이트에게 아직도 유효한 근원적 이원론이 있다면, 그것은 초기부터 일관되게 유지되어 온 정신기능의 두 원리인 쾌락원칙과 현실원칙의 이원론일 뿐이다. 그러다가 마침내 <쾌락원칙의 피안>(1920)에서 프로이트에게 새로운 본능의 이원론이 등장하는데, 그것이 바로 삶의 본능과 죽음의 본능이라는 가장 논쟁적이고 혁명적인 개념이다. 이 개념을 이해하기 위해서 먼저 죽음의 본능이 어떻게 발전되었는지를 살펴보자.

---

14) 일원론적 리비도 개념은 프로이트를 범(凡)성욕주의자로 비난하는 이유가 되었다. 그러나 프로이트는 성욕 찬미론자도 아니고, 성 해방론자도 아니다. 오히려 프로이트는 성의 제한과 승화를 통해서만 문명이 존재할 수 있다고 보았다. 비록 프로이트의 처제와의 심상치 않은 관계가 비난의 대상이 될 수는 있겠지만, 그의 대체적 삶은 스토아 철학자와 같이 명상적이고 도덕적이었다는 것이 일반적 견해다. 프로이트는 범성욕주의자라는 오해와는 달리 성의 심리학적 분석을 통하여 성의 과학을 구축하려고 노력하였을 뿐이다.

원시적 살해 본능

프로이트는 <쾌락원칙의 피안>을 출판하기 5년 전, 제1차 세계대전 중에 "전쟁과 죽음에 대한 고찰"(1915)이라는 논문을 발표하였다. 이 글은 아인슈타인에게 보낸 "왜 전쟁인가?"(1932)라는 서신과 함께 프로이트의 인간관과 문명관을 잘 보여 주는 논문이다.

프로이트는 전쟁이야말로 인간 상호간의 적대감을 가장 극적으로 드러내는 집단 히스테리 현상이라는 점에서 인간의 특성과 본능을 이해하는 데 매우 중요한 역할을 한다고 말한다. 대부분의 사람들은 전쟁의 야만성을 증오하고 그 비참함에 분노한다. 그러나 때로는 민족의 자존을 위해서 또는 신의 영광을 위해서 전쟁을 정당화하고 미화하기도 한다.

전쟁은 집단살해가 정당화되는 집단 광기다. 벌레 한 마리 죽이는 것조차 망설이던 사람도 종교나 민족의 이름으로 살해의 화신이 되기도 한다. 무엇이 그것을 가능케 하는가? 전쟁의 심리학은 무엇인가? 프로이트는 인간의 내면에는 원시인으로부터 문명인에 이르기까지 모두 다른 동물을 능가하는 잔혹성과 폭력성의 원시적 단층이 존재하다고 믿는다. 그것이 문명의 베일을 뚫고 간헐적으로 또는 주기적으로 용솟음치는 집단 광기가 바로 전쟁으로 나타나는 것이다. 따라서 프로이트는 사람들의 전쟁에 대한 분노와 환멸은 인간에 대한 과대평가에서 비롯된 것이라고 말한다. 인간이 선하고 선하게 될 수 있다는 희망은 환상일 뿐이다. 왜 그럴까? 그것은 도덕론자들이 생각하는 것처럼 인간이 언젠가 선했던 상태로부터 타락한 존재가 아니라, 본래 높은 수준까지 결코 올라간 적이 없는 존재이기 때문이다.

프로이트는 루소 식으로 인간의 원시 상태를 자유롭고 평등하고 행복했든 상태로 이해하지 않는다. 오히려 원시인들은 감정을 억제하는 문명적 장치가 아직 없었기 때문에 감정의 폭발이 직접적 행위로 나타나는 야만 상태로 존재했다.

> 타인의 죽음은 싫어하는 자의 소멸을 의미했기 때문에, 원시인은 거리낌 없이 타인을 죽였다. 원시인은 분명 열정적인 동물이었을 테고, 다른 어떤 동물보다도 잔인하고 악의에 차 있었을 것이다. 그는 죽이기를 좋아했고, 당연한 일처럼 타인을 죽였다. 다른 동물들은 같은 종(種)을 잡아먹지 못하게 하는 본능을 갖고 있다지만, 원시인도 이런 본능을 갖고 있었다고 확신할 수는 없다. 따라서 원시인의 역사는 살인으로 얼룩져 있다.[15]

인간은 모두 카인의 후예다. 인간 정신의 원시적 단층, 카인의 단층은 불멸의 것으로, "선사시대의 원시인은 우리의 무의식 속에 변함없는 모습"[16]으로 살아 있다. "따라서 무의식적 소망 충동으로 우리를 판단한다면, 우리도 원시인과 같은 살인자 집단이다."[17] 그러나 문명인은 원시인처럼 살해 본능을 직접적 실행으로 이행하기를 주저한다. 그것은 문명이 무의식적 살해 본능에 부과한 다행스런 결과다. 그럼에도 불구하고 문명은 바로 원시적 살해 단층 위에 성립된 베일과 같은 것이기 때문에 찢어지기 쉬운 것이다. 전쟁은 바로 문명의 베일을 찢고 폭력적 원시성이 드러나는 사건이다. 즉 "전쟁은 우리가 나중에 얻어 입은 문명의 옷을 발가벗기고, 우리 모두의 마음속에 숨어 있는 원시인을 노출시킨다."[18]

문명은 언제나 '하지 마라'는 금기와 부정(否定)을 바탕으로 한다. 그러나 본능적 충동으로 이루어져 있는 무의식은 어떤 부정(否定)도 모른다.[19] 부정은 오직 문명에 의해서 부가된 첨가물이요 결과물이다. 예를 들어 문명은 인간의 살해 본능을 '살인하지 마라'는 신적 계명으로 강력히 금지한다. 그러나 그 금기는 바로 그만큼 강력한 살해 충동이 인간에게 있다는 반증이기도 하다.

---

15) "전쟁과 죽음에 대한 고찰," <전집 12, 58-59>.
16) "전쟁과 죽음에 대한 고찰," <전집 12, 64>.
17) "전쟁과 죽음에 대한 고찰," <전집 12, 66>.
18) "전쟁과 죽음에 대한 고찰," <전집 12, 68-69>.
19) "전쟁과 죽음에 대한 고찰," <전집 12, 64>.

> 아무도 하고 싶지 않는 일을 강력하게 금지할 필요가 어디 있겠는가. 그런 일은 저절로 배제된다. '살인하지 마라'는 계율을 강조하는 것 자체가 우리는 먼 옛날부터 대대로 이어져 내려온 살인자들의 자손이며, 조상들이 피 속에 갖고 있었던 살인에 대한 욕망을 오늘날의 우리 자신도 갖고 있으리라는 점을 확인해 주고 있다.[20)]

살인에 대한 금지가 인류가 문명의 과정을 통해서 획득한 첨가물이라면, 인류는 문명의 발달을 통해서 살해 본능을 어느 정도 억제할 수 있다. 이것은 인간의 살해 본능을 극복하기 위한 일종의 희망이다. 실제로 프로이트는 아인슈타인에게 보낸 "왜 전쟁인가?"(1932)라는 편지에서 자신을 '평화주의자'로 자처하면서, 인간의 '증오와 파괴에 대한 욕망'이 법과 이성의 지배를 통해서 극복될 수 있기를 희망했다. 프로이트는 그것이 교육과 예술의 증대, 국제 문화의 교류, 권위주의적 종교의 영향력 감소 등을 통해서 실현될 수 있다고 생각했다. "문명의 발전을 촉진하는 것은 동시에 전쟁을 억제하는 작용"[21)]을 하기 때문이다.

다시 처음으로 돌아가서 프로이트의 원시적 살해 본능에 대한 개념은 우리에게 문명은 찢어지기 쉬운 베일과 같다는 문명의 미래에 대한 비관적 정조를 보여 준다. 문명이 시간적 현상이라면 본능은 영원한 현상이요, 문명이 본능에 부과한 부정(否定)의 현상이라면 본능은 부정을 모르는 자연의 현상이기 때문이다.[22)] 여기서 프로이트의 원시적 살

20) "전쟁과 죽음에 대한 고찰," <전집 12, 64>.

21) "왜 전쟁인가," <전집 12, 353>.

22) 프로이트의 본능이 무차별적 자연의 범주이듯이, 베르그송은 <창조적 진화, *The Creative Evolution*>의 '무(無)의 이념'의 장에서 자연에는 부정의 원리가 없다고 하였다. 자연은 존재하는 그대로 긍정적인 것이다. 우리는 이러 저러한 장소에 무엇이 '없다'고 표현을 하지만 이러저러한 것이 어느 장소에 없다면 자연에 있어서는 다른 어떤 것이 구체적으로 그 장소에 '있다'고 말할 수 있다. 예를 들어 물건을 집어 들고 '이것은 책이 아니다'라고 말할 때, 그것이 책은 아니라고 할지라도 사과나 연필이나 기타 무엇일 수밖에 없을 것이다. 또는 '땅이 젖지 않았다'라는 부정적인 언어 표현은 실제로 '땅이 말라 있다'는 자연의 긍정적 상황을 부정적 언어체계로 진술한 것일 뿐이다. 따라서 베르그송은 부정적 언어의 요소는 '실현되지 않은 기대'(unfulfilled expectation) 때문에 발생한다고 하였다. 즉 내가 어떤 상황을 기대하였을 때에 다른 상황이 발생하였다면 나는 기대된 상황이 일어나지

해 본능은 후에 정교하게 발전하면서 죽음 본능의 개념으로 발전한다.

생명 본능과 죽음 본능

<쾌락원칙의 피안>(1920)은 프로이트 사상의 전환점을 이루는 작품이다. 프로이트는 여기서 처음으로 에로스와 타나토스, 생명 본능과 죽음 본능이라는 새로운 개념을 제시함으로써 이원론적 본능론의 초석을 마련하였다. 초기 프로이트가 생물학적 자기보존 본능과 종족보존 본능, 실러의 식욕과 사랑을 자아 본능과 성 본능으로 표현했다면, 후기 프로이트는 생명과 죽음의 이원론을 통하여 본능론을 형이상학적 개념으로까지 발전시킨다. 이로써 프로이트의 본능론은 내재적 모순과 내재적 갈등에서 인간과 문명을 설명할 수 있는 본질적 이원론의 모습을 갖추게 된다. 프로이트 자신이 에로스와 타나토스의 개념은 매우 '사변적'이고 '비유적'인 방법으로 전개되었다고 고백하듯이, 이 개념은 매우 철학적이고 논쟁적이며 혁명적인 성격을 가지고 있다.

1) 먼저 프로이트가 삶의 본능으로 일컫는 '에로스'란 무엇인가? 에로스는 본래 플라톤의 <향연>에서 시인 아리스토파네스의 입을 통해서 전해지는 신화다. 아리스토파네스는 사랑의 기원을 말하면서 옛날의 인간은 머리가 둘이고 팔 다리가 넷인 양성인간(androgyne)이었다고 말한다. 양성인간은 남성과 여성, 남성과 남성, 여성과 여성이 하나

'않았다'고 부정어를 사용한다. 그러나 자연에는 부정적 상황이 존재하지 않고 어떤 다른 상황이 긍정적으로 존재하고 있을 뿐이다. 쉬운 예로 내가 방의 온도가 20도가 되기를 기대하였을 때에 실제의 온도가 그렇지 않다면, 나는 방의 온도가 20도가 '아니다'라고 부정어를 통하여 진술할 것이다. 그러나 실제로 방의 온도는 15도, 30도 등등의 다른 온도로 긍정적으로 존재할 뿐이다. 따라서 케네스 벌크(Kenneth Burke)는 베르그송의 이런 통찰을 원용하여 부정어는 인간이 창조한 최대의 언어적 발명품이라고 하였다.

가 되어 구(球)의 모습을 하고 있었다. 이들은 힘이 세고 완전해서 신들을 필요로 하지 않았기에 제물도 바치지 않았다. 더욱이 이들은 올림포스의 신들을 정복하기 위해 거대한 탑을 쌓았다. 신들은 오만한 인간들을 벌하기 위해서 이들을 둘로 잘라 놓기로 작정하였다. 아폴론이 잠자는 최초의 인간을 반으로 자르는 성형수술을 가했다. 이로부터 인간은 불행하게 되었고 잃어버린 반신을 찾아 온전해지려는 그리움과 사랑, 즉 에로스를 갖게 되었다.

프로이트는 플라톤의 에로스야말로 자신의 성의 개념과 근접하다고 생각했다. 따라서 프로이트는 성애라는 단어를 불쾌하거나 수치스럽게 생각하는 사람이 있다면, 이를 에로스라는 말로 대치해도 좋을 것이라고 하였다. 단지 프로이트는 에로스라는 말이 생물학적 몸과는 관계없는 플라톤적 사랑이라는 말처럼 정신적 승화의 개념으로 제한적으로 사용될 것을 염려했을 뿐이다.

여하튼 프로이트는 에로스를 <쾌락원칙의 피안>으로부터 시작해서 이후의 작품에 이르기까지 생명 본능의 뜻으로 사용한다. 에로스는 바로 생명이 있는 곳에 존재하는 생명의 원리, 세포들이 연합하여 다세포체가 되고, 다세포체가 모여서 생물 세계로 확대되듯이, 생명을 통합하고 확대하는 원리다.

생명 본능이란 개념이 도입되면서 초기 프로이트의 본능론은 전면적인 수정이 불가피하다. 왜냐하면 자아 본능과 성 본능, 자아 리비도와 대상 리비도가 모두 에로스에 속해야 할 것이기 때문이다.[23] 또한 <나르시시즘 서론>에서 일원론적 리비도로 제시되었던 성적 리비도 또는 나르시시즘 리비도도 생명 본능의 범주로 통일되어야 한다. 이같이 생명 본능의 도입과 함께 초기의 본능론은 생물학적 개념을 벗어나서 인류학적 개념으로 확대 해석할 수 있는 기초가 마련된다.

---

23) "정신분석학 개요," <전집 15, 418>.

2) 생명 본능과 대립되는 타나토스, 죽음 본능이란 무엇인가? 앞서 우리는 "전쟁과 죽음에 대한 고찰"(1915)에서 인간 정신의 심층에 존재하는 원시적 살해 본능에 대해 살펴보았다. 원시적 살해 본능은 인류학적 자료에 근거한 가설이지만 <쾌락원칙의 피안>에서처럼 아직 철학적, 형이상학적 사변에 이르지는 못했다. 프로이트의 죽음 본능에 대한 사변적 가설은 심리학적 분석과 생물학적 추론으로부터 정교한 모양새를 갖추기 시작한다.

먼저 프로이트는 전쟁으로 인한 신경증 환자들을 분석하는 가운데 전쟁의 충격적 상흔이 꿈을 통해 반복적으로 나타나는 것을 발견하였다. 그것은 꿈을 소원 성취라고 보았던 초기의 꿈 해석에 반하는 현상이다. 이 환자들은 치유되는 꿈을 꾸는 것이 아니라 거꾸로 원래의 고통스런 상태로 되돌아가는 꿈을 꾼다. 그것은 또한 쾌락원칙이 무의식을 지배한다고 보았던 초기의 본능론에도 맞지 않는다. 고통을 피하고 쾌락을 추구하는 것이 무의식적 본능의 세계, 쾌락원칙의 세계라면, 어떻게 고통스런 경험이 반복되는 것을 설명할 수 있을까? 프로이트는 이런 반복강박증에는 쾌락원칙으로는 설명할 수 없는 다른 종류의 본능이 존재할 수 있다는 가설을 세웠다.

동일한 문제가 다른 환자들의 분석에서도 나타났다. 어떤 환자들은 어린 시절 부모와의 고통스런 관계를 분석자와의 관계에서 무의식적으로 재생산한다. 그렇다면 전쟁신경증 환자의 분석에서처럼 불쾌한 경험을 반복하려는 퇴행 충동, 반복강박 충동이 인간에게 존재한다고 가정해도 무방하다. 반복강박은 쾌락원칙과는 어떤 관계가 있을까? 어린이들이 같은 이야기를 매일 반복적으로 들으면서도 싫증을 내지 않는 것은 반복이라는 것이 쾌락과 어떤 관계가 있다는 것을 보여 준다.

이런 질문들이 생물학적 진화론에 대한 추론과 함께 죽음 본능이라는 개념으로 빛을 발하게 된다. 프로이트는 에로스를 생명이 있는 곳에 존재하는 생명의 원리, 생명을 '엮는' 원리라고 하였다. 그렇다면 이와 반대되는 죽음의 본능은 생명을 '푸는' 원리가 될 것이다. 따라서 프로이트는 다음과 같이 말한다.

> [에로스의] 목적은 언제나 더 큰 통일을 이루고 이를 유지하는 것, 즉 애착이고, 반대로 후자[파괴 본능]의 목적은 연관을 해체하여 사물을 파괴하는 것이다.[24]

> 하나는 에로스적 본능으로서 언제나 살아 있는 물질을 더 큰 단위로 뭉치게 하려는 것이며, 또 하나는 죽음의 본능으로서 이러한 생명 추구에 맞서면서 살아 있는 것을 비유기적 상태로 되돌리려는 것입니다. 두 가지 본능의 이러한 통합 작용과 대립 작용으로 말미암아 생명 현상들이 생겨나고 또 죽음은 그것을 종식시킵니다.[25]

생명이 무기물로부터 유기물로, 단세포로부터 다세포로, 하등동물에서 고등동물로 진화하듯이, 생명 본능은 보다 넓고, 보다 깊고, 보다 높은 방향으로 엮어지는 생명의 확대와 다양화의 과정이다. 이와 반대로 죽음의 본능은 생명의 본 고향인 무기물의 상태로 회귀하려는 충동, 엮어진 생명의 실을 풀어나가는 과정으로 이해할 수 있다. 따라서 프로이트는 다세포 유기체에는 자신을 해체하고 무기적 안정 상태로 분리하려는 죽음 또는 파괴 본능이 있다고 하였다.[26]

그렇다면 죽음은 어떤 외적 원인에 의해 일어나는 것이 아니라 자연이 부여한 내적 원인을 따라 자신의 길을 찾아가는 것으로 이해할 수 있다. 말하자면, 모든 생명체는 엔트로피와 같이 죽음으로 이끌려고 하는 본능적 힘에 속박되어 있다고 할 수 있다.[27] 이로부터 열반원칙이라는 새로운 개념이 등장한다.

---

24) "정신분석학 개요," <전집 15, 418>.
25) "불안과 본능적 삶," <전집 2, 144>.
26) "마조히즘의 경제적 문제," <전집 11, 423>.
27) "쾌락원칙을 넘어서," <전집 11, 322>.

열반원칙과 쾌락원칙

프로이트는 죽음 본능을 유기체가 초기 상태로 돌아가려는 보수적, 퇴행적 경향이라고 말한다. 그렇다면 이것은 프로이트가 무의식의 정신적 기능으로 일관되게 주장해 온 쾌락원칙과는 어떤 관계가 있을까?

> 쾌락원칙은, 정신 기관을 자극에서 완전 해방시키고 그 속에 있는 자극의 양을 일정 수준이나 가능하면 낮은 수준으로 유지하는 것을 주 업무로 하는 기능에 봉사해서 작동하는 어떤 경향이다. 우리는 아직 그것을 표현하는 여러 방법 중 어느 것을 선호해서 표현해야 할지 확실하게 결정할 수 없다. 그러나 한 가지 분명한 것은 이와 같이 기술된 기능이 모든 살아 있는 물질의 가장 보편적인 노력, 즉 무생물계의 정지 상태로 돌아가고자 하는 노력과 관련될 것이라는 점이다.[28)]

여기서 쾌락원칙은 자극으로부터 해방되어 무기물의 평온함으로 돌아가려는 보수적, 퇴행적 죽음의 본능과 일치한다. 즉 쾌락원칙이 죽음의 본능 속으로 빨려 들어가 재해석되는 것이다. 이렇게 "자극으로 인한 긴장을 감소시키거나, 일정하게 하거나, 또는 제거하려는 노력," 유기체가 완전한 정적(靜寂)을 향하는 퇴행 충동, 즉 쾌락원칙과 죽음 본능의 결합을 프로이트는 '열반원칙'(Nirvana principle)이라 불렀다.

열반원칙의 등장과 함께 쾌락원칙은 더 이상 무의식적 본능에서 일차적 우위를 점하지 못한다. 오히려 <쾌락원칙의 피안>이라는 제목이 암시하듯이 쾌락원칙은 죽음 본능에 봉사하는 열반원칙에 속한다. 예를 들어 성행위는 긴장의 축적과 긴장의 해소라는 사이클을 가지고 있다. 축적된 긴장이 오르가즘을 통해 폭발적으로 해소되는 것이 성행위를 통해 획득되는 쾌락이다. 여기서 쾌락원칙은 긴장의 최소화 또는 제거, 즉 죽음의 본능과 결합되는 열반원칙에 봉사한다고 말할 수 있다. 즉 쾌락원칙은 긴장을 무화시키려는 열반원칙의 한 형태다. 이런

---

28) "쾌락원칙을 넘어서," <전집 11, 341>.

사변은 생명체의 죽음을 전혀 새롭게 이해할 수 있는 소지를 마련해 준다.

> 만일 모든 유기체의 퇴행 충동이 완전한 정적을 추구하는 것이고 쾌락원칙이 열반원칙의 근거라면, 죽음의 필연성은 전혀 새로운 빛 속에서 드러나게 된다. 죽음의 본능은 파괴를 위한 파괴가 아니라 긴장의 제거를 위한 파괴이다. 죽음으로의 하강은 고통과 결핍으로부터의 무의식적인 도피이다.[29]

그러나 후에 프로이트는 <마조히즘의 경제적 문제>(1924)에서 이 견해를 일부 수정함으로써 열반원칙과 쾌락원칙을 다시 구별하였다. 마조히즘의 경우에는 긴장의 고조와 긴장의 해소가 각각 고통과 쾌락을 낳는다는 법칙이 그대로 적용되지 않는다. 오히려 긴장의 고조가 쾌락을 낳을 수 있고 긴장의 해소가 고통을 발생시킬 수 있다. 그렇다면 마조히즘에는 긴장의 감소와 제거라는 열반원칙과는 다른 원칙이 적용되어야 한다. 즉 쾌락에는 이전에 생각했듯이 긴장의 양적 감소와는 무관하게 고통을 피하고 쾌락을 추구하는 다른 방법이 있을 수 있다. 따라서 프로이트는 이전의 현실원칙과 함께 세 원칙을 제시하였다.

> 이런 식으로 우리는 작기는 하지만 흥미로운 일련의 연결 고리를 얻게 되었다. <열반>원칙은 죽음 본능의 추세를 표현하고, <쾌락>원칙은 리비도의 욕구를 표현한다. 그리고 쾌락원칙의 변형인 <현실>원칙은 외부 세계의 영향을 표현한다.[30]

풀어 말하자면, 첫째로 열반원칙은 긴장의 완화나 제거를 추구하는 추세를 표현한다. 둘째로 쾌락원칙은 쾌락을 추구하고 고통을 피하려는 욕구를 표현한다. 셋째로 현실원칙은 유기체가 외부 현실에 적응하는 방법을 말한다. 이 도식으로 말미암아, 열반원칙은 긴장을 제로 포

---

29) 마르쿠제, <에로스와 문명>, 김인환 역, 나남출판, 46.
30) "마조히즘의 경제적 문제," <전집 11, 419>.

인트로 무화시키려는 죽음 본능의 급진적 경향, 즉 쾌락과 죽음의 심오한 관계를 표현하게 되었고, 쾌락원칙은 죽음 본능에 봉사하는 입장으로부터 다시 자신의 독립적 입장을 회복한 셈이 된다.

죽음 본능과 문명

열반원칙이 긴장을 제로 포인트로 무화시키려는 죽음 본능의 급진적 경향이라면, 사도-마조히즘(Sado-Masochism)은 새롭게 해석될 수 있다. 즉 열반원칙에서 보자면 마조히즘은 단순히 피학적 도착 성애라기보다는 좀 더 근원적으로 자신을 향하는 죽음 본능에 속하는 것이 된다. 따라서 프로이트는 유기체 내에 존재하는 근원적 죽음 본능을 '원초적 마조히즘'이라고 불렀다.

여기서 만약 유기체가 자신 안에 내재하는 죽음 본능을 외부 세계로 돌리지 않으면 자기보존 본능을 달성할 수 없다. 즉 유기체가 살기 위해서는 죽음 본능을 외부로 향하도록 해야 한다. 여기서 외부를 향한 죽음의 본능을 사디즘이라 부른다. 그리고 외부를 향했던 죽음 본능이 다시 자신에게로 방향을 전환한다면, 프로이트는 이를 '원초적 마조히즘'에 대하여 '이차적 마조히즘'이라고 부른다. 그런데 중요한 것은 죽음 본능을 외적 세계로 돌림으로써 현실적 삶이 일어난다는 사실이다.

> 리비도는 파괴적 본능을 해롭지 않은 것으로 만드는 책무를 띠고 있고, 그 본능을 대부분 외부로 돌림으로써—곧 특별히 유기적 조직체인 근육 기관의 도움을 받으면서—즉 그것을 외부 세계에 있는 대상을 향하게 함으로써 그 책무를 수행한다. 그렇다면 그 본능은 파괴적 본능이나 지배 본능, 혹은 권력에의 의지라고 부를 수 있을 것이다.[31]

31) "마조히즘의 경제적 문제," <전집 11, 423>.

여기서 사디즘이 파괴와 지배와 권력의 사회학적 개념으로 발전하는 단초를 발견할 수 있다. 죽음 본능이 지배하는 세계는 홉스의 '만인의 만인에 대한 이리'와 같이 고통과 모순이 수반되는 약육강식의 현실이다. 이에 대립하여 에로스는 생명을 연합하고 확대하면서 죽음 본능을 중화시키는 역할을 한다. 그런데 만약 죽음 본능이 에로스와 결합하고, 에로스의 목적에 봉사할 수 있다면, 죽음 본능은 인간의 생명 유지뿐만 아니라, 정치, 경제, 문화, 과학 등의 발전을 위해서 필요불가결한 요소가 될 것임을 쉽게 짐작할 수 있다.

예를 들어 구순기의 유아는 자신이 사랑하는 어머니의 젖을 공격적으로 깨물고 마심으로 쾌락을 느끼고 생명을 보존한다. 성교는 성적 대상에 공격을 가하고 지배하는 일종의 투쟁으로서, 공격성을 통해서 쾌락을 획득하고 종족을 보존한다. 이러한 사실은 다른 경우에도 마찬가지이다. 학문의 발달은 앎에 대한 호기심이 공격적으로 추구되면서 생기는 결과요, 경제의 발달은 이익 창출에 대한 야심이 공격적으로 추구되어 생기는 결과며, 예술의 발달은 무형상의 질료에 대한 공격적 형상 입히기를 통해 형성되는 세계다.

그렇다면 죽음 본능은 성애의 동력일 뿐만 아니라 생존투쟁의 동력이요 문명발달의 동력이기도 하다. 죽음 본능으로부터 시작한 사디즘이 이제는 현실적 삶을 유지하는 필수불가결한 요소가 되었음을 발견할 수 있다. 따라서 프로이트는 죽음 본능이 에로스에 봉사하는 비전, 즉 에로스의 확대에서 문명의 희망을 찾고 있다. 그러나 문명 자체가 죽음 본능을 에로스에 봉사하는 방향으로 선회시킨 것이기 때문에, 문명의 밑바닥에는 죽음 본능의 어두운 그림자가 언제나 존재하고 있음을 인정해야 한다. 이것은 문명이 본능을 덮고 있는 찢어지기 쉬운 베일이라는 사실을 증언하고 있는 것이다.

여하튼 프로이트의 죽음에 대한 사변과 통찰은 죽음과 삶이 뗄 수 없이 가까이 얽혀 있고, 죽음이 바로 삶의 본질적 지배요소라는 것을 밝혀 준다. 프로이트는 '삶의 목표는 바로 죽음'이라고까지 했다. 마르쿠제가 지적하는 대로 프로이트는 유례를 찾기 힘들 정도로 죽음을 삶의 본질로서 일관되게 취급하고, 죽음과 에로스를 가장 밀착시킨 사상가라고 할 수 있다.

논쟁과 의미

죽음 본능은 프로이트 사상에서 가장 논란이 되는 부분이다. 만약 죽음의 본능이 유기체에 내재하는 생물학적 필연의 법칙이라면, 형이상학적 비관론으로 귀결될 것이요, 치료를 목표로 삼는 정신분석학은 막다른 골목에 도달할 것이다. 따라서 멜라니 클라인, 노만 O. 브라운, 마르쿠제 등을 제외한 대부분의 학자들은 죽음의 본능을 철학적 사변으로 치부하고 도외시하는 경향이 있다.

또한 프로이트가 '결정적 이원론'이라고 불렀던 생명 본능과 죽음 본능의 대립이 결과적으로 죽음 본능의 일원론으로 귀착될 수 있다는 주장도 있다. 그러나 죽음 본능이 삶을 유지하는 근거라는 말을 죽음이 삶을 잉태하고 삶이 죽음을 잉태하는 변증법적 순환 관계로 본다면, 죽음 본능의 모호한 일원론에 대한 문제는 해결될 수 있는 것처럼 보인다. 즉 프로이트는 죽음 본능의 일원론을 말하는 것이 아니라 죽음과 생명의 이원론적 변증법을 말하고 있는 것이다.

이런 변증법적 관계에서 보자면, 프로이트의 본능이라는 말은 생물학적 필연성에 국한되지 않고 "삶의 과정에 특정한 방향을 주는 결정적인 힘, 즉 삶의 원칙"[32]으로 보다 넓게 이해할 수 있고, 철학적으로 보다 큰 의미를 가질 수 있다. 실제로 프로이트는 헤링과 쇼펜하우어의 말을 차용하여 생명 본능과 죽음 본능의 철학적 의미를 천명한다.

---

32) 마르쿠제, <에로스와 문명>, 44.

> 헤링의 이론에 의하면 생명체에는 두 종류의 과정이 서로 반대 방향에서 항구적으로 작용한다. 하나는 건설적이고 융합적이며, 다른 하나는 파괴적이고 분열적이다. 생명 과정의 이러한 두 방향을 생명 본능과 죽음 본능이라는 본능적 충동의 행위로 인식할 수 있지 않겠는가? 좌우지간 우리가 묵과할 수 없는 또 다른 것이 있다. 뜻하지 않게 우리는 쇼펜하우어의 철학이라는 항구로 방향을 틀게 되었다. 그에게 죽음은 '진정한 결과요, 그런 점에서 삶의 목적'이다. 반면에 성 본능은 삶의 의지의 체현이다.[33]

여기서 생명 본능과 죽음 본능은 생물학적 본능의 개념을 넘어서서 형이상학적 개념으로 정착하는 것을 볼 수 있다. 그것은 당김과 밀침의 물리학적 대칭 원리요, 동화작용과 이화작용의 생물학적 대칭 원리며, 연합과 파괴의 사회학적 원리요, 시작과 종말의 역사적 원리로 이해할 수 있다. 이러한 대칭 원리가 급진화될 때, 프로이트의 사상은, 노만 O. 브라운이 지적하듯이, 희랍의 철학자 엠페도클레스가 사랑(philia)과 증오(neikos)를 만물의 본질(arche)로 보면서 우주론적 철학을 수립한 것처럼, 이원론적 보편 철학 또는 이원론적 마니교의 보편종교로 발전할 수 있을 뿐만 아니라,[34] 앞으로 살펴볼 <문명 속의 불만>에서처럼 변증법적 정치철학으로도 발전할 수 있는 소지를 마련한다.

---

33) 필자의 번역, *Beyond the Pleasure Principle, The Freud Reader*, Peter Gay(ed), New York: Norton, 1989, 618, "쾌락원칙을 넘어서," <전집 11, 324>.

34). Norman O. Brown, *Life against Death*, 81.

3. 본능의 지형학

서언

프로이트의 본능론은 <쾌락원칙의 피안>(1920)의 연장과 완성으로 평가되는 <에고와 이드>(1923)에서 마지막 모습을 드러낸다. <쾌락원칙의 피안>에서 처음으로 생명 본능과 죽음 본능이라는 구조적 본능론이 제시되었다면, <에고와 이드>에서는 이것이 지형학적 이론으로 완성된다. 프로이트는 <쾌락원칙의 피안>이 생물학적 통찰을 사변적으로 수용한 이론이라면, <에고와 이드>는 보다 정신분석학에 가까운 이론이라고 말하였다. 이것이 <쾌락원칙의 피안>이 보다 현학적이고 철학적인 색깔을 갖는다면, <에고와 이드>가 보다 심리학적이고 과학적인 색채를 갖는 이유다.

프로이트의 지형학은 이드, 에고, 초자아로 구성된다. 프로이트는 정신을 여러 힘들이 서로 갈등하면서 통합되어 있는 모순적 일치의 존재로 이해한다. 그것이 쾌락원칙과 현실원칙, 자아 본능과 성 본능, 자아 리비도와 대상 리비도, 생명 본능과 죽음 본능으로 나타났고, 마침내 지형학적으로 이드, 에고, 초자아 사이의 동력적 관계로 나타났다. 본장에서는 이를 살펴보려고 한다.

플라톤의 지형학

프로이트의 이드, 에고, 초자아의 지형학은 플라톤의 심리학적 지형학의 전통에 속한다.[1] 플라톤 이전에는 영혼을 정령, 생명의 숨, 또는 기(氣) 등으로 종교적 개념으로 이해하였다. 이와는 달리 플라톤과 아리스토텔레스는 영혼을 각기 심리학적 개념과 생물학적 개념으로 재해석한 특색을 가지고 있다.

아리스토텔레스는 영혼을 생물학적 개념인 생명의 원리로 해석하면서, 이를 식물적(자양적 성장의 원리), 동물적(자유 운동의 원리), 합리적(자아의식의 원리) 원리로 분류하였다. 식물은 오직 자양적 성장의 영혼만을 가지고 있고, 동물은 성장뿐만 아니라 운동할 수 있는 존재이기에 두 개의 영혼을 가지고 있으며, 인간은 성장과 운동뿐만 아니라 생각할 수 있는 존재이기에 세 개의 영혼을 가지고 있다.

그런데 플라톤은 종교적 영혼 이해나 생물학적 영혼 이해와는 달리 영혼을 정신의 개념으로 해석하였다. 영혼은 변화하는 감각계를 넘어서서 영원한 예지계를 향한 운동이요, 불완전한 견해(doxa)로부터 완전한 앎(episteme)을 향한 지식의 원리다. 이런 점에서 플라톤은 영혼을 마음과 동일시한 데카르트, 또는 동물은 의식을 가지고 있지만 인간은 자아의식을 가지고 있다고 말한 헤겔을 기대하듯이, 인간의 영혼을 정신이나 의식으로 이해한 최초의 관념론자요 최초의 심리학자라고 할 수 있다.

---

1) 이에 대해서는 필립 리프의 훌륭한 논문을 참조. Philip Rieff, "Freudian Ethics and the Idea of Reason," Laurence Spurling ed. *Sigmund Freud: Critical Assessments*, London and New York: Routledge, 1989, 270-288.

플라톤의 <국가론>은 이러한 사정을 잘 보여 주고 있다. 제4권에서 플라톤은 마치 프로이트의 지형학을 기대하듯이, 영혼의 본질을 사회적 계층질서라는 정치적 메타포를 통하여 설명한다. 영혼은 보이지 않는다. 그러나 인간 정신의 활동의 장인 폴리스, 도시국가는 보이는 실재다. 따라서 플라톤은 보이는 도시국가의 구조를 통해서 영혼의 구조를 보여 주려고 한다. 이것이 플라톤의 정치학이 심리학이요, 심리학이 곧 정치학이 되는 이유다.

폴리스 안에는 국가를 경영하는 관리자와 국가를 수호하는 군인과 재화를 생산하는 일반 장인들이 있다. 플라톤은 이를 금, 은, 동의 상징주의로 표현한다. 금에 속하는 관리자는 폴리스를 도덕적, 이성적으로 지혜롭게 통치해야 한다. 지배자가 이익 욕구나 권력 의지에 사로잡히면 국가는 혼돈에 빠질 것이다. 은에 속하는 군인은 이방인이 오면 마구 짖어대는 개처럼 폴리스를 방어해야 한다. 군인이 권력 의지나 이익 욕구에 빠지면 폴리스는 철권정치의 위험에 노출될 것이다. 동에 속하는 장인들은 재화창조에 힘쓰나 이해관계의 노예가 되어서는 안 된다. 생산자가 권력의지나 힘의 욕구를 갖는다면 폴리스는 금권정치로 타락할 것이다. 이러한 위험을 방지하기 위해서는 이성이 각자의 욕구를 조절하고 방향을 제시해 주어야 한다. 지배자는 이성의 지혜를 가져야 하고, 수호자는 용기의 지혜를 가져야 하며, 생산자는 절제의 지혜를 가져야 한다. 이들이 모두 제 역할을 다 하고 조화를 이룰 때, 폴리스에는 정의가 실현되고 이상적 폴리스가 된다. 따라서 정의는 이성과 용기와 절제의 세 가지 덕이 모두 조화를 이루는 곳에 일어나는 선한 결과라고 할 수 있다.

폴리스에 관리자, 군인, 장인들이 있듯이, 영혼 안에도 이성(nous)과 정서(thumos)와 욕망(epithumia)이 있다. 이성은 폴리스의 지배자처럼 가장 높은 정신적 기관이다. 이성은 다른 정신 기관을 감시하고 방향을 제시하는 지혜를 덕목으로 한다. 따라서 플라톤은 이성을 '금지의 원리'라고 말한다. 장인에 해당하는 욕망은 식욕과 성욕처럼 감관적 욕망이 작용하는 부분이다. 만약 감관적 욕망이 고삐 풀린 말처럼 자신을 주장한다면, 영혼은 침몰하고 만다. 따라서 욕망은 이성의 방향과 금지를 따라 절제되어야 한다. 군인에 해당하는 정서 또는 의지는 공포나 분노와 같은 감정을 느끼는 부분이다. 정서는 이성과 욕망의 중간에 속하면서 자신의 비합리적인 힘을 소유하고 있다. 군인이 자신의 힘을 지배자의 이성에 따라 사용하면 민주주의가 가능하지만, 대중의 이익과 쾌락을 따른다면 철권정치나 금권정치로 변한다. 마찬가지로 정서는 그 자체로는 선도 악도 아니지만, 이성을 따르느냐 욕망을 따르느냐에 따라 선도 되고 악도 될 수 있다. 따라서 플라톤은 <파이드러스>(246a ff)에서 인간의 영혼을 이성이라는 마부가 의지의 말과 욕망의 말, 즉 이성의 인도를 받아 천상을 향하는 깨끗하고 고결한 말과 천상의 길을 벗어나게 하려는 고집 센 말을 몰고 있는 것으로 묘사하였다. 여기서 이성이라는 마부는 의지의 말의 힘을 빌려서 욕망의 말을 복종시키고 천상의 길을 갈 수 있다.

폴리스에 이성과 용기와 절제가 조화롭게 실현될 때, 이상적 폴리스가 되고 정의가 실현되듯이, 영혼에도 이성과 의지와 욕망이 이성의 인도를 따라서 조화를 이룰 때, 이상적이고 정의로운 영혼이 실현된다. 그렇지 않다면 영혼은 서로 다른 힘의 모순과 갈등 속에서 혼돈과 부정의를 경험하게 된다. 플라톤에게 영혼이 겪는 혼돈과 부정의는 바로 프로이트의 신경증에 해당한다. 한마디로 플라톤의 심리학은 폴리스의 정치관계라는 메타포를 통해서 바라본 영혼의 변증법적 지형학이다. 플라톤의 지형학을 상기시키듯, 프로이트에게는 이드, 에고, 초자아의 지형학이 있다. 이를 살펴보도록 하자.

프로이트의 지형학

플라톤이 보이지 않는 영혼을 보이는 도시국가의 구조를 통해서 설명하듯이, 프로이트도 보이지 않는 정신세계를 무의식의 방과 의식의 방, 어두운 부분과 밝은 부분, 쾌락의 세계와 현실의 세계, 그리고 이들을 매개하는 중간 지대와 같은 메타포를 통해서 설명한다. 따라서 모든 새로운 이론들이 그렇듯이 프로이트의 지형학도 비유적이고 사변적이며 또한 창작적 성격을 가질 수밖에 없다.

프로이트의 지형학은 플라톤의 지형학과 구조적으로 유사하다. 이드는 욕망에 해당하고, 에고는 감정에 해당하며, 초자아는 이성에 해당한다. 그러나 구조적 유사성에도 불구하고 각기의 항목은 내용상으로 큰 차이를 드러내는데, 그것은 지성주의자와 경험론자의 차이, 윌리엄 제임스가 말한 심약한 성품과 현실적 성품의 기질적 차이, 관념론자와 유물론자의 차이에 기인한다고 보아도 무방하다. 그것은 이드, 에고, 초자아가 무엇인지를 하나씩 살펴보면 분명해진다.

1) 이드: 프로이트가 <에고와 이드>에서 사용하기 시작한 '이드'(id)라는 말은 독일어의 das Es를 라틴어로 번역한 것으로, 문자적으로 삼인칭 단수 '그것'을 뜻한다. 본래 그 말은 게오르그 그로덱(Georg Groddeck)[2]이 최초로 제시한 개념으로서, 인간 본성 안에 존재하는 비인격적인 그 무엇, 자연 법칙에 종속되는 그 무엇을 의미하는 것이었다.

> 나는 인간이 알지 못하는 것에 의해서 살아가고 있다는 견해, 즉 인간 안에는 '그것'(Es)이라는 어떤 경이로운 힘이 있어서 인간이 행동할 때나 또는 인간에게 무엇이 일어나는 것을 인도하고 있다는 견해를 수용한다. '내가 살아간다'는 말은 단지 조건부적으로만 정확한 말이다. 그 말은 '인간은 그것에 의해서 살아간다'는 근본적 원리의 매우 작고 피상적인 부분을 표현할 뿐이다.[3]

---

2) 그로덱은 정신분석학파에 가까운 독일의 심리학자로서, 프로이트의 이념에 고무되어 여러 책을 집필하였는데, 그 중의 대표적인 것이 *Das Buch vom Es*(1923)로서 영어로는 *The Book of the It*(London: Vision Press, 1949)로 번역되었다.

3) Laplanche & Pontalis, *The Language of Psycho-analysis*, 199에서 재인용.

그로덱의 '그것'은 쇼펜하우어가 물자체로 설정한 '삶에의 의지'나 니체의 '영원한 회귀'라는 자연의 무차별적 법칙처럼, 인간의 의지와 힘보다 더욱 강하고 불가항력적인 어떤 미지의 힘이 생명과 우주의 밑바닥에 놓여 있다는 개념이다. 따라서 이 말은 무의식적 미지의 세계를 탐구하는 프로이트의 주의를 끌기에 충분하였다. 프로이트는 그로덱의 '그것'을 수용하면서, 이를 인간 유기체의 가장 근본적이고, 가장 오래되고, 가장 넓은 층인 본능을 표현하는 개념으로 사용하였다.

> 이드는 우리 성품 속에 있는, 도달할 수 없는 어두운 부분입니다……그것을 카오스라 부르기도 하고, 들끓는 흥분으로 가득 찬 주전자라고 부르기도 합니다. 그것의 끝은 신체적인 것과 직접적으로 맞닿아 있고 그로부터 충동 욕구를 받아들이는데……이드는 충동들로부터 나온 에너지로 채워져 있습니다.[4)]

이드에는 오로지 쾌락원칙을 따르는 본능적 욕구와 욕구의 충족을 위한 충동만이 존재한다. 이렇게 모든 본능을 이드라는 한마디로 표현한다면, 이제껏 프로이트가 구별해서 사용했던 자아 본능과 성 본능, 자아 리비도와 대상 리비도, 생명 본능과 죽음 본능 등은 모두 이드라는 한마디에 내포되고 통합되는 결과를 초래한다.

그렇다면 문제가 생긴다. 프로이트의 심리학이 역동적이 되기 위해서는 모든 본능의 총합인 이드에 대한 대립 개념이 있어야 한다. 대립이 없다면 모순이 없고, 모순이 없다면 화해를 향한 운동도 없기 때문이다. 프로이트는 그 대립 개념을 자아, 특히 초자아의 개념으로 제시한다. 그리고 자아와 초자아의 개념과 함께 프로이트의 본능론은 문화와 종교와 사회를 모두 포함하는 인간 정신의 보편이론으로 발전할 수 있는 또 다른 차원으로 개방된다.

2) 자아: 인간은 본능만으로 외부 세계와 관계를 맺지 않는다. 본능

---

4) "심리적 인격의 해부," <전집 2, 101>.

이 무시간적 자연 존재로서 부정을 모르는 쾌락원칙을 따른다면, 부정을 동반하는 외부 세계는 현실원칙에 속한다. 따라서 본능적 이드가 현실과 관계를 맺을 때는 당연히 쾌락원칙의 수정과 억압이 필연적으로 요청된다. 이를 가능케 하는 것이 바로 자아의 역할이다.

자아는 이드로부터 점차 분화된 산물로서, 위험이 가득한 외부 세계의 자극과 영향에 대응하면서 합목적적으로 변한 부분이다. 자아는 외부 세계의 현실원칙에 적응하기 위해 이드를 조절한다. 이드가 쾌락원칙에 속하는 '일차 과정'이라면, 자아는 이드의 욕구를 현실원칙에 적응시키는 '이차 과정'이다. 만약 외적 세계의 엄청난 힘을 무시하고 본능의 일차 과정만이 존재한다면, 유기체는 파멸하고 말 것이다. 따라서 자아는 이차 과정을 통하여 이드를 조절하고 조직하고 조종하면서 유기체를 구원할 책임이 있다.

플라톤의 감정이 이성과 욕망을 연결시키는 매개적 존재이듯이, 자아는 이드와 외부 세계를 연결시키는 매개적 존재다. 매개적 존재라는 점에서 이드가 무의식에 속한다면, 자아의 일부도 무의식에 발을 딛고 있어야 한다. 더욱이 자아는 이드로부터 분화된 것이기에 이드의 일부가 되어야 한다.

그런데 자아의 일부가 무의식에 속한다면 무의식에 대한 새로운 정의가 필요하다. 왜냐하면 무의식적인 것은 이제껏 억압된 것으로만 이해되어 왔는데, 자아는 억압된 것은 아니기 때문이다. 따라서 프로이트는 다음과 같이 말한다. "억압된 모든 것이 무의식적이라는 것은 여전히 사실이다. 그러나 무의식적인 모든 것이 억압된 것은 아니다."[5]

자아가 현실을 위하여 쾌락의 만족을 조절하고 지연할 때, 그것은 단순히 쾌락의 억압이 아니라 쾌락을 보장하기 위한 보험 장치와 같은 역할을 한다. 이런 점에서 자아는 회사의 관리자와 같은 존재다. 관리자는 비록 회사를 소유하고 있지는 않더라도, 회사의 자산과 힘을

5) "자아와 이드" <전집 11, 355>.

이용할 수 있는 권리와 의무를 행사할 수 있다. 또한 관리자는 자신의 감정을 억누르고 이성적으로 회사를 운영함으로 회사의 이익을 극대화시킨다. 회사의 이익은 곧 자신의 이익을 실현하는 우회로이기 때문이다.

같은 맥락에서 프로이트는 자아와 이드의 관계를 플라톤의 <파이드러스>에 나오는 말과 기수의 메타포를 이용하여 설명한다. 자아는 말을 탄 기수에 비유할 수 있다. 말은 월등한 힘을 가지고 있지만 방향을 모른다. 반면에 기수는 힘은 없지만 말의 힘을 이용하고 말이 어디로 가야할지를 지시한다. 마찬가지로 자아는 자신의 힘은 없지만 이드의 힘을 견제하고 방향을 보여 줌으로써 이드의 의지를 변형시켜 행동하도록 만든다.[6]

한마디로 프로이트의 에고와 이드의 관계는 플라톤 이후 전통철학의 용어로 이성과 욕망의 관계를 심리학적 언어로 재해석한 것이라 할 수 있다. 쇼펜하우어는 이성과 욕망의 관계를 소경인 욕망이 절름발이 이성을 어깨에 앉히고 걸어가는 것에 비유하였다. 이성은 눈은 있지만 절름발이라 걸을 수 없고, 욕망은 걸어갈 수 있는 힘은 있지만 가는 방향을 모른다. 따라서 욕망이 이성이 지시하는 방향을 따를 때, 조화로운 영혼이 될 수 있다. 그러나 일단 욕망이 자신을 주장하기 시작하면 자신의 어깨에 앉아 있는 이성을 언제든지 내팽개칠 수 있다. 따라서 쇼펜하우어는 이성이 위대할지라도 욕망 앞에서 언제든 무너질 수 있는 존재라고 하였다. 이런 관점은 플라톤과 프로이트에게도 그대로 통용된다.

3) 초자아: 자아의 발달 과정 속에 또 다른 정신 기제인 초자아가 발생한다. 초자아의 발생은 유아의 생존이 부모에게 오랫동안 의존해야 한다는 특성에 바탕을 두고 있다. 유아는 자신의 생존을 보장하는

---

6) "자아와 이드," <전집 11, 364>.

부모에 대해 사랑을 갖는다. 반면에 자신의 욕구를 금지하고 억압하는 부모에 대해 증오심도 갖고 있다. 이렇게 부모에 대한 양가감정에서 일어나는 심리적 드라마를 프로이트는 오이디푸스 콤플렉스[7]라 불렀는데, 유아는 부모와 자신을 동일화하는 과정, 말하자면 부모의 금지를 자신의 것으로 내면화하는 과정을 통해서 이러한 모순을 해소한다. 여기서 내면화된 부모의 금지가 바로 초자아를 형성한다. 따라서 초자아의 핵심은 유아의 행동에 대한 부모의 권고, 금지, 제재와 같은 부모의 도덕적 영향에 의해 최초로 형성된다고 말할 수 있다.

부모의 도덕적 영향은 긍정적, 부정적으로 작용한다. 부모가 도덕적으로 선하다고 생각하는 표준과 개념들은 유아에게 '이상적 에고'로 정착한다. 예를 들어 부모가 단정하고 깨끗한 행위를 칭찬하고 보상한다면, 유아의 이상적 자아는 단정과 청결로 자리 잡는다. 또한 부모가 악하다고 생각하는 표준과 개념들, 그리고 이에 어긋나는 행위에 대한 징벌은 유아에게 '양심'으로 정착한다. 예를 들어 불결함에 대하여 반복적으로 징벌을 가하면, 유아는 이를 악한 것으로 여기고, 불결에 대한 양심을 갖게 된다. 따라서 이상적 에고와 양심은 외적 권위가 내면화됨으로써 발생하는 것으로 동전의 양면과 같은 것이다.

그런데 초자아가 부모의 영향에 의해 형성된다고 하지만, 보다 정확히 말하자면 유아의 초자아는 부모의 초자아에 의해 형성된다고 할 수 있다. 왜냐하면 부모의 유아에 대한 금지와 가르침은 또한 부모의 초자아에 바탕을 두고 있기 때문이다. 따라서 프로이트는 유아의 초자아는 부모의 초자아의 모델을 통해 형성되고, 세대에서 세대로 전승되는 가운데 전통이 되고 가치 판단의 규범이 된다고 말한다.[8] 이 말은 "과거가 전통으로 이어지는 한, 과거는 권위를 갖게 되고, 권위가 역사적으로 제시되는 한, 그것은 전통이 된다"[9]는 한나 아렌트의 말을

---

7) 이에 대해서는 본서의 "4. 오이디푸스 콤플렉스"를 참조.

8) "심리적 인격의 해부," <전집 2, 92>.

9) Hannah Arendt, "Introduction" in Walter Benjamin, *Illumination*, New York:

상기시킨다.

유아의 초자아는 시간이 지나면서 부모의 영향으로부터 선생, 사제, 문화 영웅과 같은 사회적, 문화적 권위와 인물들에 의해 대체되고 정제되어 마침내 규범과 도덕의 원칙으로 정착한다. 이것이 초자아가 사회학적으로 중요한 의미를 지니는 이유다. 도덕은 외적 권위의 금지가 내면화되고 이상화되어 초자아로 정착한 것이다. 따라서 초자아는 무의식의 일부가 되어 에고에 대해 이드와 같이 내적 충동으로 작용한다.

이제 자아는 초자아의 명령을 받아 이를 수행하는 역할을 한다. 초자아는 에고의 또 다른 자아로서 존재하며, 인격의 도덕적, 법률적 부분으로 작용하여 현실적이라기보다는 이상적인 것을 대변한다. 따라서 초자아는 이드의 쾌락원칙과 에고의 현실원칙에 비해서 완전원칙을 추구한다. 이것이 초자아가 에고에 대하여 감시원칙이 되는 이유다. 여기서 플라톤과 프로이트의 차이가 드러난다. 플라톤의 이성이 도덕성의 원천이라면 프로이트에게 도덕성은 초자아의 몫이고, 플라톤의 이성이 감시원칙이라면, 프로이트에게는 초자아가 감시원칙이 된다.

초자아와 문명

초자아의 감시원칙은 문명발달에 필수적 요소다. 문명이 발달하기 위해서는 생명 본능을 확대하고 죽음 본능을 감소시켜야 한다. 따라서 문명은 죽음 본능을 해소시키는 다양한 출구장치를 가지고 있다. 그것이 때로는 전쟁과 같은 파괴적 행위로 나타나고, 때로는 노동과 같은 건설적 행위로 나타나며, 때로는 스포츠와 놀이처럼 해롭지 않은 건강한 공격성의 형태로 나타난다. 그러나 죽음 본능에 대한 가장 유효한 방법은 바로 공격 본능을 초자아의 형태로 내면화시키는 것이다. 이렇

Harcourt Brace & World, 1968.

게 되면 타자를 향하는 공격성이 자기 자신을 감시하는 윤리적 공격성으로 바뀌게 된다. 이것이 초자아의 자아에 대한 감시와 질타가 매우 가혹한 이유다.

초자아는 자아에게 가장 엄격한 도덕적 잣대를 들이대는 높은 가치의 완전원칙을 대변한다. 자아가 초자아의 완전원칙을 어기면 죄의식을 갖는다.

> 우리는 엄격한 초자아와 그 지배를 받는 자아 사이의 긴장을 죄책감이라고 부른다. 죄책감은 자기 징벌의 욕구로 나타난다. 따라서 문명은 개인의 공격성을 약화시키고 무장을 해제하는 한편, 마치 정복한 도시에 점령군을 주둔시키듯 개인의 내부에 공격성을 감시하는 주둔군을 둠으로써 개인의 위험한 공격 욕구를 통제한다.[10)]

죄의식은 초자아라는 완전원칙 앞에 서 있는 에고의 불안함이다. 초자아의 가혹함이 강할수록 죄의식도 강해진다. 그리고 초자아가 무의식적으로 작동하듯이, 죄의식도 무의식적으로 느껴진다.

성서는 "신이 완전하듯이, 너희도 완전하라"고 명령한다. 그러나 신은 완전할 수 있지만, 인간은 완전할 수 없다. 인간이 완전하다면, 그것은 이미 인간이 아니다. 따라서 파스칼은 <명상록>에서 "인간은 천사가 되기에는 너무 악한 존재이고 악마가 되기에는 너무 선한 존재, 천사와 악마의 중간자," 즉 모순적 존재, 불안한 존재로 표현했다. 그러나 신은 완전을 명한다. 그것은 심리학적으로 말하면 초자아의 가혹한 명령이다. 따라서 자아는 초자아의 거센 명령 앞에서 불안과 죄의식을 느끼지 않을 수 없다.

초자아의 지나친 발달은 사도 바울의 한탄을 낳는다.

> 내가 원하는 바 선은 하지 아니하고
> 도리어 원치 아니하는바 악은 행하는도다.

---

10) "문명 속의 불만," <전집 12, 303>.

만일 내가 원치 아니하는 그것을 하면
이를 행하는 자가 내가 아니요 내속에 거하는 죄니라.
그러므로 내가 한 법을 깨달았느니
곧 선을 행하기 원하는 나에게 악이 함께 있는 것이로다.
내 속 사람으로는 하나님의 법을 즐거워하되
내 지체 속에서 한 다른 법이 내 마음의 법과 싸워
내 지체 속에 있는 죄의 법 아래로 나를 사로잡아오는 것을 보는도다.
오호라 나는 곤고한 사람이로다.
이 사망의 몸에서 누가 나를 건져 내랴.[11]

사도 바울이 말하는 '마음의 법,' '하나님의 법'은 에고 속의 또 다른 에고, 초자아의 완전 법칙이요 도덕률이다. 그리고 '다른 법' '죄의 법'은 초자아의 감시원칙 아래 놓인 에고의 갈등이다. '죄가 많은 곳에 은혜가 많다'는 바울의 말은 죄의식이 심화된 곳, 초자아의 감시의 눈을 더 이상 피할 수 없는 곳에 신의 은총이 온다는 신앙의 역설을 말해 준다. 바울에게 죄의식의 심화, 심리학적으로 초자아의 강화는 신앙의 전제다.

비록 바울에게는 죄의식의 심화가 은총으로 해결되지만, 흔히 초자아의 지나친 가혹함은 외부로 방향을 돌려 타자에 대한 공격성에서 출구를 찾는다. 이것이 지나친 절대적 유일신성과 가혹한 윤리적 완전성을 추구하는 셈족 전통의 유대교, 이슬람교, 기독교가 다른 고등종교에 비해서 지나치게 공격성을 갖는 이유를 설명해 주는 것처럼 보인다.

여하튼 바울의 논리를 따르자면, 초자아의 약화는 신앙의 약화를 일으키고 종교의 쇠퇴를 가져온다고 말할 수 있다. 더욱이 부모의 권위, 사회 문화적 권위가 초자아의 내용을 이루고 있다면 권위의 쇠퇴는 곧 초자아의 쇠퇴로 이어질 것이다. 따라서 권위가 사라진 현대를 종교 이후의 시대라고 특징지을 때, 여기에는 심리학적 진실이 내포되어

---

11) <로마서>, 7: 19-24.

있다고 할 수 있다.[12]

나가는 말

프로이트의 본능론은 삶의 모순과 갈등, 저항과 억압을 설명하기 위해서 언제나 대립적 이원론에서 움직이고 있다. 식욕과 사랑, 자아 본능과 성 본능, 자아 리비도와 대상 리비도, 생명 본능과 죽음 본능 등은 모두 대립되는 힘의 역동성을 표현하는 개념들이다. 이 외에도 프로이트는 곳곳에서 정신 과정을 설명하기 위하여 능동성과 수동성, 남근과 거세, 남성성과 여성성의 대립을 제시하고, 쾌락과 불쾌의 갈등을 제시한다. 프로이트는 이들을 '대칭적 쌍'(pair of opposites), '대립,' '양극' 등으로 불렀다. 대칭이 있기에 모순이 있고, 모순이 있기에 동력이 있으며, 동력이 있기에 갈등이 있고, 갈등이 있기에 변증법이 있다. 한마디로 프로이트의 사상을 동태적으로 만드는 힘은 이원론에 있다.

그것은 프로이트의 마지막 본능론인 이드, 에고, 초자아의 지형학에도 마찬가지로 적용된다. 본능(이드)과 문명(초자아)이 대칭적 쌍을 이루고 있다면, 자아는 양자를 변증법적으로 매개하는 자리를 차지하고 있다. 따라서 프로이트는 다음과 같이 말한다.

> 우리는 이 동일한 자아가 바로 세 주인을 섬겨야 하고 따라서 세 가지 위험, 즉 외부 세계, 이드의 리비도, 초자아의 가혹함에서 오는 위험으로부터 위협받고 있는 가련한 존재라는 사실을 알게 된다……자아는 세계와 이드를 중재시키려 하고, 이드로 하여금 세계에 유연하게 대처하도록 하며, 힘찬 활동으로 세계가 이드의 바람에 부응하게 만들려고 노력한다.[13]

---

12) 이에 대해서는 본서의 "13. 프로이트와 마르쿠제"의 '오이디푸스 콤플렉스의 쇠퇴'를 참조.

13) "자아와 이드," <전집 11, 402-403>.

이 진술에서 에고와 세계, 에고와 이드, 에고와 초자아의 대칭이 드러난다. 한마디로 지형학은 의인화(擬人化)된 힘들이 세 대칭으로 분화되어 있는 보다 정교한 이원론이라고 말할 수 있다. 이원론적 갈등에서 자아는 상대적 독립성을 가지고 있는 인격 형성의 자리면서, 동시에 이드의 월등한 본능적 힘을 조절하고 초자아의 감시의 눈을 견뎌야 하는 불안한 자리다.

프로이트의 본능의 이원론은 인생이 겪어야 하는 심리적 모순과 갈등을 설명해 줄 수 있을 뿐만 아니라, 또한 이로부터 어떻게 치료가 가능한지도 설명해 준다. 프로이트는 정신분석의 치료적 노력을 다음과 같이 요약한다.

> 그것의 의도는 자아를 강화시키고 그 자아를 초자아로부터 독립적으로 만들어 주고 그의 지각 범위를 확장하고 그 조직을 확대하여 이드의 새로운 부분을 자기 것으로 할 수 있도록 하는 것입니다. 이드가 있었던 곳에 자아가 생성되어야 합니다. 그것은 조이더 만 근처의 바다를 간척하는 것과 같은 문화적 작업입니다.14)

그러나 본능의 내재적 모순과 갈등의 이원론이 불멸하는 한, 근본적 치료란 있을 수 없다. 이것이 프로이트의 인간관과 문명관이 희망 속에서도 항상 비관적 색채를 띠는 이유가 된다.

프로이트 이후에 발달한 '자아 심리학'은 자아의 불안을 감소시키고, 현실원칙에 잘 적응할 수 있는 자아의 발달을 목표로 하였다. 따라서 한마디로 자아 심리학은 행복한 자아를 만들기 위한 현실적응 치료법이다. 이것이 자아 심리학을 수정주의(revisionism)라고 부르는 이유인데, 자아 심리학은 프로이트가 발견한 인간 정신의 모순과 갈등의 필연성, 인간의 행복이 얼마나 힘든가에 대한 철학적 통찰, 이원론적 본능론의 급진적 의미에 눈을 감아 버렸다는 비난을 받는다.

---

14) "심리적 인격의 해부," <전집 2, 109>.

프로이트는 이원론적 본능론에 근거하여 문명비평과 종교비평을 전개하였다. 우리는 앞으로 이들을 하나씩 검토하면서 프로이트 사상의 진수를 맛보려고 한다. 그러나 이전에 보다 상세히 검토해야할 개념이 있다. 그것은 앞서 본능론을 서술하면서 언급된 오이디푸스 콤플렉스인데, 오이디푸스 콤플렉스는 나르시시즘 이론과 함께 문명비평과 종교비평의 중요한 모델로 작용하는 개념이다. 따라서 다음 장에서 먼저 오이디푸스 콤플렉스의 개념을 이해한 후, 그 다음 장에서부터 프로이트의 문명과 종교에 대한 비평을 하나씩 살펴보도록 한다.

4. 오이디푸스 콤플렉스

오이디푸스 신화

프로이트로 인해 일상용어가 된 오이디푸스 콤플렉스라는 말은 오이디푸스 신화에서 유래한다. 오이디푸스는 소포클레스의 비극의 삼부작, <오이디푸스 왕>, <콜로누스의 오이디푸스>, <안티고네>에 나오는 주인공의 이름이다. <오이디푸스 왕>의 이야기는 다음과 같다.

테베의 왕 라이오스와 왕비 이오카스테에게 델피의 신탁이 떨어졌다. 아들을 낳으리니 아들이 아버지를 죽이고 어머니와 결혼할 것이라는 신탁이었다. 이들은 오이디푸스가 출생하자 신탁의 비극적 운명을 피하기 위해 아들의 발등에 못을 박은 후, 양치기더러 숲 속에 버려 죽게 하라고 명령한다. 그러나 아이를 불쌍히 여긴 양치기는 명령을 어기고 코린트 왕을 섬기고 있는 어느 사람에게 주고 만다. 그는 이 아이를 코린트 왕에게 데려가고, 왕은 아이를 양자로 삼는다. 아이는 코린트 왕을 친아버지로 알고 무럭무럭 자란다. 그런데 오이디푸스가 델피의 신탁을 뽑아보니, 자신이 아버지를 죽이고 어머니와 결혼할 운명이라는 것을 알게 된다. 오이디푸스는 자신의 비극적 운명을 피하기 위해 코린트를 떠나기로 결심한다. 델피에서 돌아오는 중에 그는 수레를 탄 노인과 격한 언쟁을 하다가 그 노인과 시종을 죽이고 만다. 시종 중의 한명은 도망을 쳐서 테베에 왕의 사망 소식을 알린다. 당연히 오이디푸스는 자신이 죽인 노인이 자신의 친부인 테베의 왕임을 알지 못한다.

오이디푸스는 방랑을 하다가 테베로 오게 된다. 테베의 길목에는 스핑크스가 생명을 건 수수께끼를 내놓고 대답을 하지 못하는 행인들을 희생시킨다. 수수께끼는 다음과 같다. '처음에는 네 개의 다리, 다음에는 두 개의 다리, 마지막에는 세 개의 다리로 걷는 것은 무엇인가?' 수수께끼를 푸는 자가 없어 행인들은 모두 스핑크스에 희생당하고 테베는 황무지가 된다. 오이디푸스는 수수께끼의 정답이 바로 인간이라고 대답한다. 갓난아이는 네 다리로, 어른이 되면, 두 다리, 노인이 되면 지팡이에 의지해 세 다리로 걷기 때문이다. 스핑크스는 바다에 몸을 던져 죽고, 테베는 영웅 오이디푸스를 맞이하여 왕으로 삼는다. 오이디푸스는 왕비 이오카스테를 아내로 삼고 태평성태를 누린다.

그러나 시간이 지나 테베에 역병이 돌면서 많은 사람들이 희생된다. 시민들은 스핑크스를 제거한 영웅 오이디푸스에게 역병을 제거해 달라고 요청한다. 오이디푸스는 장님 예언자 테이레시아스에게 역병의 원인을 묻는다. 테이레시아스의 신탁은 역병이 누군가가 아버지를 살해하고 어머니와 근친상간을 한 벌이라고 말한다. 오이디푸스는 그 범인이 누구냐고 묻지만 테이레시아스는 더 이상 말하기를 주저한다. 마침내 그 범인이 바로 왕 자신이라고 실토하였지만, 오이디푸스는 이를 받아들이려고 하지 않는다. 그러나 시종과 양치기가 소환되어 옛 이야기를 증언하면서, 자신이 실제로 버려졌던 테베의 아들로서 부친을 살해하고 어머니와 결혼한 장본인이라는 것을 깨닫는다. 이 소식을 들은 이오카스테는 스스로 눈을 찌르고 자살한다. 오이디푸스도 비극적 운명을 한탄하면서 스스로 눈을 찔러 장님이 되고 테베를 떠난다. 이것이 비극 <오이디푸스 왕>의 스토리인데, 코러스가 부르는 마지막 노래는 이 비극의 정조를 잘 보여 준다.

죽어야 할 인간일랑
어느 누구도 행복하다고 여기지 마라.
삶의 종말을 지나
고통에서 해방되기까지는.

신화의 몇 가지 해석

오이디푸스 신화를 해석하는 데는 여러 방법이 있겠지만, 여기서는 문학적, 종교학적, 사회학적, 심리학적 방법을 간략히 살펴보면서 프로이트의 해석으로 들어가려고 한다. 이렇게 함으로써 프로이트의 오이디푸스 신화 해석의 독특성이 부각될 수 있기 때문이다.

1) 오이디푸스 신화의 문학적 해석에는 이를 탐정소설의 장르로 보는 해석이 있다. 물론 신화가 모든 문학의 원류일진대, 오이디푸스 신화를 마치 셜록 홈스나 콜롬보가 범인을 찾아내는 흥미진진한 드라마처럼, 테베에 역병을 퍼뜨린 범인을 찾아내는 탐정소설의 효시로 읽어도 아무런 무리가 없다. 테베의 시민들은 오이디푸스에게 역병을 제거해 달라고 탄원하고, 오이디푸스는 예언자 테이레시아스에게 범인을 찾아달라고 부탁한다. 오이디푸스 신화에서 탐정이 된 테이레시아스가 역병의 원인이 된 범죄행위를 제시하면서, 이야기는 범죄자의 신원을 밝히는 방향으로 가속도가 붙는다. 결국 증인들의 등장과 함께 오이디푸스 자신이 범인이라는 것이 밝혀지면서 탐정소설의 드라마는 대단원의 막을 내린다. 이렇게 보자면 오이디푸스 신화는 탐정소설의 흥미진진한 구성 요건을 모두 갖춘 훌륭한 드라마로 볼 수 있다.

그러나 문학적 해석의 대표 격은 역시 아리스토텔레스의 형태주의적 분석이다. 아리스토텔레스는 <시학>에서 비극을 가장 뛰어난 문학 장르로 제시하면서, 비극의 주인공은 보통 사람이 아니라 보통 이상의 사람, 즉 영웅이라고 하였다. 노드롭 프라이의 언어로 말하자면 비극의 주인공은 고형모방(high-mimesis)에 속한다. 따라서 제임스 조이스는 <젊은 예술가의 초상>에서 어느 사람이 아기를 데리고 마차를 타고 가다 사고가 나서 아기가 죽었다고 할 때, 이는 슬픈 이야기일 수는 있지만 아리스토텔레스적 의미의 비극은 될 수 없다고 하였다.

비극은 영웅의 이야기인 만큼 플롯의 부침이 강하다. 그 강한 부침을 아리스토텔레스는 비극의 특징이라고 하면서, 이를 '반전'과 '눈 뜨임'(인식)으로 설명하였다. <오이디푸스 왕>에서 오이디푸스는 테베의 영웅으로 추앙받지만, 그 영웅이 바로 범죄자라는 사실이 밝혀지면서 상황의 반전이 일어난다. 반전은 자신의 본질에 대한 눈 뜨임, 곧 새로운 인식을 발생시킨다. 새로운 인식과 함께 오이디푸스는 자신의 눈을 찌르고 방랑의 길을 떠난다. 영웅의 상승하던 영광의 이야기가 정반대로 추락하는 비극의 이야기로 부침 변화하는 것이다. 따라서 희극이 실낙원에서 복낙원으로 전환하는 성서적 드라마처럼 하강과 상승의 ∪자 형태를 취한다면, 비극은 상승과 하강의 ∩자 형태를 취한다. 여기서 상승과 하강의 분기점이 바로 반전과 인식의 플롯이다.

아리스토텔레스는 비극에 대한 문학적 형태, 플롯의 분석뿐만 아니라 오늘날 언어로 말하자면 '독자반응 비평'도 감행했다. 상승하던 영웅의 추락은 관중들에게 '연민'과 '공포'를 일으킨다. 관중은 영웅의 등장과 함께 상승하고 영웅의 몰락과 함께 추락하면서, 운명의 엄숙함에 옷깃을 여미고 카타르시스(catharsis), 곧 정화의 감정을 맛본다. <오이디푸스 왕>의 마지막 코러스의 노래, "운명이 다하여 땅 속에 묻히기 전에는, 아무도 성공했다 말하지 마오"라는 노래는 관중들이 느끼는 운명의 엄숙함과 카타르시스의 정조를 보여 준다.

2) 아리스토텔레스의 오이디푸스에 대한 해석이 탁월한 문학비평이

지만, 독자들은 오이디푸스의 범행은 결국 오이디푸스 자신의 책임이 될 수 없지 않느냐는 질문을 던질 수 있다. 실제로 오이디푸스는 갓난 아기 시절 운명을 피하기 위해 숲 속에 버림을 당했고, 성인이 되어서는 자신의 운명을 피하기 위해 코린트를 떠났으며, 자신도 모르는 사이에 부친을 살해하고 근친상간에 이르렀다. 그리고 자신도 모르는 범죄 때문에 몰락의 길을 걷게 되었다. 그렇다면 오이디푸스의 비극은 결국 오이디푸스 자신의 책임이 아니라 운명의 장난이나 운명의 심판이라고밖에 볼 수 없다.

실로 운명의 신, 모이라(Moira)는 희랍종교에서 최상의 신위(神位)를 차지한다. 모이라는 신들의 위치와 기능을 분할하고, 자신의 영역을 넘어서 타자의 영역을 침범하는지를 감시하는 신이다. 제우스는 번개와 폭풍을 담당하고, 포세이돈은 바다를 담당하며, 아폴론은 태양을 담당하는 식으로 신들은 자신들의 고유한 영역을 가지고 있다. 희랍의 신들은 로마의 신들처럼 기능신이고 영역신이다. 만약 이들이 자신의 위치와 기능을 넘어서서 다른 신들의 영역을 침범하는 경우에는 모이라가 개입하여 징벌을 가함으로써 원상태로 되돌려 놓는다. 이것이 바로 희랍종교가 말하는 정의의 개념이다. 따라서 희랍종교의 정의는 도덕적, 윤리적 개념이라기보다는 형이상학적 개념에 가깝다. 이것이 또한 모이라가 어떤 영역도 차지하지 않으면서도, 모든 신들의 위에 있는 가장 우월하고 무서운 존재로 부각되는 이유다.

신들과 마찬가지로 인간에게도 인간의 기능과 위치가 있다. 인간은 신이 될 수 없는 존재로서 언젠가 죽음을 맞아야 하는 존재다. 희랍인들에게 죽음은 저주가 아니라 운명이다. 오디세우스는 신이 되어 영생을 누리자는 키르케의 간청을 한마디로 거절하면서, 신들도 인간을 부러워한다고 말했다. 여기에 희랍인들의 희극적 운명관이 존재한다.

인간의 탄생은 자연에 파장을 일으킨다. 그리고 자연에 일으킨 파장을 잠재우고 탄생 이전의 원상태로 복귀시키는 것이 인간의 죽음이요 운명의 정의다. 마찬가지로 만약 인간이 자신의 위치를 넘어서 신과 같은 존재가 되려고 한다면 모이라의 정의가 이를 제지할 수밖에 없다.

영웅은 신들에 가장 가까이 상승하는 존재다. 그 상승이 인간의 위치와 한계를 넘어서려고 할 때, 희랍종교는 이를 '휴브리스'(hubris), 자기 고양 또는 교만이라고 불렀다. 휴브리스를 원상태로 돌려놓는 것은 모이라의 정의요 상승에 대한 추락일 수밖에 없다. 이것이 비극이 영웅의 몰락으로 끝나는 이유다. 이렇게 보면 오이디푸스 신화는 한없이 상승하던 영웅, 오이디푸스의 영광에 대한 운명의 정의, 모이라의 복수로 이해할 수 있다.

오이디푸스는 스핑크스로 상징되는 자연을 이긴 존재다. 말하자면 오이디푸스는 자연의 비밀이 곧 인간이라는 것을 알아냄으로써 자연의 희생자가 되지 않고 오히려 자연을 희생시킨 신보다도 위대한 존재다. 프란시스 베이컨은 인간의 위대함은 스핑크스의 비밀을 알아냄으로써 자연을 정복한 과학적 지식에 있다고 하였다. 실제로 현대과학은 자연을 정복하고 스스로 신의 위치로 상승하였다. 모이라는 바로 인간의 위치를 넘어서서 신적 존재가 되려는 오이디푸스의 휴브리스에 대해 복수를 감행한다. 같은 맥락에서 현대과학이 다시 모이라의 복수를 받을 것인가에 대한 질문은 오이디푸스 신화가 전해 주는 흥미로운 화두다.

3) 오이디푸스 신화의 사회학적 해석은 지라르(Girard)의 통찰이 빛을 발한다.[1] 지라르에 의하면 인간의 욕망은 동물과 다른 특성을 갖는다. 동물은 자신의 본능에 따라 필요한 대상을 직접적으로 욕망하지만, 인간은 타자가 욕구하는 대상을 욕망하는 특성을 갖는다. 내가 어떤 대상이 필요하기 때문에 욕구하는 것이 아니라, 타자가 어떤 대상을 가지고 있기 때문에 그 대상을 욕구한다는 말이다. 이를 지라르는 '모

1) 르네 지라르, <폭력과 성스러움>, 김진석, 박무호 공역, 민음사, 1997.

방 욕망'이라고 불렀다.

모방 욕망은 언제나 나와 타자, 그리고 타자가 욕구하는 대상을 내가 욕구하는 욕망의 삼각관계, '욕망의 삼각형' 속에서 전개된다. 그런데 욕망의 삼각형은 단순히 나와 타자 사이에서만 존재하는 것이 아니라 집단 내의 모든 사람들 사이에 존재한다. 따라서 문명이란 욕망의 삼각형이 그물처럼 얽혀진 가운데 일어나는 총합적 행위라 할 수 있다.

모방욕망이 유행이나 패션으로 나타나는 경우는 정상적이다. 그러나 혼돈에 처한 집단은 언제나 '희생양'을 필요로 하는 모방욕망을 가지고 있다. 그리고 희생양을 찾게 되면 이에 대해 '만장일치적 폭력'을 감행함으로써 질서를 되찾으려 한다. 만장일치적 폭력은 모방폭력이 전염병처럼 번져서 일어나는 집단폭력 현상이다.

오이디푸스 신화에서 역병은 바로 집단적 혼란을 의미한다. 역병이라는 혼돈에 직면해서 집단은 희생양을 요구한다. 오이디푸스와 크레온과 테이레시아스가 나누는 대화는 희생양을 찾기 위한 대화다. 아버지를 죽인 오이디푸스에게 혼돈의 원인이 있다고 하는 것은 희생양을 찾았다는 말이다. 이제 집단은 오이디푸스에게 모든 죄를 전가하고, 만장일치적 폭력을 행사한다. 이렇게 보자면 오이디푸스 신화는 희생양과 모방폭력을 통해 질서를 회복하기 위한 집단 광기의 메커니즘을 보여 주는 것으로 이해될 수 있다.

지라르의 오이디푸스에 대한 희생양적 해석은 사회학적으로 매우 의미가 깊다. 과거로부터 현재에 이르기까지 인류는 희생양을 찾는 데 혈안이 되어 왔고, 희생양의 폭력위에 건설되어 왔기 때문이다.

4) 오이디푸스 신화의 심리학적 해석은 프로이트의 오이디푸스 콤플렉스를 통해 유명해 졌다. 프로이트는 오이디푸스 신화에서 인간의 무의식적 근친상간의 동기와 부친 제거의 적개심을 발견하였다. 오이디푸스는 모르는 가운데 아버지를 살해하고, 모르는 가운데 어머니와 근

친상간하였다. 여기서 '모르는 가운데'는 바로 무의식적이라는 말과 동일하다. 따라서 프로이트는 연적인 부친을 제거하고 어머니를 소유하려는 것을 무의식적 욕망으로 해석하였고, 신화의 이름을 따라 오이디푸스 콤플렉스라고 불렀다. 이를 살펴보도록 하자.

오이디푸스 콤플렉스

프로이트의 오이디푸스 해석은 소포클레스의 작품에 기초를 두면서도 그것에 제한을 받지 않는다. 프로이트는 소포클레스에 영감을 받으면서, 소포클레스와는 다른 오이디푸스 신화를 창조했다. 해롤드 블룸(Harold Bloom)이 강력한 시인은 정신적 아버지를 제거하고 아버지의 영향으로부터 벗어나려는 '영향의 불안'(anxiety of influence)을 갖는다고 하였듯이, 프로이트는 오이디푸스 신화의 아버지 소포클레스를 제거함으로써 스스로 오이디푸스 신화의 아버지가 되려고 했다.

따라서 소포클레스의 삼부작은 프로이트에게 또 다른 연작으로 나타난다. <오이디푸스 왕>은 오이디푸스 콤플렉스의 드라마로 나타나고, <콜로누스의 오이디푸스>에서 형제들의 전쟁은 <토템과 타부>에서 원부살해 후, 형제들의 투쟁으로 나타난다. 그러나 소포클레스의 <안티고네>가 모두가 죽는 비극으로 끝난다면, 프로이트의 <토템과 타부>에서는 형제들이 원부살해를 기억하는 토템음식을 먹으면서 평화적인 사회계약을 맺는 희극으로 끝난다. 역사비평학적으로 보자면, 소포클레스가 고대 희랍사회를 대변하고 있다면, 프로이트는 근대 시민사회를 대변하고 있다고 말할 수 있다.

여하튼 프로이트의 오이디푸스 해석은 매우 창조적일뿐더러, 그 함의는 개인은 물론이려니와 종교, 정치, 집단, 문명의 다양한 층을 해석하는 데 지대한 통찰을 제공한다. 실제로 프로이트는 오이디푸스 콤플렉스에 대한 자신의 발견을 자랑스럽게 생각하면서 다음과 같이 자부심을 토로했다.

> 정신분석학이 억압된 오이디푸스 콤플렉스의 발견 이외에 다른 어떤 업적도 자랑할 것이 없다면 이를 통해서만 정신분석학은 인류의 가치 있는 새로운 발견의 반열에 오를 수 있다고 나는 감히 말하겠다.[2]

프로이트는 1910년에 이르러 처음으로 '오이디푸스 콤플렉스'라는 용어를 본격적으로 사용하기 시작하였다.[3] 그러나 이미 1897년 10월 15일, 빌헬름 플리스(Wilhelm Fliess)에게 보낸 편지에서 프로이트는 다음과 같이 말하고 있다.

> 자기 자신에게 전적으로 정직하다는 것은 좋은 훈련입니다. 일반적 가치에 속하는 유일한 생각이 내게 떠올랐습니다. 내 경우에도 나는 내 어머니와 사랑에 빠져 있고 내 아버지에 대해 질투한다는 것을 발견하였습니다. 이제 나는 이것이 초기 유년기의 보편적인 사건으로 생각하고 있습니다……만약 그렇다면 우리는 <오이디푸스 왕>의 매혹적인 힘을 이해할 수 있습니다…… 희랍의 전설은 만인이 자기 자신 속에서 그 존재를 감지하기 때문에 인정하고 있는 어떤 강박 충동을 보여 주고 있습니다. 관중들은 모두 한 때 판타지 속에서 싹트고 있는 오이디푸스였습니다. 그리고 여기서는 모두가 꿈에서나 달성될 수 있는 것이 현실로 옮겨짐으로 공포에 사로잡히게 되는 것입니다.[4]

이 구절은 1897년으로부터 오이디푸스 주제가 이미 프로이트 이론의 중심을 차지하기 시작했음을 말해 준다. 프로이트는 <꿈의 해석>(1900)에서 이를 재삼 언급하면서 다음과 같이 말한다.

> 그[오이디푸스]의 운명이 우리를 감동시키는 이유는 그것이 우리의 운명이 될 수도 있고, 출생 전의 신탁이 우리에게도 똑같은 저주를 내릴 수 있기 때

2) "정신분석학 개요," <전집 15, 471>.
3) "남자들의 대상선택 중 특이한 유형," <전집 7, 213>.
4) *The Complete Letters of Sigmund Freud to Wilhelm Fliess, 1887-1904*, ed. and trans. Jeffrey Moussaieff Masson, Cambridge: Harvard University Press, 272.

> 문이다. 우리는 모두 어머니에게 최초의 성적 자극을, 아버지에게 최초의 증오심과 폭력적 희망을 품는 운명을 짊어지고 있는지도 모른다. 우리의 꿈은 그것이 사실이라고 우리를 설득시킨다. 아버지 라이오스를 살해하고 어머니 이오카스테와 결혼한 오이디푸스 왕은 우리 어린 시절의 소원 성취일 뿐이다. 그러나 우리는 신경정신증 환자가 되지 않는 한, 오이디푸스보다 행복하게 우리의 성적 자극을 어머니에게서 분리시키고 아버지에 대한 질투심을 잊을 수 있다.[5)]

프로이트는 시간이 지날수록 오이디푸스 콤플렉스의 보편적 타당성을 주장하면서, 이야말로 정신분석학의 지지자와 반대자를 구별할 수 있는 분기점이라고까지 하였다. 그리고 오이디푸스 콤플렉스의 원형이야말로 인류의 행태를 이해할 수 있는 비장의 열쇠로 생각하면서, 이를 개인과 집단, 사회와 정치를 이해하는 핵심이론으로 확대 발전시켰다.

오이디푸스 콤플렉스는 부모와 자식 사이에 일어나는 삼각관계의 가족 로맨스에 기초를 두고 있다. 실제로 이 삼각관계는 모든 인간이 필수적으로 거쳐야 하는 가장 근원적인 그물망이다. 그런데 부모 또한 한때 유년기가 있었음을 생각할 때, 부모는 부모대로 자신의 삼각 관계적 가족 로맨스를 지니고 있음을 알 수 있다. 따라서 라플랑슈(Laplanche)는 다음과 같이 말한다.

> 우리가 어머니-유아 관계 또는 부모-유아 관계를 말할 때, 부모 자신이 그들 자신의 부모를 가지고 있다는 사실이 흔히 망각되곤 한다. 그들은 그들 자신의 '콤플렉스'를 가지고 있고, 역사적으로 특징적인 자신들의 원망(願望)을 가지고 있다. 따라서 삼각형의 두 정점에 있는 두 어른들 자신이 각각 작은 삼각형의 담지자일뿐더러 서로 맞물려 있는 삼각형적 전체 계열의 담지자라는 것을 망각하면서, 유아의 오이디푸스 콤플렉스를 삼각 관계적 상황으로 재건하려는 것은 상황의 본질적 관점을 무시하는 것이다.[6)]

---

5) <꿈의 해석>, <전집 4, 319-20>.

6) Jean Laplanche, *Life and Death in Psychoanalysis*, Baltimore: Johns Hopkins UP, 1976, 45.

말하자면 부모는 부모대로 자신의 삼각관계를 갖고 있고, 부모의 부모는 또 다른 삼각관계를 가지고 있는 등, 삼각관계의 전체 계열을 상상한다면, 모든 인간은 인도 신화에 나오는 '인드라의 그물망'(Indra's Net)처럼 필연적으로 오이디푸스 콤플렉스의 거대한 그물망 속에 존재한다고 말할 수 있다. 이런 필연성 속에서 "이 지구상에 새로 태어나는 사람들은 오이디푸스 콤플렉스를 극복할 임무에 직면한다"[7]는 프로이트의 말이 보다 명백해질 수 있다.

프로이트의 삼각 관계적 가족 로맨스는 부모와 유아 사이에서 일어나는 사랑과 억압의 권력관계로부터 시작한다. 새로 태어난 유아가 어떻게 가정의 권력관계에 놓이는가를 아는 것은 별로 어렵지 않다. 태아는 말할 것도 없고 갓 태어난 유아는 아직 자신과 주변 사이의 관계를 인식하지 못한다. 따라서 나라고 하는 개념도 존재할 수 없고, 아직 가정의 권력관계를 이해하지도 못한다. 권력관계를 이해하는 것은 나라는 개념의 발생과 함께 시작한다. 나라는 개념의 발생은 내가 아닌 타자를 인식함으로써 시작되기 때문이다.

유아에게 최초의 타자는 젖을 주는 어머니다. 유아에게 어머니의 가슴은 젖과 꿀이 흐르는 에덴동산이다. 그런데 유아가 어머니의 가슴을 자신의 욕구대로 조절하고 지배할 수 없다는 사실을 알게 될 때, 어머니를 타자로 인식하고 유아의 에고가 싹트기 시작한다. 나와는 다른 타자, 내 마음대로 할 수 없는 외적 대상이 존재한다는 사실은 자기인식의 전제조건이다. 유아의 울음은 욕구하는 대상의 결핍에 대한 항거요 자기의식이 깨어나는 신호탄이다. 어머니의 가슴이 자신에게 젖을 주는 사랑과 경외의 대상이면서, 동시에 자신의 욕구대로 움직여 주지 않는 증오의 대상이 될 때, 유아는 타자에 대한 양가감정을 갖기 시작한다.

따라서 멜라니 클라인(Melanie Klein)은 유아의 어머니의 가슴에 대

7) "성욕에 관한 세 편의 에세이," <전집 7, 130>.

한 관계로부터 '좋은 대상'과 '나쁜 대상'을 구별하는 판타지의 원형(prototype)이 발생한다고 하였다.[8] 유아에게 젖을 주는 어머니의 가슴이 '좋은 가슴'이라면, 젖을 주지 않는 어머니의 가슴은 '나쁜 가슴'이다. 유아는 이런 판타지를 외부로 투사하여 자신의 욕구를 만족시키는 좋은 가슴은 사랑하지만, 자신의 욕구를 좌절시키는 나쁜 가슴은 싫어하고 이에 대해 공격성을 발휘한다. 이러한 유아의 양가감정적 판타지와 투사는 이후에도 좋은 것과 나쁜 것을 구별하는 심리학적 척도가 된다.

유아에게 두 번째로 등장하는 타자는 아버지다. 이제 유아는 아버지와 어머니라는 두 타자를 갖는다. 어머니가 자신을 먹이는 존재라면, 아버지는 자신을 보호하는 존재다. 아버지와 어머니의 보살핌이 없다면 유아는 생존할 수 없을 뿐만 아니라 정서적으로 안정될 수도 없다. 따라서 부모는 유아에게 사랑과 경외의 대상이다. 그러나 유아는 부모를 자신의 욕구대로 조절할 수 없기 때문에 애증의 양가감정을 갖는다. 유아는 부모의 사랑을 통해서만 자신이 원하는 것들을 얻을 수 있다고 생각한다.

유아에게 부모는 자신의 필요와 욕구를 충족시킬 수 있는 유일하고 절대적인 존재다. 바로 이런 이유 때문에 부모는 자신의 절대 권위를 유아를 지배하는 도구로 사용하기도 한다. 유아는 만약 부모의 사랑을 잃어버리면 아무 것도 얻을 수 없다는 불안감을 갖는다. 불안의 기원은 바로 사랑과 보호를 받을 수 없을지도 모른다는 홀로됨의 징조, 무화(無化)의 감정이다. 홀로됨의 불안은 부모로부터 사랑받으려는 욕구를 일으키고, 일생을 통해 타자로부터 사랑받으려는 욕구로 이어진다. 따라서 게자 로하임(Geza Roheim)은 문화는 어둠 속에 홀로 남겨지기를 두려워하는 인간의 방어기제요 승화라고 하였다.[9]

---

8) Melanie Klein, "A Contribution to the Psychogenisis of Manic-Depressive States," in *Love, Guilt and Reparation and Other Works 1921-1945*, New York: The Free Press, 1975, 262.

유아에게 부모는 최초의 권위이자 믿음의 근원이다. 또한 권위에의 순종은 사랑받기 위한 전제조건이다. 이것이 프로이트로 하여금 신을 부모의 대체물 또는 부모의 신격화라고 한 이유다. 그런데 만약 유아가 부모처럼 된다면, 즉 부모처럼 어른이 된다면 자신 또한 전능한 존재가 될 것으로 생각할 것이다. 따라서 어린 시절 아이들의 가장 큰 소원은 동성의 부모처럼 크게 되는 것, 스스로 부모가 되는 것이다.[10]

유아는 3살에서 5살 사이에 '남근기'(phallic stage)를 통과한다. 이 시기에 유아는 처음으로 성적 대상을 갖게 되고, 그 대상에 대한 환상 속에서 성 충동이 발생하면서 마스터베이션을 경험한다. 유아의 성적 대상은 남여를 불문하고 기본적으로 어머니다. 유아는 어머니를 욕구하지만 아버지만이 어머니를 독점할 수 있음을 인식한다. 더욱이 유아의 마스터베이션에 대해 부모는 거세 위협을 가한다. 프로이트에게 남여의 차이는 남근의 존재와 부재, 남근의 현재와 거세의 차이에 있을 뿐이다.[11] 어머니가 남근을 가지고 있지 않다는 인식은 거세가 현실일 수 있다는 불안을 낳는다. 거세 불안과 함께 유아의 어머니에 대한 욕구는 큰 변화를 겪는다. 보호와 안전을 제공하는 자비로운 아버지가 벌하고 억압하는 무서운 권위로 인식된다. 말하자면 애증이 모순적으로 병렬하는 양가감정이 발생한다.

양가감정 속에서 유아는 꼬마 오이디푸스가 되어 아버지의 죽음, 경쟁자인 아버지가 없다면 어머니를 독점할 있다는 소원을 갖는다. 이로부터 오이디푸스 콤플렉스가 발생한다. 그러나 아버지의 압도적인 권위 앞에서 꼬마 오이디푸스의 불안한 소원은 무의식의 심층으로 억압되고 변화를 거칠 수밖에 없다.

프로이트는 오이디푸스 상황의 변화를 아버지와의 동일화 또는 어

---

9) Geza Roheim, *The Origin and Function of Culture*, NY: Nervous and Mental Disease Monographs, 1943.

10) "가족 로맨스," <전집 7, 199>.

11) "유아의 생식기 형성," <전집 7, 290>.

머니와의 동일화로 설명한다. "이길 수 없는 적은 친구로 만들라"는 유대인의 격언처럼 유아가 부모를 이길 수 없다면 부모와 동일화하는 수밖에 없다. 동일화와 함께 유아는 성적 정체성을 갖게 된다. 남아가 아버지와 동일화되면, 아버지에 대한 양가감정과 함께 어머니에 대한 애정적 태도가 일어난다. 반면에 어머니와 동일화되면 아버지에 대해 애정적 태도를 보이면서 소녀처럼 행동하고, 어머니에 대해서는 질투심을 일으키고 적대적 태도를 취한다. 여아에게는 이와 반대되는 현상이 일어날 수 있음을 추측할 수 있다. 유아가 5살에서 6살에 이르면 오이디푸스 콤플렉스는 잠복기로 들어간다. 젖니가 빠지면서 영구치가 나게 되듯이, 오이디푸스 콤플렉스는 잠복기를 거치면서 잠정적으로 해소되고 사춘기가 되면서 새롭게 등장한다.

이상이 모든 인간이 거쳐야 하는 가족 로맨스에 근거한 오이디푸스 콤플렉스의 대강이다. 그런데 오이디푸스 콤플렉스를 단지 개인심리학으로만 이해하는 것은 단견이다. 프로이트는 오이디푸스 콤플렉스를 개인심리학뿐만 아니라 집단심리학의 바탕으로 삼았다. 따라서 오이디푸스 콤플렉스의 통찰이 함의하고 있는 의미를 살펴보는 것이 프로이트의 정치 철학과 종교철학과 문화철학을 이해하기 위한 전제가 된다. 여기서는 오이디푸스 콤플렉스의 통찰 중에서 세 가지 중요한 함의를 살펴보도록 한다.

모성상, 양가감정, 부친살해

프로이트는 모든 신경증의 배후에는 해소되지 않은 억압된 오이디푸스 콤플렉스가 있다고 보았다. 해소되지 않은 오이디푸스 콤플렉스는 무엇일까? 그것은 어머니를 소유하고 싶은 갈증, 인간의 부모에 대한 양가감정, 스스로 아버지의 자리를 차지하거나 아버지가 되려는 욕망이라고 할 수 있다. 이들은 구별할 수는 있어도 분리할 수 없는 복합 심리의 작용이다. 이들을 하나씩 살펴보자.

1) 첫째로 어머니를 소유하고 싶은 갈증을 생각해 보자. 이것은 모든 인간이 한때 어머니의 자궁 속에 있었고, 어머니의 사랑과 보호 속에서 양육되었다는 것을 생각하면 쉽게 이해될 수 있다. 만약 어머니가 없다면 생명 자체가 존재할 수 없고 유지될 수 없다. 어머니는 생명이요 존재며, 어머니의 부재는 죽음이요 무(無)일 뿐이다. 물론 생물학적으로는 아버지의 정자와 어머니의 난자가 결합하여 생명이 탄생하겠지만, 심리학적으로 어머니의 상징성은 말할 수 없이 큰 의미를 지니고 있다.

어머니에 대한 심리학적 갈증은 달리 말하면 외적 위험으로부터 보호를 받으며 어떠한 책임도 질 필요가 없는 낙원의 상태, 에덴동산에 대한 갈증이다. 그러한 상태에 대한 열망은 유아뿐만 아니라 성인에게도 동일하다. 성인은 유아만큼이나 사회적, 자연적 외부 세계의 위험에 노출되어 있다. 성인이 사회를 살아가면서 감당해야 할 모험과 불안, 질병과 재난에 대한 무력감은 유아 못지않게 지대하다. 따라서 모든 인간은 어머니로 상징되는 낙원적 상태에 대한 집착으로부터 자유로울 수 없다.

어머니에 대한 집착의 종교적 의미는 나르시시즘과 신비주의를 다루는 부분에서 자세히 살필 것이기 때문에,[12] 여기서는 결혼의 심리학을 예로 들어 보기로 하자.

어머니에 대한 집착은 개인적으로는 모성상을 가진 여성과 결혼하고 싶다는 적극적 욕망과 모성상을 가진 여성을 피하고 싶다는 부정적 욕망으로 나타난다. 이것은 얼핏 모순적으로 보이지만, 실상 어머니에 대한 집착으로부터 발생하는 현상이라는 점에서 동전의 양면과 같은 현상일 뿐이다. 흔히 모성상을 가진 여성에게 매력을 느끼는 이

12) 본서의 "9. 나르시시즘과 종교"를 참조.

유는 보호와 사랑과 안전을 부여하는 낙원에 대한 동경 때문이다. 연상의 여인에게 매혹당하는 사람 중에는 이런 부류의 사람들이 많다. 어떤 사람들은 아내에게서 모성상을 발견하지 못하게 될 때, 좌절감에 빠지고 모성상을 가진 여성을 찾아 떠나기도 한다. 그러나 유아의 어머니에 대한 감정은 양가적이다. 어머니는 낙원적 존재인 동시에 자신의 욕구를 따라주지 않고 오히려 잔소리와 간섭으로 자신을 억압하는 존재이기도 하다. 따라서 모성상을 가진 여성을 피하려는 것은 낙원적 상태를 그리면서도 어머니의 억압으로부터 피하려는 무의식적 반응이다. 어떤 사람들은 결혼 후에 아내로부터 모성상을 발견하였을 때 이로부터 벗어나려고 한다. 그것이 심각한 갈등을 낳고 이혼으로 이어지기도 한다. 이런 모순 현상이 여성에게는 달리 나타날 수 있음을 쉽게 짐작할 수 있다.

2) 둘째로 오이디푸스 콤플렉스의 양가감정을 생각해 보자. 양가성의 이론은 앞으로 <토템과 타부>, <집단심리학>, <모세와 유일신교> 등에서 중심적 개념으로 자세히 서술될 것이기 때문에, 여기서는 인간의 대상에 대한 감정에는 언제나 애증의 모순감정이 병렬적으로 존재한다는 사실만을 설명하기로 하자.

프로이트에게 인간의 감정은 이분법의 단순논리로 설명할 수 없는 모순적이고 역동적이며 변증법적인 것이다. 유아는 보호와 안전을 제공하는 부모를 사랑하고 존경하지만, 동시에 자신의 욕구를 억압하는 부모에 대해 증오와 원한을 갖는다. 그런데 이런 모순감정은 한 극에서 다른 극으로 옮겨가는 특성, 즉 반동형성의 변증법적 역동성을 지닌다.

> 의존성은 사랑과 공격성을 유발한다. 사랑은 한편으로 보호와 안전의 감정으로 이끌고, 다른 한편으로 처음에는 복종과 순종을 일으키고 다음에는 미움과 적개심뿐만 아니라 권력을 획득하여 독립하려는 시도로 이끈다.[13)]

말하자면 의존성은 공격성으로 변하고, 사랑은 미움으로 변하며, 복종은 반항으로 이어지고, 마침내 권력과 독립에의 의지로 변한다. 이런 양가감정의 변증법적 역동성은 인간의 윤리적 행위, 사회적 권위에 대한 정치적 태도의 원형으로 작용한다. 따라서 프로이트는 다음과 같이 말한다.

> 어릴 때는 지독한 이기주의자였던 사람이 어른이 된 뒤에는 공동체에 헌신적인 시민이 될 수도 있다. 감상주의자들과 인도주의자들, 동물 애호자들은 대부분 사디스트나 동물 학대자에서 성장했다.14)

이런 양가성의 변증법적 역전성과 역동성 때문에 프로이트 이후에는 윤리적 행위, 정치적 태도, 철학적 관념을 단순 논리로 이해할 수 없게 되었다. 식인종이 카니발리즘의 대상으로 삼는 것은 먹고 싶은 대상, 가장 사랑스런 대상이다. 조국이나 신을 사랑한다는 말이 개인적 무력감과 의존심의 표현일 수 있다. 아버지에 대한 사랑이 아버지에 대한 증오를 은폐하는 것일 수 있다. 윤리적 결벽증이 무의식적 죄의식의 발로일 수 있다. 권력의 집착은 무력감의 표출일 수 있다. 오이디푸스 콤플렉스의 양가감정은 이러한 모순의 변증법을 극적으로 설명해 주고 있다.

3) 셋째로 오이디푸스 콤플렉스의 가장 극적인 부분은 아버지의 자리를 차지하려는 욕망, 아버지를 제거하고 스스로 아버지가 되려는 부친살해의 모티브다. 그런데 프로이트에게 부친살해의 모티브는 부친을 제거하고 스스로 부친의 자리를 차지함으로써 완성되는 것이 아니다. 만약 그렇다면 프로이트의 부친살해 모티브는 단순한 존속살해의 끔찍스런 에피소드에 불과할 것이다. 반대로 프로이트에게 부친살해의 모

---

13) Jose Bruner, "Oedipus Politicus," in Michael S. Roth, ed., *Freud: Conflict and Culture*, NY: Vintage, 1998, 86.

14) "전쟁과 죽음에 대한 고찰," <전집 12, 46>.

티브는 매우 복잡한 변증법적 스토리로 전개된다.

<토템과 타부>와 <모세와 유일신교>에서는 실제로 부친살해가 일어난다. 하지만 일반적으로 부친살해의 모티브는 원망으로 나타난다. 그러나 프로이트에게 부친살해가 실제로 일어났든지 또는 원망으로 일어났는지는 심리학적으로 큰 차이를 지니지 않는다. 중요한 것은 부친살해의 욕구가 죄의식을 낳는다는 사실이다. 죄의식은 행위나 의도에 대한 자책의식이다. 부친살해의 죄의식은 부친에 대한 애증의 양가감정에 기원한다. 부친에 대한 증오가 살해 원망으로 나타났다면, 부친에 대한 사랑이 이를 자책의식으로 변화시킨다. 따라서 부친살해의 행위나 원망은 부친제거로 끝나는 것이 아니라, 오히려 부친을 더욱 강력하게 내면화시키는 결과로 발전한다.

말하자면 부친살해의 원망은 죄의식을 낳고, 죄의식은 부친의 권위를 더욱 강력하게 내면화시킨다. 내면화된 부친은 초자아가 되어 에고의 행위를 감시하는 에고의 일부가 된다. 비유적으로 말하면 부친은 아들에게 먹히고 흡수되어 아들의 부분이 되고 내면이 된다. 따라서 에고는 자신이 양심에 따라 살아가는 자율적인 존재로 생각하지만, 양심적 자율은 실제로는 타율이 변증법적으로 변형되고 내면화된 것이라고 말할 수 있다. 따라서 호세 브루너는 다음과 같이 말한다.

> 오이디푸스 콤플렉스를 통해서 유아는 권위 앞에서 자신의 욕구를 포기하기를 배울 뿐만 아니라 또한 권위의 요구와 일치함으로써 권위의 존재와 만나는 것을 배운다. 욕구와 권위가 대립하는 곳에, 권위는 내면화되어 자기 자신의 것이 된다.”[15)]

이렇게 부친의 권위가 내면화되면서 오이디푸스 콤플렉스가 해소되는데, 헤겔식으로 말하면 오이디푸스 콤플렉스는 아들의 욕구와 부모의 권위가 기본 형태에서는 파괴되면서 동시에 무의식적으로 유지되고

---

15) Jose Bruner, “Oedipus Politicus,” 88.

변화되는 변증법적 승화를 보여 주는 것[16]이라고 말할 수 있다. 이렇게 프로이트의 부친살해의 모티브는 타율성이 자율성으로, 증오가 사랑으로 변화되는 모순의 변증법적 역동성을 보여 주고 있다.

오이디푸스 콤플렉스에서 아버지는 모든 법, 억압, 정치적 권위, 권위적 인물들의 원형이다. 따라서 오이디푸스 콤플렉스는 개인이 성장하는 가정에서 일어나는 권력과 지배의 변증법일 뿐만 아니라, 나아가서 개인이 살아가는 사회 안에서 일어나는 권력과 지배의 변증법으로 이해할 수 있다. 말하자면 오이디푸스 콤플렉스는 관계의 "여러 수준에서 작동하고 있는 메타포"[17]로 이해될 수 있다.

이 원리가 인류의 기원에 적용되면 <토템과 타부>가 되고, 유대교에 적용되면 <모세와 유일신교>가 되며, 집단에 적용되면 <집단심리학>으로 나타나는 것이다. 이것이 다음 장으로부터 살펴보려는 주제다. 그러나 그 전에 프로이트의 오이디푸스 콤플렉스가 오이디푸스 신화에 대한 자의적 해석이라는 에리히 프롬(Erich Fromm)의 비판을 살펴보도록 하자.

에리히 프롬의 프로이트 비판

프로이트의 탁월한 해설가인 에리히 프롬은 <잊혀진 언어>, <프로이트를 넘어서> 등에서 프로이트의 오이디푸스 신화해석을 인간 이해에 대한 탁월한 통찰로 인정하면서도, 첫째로 프로이트의 관점이 지나치게 성애 관계에 집중하여 전개되었고, 둘째로 오이디푸스 신화를 소포클레스의 삼부작 중에서 다른 두 작품, <콜로누스의 오이디푸스>와 <안티고네>를 무시한 채 오직 <오이디푸스 왕>만을 소재로 삼았다고 비판한다. 프롬의 요지를 정리하면 다음과 같다.

---

16) Jose Bruner, "Oedipus Politicus," 87.

17) B. Bettelheim, *Freud and Man's Soul*, London: Chatto and Windus, 1983, 21.

첫째, 프로이트의 오이디푸스 콤플렉스가 말하는 어머니에 대한 근친상간적 욕망과 부친살해의 모티브가 정당하다면, 신화에서 오이디푸스는 이오카스테가 어머니인 줄 모르고 만나서 사랑하고, 이후에 라이오스를 살해하는 이야기가 있어야 한다. 그러나 신화에는 오이디푸스가 이오카스테와 사랑에 빠지는 이야기가 어디에도 없다. 오이디푸스는 테베를 구원한 뒤에 단지 전리품으로 이오카스테를 획득했을 뿐이다. 따라서 어머니에 대한 성애적 집착 때문에 아버지를 살해한다는 프로이트의 해석은 설득력이 부족하다. 프롬은 프로이트가 오이디푸스 신화를 성애에 집착하여 해석하게 된 것은 성의 억압으로 특징되는 빅토리아 시대의 세계관을 반영하고 있기 때문으로 본다. 프롬은 프로이트와는 달리 어머니에 대한 집착을 성애와 관계없이 인간의 낙원적 상태에 대한 그리움으로 이해한다.

그렇다면 부친살해의 모티브는 어떠한가? 프롬에게 부친살해의 모티브는 프로이트의 해석처럼 어머니에 대한 성애적 집착으로부터 출발할 필요가 없다. 가부장 사회의 가정에서 아버지는 독재자와 같은 절대 권위를 행사한다. 아버지의 뜻을 자신의 뜻으로 삼아 순종하는 것이 미덕이요, 아버지에게 순종하여 아버지의 마음에 드는 것이 가업을 이어받는 길이다. 그러나 압박은 증오를 낳고, 압박자로부터 해방되려는 의지를 낳으며, 마침내는 압박자를 제거하려는 욕망을 낳는다. 이러한 욕망이 가부장 사회의 윤리에서는 표면화될 수 없기 때문에 무의식의 심층으로 가라앉는다. 즉 무의식적 부친살해의 모티브는 어머니에 대한 성애적 집착과는 관계없는 가부장 사회의 특징이라고 할 수 있다. 프롬은 이러한 특징을 프로이트가 아버지와 아들 사이의 성적 대결로 잘못 해석했다고 지적한다. 즉 프로이트의 오이디푸스 콤플렉스는 가부장 사회의 특징에다 보편적 의미를 부여하면서, 이를 성애적 관계로 잘못 해석하였다는 것이다. 따라서 프롬은 오이디푸스 신화를 근친상간과는 관계없이 아버지의 권위에 대한 아들의 반역과 아버지의 권위를 탈취함으로써 이오카스테를 획득하게 되는 아들의 승리를 상징하는 것으로 해석한다.

그러나 둘째로 프롬에게 더욱 중요한 것은 소포클레스의 삼부작을 전체적으로 살펴볼 때, 오이디푸스의 이야기는 전체 스토리 중의 극히 일부분에 불과한 것이고, 중심 주제는 가부장제 세계와 가모장제 세계의 갈등과 대립이라는 사실이다.

<오이디푸스 왕>에서는 오이디푸스가 스스로 테베를 떠나는 것으로 되어 있지만, 속편인 <콜로누스의 오이디푸스>에서는 오이디푸스가 추방되었다는 사실과 그가 이를 매우 한탄하고 있음을 보여 준다. 한 많은 오이디푸스의 방랑에 동참하고 그를 보호하는 것은 딸 안티고네와 여동생 이스메네다.

오이디푸스의 아들들은 테베를 차지하기 위해 전쟁을 벌인다. 이들은 자신들의 전쟁에 축출된 오이디푸스를 자신의 편으로 끌어 들이기 위해 사신을 보낸다. 그러나 오이디푸스는 자신이 추방될 때, 눈 하나 꿈쩍 않던 아들들을 원망하면서 저주를 퍼붓는다. 반면에 자신의 불행에 동참하는 딸들에 대해서는 애정 어린 감사의 뜻을 전한다.

> 아! 딸들의 마음과 생활은 이집트의 방식 꼭 그대로가 아닌가.
> 이집트에서는 남자가 집안에서 베틀을 짜고,
> 아내들은 일용할 양식을 얻기 위해 밖에서 일을 한다.
> 너희들은 어떤가?
> 수고해야 할 남자들은 여자처럼 집안에 들어박혀 있는데,
> 너희들은 그들 대신 불행한 아버지의 무거운 짐을 지고 있구나.

여기서 오이디푸스는 아들의 세계와 딸의 세계를 가부장(家父長) 세계와 가모장(家母長) 세계의 대비로 말하는 것처럼 보인다. 따라서 프롬은 아버지와 아들의 투쟁, 아들과 아들의 투쟁이 가부장 세계를 상징한다면, 안티고네는 가모장 세계를 대변하는 대지의 여신, 지모신의 세계를 상징한다고 해석한다.

소포클레스의 삼부작 중 마지막 작품인 <안티고네>는 가부장 원리

와 가모장 원리가 극적으로 표현된 작품이다. 아들들의 전쟁은 이들이 모두 죽는 것으로 끝나고, 테베는 오이디푸스의 처남인 크레온에 의해 장악된다. 크레온은 가부장제를 대변하는 권위적이고 독재적인 인물이다. 크레온은 두 아들 중에서 테베를 지키다가 죽은 아들은 매장해도 되지만, 테베를 공격한 아들은 들에 버려 동물의 밥이 될 것이요, 이를 어기는 자가 있다면, 사형에 처해질 것이라고 명령한다. 희랍의 풍습에서 매장을 하지 않는 것은 인간에 대한 최대 굴욕이요 불명예다. 그런데 안티고네는 이 명령을 어기고 매장을 하고야 만다. 따라서 크레온은 안티고네를 동굴에 가두어 죽게 만든다. 안티고네의 연인인 크레온의 아들 하이몬은 안티고네를 구출하는 데 실패하고, 마침내 아버지를 죽이려다 실패한 후 스스로 목숨을 끊는다. 이를 본 크레온의 아내인 에우뤼디케도 남편을 저주하면서 자살한다. 크레온은 정치적으로는 승리하였지만 아들과 아들의 연인, 그리고 아내를 죽게 함으로써 정신적으로는 파멸의 운명을 맞는다. 따라서 크레온은 다음과 같은 비탄의 대사를 읊는다.

> 나는 얼마나 불행한 인간인가?
> 나는 어디로 눈을 돌려야 한단 말인가?
> 어디에다 구원을 청해야 된단 말인가?
> 내 손에 있는 것은 모두 비뚤어진 것일 뿐,
> 모든 것을 파멸시키는 운명이
> 나의 머리 위에 떨어지려고 하는구나.

여기서 프롬은 크레온과 안티고네를 가부장 원리와 가모장 원리, 국가법과 자연법 사이의 충돌로 이해하였다. 그런데 안티고네의 에피소드를 이렇게 해석하는 것은 이미 헤겔에 의해 시도된 것이다.

헤겔은 <정신현상학>과 <종교철학 강의>에서 안티고네와 크레온을 두 종류의 법이 충돌하는 것으로 해석하였다. 안티고네가 가족법, 사랑의 법, 신적 법을 표상한다면, 크레온은 단순한 폭군이 아니라 국가법, 복종의 법, 인간의 법을 표상한다. 안티고네가 물보다 진한 가족의 유대를 지키려는 개인적이고 감성적인 원리라면, 크레온은 피를 넘어서 사회의 질서를 유지하려는 공공적이고 이성적인 원리다.[18] 가족원리가 인격성과 친화성을 근간으로 하는 자연집단의 원리라면, 사회원리는 비인격적 보편의지가 부여한 기능을 수행하는 사회집단의 원리다.[19] 헤겔은 마치 프로이트를 연상하듯 이 두 법 사이에는 "의식과 무의식의 대립, 두 힘 사이의 대립"이 있다고 하였다.[20]

동일한 맥락에서 프롬은 소포클레스의 삼부작이 제시하는 내용은 프로이트의 신화 해석과는 전혀 다른 결과를 초래한다는 것을 강조한다. <오이디푸스 왕>만을 보면 프로이트의 통찰이 어느 정도 수긍이 가겠지만, 다른 작품들을 종합해 보면 어디에도 근친상간과 부친살해의 욕망을 찾아볼 수 없다고 말한다. 그렇다면 프로이트는 오이디푸스 신화를 잘못 해석한 오류를 범했던 것인가?

---

18) 이것은 바코펜(Bachofen)이 <동양과 서양의 신화, *Der Mythos von Orient und Okzident*>에서 모성적 원리는 혈연과 지연을 중시하고 자연현상을 수동적으로 수용하는 가족적 원리, 가모장 문화의 원리라면, 부성적 원리는 법과 이성적 사유 그리고 자연현상을 변형하는 사회적 원리, 가부장 문화의 원리라고 보았던 것과 일치한다.

19) 헤겔은 이러한 대비를 통하여 역사는 가족 원리와 보편 원리 사이의 투쟁에 의하여 발전되었다고 말한다. 알렉상드르 코제브에 의하면 헤겔이 말하는 투쟁에는 논리적으로 세 가지 가능성이 있다. 1) 국가 원리가 가족 원리에 대하여 우위를 차지함으로써 보편이 특수를 이기는 가능성, 2) 국가 원리가 가족 원리에 흡수되어 특수가 보편이 되는 가능성, 3) 보편과 특수가 개인에게서 통합되는 가능성이다. 첫째는 희랍의 도시국가에 해당하고, 둘째는 알렉산더의 제국에 해당하며, 셋째는 특수와 보편이 통합되거나 보편이 특수에 의하여 실현되는 근대적 '개인'의 시민사회에 해당한다. 시민 국가에서 개인은 특수한 가족 구성원이나 보편적 국가 기능에 종속되는 것이 아니라 개인-국가, 국가-개인, 가정-국가, 국가-가정의 원리가 통합되는 시민이라는 것이다. Alexander Kojève, *Introduction to the Reading of Hegel's Phenomenology*, 53f. 또한 이경재, <신화해석학>, "지모신과 천부신"의 장을 참조.

20) Hegel, *Lectures on the Philosophy of Religion*, Vol. II, trans. Spiers and Sanderson, New York: The Humanity Press, 1968, 265.

나가는 말

에리히 프롬의 프로이트에 대한 비판은 역사학적 또는 문헌학적 관점에서 정당하다고 말할 수 있다. 소포클레스의 삼부작에서 근친상간과 부친살해의 모티브는 매우 경미한 부분에 불과하다는 점에서 문헌비평학적으로 정당하다. 또한 바코펜이나 헤겔의 해석처럼 가부장제와 가모장제 사이의 투쟁이 역사발전의 단계로 이해되고, 신화가 그러한 단계를 암묵적으로 반영해 주고 있다는 점에서 역사비평학적으로 정당하다.

그럼에도 불구하고 프로이트는 역사비평학적 관점이나 문헌비평학적 관점에서 신화를 해석하려는 것이 아니라, 심리학적 해석을 감행하려고 했다는 점을 간과할 수 없다. 해롤드 블룸은 위대한 시인은 이전의 텍스트를 창조적으로 '오독'(誤讀, misreading)한다고 하였다. 오독은 단순히 '잘못 읽음'이 아니라 '의도적으로 비틀어 읽음,' '창조적으로 꼬아 읽음'을 뜻한다. 따라서 프롬의 프로이트 비판은 그 정당성에도 불구하고, 프로이트의 심리학적 통찰과 해석을 오히려 문헌학적 또는 역사학적 해석으로 환원시켰다는 비판을 면하기 어렵다. 그것은 프로이트의 오이디푸스 신화에 대한 심리학적 해석과 통찰을 재(再) 긍정한다는 말이기도 하다.

5. 토템과 터부

종교 기원의 문제

종교학은 신학이 아니다. 기독교 신학이 교회 안에서 교회를 위한 신앙의 조직적, 합리적, 보편적 이해의 시도라고 한다면, 종교학은 기독교를 포함한 모든 종교에 대한 과학적, 합리적, 보편적 이해의 시도라고 할 수 있다. 따라서 종교학은 신학의 지평을 보다 넓게 확대시키는 동시에 신학에 대하여 쏘는 가시가 될 수도 있다.

신학은 기독교의 절대계시와 절대 진리라는 교리적 관점에서 타종교의 문제를 생각한다. 신정통주의자 칼 바르트는 기독교는 종교가 아니라 계시요 진리라고 하였다. 그러면 타종교는 계시와 진리가 아니라, 죄와 타락으로 얼룩진 인간 편에서 절대자를 추구하는 우상숭배가 된다. 종교학은 이런 주장에 대해 기독교를 보다 넓은 종교적 지평의 한 양태로 이해한다.

그런데 종교의 지평을 밝히기 위해서는 종교에 접근하는 어떤 학문적 도구가 필요하다. 그 도구로 종교학은 언어학, 종교사, 현상학, 사회학, 인류학, 심리학 등의 관점을 이용한다. 말하자면 종교학은 자체적으로 연구할 수 있는 특정 독립과학이 아니라 인문, 사회과학적 도구와 연계되어 탐구될 수 있는 학문 분야다. 따라서 종교학은 자신이 연계하는 방법론에 따라서 종교사회학, 종교심리학, 종교현상학, 종교인류학, 종교사학, 종교언어학 등의 모습으로 구체화된다. 이 중에서 종교언어학과 특히 종교인류학은 프로이트의 종교 기원에 대한 심리학적 해석을 이해하기 위한 배경과 전제로서 검토할 필요가 있다.

종교과학이라는 말의 창시자인 막스 뮐러는 종교의 기원을 언어학에서 바라 본 대표적 인물이다. 뮐러에 의하면 종교는 자연현상에 대한 인간의 시적 재구성으로부터 출발한다. 이것이 무슨 말인지를 알기 위해서는 예를 들어 보는 것이 첩경이다.

태양의 신 아폴로는 강의 신 페네우스의 딸, 데프네를 보고 사랑의 불이 활활 타올랐다. 아폴로는 데프네를 향해 달려갔다. 그러나 사랑을 거부하는 데프네는 아폴로를 피해 달아나기 시작했다. 강가에 이른 데프네는 더 이상 도망갈 수 없었다. 따라서 데프네는 아버지 페네우스에게 애원했다. "아버지 나를 좀 도와주세요." 이와 함께 데프네의 다리는 뿌리로 변하고, 몸은 줄기와 가지로 변해 월계수가 되었다. 아폴로는 슬픔에 잠겨 말했다. "여인 중에 가장 아름다운 이여. 나는 그대를 잃었노라. 그래도 그대는 나의 나무가 되리라. 그대의 잎으로 승리자들의 머리에 관을 씌우리라. 영원히 함께하는 아폴로와 월계수는 영원히 노래되고 이야기되리라."

여기서 데프네와 월계수는 무슨 관계가 있을까? 뮐러에 의하면 데프네는 산스크리트어인 아하나(Ahana)에서 유래하였고, 아하나는 새벽 여명의 붉음을 뜻한다. 그렇다면 데프네는 아침에 동터 오르는 태양의 이미지를 가리킨다. 아침이면 대지의 동녘으로부터 태양의 신 아폴로가 눈부신 불의 옷을 입고 떠오른다. 그리고는 자신의 연인을 쫓아서 달려간다. 데프네는 얼굴을 붉히고 아폴로로부터 도망친다. 아폴로는 긴 그림자를 끌고 도망치는 데프네를 결코 잡을 수 없다. 영원히 잡히지 않는 데프네는 나무로 변해서 대지에 뿌리를 박는다. 그리고 슬픔에 잠긴 아폴로는 저녁이 되면 마침내 대지의 품속으로 사라진다.

뮐러는 월계수를 뜻하는 희랍어 데프네와 아침 여명을 뜻하는 산스크리트어가 동일어원에 속하기 때문에 아폴로와 데프네의 신화가 탄생한다고 하였다. 따라서 뮐러는 다음과 같이 말한다.

> 만약 우리가 언어 안에서 사유의 외적 형태와 표상이 언어 속에서 이루어진다는 것을 인정한다면, 신화는 필연적이고 자연적인 것으로서 언어의 내적 필연성이라고 말할 수 있다. 신화는 언어가 사유에 던지는 어두운 그림자이고, 언어가 사유와 함께 완전히 균형을 잡을 때까지 결코 사라질 수 없고 사라지지 않을 어두운 그림자다. 신화는 의심할 바 없이 인간 사유의 초기에 폭발한 것이지만 결코 사라지는 것이 아니다. 따라서 신화는 호머의 시대에 존재했던 것처럼 오늘날에도 존재한다. 단지 그것을 인식하지 못할 뿐이다. 왜냐하면 우리 자신이 바로 언어의 그림자 안에 살고 있기 때문이고, 우리 모두가 진리의 완전한 중심의 빛으로부터 위축되어 있기 때문이다.……가장 높은 의미에서 신화는 정신행위의 모든 가능한 영역에서 언어가 사유에 작용하는 힘이다."[1)]

여기서 중심 개념은 언어가 사유에 작용하는 힘, 즉 '언어의 그림자'다. 인간이 언어를 사용하고 언어 속에서 사유하는 동물이라면, 뮐러에게 인간의 문화와 종교는 언어의 그림자 속에서 일어나는 현상이다. 예를 들어 '새가 슬피 운다!'는 말은 언어의 그림자가 새에 투사되어 일어나는 시적 진술이다. 뮐러는 종교의 내용인 신화는 자연현상에 대한 언어적 재(再)투사가 본질을 이루고 있다고 하였다. 한마디로 신화는 자연현상에 대한 언어학적 사유요, 언어의 그림자 안에서 인간이 자연에 가하는 시적 재구성이라는 말이다.

뮐러의 종교와 신화에 대한 언어학적 관점은 이미 18세기의 대철인 비코의 <신(新)과학>에서 제시되었다. 비코는 인류 문명의 발전 단계

---

1) Max Müller, "The Philosophy of Mythology," *Introduction to the Science of Mythology*, *Ernst Cassirer*, *Language and Myth*에서 재인용.

를 신화시대, 영웅시대, 인간시대로 구별하면서, 신화시대는 언어를 사용하는 인간이 자연을 시적 상상력으로 재구성하는 가운데 발생한다고 보았다. 하이데거가 말하듯이 '언어가 존재의 집'으로서 인간이 언어의 틀 속에서 사유한다면, 언어의 빛 또는 언어의 그림자를 통하여 신화와 종교를 해석하는 것은 매우 값진 작업일 수 있다.

여하튼 뮐러의 종교에 대한 신화학적, 언어학적 연구는 한 세대를 풍미하였다. 그러나 이것은 살아 있는 종교를 언어학적으로 환원시키는 오류라는 비평을 받았다. 그리고 종교에 대한 역사학적, 인류학적 연구가 등장하면서 시대의 뒤편으로 사라지게 되었다.

종교에 대한 인류학적 연구가 본격적 경험과학으로 자리 잡기 시작한 것은 영국의 인류학자들이 종교를 경험론적으로 다루게 되면서 부터다. 이들은 대영제국의 식민지가 확대되면서, 원주민들의 종교를 역사적, 민족학적 관점에서 탐구하기 시작하였다. 그런데 이들의 연구에 밑바탕이 되고 있었던 사유의 패러다임은 다윈의 진화론이었다.

다윈의 진화론은 본래 생물학적 개념이지만, 그것이 지니는 함의는 사회학, 종교학, 철학 등에 매우 중요한 영향을 끼쳤다. 예를 들어 다윈과 동시대인이었던 철학자 허버트 스펜서는 하등단계로부터 고등단계로 발전하는 진화론적 과정이야말로 실재를 해석할 수 있는 근본법칙으로 보았고, 이를 통해 모든 철학을 통합할 수 있다고 생각하였다. 이런 관점은 종교 연구에도 그대로 적용되어 옥스퍼드 대학에서 최초로 종교학을 개설한 E. B. 타일러는 석기시대로부터 현대에 이르기까지 모든 종교를 하등단계로부터 고등단계로 진화하는 발전과정으로 설명하였다. 그런데 생물이 하등동물에서 고등동물로 진화하더라도 생물의 본질은 동일하듯이, 종교가 하등단계에서 고등단계로 진화하더라도 종교의 본질은 동일하게 남아야 한다. 그렇다면 종교의 본질은 무엇일까? 이것은 타일러에게 곧 바로 종교 기원에 대한 문제로 나타나고, 종교 기원의 문제는 원시종교의 연구로 귀결된다.

타일러는 원시인들이 만물에 정령이 있다고 믿는 데 주목했다. 그리고 이런 원시신앙을 정령주의, 애니미즘(animism)이라고 불렀다. 왜 원시인들은 만물에 정령이 있다고 믿을까? 타일러는 원시인들이 꿈과 현실을 구별하지 못하는 인류의 유아적 상태에 있었기 때문이라고 했다. 꿈속에는 현실의 육신적 자아와는 달리 하늘을 날고 시간을 초월하는 또 다른 자아, 즉 정령의 존재가 있다. 원시인들은 꿈속의 정령들을 현실적 존재와 구별하지 못한다. 내 안에 보이지 않는 정령이 있듯이, 모든 사물 안에도 보이지 않는 정령이 있다. 따라서 우주는 보이는 세계와 보이지 않는 세계, 육체적 세계와 정령들의 세계로 구성된다. 타일러는 정령에 대한 원시적 믿음이야 말로 종교의 기원으로 생각하였다. 정령들에 대한 믿음이 보다 발전하면, 신들에 대한 믿음으로 진화하고, 마침내는 모든 신들을 통합하는 하나의 신, 절대신, 유일신의 믿음으로 발전한다.

타일러와는 달리 영국의 선교사 코드링톤은 폴리네시아인들의 종교를 연구하면서 그들이 마나(mana)라고 부르는 원시개념을 종교의 기원으로 소개했다. 마나는 비인격적이고 초자연적인 신비의 힘을 통칭하는 일반 개념이다. 마나는 자연현상에 깃들 수도 있고, 인간에 거할 수도 있으며, 사회적 직위에 거할 수도 있다. 예를 들어 번개나 홍수와 같은 거대한 자연의 힘, 인간을 압도하는 거대한 바위, 번개 맞아 부러진 나무, 절벽에서 떨어졌는데도 무사한 인간, 부족을 지배하는 추장 등에게는 어떤 신비스런 힘이 깃들어 있다고 믿었다. 그리고 이 힘을 마나라고 불렀다. 마나는 개체 사물에 내재하는 특수한 정령, 개별화할 수 있는 정령이 아니라 무차별적 힘에 대한 비(非)인칭적 개념이다. 따라서 R. R. 마레트는 마나의 개념이야말로 정령주의에 앞서는 단계로서 종교의 기원을 말해 줄 수 있는 적합한 개념이라고 했다.

그러나 로버트슨 스미스는 타일러나 코드링톤과는 달리 종교에 근원적인 것은 정령이나 신들에 대한 신앙이라기보다는 오히려 거룩한 행위, 제의, 예배행위라고 하였다. 그는 종교의 기원을 애니미즘이나 마나에 대한 신앙이 아니라 원시인들의 제의행위에서 찾아야 한다고 보았다. 그래서 그는 호주 원시인들의 제의를 연구하면서 이들의 동물에 대한 경외, 즉 토테미즘이야말로 종교의 기원이라고 하였다.

원시인들은 특별한 동물(후에는 식물이나 자연현상)을 신성한 조상신으로 생각하고, 토템동물이 집단을 보호해 준다고 믿는다. 이들은 일 년에 한 번씩 토템동물을 죽여 성찬음식으로 삼을 때를 제외하고는 토템동물을 죽이거나 상하게 해서는 안 된다. 또한 동일한 토템집단 안에서는 결혼이 금지된다. 결혼은 오직 족외혼으로서 다른 토템집단 사이에서만 가능하다. 로버트슨 스미스는 이런 기이한 제의 연구를 통해서 살해와 근친상간 금지와 같은 최초의 윤리적 계명, 즉 터부가 토테미즘으로부터 발생했다고 하였다.

타일러, 마레트, 로버트슨 스미스 외에 종교인류학에서 빼놓을 수 없는 인물로 <황금가지>의 저자 프레이저가 있다. 프레이저는 오고스트 콩트를 따라 종교의 발전사를 주술, 종교, 과학의 단계로 구별하면서, 주술이야말로 원시종교의 기원이라고 보았다. 주술은 자연을 변형시키기 위한 인간의 능동적 행위다.[2] 그러나 주술이 언제나 뜻대로 일어나는 것은 아니다. 비를 부르기 위하여 빗소리가 나는 주술을 행한다 할지라도 비가 오지 않을 수도 있다. 따라서 인간은 자신들의 한계 상황에서 자연의 뒤에 있다고 생각되는 초자연적 존재에 도움을 요청할 수밖에 없다. 즉 주술이 실패하는 곳에 종교가 발생한다. 종교는 초자연적 존재에 대한 간구요 간청이다. 신들의 도움을 청하기 위하여 희생 제물을 바치고 기도를 행한다. 희생제물은 신들의 환심을 사기 위한 청탁성 선물이요, 기도는 신들에게 도움의 내용을 전달하는 주문이다. 그러나 희생 제물과 기도가 하늘에 이르러도 자연은 침묵하는 경우가 많다. 이로부터 인간은 신들의 뜻이 무엇인가를 상고하게 되고, 신들의 뜻대로 행동하는 것이 신들의 환심을 사는 가장 훌륭한 길이라고 믿는다. 이와 함께 희생종교, 제물종교에서 윤리종교, 고등종

---

2) 이경재, "10장. 프레이저의 신화학과 문학," <신화해석학> 참조.

교로의 진화가 일어난다.

야스퍼스가 주전 800년에서 200년 사이에 모든 고등종교가 발생하였기에 이 시대를 '차축시대'라고 불렀다면, 차축시대는 프레이저 식으로 말한다면 바로 원시종교에 대한 인간의 내적 깨달음과 함께 발생한 종교진화의 필연이라고 말할 수 있다. 주술에 이어 종교가 일어났다면, 종교에 이어 과학이 발달한다. 과학은 자연에 대한 이성적, 경험적, 객관적 이해로서 자연의 탈주술화, 탈종교화의 결과다. 과학은 자연을 인간을 위해 이용하고 변형하는 인류 발달의 금자탑이다. 따라서 프레이저는 종교사를 주술, 종교, 과학의 진화적 단계로 정립할 수 있었다.

프로이트는 위에 열거한 종교인류학자들의 연구 결과를 충분히 수용하면서 이를 심리학적으로 재구성하고 재창조하였다. 이것이 <토템과 타부>(1912)로 나타났는데, 이를 살펴봄으로써 프로이트의 종교 기원에 대한 독특한 통찰을 알아 볼 수 있다.

토템과 터부

태초에 살인이 있었다. 그리고 그 살인은 부친의 살해였다. 이것은 프로이트가 <토템과 타부>(1912-1913)에서 종교의 기원과 형성에 대해 제시하는 상상적 대명제요 거대한 플롯이다. 프로이트는 <토템과 타부>에서 종교와 문화의 기원에 대한 심리학적 근원을 발견하였다고 생각했다. 비록 오늘날 인류학자들이 프로이트가 제시하는 자료들에 대하여 이의를 제기한다 하더라도, <토템과 타부>는 종교 기원에 대한 심리학적 탐구의 획기적 작품일 뿐만 아니라 일종의 탐정소설처럼 읽을 수 있는 문학 작품으로도 가치가 있다.

<토템과 타부>의 부제는 "야만인의 정신생활과 신경증 사이의 어떤 일치점"이다. 이 부제는 프로이트의 의도를 잘 보여 준다. 이 책에

서 프로이트는 토테미즘의 종교 의례가 현대인의 신경증적 강박 의례와 유사하다는 것을 보여 주면서, 종교의 심리학적 근원을 밝히려고 하기 때문이다. 이 책은 네 개의 에세이로 구성되어 있다. 여기서는 이들의 내용을 소개하면서 프로이트의 통찰을 음미하려고 한다.

첫째 에세이 "근친상간에 대한 공포"는 서론적 장으로서 토테미즘의 기이한 풍습을 다음과 같이 소개하면서 이를 문제점으로 제기한다. 원시인들은 동일 집단 내에서의 결혼을 엄격히 금지했다. 성적 파트너는 언제나 다른 부족에서 선택하고, 동일 부족 내에서 성적 파트너를 택하는 것은 터부로 엄격히 금지하였다. 만약 족외혼의 규칙을 어기는 사람이 있다면 부족으로부터 추방되고 만다. 족외혼은 부족의 사회체계요 종교체계인 토템동물과 관련되어 있다. 토템동물은 조상신으로 여겨지는 특정한 동물인데, 토템동물은 사냥이 금지되고 만약 이를 죽인다면 부족에 큰 벌이 내릴 것으로 믿는다. 그러나 일 년 중 특정한 날에는 토템동물을 제의적으로 살해하고 이를 함께 먹는 카니발리즘의 성찬식을 거행한다. 성찬을 통하여 원시인들은 조상신인 토템동물을 몸 안으로 섭취하고 토템동물과의 극단적 일체화를 경험한다.

여기서 프로이트는 서론적으로 두 가지 질문을 던진다. 첫째, 왜 토템집단 안에서 근친상간이 엄격히 금지될까? 둘째, 토템동물은 신성한 조상신으로 해를 가할 수 없는데도 불구하고, 왜 제의적으로 살해하고 이를 먹는 성찬식을 행할까? 이에 대한 대답이 다음 에세이들의 내용을 이룬다.

터부와 양가감정

둘째 에세이 "터부와 양가감정"에서 프로이트는 분트가 인류의 가장 오랜 불문법전이라고 부른 터부에 대한 기존 이론을 소개하면서, 이에 대한 자신의 정신분석학적 설명을 시도한다.

터부는 폴리네시아어로서 금기, 금지, 금제 등을 뜻하는 말이다. 그런데 터부는 라틴어의 사케르(sacer), 그리스어의 아고스(agos), 히브리어의 카데쉬(kadesh)와 같이 상반되는 의미를 내포하고 있다. 한편으로 터부는 '신성한,' '성별된'이라는 뜻을 가지고 있는 반면, 다른 한편으로는 '기분 나쁜,' '위험한,' '금지된,' '부정한'이라는 반대 의미를 지니고 있다. 폴리네시아어에서 터부의 반대말은 노아(noa)인데, 이 말은 '보통의' '평범한' '누구나 접근할 수 있는'이라는 의미를 지닌다. 따라서 터부는 범접할 수 없다는 뜻을 지니고 있고, 이것이 금지와 제한이라는 의미로 나타난다.[3)]

폴리네시아인들은 어떤 인물이나 대상에 비범한 힘이 있다고 생각할 때 이를 '마나'라고 불렀다. 반 델 레에우는 <종교현상학>에서 종교의 본질을 '힘의 숭배'라고 불렀는데, 마나는 아직 개체화되지 않고, 인격화되지 않은 비(非)인칭적이고 초인격적인 비범한 힘을 말한다. 그런데 마나가 있다고 생각되는 대상은 모두 터부의 대상이 된다. 왜냐하면 마나를 가지고 있는 대상들은 비범하고 위험한 힘을 소유하고 있기 때문이다.

터부 중에서 가장 위험한 것은 터부의 대상과 접촉하는 것이다. 터부의 대상을 접촉한 자는 터부가 감염되고 전이되어 그 자신이 터부가 되어 버린다. 여기서 접촉은 신체적 접촉뿐만 아니라 언어적 접촉도 포함된다. 예를 들어 죽은 자를 만지는 것이 신체적 접촉이라면 죽은 자의 이름을 부르는 것은 언어적 접촉이다. 주검이 터부라면 이를 신체적, 언어적으로 접촉한 자도 터부가 된다. 따라서 주검을 다루는 데는 일정한 금기의 의례와 정화 의식이 뒤따라야 한다.

터부의 근원은 무엇일까? 분트는 이를 인간의 가장 원시적이며 지속적인 충동, '악마적 힘'에 대한 두려움이라고 하였다. 즉 대상 안에

---

3) 프로이트, <토템과 타부>, 김종엽 옮김, 문예마당, 1995, 43-44. 앞으로 인용되는 <토템과 타부>의 구절들은 모두 이 책으로부터 인용된 것으로서, 프로이트 전집에 해당하는 페이지는 괄호 속에 따로 표시하였다. <전집 13, 54>.

감추어져 있다고 생각되는 악마적 힘에 대한 두려움이 터부를 낳는다는 말이다. 따라서 악령의 분노로부터 자신을 지키기 위해서는 일정한 보호수단으로서 금기가 필요하다. 분트에 의하면 원시종교의 신들은 모두 경외와 혐오가 혼잡하여 있는 악령들이었다. 이로부터 터부가 발생하였다. 그것이 나중에 선신과 악신, 긍정적 신과 부정적 신으로 분할되었다. 그리고 악마적 힘에 대한 두려움으로부터 탄생한 터부의 계율들이 긍정적인 신들에 대한 믿음의 영역으로 대체되면서, 신들은 경외의 대상이 되고 악령들은 혐오의 대상이 되었다.

그러나 프로이트는 분트가 터부를 악마적 힘에 대한 두려움이라고 정의할 때, 이를 정신분석학적으로 달리 해석한다. 우리는 이미 터부라는 말 자체가 가장 신성한 경외의 대상이면서도 또한 가장 위험하고 혐오스런 대상이 된다는 터부의 모순적 의미를 알고 있다. 터부의 이러한 의미는 터부가 애정과 증오, 좋음과 싫음, 존경심과 적개심 등의 모순적 병렬 감정인 양가감정의 범주에 속하는 것임을 보여 준다. 실로 양가감정은 터부의 개념뿐만 아니라 종교감정을 이해하기 위한 필수 개념이다.

예를 들어 루돌프 오토는 <거룩함의 개념>에서 종교감정의 본질을 '두렵고 떨리면서 매혹적인 신비'(mysterium tremendum et fascinans)라고 하였다. 이는 '두렵고 떨리는 신비'(mysterium tremendum)와 '매혹적 신비'(mysterium fascinans)의 모순감정을 표현하는 합성어다. '두렵고 떨리는 신비'가 신적 존재에 접근할 수 없는 두려움과 공포의 감정이라면, '매혹적 신비'는 신적 존재에 끌림을 당하는 사랑과 애착의 감정이다. 말하자면 오토의 종교감정의 본질은 프로이트의 터부에 대한 양가감정과 일치한다. 그러나 오토가 종교감정의 본질로서 양가감정의 존재를 현상학적으로 확인하였다면, 프로이트는 한걸음 더 나아가서 양가감정의 원인을 심리학적으로 밝혔다는 데 그 공헌이 있다.

종교적 터부에 대한 양가감정은 신경증 환자에게서 극적으로 나타난다. 신경증 환자는 강박적으로 어떤 특정 행위를 하지 않으면 불안해하고, 이를 어기면 자신이나 타인에게 벌이 내릴 것을 두려워한다. 이를 신경증적 의례라고 부를 수 있는데, 신경증적 의례는 종교 의례처럼 어떤 것은 해야 하고 어떤 것은 해서는 안 된다는 강박적 금기의 행위요, 이를 위한 참회, 속죄, 방어, 정화의 행위다.

이 중에서 핵심이 되는 것이 터부에서와 같이 접촉에 대한 금지다. 앞서 말한 바와 같이 접촉에는 신체적 접촉뿐만 아니라 언어적 접촉, 또는 생각 안에서 일어나는 사유의 접촉도 포함된다. 마찬가지로 강박신경증 환자는 어떤 대상에 대하여 신체적 접촉뿐만 아니라 생각의 접촉마저도 금기시하고 억압한다. 강박신경증 환자는 원시인들의 터부처럼 왜 접촉을 억압하고 금지하려고 할까? 원시인들의 터부와 신경증 환자 사이에는 어떤 공통점이 있을까?

프로이트에게 접촉의 심리학은 상대방을 통제하거나 이용하려는 시도의 첫걸음이다. 따라서 접촉에 대한 억압과 금지는 바로 접촉에 대한 충동과 욕구가 그만큼 강하다는 반증이다. 억압된 충동은 사라지는 것이 아니라 단지 금지된 것일 뿐이기 때문이다. 억제와 금지는 미결의 상황이요 고착된 상황이다. 그렇다면 신경증 환자가 특정 대상에 대한 신체 접촉과 생각 접촉을 금기시하는 것은 그 대상에 대한 욕구가 그만큼 강하다는 증거다. 마찬가지로 원시인들이 토템동물을 접촉하거나 살해하는 것을 금지하고, 동일 토템 안에서 근친상간을 금기시하는 것은 그만큼 접촉욕구와 살해 욕구, 근친상간의 욕구가 강력하다는 것을 반증한다. 따라서 원시인들의 종교 의례와 신경증 환자의 의례는 금지된 욕구를 참회하고 정화하려는 행위로 이해할 수 있다.

그런데 종교와 신경증 환자에게 동일한 양가감정과 강박적 의례가 존재한다고 말하는 것은 현상학적 서술은 될 수 있어도 심리학적 설명이 되기에는 아직 불충분하다. 따라서 보다 명백한 설명을 위해서 강박신경증의 두 케이스인 '우울증'의 메커니즘과 '쥐 인간'의 종교 의례를 검토할 필요가 있다.

우울증과 심리학적 섭취

프로이트는 <슬픔과 우울증>(1917)에서 우울증의 병리현상을 통하여 양가감정을 설명한다. 슬픔과 우울증은 사랑하는 대상을 잃은 데서 나타나는 증상이라는 점에서는 같지만 심리적 메커니즘은 전혀 다르다. 먼저 슬픔은 사랑하는 사람이나, 조국, 자유, 이상과 같이 자신에게 중요한 위치를 차지하던 대상을 상실한 데 대한 자연스런 반응이다. 따라서 슬픔의 감정은 시간이 지나면서 점차 치유되고, 에고는 다시 자신을 회복하고 일상으로 복귀한다.

반면에 우울증은 슬픔과 달리 비탄의 병리학적 현상이다. 우울증 환자는 인생에 대한 심각한 실의와 함께 외부 세계로부터 자신을 차단하고, 사랑의 능력을 상실한다. 그리고 자기비난과 자기모멸, 자기비하와 자기증오에 시달리고, 징벌에 대한 망상적 기대에 사로잡힌다.[4] 말하자면 우울증은 슬픔에 자기증오가 덧붙여진 것처럼 보인다. 따라서 프로이트는 다음과 같이 말한다. "슬픔의 경우는 빈곤해지고 공허해지는 것이 세상이지만, 우울증의 경우는 자아가 빈곤해지는 것이다."[5]

우울증에는 왜 자기증오가 존재할까? 프로이트는 우울증 환자에게서 상실한 대상에 대한 사랑과 증오의 무의식적 양가감정이 있음을 발견하였다. 우울증은 대상에 대해 가지고 있던 애증의 반대감정이 대상을 상실하였을 때, 자기힐책을 통하여 그 상실감을 표현하는 증상이다. 자기힐책은 바로 사랑하는 대상에 대해 가지고 있던 증오의 감정을 거꾸로 자기 자신에게로 향하게 하는 것이다.

왜 그렇게 될까? 우울증 환자는 상실한 대상과 자신을 일체화시킨다. 이와 함께 대상에 대한 애증의 반대감정이 분열된다. 한 편에는 사랑하는 대상과의 일치가 일어나고, 다른 한 편에는 사랑하는 대상에 대한 증오가 존재한다. 자신 안에 분열적으로 존재하는 두 감정에서

---

4) "슬픔과 우울증," <전집 11, 244>.
5) "슬픔과 우울증," <전집 11, 247>.

자신과 일체화된 대상의 상실은 바로 자신의 잘못이라는 자기질책이 일어난다. 말하자면 대상에 대한 파괴 본능(죽음 본능)이 대상이 상실된 후에 자신과 일체화된 대상, 즉 자기 자신에게로 향하는 것이다.

사랑하는 대상에 대한 증오의 감정, 파괴 본능은 처벌에 대한 죄의식을 갖는다. 그러나 그 대상이 자신과 일체화될 때, 자신을 향한 파괴 본능은 대상의 상실이 자신의 잘못이라는 자기질책으로 나타난다. 예를 들어 어머니의 죽음에 죄의식을 느끼는 딸의 우울증은 무의식적으로 어머니를 증오하였고 어머니의 죽음이 자신의 잘못이라는 자책감으로 괴로워하는 것이다. 한 편으로 딸은 사랑하는 어머니와 일체화가 되고 또 다른 한 편으로는 증오의 감정을 자신에게로 향한다. 프로이트는 이렇게 분열된 자기힐책의 감정이 우울증의 전형적 형태라고 하였다. 그리고 우울증은 자신이 대상에 대해 지니고 있는 애증의 모순적 감정을 인정함으로써 개선될 수 있다고 보았다.

프로이트는 우울증이 극단화되면 상실한 대상을 먹어치우는 행위를 통하여 대상 자체가 되려는 욕구, 즉 대상과의 극단적 일체화가 일어난다고 하였다. 인류학적 자료들은 원시인들 중에 죽은 남편의 심장을 구토와 현기증을 일으키면서도 먹어 버림으로 죽은 남편과 일체화가 되는 극단적 경우를 증언하고 있다. 프로이트는 이런 극단적 일체화를 '심리학적 섭취'라고 불렀다.

심리학적 섭취는 <토템과 타부>에서 토템동물의 식인적 성찬제의와 관련되어 나타난다. 그렇다면 우울증의 극단적 경우가 식인적 성찬제의와 어떤 관계가 있다고 말할 수 있다. 그러나 이에 대한 대답은 아직 이르다. 그것은 프로이트의 마지막 에세이를 통해서 해결될 것이기 때문이다. 단지 여기서는 우울증을 통해서 양가감정이 어떻게 발생하고 작용하는가를 확인하고, 우울증과 토테미즘 사이에는 양가감정의 공통성이 있다는 사실을 확인하는 것으로 충분하다.

쥐 인간과 신경증적 강박 의례

프로이트는 토테미즘의 터부와 강박신경증 사이의 관계를 <쥐 인간>(1909)[6]에서 29살의 변호사였던 에른스트 란저의 케이스를 통해 설명한다. 란저는 흔히 '쥐 인간'으로 통칭된다. 그것은 그가 군대시절 들었던 중국인의 충격적인 고문 방식을 말한 데서 유래한다. 중국인들은 항아리 속에 쥐를 가득 채우고 이를 죄인의 엉덩이에 묶어 놓는다. 쥐는 출구를 찾아 발광하다가 마침내 죄인의 항문을 뚫고 들어간다.

여하튼 쥐 인간은 심각한 강박신경증에 시달렸다. 그는 면도칼로 자신의 목을 자를지도 모른다는 두려움에 떨었고, 자신이 사랑하는 사람들에게 엄청나게 나쁜 일이 일어날지도 모른다는 두려움에 빠졌으며, 특히 어떤 재난이 자신의 부친이나 부친이 사랑하는 여자에게 일어날지도 모른다는 두려움에 시달렸다. 그런데 기이한 것은 그의 부친은 이미 수년전에 세상을 떠난 사람이었다. 프로이트는 부친이 죽었는데도 불구하고, 부친에게 재난이 닥칠지 모른다고 두려워하는 쥐 인간의 강박신경증에서, 쥐 인간이 부친을 사랑하는 동시에 부친에 대한 극심한 적개심과 증오를 품고 있다는 양가감정을 분석해 내었다.

쥐 인간은 어린 시절에 아버지가 자신의 생각과 환상을 다 알고 있으며, 자신의 잘못된 생각에 대해 징벌할 것이라고 믿었다. 왜 그랬을까? 쥐 인간은 부친에 대한 사랑과 함께 심각한 적개심을 품고 있었다. 부친에 대한 적개심은 실제로 부친을 살해할 수도 있다는 환상을 낳고, 그러한 환상은 죄의식을 낳는다. 따라서 쥐 인간은 부친에 대한 적개심을 자신에게 돌림으로써 부친이 자신을 언제나 감시한다는 환상을 갖게 되었다.

그럼에도 불구하고 쥐 인간의 부친에 대한 무의식적 적개심은 실제로 부친에게 재앙이 일어날지도 모른다는 불안감을 갖도록 만들었다.

6) "쥐 인간," <전집 9, 7-102>.

강박신경증 환자는 자신의 생각과 외부 현실을 분리하지 않는다. 이들은 자신의 생각이 타자를 살리거나 죽일 수 있다고 믿는다. 그것은 프레이저가 공감주술이라고 불렀듯이 생각한 대로 이루어진다고 믿는 주술의 논리이기도 하다.

여하튼 쥐 인간은 그가 군대에서 들은 중국인들의 쥐 고문의 재난이 부친이나 부친이 사랑하는 사람들에게 일어나지 않도록 하기 위해서, 매우 미묘한 강박적 의례를 창조하고 수행했다. 그런데 이상한 것은 부친은 이미 이 세상에 없는 고인이라는 사실이다. 그럼에도 쥐 인간은 자신의 부친이 밤마다 그를 찾아와서 감시한다는 환상을 버릴 수 없었다. 쥐 인간의 강박 의례는 매우 기이하다. 그가 대학에서 시험공부를 하던 때면 밤 12시부터 1시 사이에 부친의 영혼이 들어올 수 있도록 앞문을 열어놓는다. 그리고 방으로 들어가 거울 앞에서 자신의 성기를 바라보면서 마스터베이션을 한다. 그것은 종교 의례를 치르듯이 엄숙하게 진행된다.

프로이트는 이 기이한 의례를 분석하면서 여기에는 반대감정의 병존이 극적으로 나타나 있다고 하였다. 첫째, 쥐 인간은 한밤중에 깨어 있음으로써 부친에게 늦은 시간까지 열심히 공부한다는 것을 보여 주려는 환상을 가지고 있다. 부친은 아들이 열심히 노력하지 않는 데 대해 질책하곤 하였기 때문이다. 둘째, 쥐 인간은 거울 앞에서 성기를 바라보고 마스터베이션을 함으로써 부친이 자신의 애정생활에 장애가 된다는 것을 항의하려고 한다. 여기서 부친에 대한 사랑과 증오의 양가감정이 극적으로 드러난다.

그렇다면 쥐 인간의 강박 의례와 원시인의 종교 의례 사이에는 어떤 관계가 있을까? 죽은 부친이 한밤중에 방문하여 심판한다는 쥐 인간의 강박관념은 원시인들의 죽은 영혼의 귀환에 대한 종교 신념과 비교될 수 있다. 원시부족은 죽은 자들에 대한 강력한 터부를 가지고 있다. 죽은 사람의 이름을 말하거나 죽은 몸을 접촉하는 것이 금지되고, 죽은 자를 처리하는 엄격한 장례절차가 준수된다. 이러한 터부가 준수되지 않으면 죽은 자의 영혼은 무서운 귀신이 되어 이들에게 돌아온다. 프로이트는 죽은 자의 악마적 귀환에 대한 공포가 죽은 자에 대한 산 자의 복잡한 죄의식의 감정과 관련이 있다고 보았다.

말하자면 생존자는 죽은 자에 대해 사랑과 증오의 양가감정을 가지고 있었다. 그리고 죽은 자의 영혼이 귀환하는 데 대한 두려움은 바로 자신의 적개심이 죽은 자에 투사된 결과다. 죽은 자에 대한 생존자의 적개심이 외부로 투사되면 거꾸로 죽은 자가 생존자에 대해 적개심을 가지고 귀환하는 것으로 나타난다. 따라서 죽은 자를 두려운 존재로 여긴다. 프로이트는 죽은 자의 영혼에 대한 두려움이 바로 이렇게 복잡한 감정의 역전현상을 통하여 가능하다고 보았다. 따라서 이러한 두려움을 해소하기 위해서 종교는 죽은 자에 대한 엄격한 터부와 의례를 준수한다. 그것은 우울증이나 쥐 인간의 신경증적 케이스와 마찬가지로 원시종교에서 동일하게 나타나는 현상이다.

따라서 프로이트는 원시인들과 강박신경증 환자 사이의 유사성은 감정생활에 있어서 양가성이 강한 것이라고 하였다. 그러나 강박신경증과 종교적 터부 사이의 일치점에도 불구하고 양자 사이에는 차별성이 존재한다. 강박신경증은 주로 성적 충동의 억압에 기인하는 개인적 현상이다. 성적 욕구는 사회적으로 공유할 수 없는 은밀한 사적 영역이다. 따라서 이의 억압에 근거한 개인 신경증은 비사회적으로 달성된다. 반면에 터부는 사회에 해가 되는 개인의 이기적 충동을 억압하는 사회적 충동의 결과다. 그런데 이기적 충동은 이미 성적 요소를 포함하기 때문에 사회적 충동은 언제나 성적 요소와 이기적 요소의 복합물이다. 여기에 양자 사이의 차이가 드러난다. 신경증이 비사회적이라면, 터부는 사회적이다. "신경증의 비사회적 성질은 불만스러운 현실로부터 쾌적한 환상의 세계로 도피하려는 근원적 경향에서 발생한다."[7] 따라서 프로이트는 "신경증은 집단적 노력을 통해 사회적으로 달성되

7) <토템과 타부>, 114. <전집 13, 129>.

는 것을 사적 수단을 통하여 이루고자 한다"고 말한다.

애니미즘, 주술과 사유의 전능성

셋째 에세이 "애니미즘, 주술과 사유의 전능성"은 원시종교의 특징인 애니미즘과 주술에 대한 프로이트의 탁월한 심리학적 분석을 보여준다.

앞서 언급한 바와 같이 에드워드 타일러는 만물에 영이 있다고 믿는 원시인의 신앙 양태를 애니미즘이라고 불렀다. 원시인들은 꿈과 현실 사이의 차이를 구별하지 못한다. 꿈속에는 현실의 나와는 달리 시공간을 뛰어넘어 활동하는 다른 존재가 있다. 꿈의 주체는 현실의 주체와는 또 다른 정령이라고 부를 수 있는 주체다. 인간에게 정령이 있듯이 식물, 동물, 나무나 하천과 같은 만물에게도 정령이 있다. 애니미즘은 만물을 살아 있는 존재로 생각하고 만물을 인격화한다. 만물의 물활론과 만물의 인격화는 애니미즘의 특징이다. 원시인은 보이지 않는 영적 존재, 신적 존재에게 힘을 투사하고, 이들이 만물을 지배한다고 믿는다. 이것이 정령주의 또는 물활론으로 번역되는 애니미즘의 세계관이다.

만물이 살아 있다고 믿는 애니미즘은 유아들이 세상을 바라보는 세계관이기도 하다. 유아가 돌에 걸려 넘어졌다고 가정해 보자. 어머니가 유아에게 누가 그랬느냐고 물으면, 유아는 돌이 그랬다고 대답하면서 맴매하라고 할 것이다. 그러면 어머니는 돌을 때리면서 우리 아기를 왜 아프게 했느냐고 맴매를 할 것이다. 유아에게 돌은 죽은 무기물이 아니라 살아 있는 대상으로 인식된다. 이것은 유아가 경험하는 애니미즘의 세계다. 애니미즘의 세계는 유아에게 뿐만 아니라 성인에게도 만화나 애니메이션의 세계를 통하여 재미를 주고 환상을 부여한다. 어린이가 어른의 아버지라면 애니미즘은 어른이 부정할 수 없는 인간 최초의 세계관이라 할 수 있다.

애니미즘의 원시적 세계관에서 세계를 통제하려는 인간의 노력은 인류학적으로 마술(sorcery)과 주술(magic)로 나타난다. 마술은 인간을 다루듯이 정령을 다루는 심리학적 기술이다. 마술은 정령을 인간처럼 달래고 유화하며, 길들이거나 겁을 주고 힘을 빼앗는 방법 등으로 다스리려고 한다. 인간은 정령들이라고 무조건 순종하지 않는다. 자신들에게 도움을 주면 순종하지만, 도움을 주지 않을 때에는 제물을 바치지 않겠다고 협박하기도 한다.

주술은 마술처럼 평범한 방법이 아니라 특별한 방법을 사용한다. 애니미즘의 기술에서 주술은 마술보다 더욱 근원적인 것으로서, 주술은 인간의 생각과 외부 현상 사이에 공감 현상이 존재한다는 믿음에서 출발한다. 따라서 프레이저는 모든 주술을 '공감주술'(sympathetic magic)이라고 불렀다. 공감주술에는 비슷한 것이 비슷한 것을 낳는다는 유유상생, 유유상종의 유비(유사)주술(magic of analogy) 또는 모방주술(imitative magic), 그리고 일단 접촉한 사물은 시간의 차이와 공간의 거리에도 불구하고 영향력을 행사한다는 접촉 또는 감염주술(contagious magic)이 있다.

유비(유사)주술 또는 모방주술은 원인과 결과에 대한 원시적 믿음 또는 행위와 결과 사이의 유사성에 대한 생각으로부터 발생한다. 어떤 원인에서 어떤 결과가 초래된다면, 거꾸로 어떤 결과를 수행함으로써 어떤 원인이 초래될 것이다. 비가 내리면 빗소리가 날 것이기 때문에 거꾸로 빗소리를 냄으로 비를 유도할 수 있다. 무당들이 사방에 물을 뿌리며 기우제를 드리듯이, 아메리카 인디언은 빗소리를 내는 비통을 흔들면서 기우제를 드린다.

오늘날에도 입시철에는 학교 정문에 찰떡이나 엿을 붙이는 행위를 볼 수 있다. 찰떡이나 엿의 붙는 본성은 학교에 붙기를 바라는 유비적 공감을 일으킨다. 흔히 사극에 등장하는 적의 화상을 그려 놓고 그 그림에 활을 쏘는 행위도 유비적 공감에 근거한 모방주술이다. 길야크의 사냥꾼이 사냥을 나갔을 때에는 집에서 자식들이 나무나 모래에 그림을 그리지 못한다. 그렇게 하지 않으면 숲 속의 길이 그림의 길처럼 복잡하게 되어 사냥꾼은 길을 잃고 집으로 돌아오지 못하게 될 것이다. 풍년의 수확을 얻기 위해서 밭에서 성교 의례를 행하는 것은 많은 민족들의 풍습이다. 여기서 공통적인 것은 실행하는 행위와 기대되는 결과 사이의 유사성이다. 비를 오게 하려면 비를 연상시키는 빗소리를 내는 행위를 하면 될 것이고, 학교에 합격하려면 합격을 연상시키는 찰떡이나 엿을 붙이면 될 것이다. 적을 해치려면 적과의 공간적 거리에도 불구하고 적의 그림에 해를 가하면 될 것이고, 성인을 숭배하려면 성인과의 시간적 거리에도 불구하고 성인의 아이콘을 숭배하면 될 것이다. 이것이 유사성의 원리에 근거한 모방주술의 원리다.

감염주술은 유사성의 원리보다는 공간적 연관성, 인접성의 원리에 근거한다. 적에게 해를 끼치기 위해서는 적의 머리카락, 손톱, 옷과 같은 물건을 손에 넣어 이에 해를 끼친다. 미개인들의 식인풍습이나 동물섭취도 육체의 일부를 먹음으로써 이들이 가지고 있는 속성을 자기 것으로 만들 수 있다는 감염주술의 행위다. 동일한 원리에서 혐오스런 속성을 가진 동물의 고기는 먹는 것이 금지될 수 있다. 멜라네시아인은 자기에게 상처를 입힌 활을 손에 넣으면, 그 활을 차가운 곳에 잘 보존함으로써 상처를 낫게 할 수 있다고 믿는다. 반면에 적이 그 활을 손에 넣으면, 이를 불 옆에 걸어 둠으로써 염증을 일으킬 수 있다고 믿는다. 여기서 인접성은 실제적 인접성이 아니라 '상상된 인접성,' 즉 인접성이 있다는 상상적 기억이다. 감염주술은 이러한 상상적 인접성에서 일어나는 관념의 질서다.

주술의 본질인 유사성과 인접성의 연상 작용은 실로 관념의 질서를 자연의 질서로 투사하고, 자신의 생각에 대한 통제를 통하여 사물을 통제할 수 있다는 원시적 세계관이다. 이러한 주술적 세계관의 동기는 무엇일까? 그것은 자연을 조절하려는 인간의 욕구요 소원이다. 말하자면 주술행위는 인간이 욕구하고 소원하는 것에 대한 생각을 유사성과 인접성의 원리에 근거하여 현실화시키려는 행위다.

> 이런 사유에서는 사물이 그 사물의 관념보다 덜 중요하며, 관념에서 이루어지는 것은 모두 그에 해당하는 사물에서도 일어난다. 관념들 사이에 성립하는 관계들은 사물들 사이에서도 성립한다고 전제된다. 사유에 있어서 거리는 문제가 되지 않기에, 다시 말해서 공간적으로 또는 시간적으로 아무리 멀리 떨어져 있는 것이라도, 쉽게 하나의 의식행위 안으로 묶을 수 있기에, 주술적 세계는 텔레파시적으로 공간적 거리를 뛰어넘고 또한 과거의 상황도 마치 현재의 상황인 양 다루어진다.[8)]

이렇게 공간과 시간을 뛰어넘는 관념의 연상 작용, 유사성과 인접성의 두 원리는 한마디로 보다 포괄적인 접촉의 원리 안에 모두 포섭된다. "인접성에 의한 연상은 직접적 의미에서의 접촉이고, 유사성에 의한 연상은 은유적 의미에서의 접촉이다."[9)] 한마디로 주술은 접촉의 연상 작용, 상상적 접촉성에 근거한 연상적 행위다. 따라서 프로이트는 주술을 '사유의 전능성'(omnipotence of thought)이라는 탁월한 언어로 요약하였다.

사유의 전능성이라는 점에서 프로이트는 주술과 신경증 사이에 명확한 유사점이 있다고 보았다. "모든 신경증에서 그 증상을 결정하는 것은 체험의 현실이 아니라 사유의 현실이다."[10)] 현실에서 실제로 무엇이 일어났느냐의 문제는 그리 중요하지 않다. 나의 생각 속에 무엇이 일어났느냐가 중요하다. 예를 들어 신경증 환자는 사회적으로 온전한 도덕가이면서도 자신을 죄인의 괴수로 생각할 수도 있다. 의처증 환자는 아내가 실제로 어떠한 존재인가를 객관적으로 보려 하지 않는다. 중요한 것은 그의 마음속에 어떤 생각이 있는가이고, 이것이 아내를 바라보는 기준이 된다. <인생은 아름다워, *Life is Beautiful*>라는

---

8) <토템과 타부>, 128. <전집 13, 143>.
9) <토템과 타부>, 129. <전집 13, 143>.
10) <토템과 타부>, 130. <전집 13, 145>.

영화에서 천재 수학자는 분열증을 앓으면서 신문의 보통 기사에서 암호문을 읽는다. 신문의 기사가 객관적으로 어떠한가가 문제가 아니라 그의 생각 속에 무엇이 있느냐가 실재가 된다. 강박신경증 환자는 자신의 어떤 인간에 대한 나쁜 생각이 나쁜 결과를 초래한다는 믿음 때문에 그런 생각 자체가 터부가 된다.

요약하자면 신경증의 경우에는 "집중적으로 사고된 것, 열정적으로 상상된 것만이 영향력이 있지, 이러한 것들이 외부 현실과 일치하느냐 않느냐는 부차적이다."[11] 따라서 "사유의 전능성, 곧 마음에서 일어난 일들을 현실보다 과대평가하는 것은 신경증 환자의 정서생활과 그로부터 파생되는 모든 것 안에서 무제한의 효력을 발휘한다."[12] 이러한 신경증의 특성은 생각으로 외부세계를 변화시킬 수 있다고 믿는 원시적 주술과 공통점을 가지고 있다고 할 수 있다.

토템동물과 조상신

넷째 에세이 "토테미즘의 유아기로의 귀환"은 <토템과 타부>에서 가장 흥미로운 부분으로서 인류의 유아기인 선사시대에 일어난 원초적 살해를 다루고 있다.

이 중요한 에세이의 내용을 검토하기 위해서는 토테미즘의 몇 가지 중요한 특징을 되새김질할 필요가 있다. 원시인들은 자신들이 토템동물로부터 유래했다고 믿는다. 토템동물은 부족의 조상신일 뿐만 아니라 병자를 치료하고 생사를 관장하며 부족을 보호하는 수호신이다. 따라서 토템동물은 죽이거나 접촉해서는 안 되는 거룩한 동물, 신적 대상으로서 터부의 대상이다. 만약 실수로 토템동물에 해를 입힌다면 당사자는 심각한 벌을 받던지 부족으로부터 추방당한다. 또한 토템부족

11) <토템과 타부>, 131. <전집 13, 145>.
12) <토템과 타부>, 131. <전집 13, 145>.

의 유대는 가족의 유대보다 더욱 강하다. 따라서 토템부족원이 다른 부족민에 의해 살해당한다면, 살인자 개인에게만 보복을 하는 것이 아니라 살인자가 속한 전 부족에게 책임을 묻는 보복의 연좌제가 실행되었다. 토템부족 안에서는 결혼이 금지된다. 토템은 원칙상 모계를 통해서만 전승된다. 부계전승은 토테미즘에서는 전혀 고려의 대상이 아니다. 토템동물은 특정한 기간에 제의적으로 살해당하고 성찬을 통해 부족민에게 섭취된다.

토테미즘의 이런 특성들 중에서 프로이트는 토템동물에 대한 터부적 외경, 토템집단 안에서의 근친상간 금지, 그리고 속죄예식을 통해 토템동물을 죽이고 섭취하는 토템성찬의 카니발리즘에 관심을 집중한다. 토테미즘에 대한 여러 해석들이 있지만, 프로이트의 심리학적 해석은 매우 독창적이다. 이를 하나씩 살펴보자.

먼저 프로이트의 토테미즘에 대한 해석은 다윈의 원시사회에 대한 가설에 근거를 두고 있다. 다윈은 영장류들이 비교적 작은 집단을 형성하면서 이 중에 가장 힘이 센 수컷 연장자가 집단을 지배한다는 사실로부터 원시인의 집단생활을 추론하였다. 예를 들어 고릴라는 한 마리 수컷이 많은 암컷을 거느리는 일부다처제의 집단생활을 한다. 만약 자손 중에서 수컷이 성장하여 큰 힘을 갖게 되면 자신의 부친과 집단의 지배권을 놓고 생사를 건 싸움이 일어난다. 여기서 승리한 자는 다른 수컷을 죽이거나 몰아내어 집단의 주인이 되고 암컷들을 독점한다. 집단 밖으로 쫓겨난 수컷은 방황하다가 암컷을 찾는 데 성공하면, 자신의 집단을 형성하고 새로운 사이클이 시작된다. 다윈은 원시인들이 다른 영장류와 마찬가지로 작은 집단을 형성하고 강력한 남성이 모든 여성을 독점하는 군집(horde)이었다고 말한다.

다윈의 군집 개념은 왜 원시 토템집단 안에서 근친상간이 엄격히 금지되고, 족외혼이 발달하는지를 설명해 주는 것처럼 보인다. 그런데 왜 원시인들은 자신들의 조상신을 토템동물로 표상했는가에 대해서는 아무런 대답이 없다. 프로이트의 정신분석적 비판이 여기서 통찰의 빛을 발한다.

원시인들은 왜 토템동물을 자신의 부친신 또는 조상신으로 섬기는가? 프로이트에게 개인발달과 종족발달은 상동성을 이루기 때문에, 인류의 유아기에 속하는 원시인의 심리학적 행태는 개인의 유아기의 심리학적 행태를 통하여 추적할 수 있다. 따라서 프로이트는 원시인과 동물 사이의 관계가 어린이와 동물 사이의 관계와 많은 유사점이 있다고 하였다. 그렇다면 토템동물이 왜 조상신이 되는가에 대한 질문은 어린이의 동물에 대한 태도를 통해서 대답될 수 있다.

어린이는 흔히 동물과 자신을 동일시한다. 동물의 흉내를 내면서 자신이 동물이 되었다고 말하기도 한다. 또한 어린이들은 어떤 동물을 특히 무서워하기도 한다. 동물과 자신을 동일시하면서도 동물을 무서워하는 어린이들에게는 어떤 정신기제가 작동하고 있을까?

프로이트는 꼬마 한스의 예를 들어 동물공포증과 부친공포가 연관이 있다고 지적하였다. 꼬마 한스는 말에 대한 공포가 있어서 밖에 나가려고 하지 않았다. 때로는 말이 방안으로 들어와서 자기를 공격하지 않을까 두려워했다. 프로이트는 이를 분석하면서 한스의 말 공포증은 한스의 부친에 대한 공포, 즉 오이디푸스 콤플렉스의 감정이 말에게 전이되어 나타난 증상이라고 진단하였다.

프로이트는 어린이의 동물에 대한 감정이 원시인의 토테미즘에 대한 감정과 일치한다고 생각하였다. 즉 토템동물을 아버지라고 본다면, 토테미즘을 해석하기 위한 정신분석학적 열쇠는 오이디푸스 콤플렉스가 된다. 따라서 프로이트는 다음과 같이 말한다.

> 토템동물의 자리에 아버지를 대치시킴으로써 발생하는 첫째 결과는 특히 주목할 만하다. 만약 이 토템동물이 아버지라면, 토테미즘의 양대 계율, 즉 토테미즘의 핵심을 이루는 타부적 금지, 다시 말해서 토템을 죽이지 말 것과 토템에 속하는 여성과 성관계를 맺지 말 것은, 내용적으로 볼 때, 아버지를 죽이고 어머니를 아내로 삼은 오이디푸스가 지은 두 죄와 일치하고 있다. 또한 어린이가 선천적으로 갖고 있는 두 가지 소원과도 일치한다.[13)]

개인이 오이디푸스 콤플렉스를 거쳐서 성인이 되듯이, 인류 또한 오이디푸스 콤플렉스를 거쳐서 발전한다. 따라서 프로이트는 종교와 도덕과 법을 포함하는 인류의 문명을 오이디푸스 콤플렉스의 과정을 통하여 설명하려고 했다. 토테미즘을 오이디푸스 콤플렉스로 설명할 때, 토템동물에 대한 터부적 금제와 토템부족 안에서 성교가 금지되는 이유는 쉽게 이해할 수 있다. 그렇다면 속죄 의례를 통해서 토템동물을 살해하고 이를 섭취하는 행위, 그리고 이러한 희생제의에 뒤따라 일어나는 희생축제는 어떻게 설명할 수 있을까?

원시인은 카니발리즘에서 증오하는 인간을 희생시키는 것이 아니라 좋아하는 인간을 희생시킨다. 식인종은 제일 사랑스럽고 먹음직한 존재를 희생물로 삼는다. 마찬가지로 원시인의 희생제물은 언제나 먹고 마실 수 있는 최상의 것을 선택한다. 그런데 토템동물은 접근이 금지되고, 토템살해는 철저히 금지되어 있는데도 불구하고, 집단적으로 토템을 살해하는 희생제의를 행하고 이를 섭취한다. 프로이트는 이런 기이한 현상에 대해 다음과 같이 말한다.

> 아주 옛날에는 희생동물 자체가 신성하고, 그것의 생명을 다치게 해서는 안 되었다. 그것은 오직 씨족 전체가 신의 임재 속에서 희생행위에 참여하고, 죄의식을 나눌 때만 살해될 수 있었다. 그리하여 모든 참여자가 그 신성한 본체를 나누어 먹음으로써 씨족원은 상호간의, 그리고 신과의 물질적 동일성을 확인할 수 있었다.[14)]

말하자면 집단적으로 토템동물을 살해하고 먹음으로써 토템동물과의 동일화가 일어난다. 토템동물은 바로 신 자신이기 때문에 토템동물을 먹음으로써 신과의 동일화가 일어난다. 이런 희생제의에서 집단은 신을 죽인 공동의 죄인이 되고, 또한 신과 동일화된 공동의 신성화를 경험한다.

---

13) <토템과 타부>, 192. <전집 13, 202-203>.
14) <토템과 타부>, 200. <전집 13, 210-211>.

공동의 죄성과 신성화를 위해서 토템부족의 어느 누구도 희생행위에서 제외되어서는 안 된다. 토템동물을 살해한 이후에 모든 사람들은 살해된 동물을 위하여 울며 슬퍼한다. 울며 슬퍼하는 것은 토템동물의 복수에 대한 책임과 공포를 피하기 위해서 강요된 슬픔이다. 그러나 애도가 끝나면 가장 떠들썩한 축제의 기쁨이 이어진다. 토템동물을 살해하고 섭취하는 애도와 함께 일어나는 기쁨의 축제, 그것은 모순감정의 병존, 양가감정의 극단적 표현이다.

> 애도가 끝나면 가장 떠들썩한 축제의 기쁨이 이어진다. 모든 충동들의 고삐가 풀어지고 온갖 종류의 욕구 충족이 용인된다. 여기에서 우리는 축제의 본질을 쉽게 이해할 수 있다. 축제는 용인된, 아니 오히려 강제적인 과잉이며, 금지의 엄숙한 파괴이다. 사람들은 그들이 수용한 어떤 명령에 따라 즐거운 기분이 들어 과도해지는 것이 아니다. 오히려 과잉 자체가 축제의 본질인 것이다.[15)]

일반적으로 축제는 부족원이 함께 먹고 마시며 자신들의 우정과 사회적 의무를 확인하는 상징적 행위다. 그러나 토템희생의 축제는 토템동물을 살해하고 섭취하며 축제를 벌인다는 점에서 다른 축제와 다른 점이 있다.

그렇다면 토템동물의 희생은 어떻게 발생한 것일까? 토테미즘이 원시종교의 핵심이요 기원이라면, 이 질문은 종교의 기원을 알아내는 데 결정적일 수밖에 없다. 이에 대해 프로이트는 토템동물의 희생은 원초적 군집집단에서 실제로 있었던 부친살해를 기억하고 반복하는 성례전적 행위라고 주장한다. 이 놀랄 만한 가설의 내용을 살펴보도록 하자.

---

15) <토템과 타부>, 203. <전집 13, 203>.

원부살해와 사회계약

프로이트는 선사시대의 원초적 군집사회에서 일어났던 원부살해를 마치 소설가와 같은 상상력으로 재구성한다.

> 어느 날 추방된 형제들이 힘을 합쳐서 아버지를 죽여 먹어 버렸으며 이로써 가부장적 군거집단은 끝이 났다. 그들은 단결함으로써 개개인으로서는 도저히 불가능했던 일을 감행하였고, 또 성공하였다(어쩌면 새로운 무기의 사용과 같은 문화의 진보가 그들을 우세하게 했을지도 모른다). 식인종이었던 그들이 살해된 자를 먹기까지 했음을 두말할 나위가 없다. 폭력적인 원초적 아버지는 형제집단의 모두에게 부러움과 두려움의 대상이 되는 본보기였다. 그들은 먹는다는 행위를 통해 아버지와의 일체화를 수행하여 각자가 아버지의 힘의 일부를 자기 것으로 만들었다. 아마도 인류 최초의 축제였을 토템향연은 이 기억될 만한 범죄행위의 반복이며 기념제일 것이다. 이 범죄행위가 수많은 것들, 즉 사회조직, 도덕적 제약, 종교의 기원이었다.[16]

이 구절은 <토템과 타부>의 백미로서 프로이트의 상상력이 가장 극적으로 나타난 부분인 동시에 대다수 문화 인류학자들이 사적 근거가 없다는 이유로 거부하는 부분이기도 하다. 그러나 만약 프로이트의 사변적 드라마가 구체적으로 일어난 역사적 사건이라기보다는 인간 모두에게 일어나는 오이디푸스 콤플렉스의 보편적 판타지로 이해된다면 그 의미는 손상되지 않고 충분히 전달될 수 있을 것이다.

여하튼 프로이트에게 토템향연은 실제로 일어났던 원시인의 부친살해와 형제집단의 축제를 집단적으로 재현하는 행위다. 아들들은 자신들의 권력욕과 성욕에 방해가 되는 부친을 증오하지만 또한 자신들의 안전을 담보하는 부친을 사랑하고 찬미한다. 한편으로 부친에 대한 증오와 적개심은 부친의 부재를 욕망한다. 부재는 철학적으로는 부정이요 현실적으로는 살해다. 원시인은 실제로 부친을 처치함으로써 부친

---

16) <토템과 타부>, 205. <전집 13, 215>.

에 대한 증오와 적개심을 충족시킨다. 더욱이 부친을 나누어 먹음으로써 부친의 힘과 주술적으로 일체화되려는 소원을 성취한다. 그리고 부친에게만 허락되던 여성들을 형제들이 나누어 가지는 소원도 성취한다. 따라서 그것은 기쁨의 축제다. 토템향연이 축제로 이어지는 것은 이러한 승리의 만족감이 기념축제로 제도화한 것이다.

그러나 이와 함께 양가감정의 다른 극단인 부친에 대한 애정과 사랑이 고개를 든다. "그것은 자책이라는 모습으로 나타났고, 집단의 모두가 느끼는 자책에 해당하는 죄악감이 생겼다."[17] 말하자면 이들이 느끼게 되었던 죄의식의 근원은 오이디푸스 콤플렉스에 있다. 죄의식으로 인하여 부친은 육신적으로 살해되었지만 더욱 강한 존재로 집단의 정신 속에 부활한다. 외적 부친의 외적 권위가 이제는 아들들이 스스로에게 금지하는 내적 부친의 내적 권위로 변한다. 따라서 부친의 대체물인 토템동물의 살해를 금지함으로써 자신들의 공동범죄를 자책하고 철회한다.

> 사회는 공동의 범죄에 대한 공모에 근거하였다. 종교는 죄의식과 그에 부착된 가책에 근거하였다. 반면에 도덕은 부분적으로는 사회의 위험성에 그리고 부분적으로는 죄의식에 의해 요청되는 참회에 근거하였다.[18]

토템동물에 대한 살해 금지는 이러한 감정적 동기에 근거를 두고 있다. 그러나 토템부족 안에서의 성교 금지, 근친상간의 금지는 실제적 근거를 가지고 있다. 형제들은 부친에게만 허락되던 여성들을 공유했다. 그러나 그 결과는 토템동물의 살해 금지처럼 반대 결과를 초래한다.

> 성적인 요구는 남자들을 결합시키지 않고 오히려 분열시킨다. 아버지를 쓰러

17) <토템과 타부>, 207. <전집 13, 217>.
18) <토템과 타부>, 211. <전집 13, 221>.

> 뜨리기 위해서 형제들은 단결했지만 여자에 있어서는 서로 경쟁상대가 되었다. 각자가 아버지와 마찬가지로 여자들을 독점하기를 원했다. 새로운 조직은 만인의 만인에 대한 투쟁 속에서 붕괴해 버릴 것이다. 왜냐하면 그들 중 누구도 아버지의 역할을 성공적으로 감당할 만한 걸출한 힘을 갖고 있지 않기 때문이다. 따라서 형제들에게는 공동생활을 하려면—아마 많은 위험한 위기를 겪은 후에야 비로소—근친상간을 금지하는 법을 제도화하는 것 이외에 다른 대안이 없었다. 이 금지에 의해서 그들은 모두 동시에 자기들이 갈망했고, 그러나 따지고 보면 그들이 아버지를 없앤 주요한 동기였던 여자들을 단념했다. 그렇게 해서 그들은 자기들을 강하게 해주었던 조직을 구해낼 수 있었다. 이 조직은 그들이 추방되어 있었을 때 생긴 동성애적 감정과 행위에 토대를 둔 조직이었다.[19]

프로이트의 논리는 변증법적 역전의 논리다. 부친살해가 부친부활로 역전됐다. 부친의 권력을 차지하려던 자식들의 반란이 자책감을 통하여 오히려 부친의 권력을 강화시켰다. 그리고 부친의 여자들을 공유하려던 성욕이 여자들을 포기하는 족외혼으로 바뀌었다. 따라서 토템종교는 아들들의 죄의식과 자책감을 완화하고, 내면화된 부친에 대해 더욱 철저히 복종하며, '지연된 복종'을 통하여 부친을 만족시키려는 시도에서 생겨났다고 말할 수 있다. 아들들은 부친의 대체물을 통해 죄책감을 덜고 부친과의 화해를 추구한다. 따라서 토테미즘은 부친살해의 파괴행위가 반복되지 않도록 부친과 맺는 맹약이다.

> 이후의 모든 종교는 동일한 문제를 해결하려는 시도로 볼 수 있다. 종교들은 그것이 생성된 문명의 단계와 그들이 이 문제해결을 위해 채택한 방법에 따라 다양하다. 그러나 모두 동일한 목표를 겨냥한 것이고 문명의 시작에 자리잡고 있으면서 그것이 발생한 이래 한순간 인류의 휴식을 허락지 않은 부친살해라는 거대한 사건에 대한 반응이다.[20]

한마디로 부친살해의 거대한 사건은 마치 개인의 무의식에 자리 잡

---

19) <토템과 타부>, 208. <전집 13, 218>.
20) <토템과 타부>, 209. <전집 13, 219>.

고 있는 오이디푸스 콤플렉스처럼 인류의 무의식 속에 자리 잡고 있는 오이디푸스 반역이다. 그리고 부친살해로부터 유래하여 '토템을 살해해서는 안 된다'는 토템 터부는 나중에 '형제를 살인하지 마라'는 사회적 터부로 발전하고, 마지막에는 '살인하지 마라'는 종교적 터부로 확대된다.

부친살해가 자책을 통해서 부친부활의 결과를 초래했다면, 왜 토템 동물을 정기적으로 살해하는 희생제의가 계속 존재해야 하는가? 말하자면 왜 정기적으로 오이디푸스 콤플렉스의 내용이 정기적으로 실현되어야 하는가? 이 마지막 질문이 해결된다면 토테미즘의 비밀은 모두 풀릴 것이다.

프로이트의 대답은 다음과 같다. 원시집단은 공동의 범죄에 대한 죄의식과 자책, 이에 대한 종교적 참회와 도덕적 금기의 현실원칙이 지배한다. 만약 부친의 권위로부터 발생한 금기의 현실원칙만이 지배한다면, 집단은 질식하고 말 것이다. 따라서 집단은 정기적으로 현실원칙으로부터 해방되는 일탈의 제도적 장치를 필요로 한다. 그것이 토템희생의 집단 의례로 나타난다.

토템희생에서 집단은 부친의 권위, 현실의 억압원칙을 반역하는 공범자가 되고, 공범을 통하여 현실원칙으로부터 해방되어 일탈의 승리감을 획득하며, 형제애를 강화한다. 이것이 바로 토템희생에 애도와 축제의 양면성이 있는 이유다. 토템희생에 대한 애도가 부친에 대한 자책과 지연된 복종의 측면을 가지고 있다면, 축제의 측면은 부친살해를 통해 획득된 승리의 기억을 간직하고 있다.

토템향연에서 부친은 한번은 신으로 다른 한번은 토템제물로서 나타난다. 그리고 토템제물을 살해하고 이를 섭취함으로써 집단은 부친 즉 신과 동일시되고 형제애의 승리감을 획득한다. 또한 축제에서는 집단혼음, 오르지(orgy)가 수행되는데, 이것은 형제들이 여인들을 독차지했던 과잉성애의 일탈적 측면을 보여 준다. 일탈의 제의는 다시 현실원칙으로 돌아와야 한다. 그러나 인생은 바로 이 과잉축제의 감정을 통과함으로써 가혹한 현실을 견딜만한 현실로 수용할 수 있는 것이다.

요약하자면, 프로이트의 토테미즘의 서술은 태초의 살해, 부정성의 원리에 의해 전개되는 변증법적 역전의 드라마다. 태초에 절대적 권력을 가지고 여성에 대한 독점권을 행사하던 부친에 대한 살해가 있었다. 그러나 부친의 살해, 부친의 부정은 더욱 강력한 부친의 부활, 부친의 모순적 긍정으로 역전되는 결과를 초래했다. 살해는 부활로 이어지고, 부정은 긍정으로 역전되었다. 마찬가지로 여성에 대한 독점권은 사라지고 근친상간의 성격을 갖는 여성에 대한 공동권리가 행사되었지만, 성은 지극히 사적 영역이기 때문에 집단을 와해시키는 결과를 초래했다. 따라서 근친상간을 금지하는 족외혼이 성립되는 변증법적 역전이 발생하였다. 최초의 원부살해 이후, 조상신인 토템은 터부로서 종교적 대상이 되었다. 이로부터 종교가 나왔고, 도덕이 탄생하였으며, 현실원칙의 지배원리가 등장하였다. 그러나 집단은 현실원칙의 질곡을 벗어나는 일탈의 메커니즘을 필요로 한다. 따라서 집단은 무의식적으로 억압된 원부살해의 자취를 반복하면서 토템향연을 통하여 현실원칙으로부터 해방되는 일탈을 다시 만끽하려고 한다. 한 마디로 프로이트에게 역사는 새로운 것이 아니라 억압된 것이 반복적으로 회귀하는 심리학적 드라마인 것이다.

프로이트의 사회철학

<토템과 타부>는 토테미즘이라는 원시인의 기이한 종교행태에 대한 소묘다. 그러나 <토템과 타부>는 단순히 원시인에 대한 소묘를 넘어서 문명인에 대한 소묘이기도 하다. 왜냐하면 프로이트에게 어린이의 자취가 어른에게 필연적으로 존재하듯이 원시인의 자취 또한 문명인의 심층에 내재하고 있기 때문이다. 따라서 <토템과 타부>는 현재를 이해하기 위한 알레고리로 읽을 수 있다. 그 중에서 프로이트의

사회철학, 특히 사회계약에 대한 논의를 검토함으로 나가는 말을 대신하자.

<토템과 타부>가 전하는 프로이트의 사회철학은 성선설에 근거한 사회 이론과는 거리가 멀다. 루소가 자연적으로 선한 인간이 문명에 의해서 타락된다고 보았다면, 프로이트의 자연 인간은 태초의 살해에 동참한 카인의 후예들로서 쾌락원칙의 무정부적 갈등으로 가득 차 있는 존재다. 따라서 프로이트는 자연인의 본능을 제한하고 억압하면서 문명인으로 살아갈 수 있는 과정이 필요하다고 보았다. 이런 점에서 프로이트의 사회철학은 실낙원의 정치철학을 제시한 토마스 홉스와 그 맥을 같이 한다.

홉스는 <리바이어워던>에서 자연적 인간을 '만인의 만인에 대한 이리'(homo homini lupus)로서, 이기적이고 탐욕스러운 약육강식의 동물적 존재로 보았다. 홉스의 인간은 상대방이 자신을 살해할지도 모른다는 의심의 눈초리로 서로를 바라보는 잔혹한 인간이다. 따라서 모두가 생존하기 위해서, 특히 다수를 차지하는 약자들이 살아남기 위해서는 자신들의 사적 권리를 모두 국가에 위임하고, 국가 권력의 우산 밑에서 동일한 보호를 받을 필요가 있다. 말하자면 국가는 탐욕스러운 인간들이 공동생활을 영위하기 위해 필요한 사회계약의 산물이다. 개인들의 권리를 위임받은 국가 권력은 법률을 제정하고 그 규범을 따라서 개인 상호간의 권리와 의무를 규정하고 조정하는 역할을 한다.

얼핏 보면 홉스의 인간관과 사회계약론은 프로이트의 이론과 큰 차이가 없는 것처럼 보인다. 그러나 프로이트의 이론은 홉스보다 매우 복합적이다. 먼저 프로이트의 인간은 홉스의 개체적이고 이기적인 인간을 공유하면서도, 또한 동시에 타자에 대한 자연적 사랑과 의존성을 가지고 있는 존재다. 프로이트의 인간은 모나드적 개인으로 존재하는 것이 아니라 가족의 일원으로 태어난다. 따라서 프로이트의 인간은 자기애에 사로잡힌 존재인 동시에 대상애를 추구하는 존재이고, 권위에 반항하는 존재인 동시에 권위에 순종하는 존재이기도 하다.

다음으로 홉스에게 사회는 개인의 이기성과 공격성으로부터 발생할 수 있는 무정부적 공포로부터 벗어나기 위한 묘책이요 계산의 결과다. 모든 개인은 자신의 권리를 국가권력에 위임하고, 국가권력은 자신이 부여받은 권위와 권리를 책임 있게 사용해야 한다. 그것은 개인과 개인, 개인과 국가 사이에 이루어진 합리적 사회계약의 본질이다. 권력은 위탁된 것이기 때문에 오용될 때에는 당연히 회수될 수도 있다.

그러나 프로이트에게 사회계약은 신중한 합리적 계산으로부터 발생하는 것이 아니라 인간의 권위에 대한 순종, 인간의 부모의 권위에 대한 비합리적 동경으로부터 발생한다. <토템과 타부>에서 부친을 살해한 자식들이 시간이 지나면서 부모를 내면화하고, '지연된 복종'을 통하여 부모의 권위가 신격화되고 더욱 강력해지듯이, 프로이트의 인간은 그가 탄생한 환경인 부모의 권위로부터 결코 자유로울 수 없다.

더욱이 <토템과 타부>에서 사회계약은 국가권력의 시초가 아니라 결과물이다. 즉 사회계약은 원부의 살해에 뒤따르는 죄의식, 죄의식에 뒤따르는 부친의 부활, 그리고 부친의 부활에 근거한 형제들의 계약이다. 그렇다면 사회계약은 형식상으로는 형제들의 계약이지만, 내용상으로는 부친의 권위를 정점으로 하는 형제들의 계약인 셈이다. 즉 프로이트의 사회계약은 부친을 살해한 형제들의 오이디푸스 혁명에 대한 반혁명적 사건으로 나타나는 결과라고 할 수 있다.[21] 이런 점에서 프로이트의 사회계약론은 홉스의 단선적 사회계약론에 비하여 매우 복합적이고 변증법적이라고 할 수 있다. 프로이트의 복합적 사회이론은 다음 장에서 더욱 자세히 살펴볼 수 있다.

---

21) Philip Rieff, *Freud: The Mind of the Moralist*, 223.

6. 집단심리학과 종교

개인과 집단

아우구스티누스는 <고백록> 2권에서 청소년 시절에 동네 과수원에서 배를 훔친 흥미로운 이야기를 고백하면서 이를 심리학적으로 분석하고 있다. 그는 배를 훔친 이유를 두 가지로 설명한다. 첫째로 배를 훔친 이유는 배가 고팠거나 또는 배가 맛있었기 때문이 아니라 단지 훔치는 즐거움, 즉 죄를 사랑하는 마음이 있었기 때문이라고 말한다. 왜냐면 배는 돼지에게도 줄 수 없을 정도로 익지 않은 맛없는 것이었을 뿐만 아니라 훔친 배는 모두 버렸기 때문이다. 아우구스티누스는 인간에게는 죄이기 때문에 죄를 사랑하는 마음, 금지하고 있기 때문에 금지를 범하려는 마음, 내 것이 아니기 때문에 내 것으로 삼으려는 마음, 악한 의지의 원죄가 있다고 말한다. 둘째로 배를 훔친 것은 그가 혼자이었다면 결코 범하지 않았을 행위이었음에도 불구하고 친구들과 함께 있었기 때문에 용기를 가지고 행할 수 있었다고 말한다. 개인으로서는 하기 힘든 일도 집단 속에서는 담대하게 할 수 있었다는 말이다.

아우구스티누스의 배 도둑질에 대한 탁월한 분석은 프로이트의 개인과 집단에 대한 심리학적 분석을 예고한다. 먼저 개인적으로 아우구스티누스가 죄이기 때문에 죄를 범하고 죄를 사랑하게 되었다는 분석을 통하여 악한 의지의 원죄를 연역하였다면, 프로이트는 이를 쾌락원칙과 현실원칙의 이원론적 본능구조로부터 발생하는 필연적 억압의 결과로 말할 것이다.

프로이트에게는 원죄가 있기 때문에 죄를 범하는 것이 아니라, 본능의 억압이 필연적이기 때문에 '억압된 것의 회귀' 또한 필연적이다. 억압이 없다면 분출도 없듯이, 금지가 없다면 죄도 없다. 여기에 죄에 대한 아우구스티누스의 신학적 분석과 프로이트의 심리학적 분석 사이의 동일성과 차별성이 존재한다. 그러나 집단 속에서 용기를 가지고 죄를 범할 수 있었다는 아우구스티누스의 분석은 앞으로 밝혀지겠지만 프로이트에 이르러 그 이유가 보다 명백히 드러난다.

개인과 집단인의 관계, 개인심리학과 집단심리학의 관계는 아우구스티누스의 진단 외에도 여러 형태로 표현되었다. 실러는 "인간은 홀로 있을 때 지혜롭고 분별력이 있지만 집단이 될 때는 얼간이가 되어 버린다"고 하였고, 리 본은 "집단은 충동적이고 흥분하기 쉬우며 무의식적으로 행동한다"고 하였으며, 라인홀드 니버는 "개인은 도덕적 인간이 될 수 있지만, 집단은 비도덕적"이라고 하였다.

그런데 이런 묘사나 진단은 직관적, 현상학적 서술일 수는 있지만, 그 원인을 밝혀내는 것은 아니다. 인간이 본성상 집단을 형성하는 동물이라면, 거기에는 집단 유대의 원인과 힘이 있을 것이다. 그리고 집단이 비합리적이고 본능적으로 행동한다면, 거기에도 어떤 원인과 힘이 작용하고 있을 것이다. 이를 밝혀내는 것이 정치철학의 고전으로 불리는 프로이트의 <집단심리학>의 통찰이요 공헌이다.

개인심리학과 사회심리학은 어떤 관계가 있을까? 개인심리학의 병리학적 증상이 집단심리학에도 나타나는가? 이런 질문에 대해 프로이트는 집단정서는 개인정서로부터 독립된 것이 아니라 개인감정의 변형체라고 대답한다. 개인심리학은 인간이 최초로 거쳐야 하는 가족관계의 집단으로부터 유래한 심리학이라는 점에서 이미 집단심리학이다. 말하자면 개인의 심리현상은 이미 집단 관계를 전제로 한 현상이다. 따라서 프로이트에게 개인심리학과 집단심리학은 원리상으로 동일한 논리에 의해 연구된다.

그럼에도 불구하고 양자 사이에는 차이가 있다. 그것은 개인의 경우에는 비합리적이고 비이성적인 본능을 제어하면서 합리적이고 이성적인 인간, 즉 성숙한 개인으로 발전할 수 있지만, 집단에게는 이 같은 제어장치가 결여되어 있다는 점이다. 플라톤 식으로 표현하자면, 개인에게는 이성의 마부가 욕망의 말을 억제하고 의지의 말을 이끌 수 있는 제어장치가 있지만, 집단에게는 그러한 제어장치가 없다. 여기서 중심 단어는 문화적 제어장치다. 문화적 제어장치는 문명의 발달을 위하여 쾌락원칙의 본능을 억압하는 현실원칙의 합리성이요 초자아의 도덕성이다. 그것이 개인에게는 체현될 수 있지만, 집단에게는 체현될 수 없다. 따라서 집단은 문화적 제어장치와는 무관하게 '충동적 자아, 변덕스러우며, 흥분하기 쉬운' 감정과 욕망의 덩어리로 존재한다.

집단은 감정과 욕망의 유대를 통해서 개인의 비판성과 독립성을 탈취해 버린다. 따라서 고상한 인간도 집단의 광기 속에서는 쉽게 야만인이 될 수 있다. 더욱이 집단은 문화적 제어장치인 비판적 기능을 가지고 있지 못하기 때문에 회의나 불확실성을 알지 못하고, 다만 외적 영향이나 암시에 의해 매우 경솔하게 충동적으로 대응한다. 집단은 쉽게 흥분할 수 있고, 일단 흥분하게 되면 극단으로 치닫는 경향이 있다. 말하자면 집단은 감정적 유대에 의해 움직인다. 이런 점에서 프로이트는 집단이 신경증적 특성을 가지고 있다고 말한다. 여기서는 감정적 유대가 집단에게 어떻게 작용하는지를 세 가지 경험적 예를 통하여 생각해 보려고 한다.

감정적 유대

1) 첫째로 집단의 신경증적 경향은 좋게든 나쁘게든 정치적으로 쉽게 이용될 수 있다. 히틀러와 무솔리니 같은 선동가들은 이성적 언어가 아닌 감정적 언어, 그것도 과장된 감정적 언어와 과장된 이미지의 반복적 전달을 통하여 집단을 동원하고 조절하였다. 전체주의 사회는 대중동원과 대중선동의 기술을 발달시킴으로써 대중을 조절하고 자신들의 이념을 획일적으로 확대 재생산하려고 한다. 전체주의 사회일수록 수천 명에서 수만 명이 동원되는 집단체조를 즐기는 경향이 있다. 히틀러의 집단체조나 북한의 집단체조는 전체주의를 상징하는 대표적 기호요 집단 히스테리의 징표라고 할 수 있다.

집단의 감정적 경향은 야만적 선동에 이용되기도 하지만 집단적 이상을 실현하려는 방향으로 이용될 수도 있다. 민족이 위기를 당할 때, 민족주의의 감상적 표어는 모든 개인을 단결시키고 흥분시킬 수 있다. 한국에서 불길처럼 번졌던 붉은 악마의 물결이나 촛불시위의 확산은 호오(好惡)를 떠나서 감정적 유대의 힘이 얼마나 강력한지를 보여 준다. 필리핀과 인도네시아의 독재정권을 무너뜨린 '민중의 힘'(people's power)은 바로 집단 욕구의 폭발의 결과다.

프로이트는 종교 자체를 집단 신경증으로 이해하지만, 종교는 또한 집단의 감정적 유대를 잘 이용함으로 소기의 목적을 달성할 수 있다. 예수와 무하마드와 부처 같은 종교지도자들은 자신을 따르는 집단의 감정적 유대를 이용하여 집단구성원들이 보다 높은 이상에 헌신하도록 인도한다. 그러나 사이비 종교지도자들 또한 집단의 감정적 유대를 이용하여 자신의 절대 권력과 이익을 극대화하고 정당화할 수 있다.

2) 둘째로 집단은 감정적 유대에 기반하고 있기 때문에 쉽사리 비합리적 편견을 가질 수 있다. 사람은 미지의 사물에 대해서 불편한 감정을 갖는다. 그리고 그 감정이 심화되면 대상에 대한 증오와 공격성으

로 표출된다. 그것은 자기 자신이나 자기와 비슷한 것을 사랑하는 나르시시즘의 발로라고 할 수 있다. 집단 안에서는 이런 경향이 쉽게 심화된다. 개인적으로는 훌륭한 지성인이라 할지라도 집단적으로는 쉽게 편견을 드러낼 수 있다.

외국인에 대해 갖는 반감과 혐오감은 자기와는 다른 사람들에 대한 비합리적 감정의 표출이요 공격성의 표현이다. 국가 경제가 나빠질 때, 사람들은 그 원인을 내부에서 찾기보다는 외국인이나 외국의 탓으로 치부한다. 따라서 곤경에 처할 때마다 음모(陰謀)설은 단골 메뉴로 등장한다.

집단 편견은 흔히 지방색이나 다른 집단에 대한 편견에서 쉽게 볼 수 있다. 남쪽의 독일인은 북쪽의 독일인을 혐오한다. 영국인은 스코틀랜드인을 경멸한다. 조그만 한국 땅에서도 지방색을 따지고 서로를 불신한다. 아리안족은 셈족을 모멸한다. 백인은 유색인종을 멸시한다. 일본인과 한국인은 서로를 기피하는 경향이 있다. 같은 가족 안에서도 시집과 친정 사이의 반목이 존재한다.

이러한 비합리적 집단 편견과 갈등은 사랑과 자비를 명분으로 내건 종교에서도 마찬가지로 나타난다. 기독교인은 타종교를 우상으로 혐오하고 공격한다. 같은 교파 안에서도 어느 집단에 속했느냐에 따라서 친소관계가 결정된다. 기독교와 이슬람, 힌두와 이슬람 사이의 반목은 전쟁으로도 치닫는다. 종교적 대의명분이 무엇이든 간에, 전쟁은 문명이 이루어 놓은 인간성의 부착물을 제거하고 원초적 인간의 공격 본능을 발산하는 집단 편견의 극단 행동이다.

그러나 일단 타자가 자신의 집단 안으로 편입되고 나면 감정적 유대를 통하여 반감과 혐오감이 경감된다. 간디는 자서전에서 남아프리카 공화국에 있었을 때의 일화를 전해주고 있다. 백인 기독교인들이 간디와 성경공부를 함께 하면서 그를 따스한 사랑으로 대해 주었다. 간디는 이들의 관심어린 사랑에 깊은 감사를 느꼈다. 그런데 시간이 지나면서 기독교인들은 간디가 개종을 하도록 설득하였다. 간디는 이를 거부하였다. 그 후부터 기독교인들은 그를 냉담하게 대하기 시작했다. 후에 간디는 이들 기독교인들의 사랑은 순수한 인류애의 발로가 아니라 집단애와 집단 편견의 발로라고 서술하였다.

3) 셋째로 집단은 민족, 종교, 이념의 이름으로 전쟁과 폭행과 야만의 집단 히스테리적 행동을 정당화하기도 한다. 이 중에서도 전쟁은 집단의 가장 야만적인 행동이다. 전쟁은 인간이 이루어 놓은 문명의 옷을 훨훨 벗어 던지고 인간의 원시성, 공격성, 야만성을 드러내는 집단행동이다. 개인의 도덕발달에 비해서 집단의 도덕은 원시적 단계로 환원하는 경향이 있기 때문에 전쟁은 문명을 위협하는 가장 무서운 적이다. 전쟁이 어떤 윤리적 목표를 가질 수 있다고 보는 것은 인간의 야만성을 집단의 이름으로 합리화하는 술책일 뿐이다.

프로이트는 전쟁을 죽음의 본능과 사디즘의 집단적 광기로 보았다. 전쟁에 굳이 어떤 의미를 부여한다면, 문명의 현실원칙에 피로해 지친 인간들이 다시 불멸하는 원시적 본능으로 돌아가려는 경향, 비대한 문명에 대한 충격 요법(shock therapy)이라는 의미 정도를 들 수 있을 것이다.

프로이트는 전쟁과 같은 집단 광기에서 발생하는 영웅주의에서 어떤 도덕적 의미도 발견하지 못한다.

> 영웅주의의 비밀은 일종의 광기다. 병정은 폭도다. 본능적 영웅주의는 오히려 어떠한 도덕적 동기도 알지 못한 채 내게는 아무것도 일어날 수 없다는 정신에 사로잡혀 위험을 떠도는 성급함이다. 폭력의 인간은 개인이 아니라 원시적, 개인 이전의 충동을 전달하는 사람이다. 그는 너무나 쉽게 자신의 초자아의 조절을 벗어던지는 단순히 집단인의 다른 모습이다.[1)]

영웅주의는 무의식으로부터 나오는 억압에 대한 집단인의 반응이다.

---

1) Philip Rieff, *Freud: The Mind of the Moralist*, 250.

집단을 위하여 타자를 살해하는 영웅주의는 가학적 죽음 본능의 표현이다. 집단을 위하여 자신을 희생하는 영웅주의는 피학적 죽음 본능의 발로다.

종교적 이념을 실천하다가 어쩔 수 없이 희생당하는 것은 영웅주의가 아니라 결과적 순교다. 그러나 순교자가 되는 것이 자신의 꿈이라고 미리 공언하고 다니는 것은 억압된 피학적 죽음 본능이 고개를 드는 영웅주의의 발현이다. 문명의 발달을 위하여 프로이트가 바라는 인간은 영웅주의적 집단인이 아니라 성숙한 개인, 이성적 개인이다. 따라서 이성적 개인을 소망하던 프로이트는 집단의 비합리적 원시성을 경고할 수밖에 없었다. 그것은 결국 나치즘의 공포로 실현되었고, 프로이트는 나치에 의해 고향 비엔나를 떠나 이국땅 런던으로 이주할 수밖에 없었다.

여하튼 집단이 개인의 원시적 본성을 표면으로 들어내고, 이성적 판단이 아닌 비합리적 감정의 유대에 의해 운영된다는 것은 경험적 사실이다. 그런데 그 원인과 이유는 무엇일까?

프로이트는 이를 탐구하기 위해서 모든 집단이 작게는 가족으로부터 시작하여 크게는 민족에 이르기까지 모두 지도자와 구성원으로 이루어져 있다는 당연한 사실로부터 시작한다. 즉 집단심리학은 지도자와 구성원의 관계, 그리고 구성원 상호간의 관계에서 어떤 심리적 문제가 일어나는지를 탐구하는 과제를 갖는다. 이를 살펴보는 것이 앞으로 계속되는 주제다.

감정 전염과 에로스 유대

1) 프로이트에게 집단은 결코 진리를 추구하지 않는다. 단지 감정적 유대를 강화할 수 있는 환상을 필요로 할 뿐이다. 소렐은 혁명의 달성을 위해서는 환상을 제공하는 신화가 필요하다고 하였다. 초기 기독교

는 도래하는 새 하늘과 새 땅의 환상으로 민중들의 마음을 사로잡았다. 히틀러는 범게르만주의의 환상으로 독일인을 집단 히스테리로 내몰 수 있었다. 박정희는 민족중흥과 근대화의 환상으로 개발독재를 가속화할 수 있었다. 다음은 프로이트의 정곡을 찌르는 말이다.

> 집단은 결코 진실에 목마른 적이 없다. 집단은 환상을 요구하고, 환상 없이는 견디지 못한다. 집단은 항상 현실적인 것보다 비현실적인 것에 우선권을 주고, 진실만이 아니라 허위에도 강한 영향을 받는다. 집단은 진실과 허위를 구별하지 않는 경향이 뚜렷하다.[2)]

이 구절은 "이 세상에 한 사람의 거지가 존재하더라도 신화는 사라질 수 없다"는 발터 벤야민의 말을 연상시킨다. 환상은 삶을 견딜 수 있게 하는 문명의 베일과 같은 것이다. 따라서 만약 "환상이 삶을 견디기 어렵게 한다면, 그 환상은 가치가 없어진다."[3)]

그렇다면 집단이 필요로 하는 환상은 심리학적으로 어떻게 발생하고 어떤 의미를 지니는가? 프로이트에게 환상은 충족되지 못한 소원으로부터 발생한다. 따라서 환상은 꿈과 같은 특성을 가지고 있다. 개인의 꿈이 개인적 소원성취의 환상이라면, 집단의 환상은 집단적 소원성취의 꿈이다. 그런데 집단의 환상은 개인의 환상보다 그 강도가 더욱 심하고 영향력이 매우 크다. 왜냐하면 집단의 환상은 감정적 유대를 통하여 이웃으로 쉽게 전염되고, 그 증상이 공동체적으로 표출되기 때문이다. 비록 이성적 개인이라 할지라도 집단에 들어가면 지성적 능력 대신에 감정이 증폭하는 것은 집단이 개인에게 부과하는 감정적 전염현상의 결과다. 이 감정적 전염현상이야말로 집단의 비합리적 특성의 본질이다. 그렇다면 감정의 전염현상은 어디서 유래하는가?

리 본은 감정의 전염현상을 '최면적 암시'라는 주술적 언어로 설명

---

2) "집단심리학과 자아 분석," <전집 12, 86>.
3) "전쟁과 죽음에 대한 고찰," <전집 12, 69>.

하였다. 군중에게 어떤 암시가 전해지면, 군중은 그 암시적 영향에 의해 마치 최면에 걸린 것처럼 하나의 감정에 종속되고 하나의 감정으로 뭉치게 된다. 최면적 암시를 통하여 영향력을 행사하려는 노력은 인류사를 통하여 언제나 실행되어 왔다. 사제, 주술가, 정치인은 물론이고 사기꾼마저도 최면적 암시로 영향력을 행사한다. 창세기가 최초의 범죄를 최면적 암시의 유혹에 의해서 유발되었다고 보는 것은 재미난 발상이다. 뱀은 이브에게 유혹의 암시를 보내고 이브는 아담에게 최면적 암시를 전파한다. 집단은 개인보다도 쉽게 최면적 암시와 감정적 전염에 노출되기 때문에, 주술적 언어의 환상 속에서 전쟁과 혁명의 대열에 참가하고, 종교적 열광주의나 정치적 열광주의에 몸을 불사를 수 있다.

이로부터 앞서 말한 아우구스티누스의 배 도둑질에 대한 두 번째 이유가 이해될 수 있다.아우구스티누스는 그가 혼자였다면 결코 범하지 않았을 배 도둑질을 친구들과 함께 있었기 때문에 용기를 가지고 행할 수 있었다고 분석했다. 이 말은 개인 아우구스티누스와 집단인 아우구스티누스 사이에는 괴리가 존재한다는 말이다. 개인 아우구스티누스는 이성적 인간일 수 있지만, 집단인 아우구스티누스는 친구들과의 감정적 유대로부터 단절되기를 원치 않고, 친구들의 최면적 암시에 의해 쉽게 감정적으로 전염되는 존재다.

2) 프로이트는 감정적 유대를 가능케 하는 원리가 의사와 신경증 환자 사이에 일어나는 최면의 원리와 아무런 질적 차이가 없다고 보았다. 왜냐하면 최면에 걸린 환자가 의사의 명령을 따르고 순종하듯이, 집단은 지도자 앞에서 마치 최면에 걸린 환자처럼 개인적 주체성을 상실하고 복종과 감정의 희생자로 전락하기 때문이다. 그 원인을 리 본은 최면적 암시의 주술적 효과로 설명하였던 것이다.

그러나 프로이트는 집단의 감정적 결속력이 리 본의 최면적 암시보다 더욱 근원적인 힘에 있다고 보았다. 그리고 그 힘을 에로스, 사랑의 힘, 에로스 유대, 리비도 유대(libidinal ties)라고 불렀다. 여기에 프로이트 이론의 독창성이 있다.

> 리비도는 감정의 이론으로부터 취해진 표현이다. 우리는 그것을 사랑이라는 단어 아래 구성될 수 있는 모든 것에 관계하는……본능의 에너지라고 부른다. 우리가 사랑이라고 부르는 것의 핵심은 성적인 결합을 목적으로 하는 성적인 사랑으로 구성된다.[4]

프로이트에게 리비도는 근본적으로 성적 에너지를 핵심으로 한다. 인간에게는 성적 사랑 외에도 사랑이라는 이름을 공유하고 있는 자기애, 자식에 대한 부모애, 형제사이의 우애, 친구사이의 우정, 인류를 향한 인류애, 학문에 대한 진리애와 같이 많은 종류의 사랑이 있다. 그러나 프로이트는 이런 사랑들이 모두 근원적으로 성적 리비도에 기원하고 있다고 보았다. 단지 성적 사랑이 성적 결합을 목표로 한다면, 다른 종류의 사랑은 성적 결합의 목표가 다른 대상으로 전환되었다는 차이가 있을 뿐이다.

리비도 유대가 모든 감정적 유대의 근원이라면, 최면적 암시나 감정적 전염도 리비도 유대가 강할수록 더욱 쉽게 일어날 것이다. 그렇다면, 정치, 종교, 사회 지도자의 카리스마는 이들이 대중에게 얼마만큼의 리비도적 유대를 유발시킬 수 있는가에 따라서 결정된다고 말할 수 있다. 특히 방송, 연예인들의 인기가 대중에 대한 에로스적 매력에 달려 있다는 것은 주지의 사실이다. 실제로 TV는 시청률을 높이기 위해 에로스적 매력이 높은 사람을 앵커로 삼는다.

TV에서 방영한 실험에 의하면 길가에 날씬한 젊은 미녀와 뚱뚱하고 나이든 추녀를 교대로 세워놓고 한 아름의 책을 품에 들고 있다가 떨어뜨리게 하였다. 추녀가 책을 떨어뜨렸을 때, 지나가는 사람들이 깜짝 놀라면서도 못 본 척하고 지나갔다. 반면에 미녀가 책을 떨어뜨렸

---

4) "집단심리학과 자아 분석," <전집 12, 98>.

을 때는 모든 사람들이 책을 집어 주었고, 어떤 사람은 책을 담을 쇼핑백까지 가져다주는 친절을 베풀었다. 이런 예는 리비도 유대가 사회생활에 얼마나 중요한 역할을 하는지를 보여 주는 단적인 증거다.

그렇다면 집단 안에서 개인적 특성이 사라지고 감정의 전염현상이 쉽게 일어나는 것은 무슨 이유일까? 이에 대해 프로이트는 집단 안에서 인간은 타자에 대립하기보다는 오히려 타자와의 연합과 에로스적 조화 속에 있기를 바라기 때문이라고 하였다. 개인은 집단적 유대로부터 단절되기를 원치 않는다는 것, 요즘 말로 하자면 누구도 왕따 당하기를 원치 않는다는 것이다. 이러한 에로스적 유대가 가족으로부터 국가에 이르기까지 집단 형성과 문명발달의 원동력이 되고, 또한 집단 편견과 집단 신경증의 원인으로 작용하기도 한다. 그런데 리비도 유대의 작동 원리를 이해하기 위해서는 이상화와 동일시의 개념을 이해하는 것이 중요하다. 이를 살펴보도록 하자.

이상화와 동일시

대상에 대한 리비도적 유대가 일어나면, 대상은 비평적 대상이기를 그치고 감정적 대상이 되며 다른 대상에 비하여 언제나 과대평가된다. 셰익스피어가 <한 여름 밤의 꿈>에서 "시인과 연인과 정신병자"를 동류로 묶은 이유가 여기에 있다. 프로이트는 이에 대한 정신분석학적 원인을 '이상화'의 결과로 설명한다.

프로이트의 이상화는 승화, 동일시와 함께 각기 특별한 의미를 가지고 있는 개념이다. 승화는 리비도가 성적 만족과는 관계없는 목표를 향하여 방향을 잡을 때 나타나는 과정을 말한다.[5] 진리를 사랑하는 마음, 인류를 사랑하는 마음, 예술을 사랑하는 마음 등은 모두 성적 만

5) "나르시시즘 서론," <전집 11, 75>.

족과는 관계없이, 그로부터 멀리 떨어진 다른 목표를 향하여 나타나는 승화에 속한다. 실로 문명은 성적 에너지를 다른 방향으로 전환하고 다른 목표를 향하게 함으로써 이룩된 승화의 결과물이라고 할 수 있다.

반면에 동일시와 이상화는 자아와 대상 사이에 일어나는 리비도적 유대의 개념이다. 동일시가 특정 인물이나 정치이념 또는 종교이념 등을 자신의 이상적 자아로 삼고 그 모델"처럼 되려 하고" 모델을 따라 자신을 형성해 나가려고 할 때 발생한다면, 이상화는 사람의 마음속에 어떤 대상이 그 속성의 변화와는 관계없이 감정적으로 증폭되고 과대평가되는 현상을 말한다.[6] 따라서 동일시에서 자아가 대상의 이상적 상태에 도달하려는 상승의 과정을 거친다면, 이상화에서는 대상이 과대평가될수록 자아가 빈곤해지는 하강의 과정을 거친다. 동일시와 이상화는 자아가 대상과 어떤 관계를 맺느냐를 보여 주는 개념이기 때문에 집단심리학에서 중요한 위치를 차지한다.

프로이트는 이상화의 경향이 극대화될 때, 다음과 같은 현상이 일어난다고 말한다.

> 자아는 점점 겸손해지고 수수해지며, 대상은 점점 고상하고 훌륭해져서, 마침내 자아의 자기애를 완전히 점유하게 된다. 따라서 자아의 자기희생은 그 당연한 결과다. 말하자면 대상은 자아를 삼켜 버린다. 겸손함과 나르시시즘의 제한, 자기 손상은 사랑에 빠진 사람에게 반드시 나타나는 특징이다.[7]

---

6) 프로이트에게는 '이상적 자아'와 '자아 이상'이라는 용어가 차별 없이 사용된다. 그러나 프로이트 이후에는 학자들에 따라 이 두 용어를 구별해서 쓰기도 한다. 예를 들어 세르지오 벤베누토는 자아 이상을 자아의 반대 극에 설정함으로, 자아 이상에 리비도가 집중되고 극대화되면 자아는 더욱 빈곤해지는 결과를 초래하는 개념으로 사용한다. 반면에 이상적 자아는 마치 이상적 자동차나 이상적 물건의 경우처럼 자아 이상과는 달리 자아가 지향하는 자아의 이상적 가능태로 이해한다. Sergio Benvenuto, "Freud's Concept of Narcissism," *Journal of European Psychoanalysis*, Number N. 1, Spring, Summer, 1995.

7) "집단심리학과 자아 분석," <전집 12, 125>.

말하자면, 자아가 사랑에 빠질 경우, 사랑의 대상은 '이상화'되고, 자아는 이상화된 대상에 과도하게 집착하며, 대상을 위해 자신을 희생하려고 한다.[8] 그 결과 대상이 부해질수록 자아는 빈곤해지고, 자아는 대상에 대한 노예의 상태로 전락한다. 따라서 과도하게 사랑에 빠지는 경우는 '사랑에 빠지면 장님이 된다'는 속담처럼 최면에 걸린 상태요 속박의 상태라고 말할 수 있다.

이러한 상태의 극적인 예를 비제의 오페라 <카르멘>에서 찾아볼 수 있다. 돈 호세의 카르멘에 대한 에로스의 유대가 강해질수록 카르멘은 더욱 과대평가되고, 돈 호세의 자아는 더욱 곤궁해진다. 그리고 결국 돈 호세는 카르멘에게 심리적으로 속박되고야 만다. 카르멘에 사로잡힌 돈 호세의 사랑은 맹목적 광기다. 돈 호세는 오직 카르멘의 사랑 때문에 자신의 이성과 신앙을 저버리고 군대를 이탈하여 집시들의 범죄에 동참까지 한다. 카르멘으로부터 버림을 받았지만 돈 호세의 카르멘에 대한 감상적 열정, 사랑의 맹목성은 카르멘을 놓지 못한다. 카르멘은 돈 호세의 이상이요 숭고함이며 자기애 자체다. 카르멘은 돈 호세의 절대 주인이요 돈 호세는 카르멘의 절대 종이다. 결국 카르멘은 돈 호세를 다 마셔 버린 셈이다. 그러나 카르멘은 돈 호세를 더 이상 사랑하지 않는다. 그럼에도 돈 호세의 카르멘에 대한 이상화는 끝나지 않는다. 말하자면 돈 호세는 카르멘으로부터 소외되었지만, 결국 자신으로부터 소외된 것이다. 그것은 존재 의미의 상실이다. 돈 호세의 의미 회복은 자신의 외화인 카르멘을 다시 획득하는 것이다. 그것이 불가능할 때, 결국 돈 호세는 카르멘을 죽임으로써 카르멘을 영원히 소유하려고 한다. 그러나 카르멘의 죽음은 또한 자신의 죽음이기도 하다.

이상화와는 달리 동일시에서는 자아가 대상과 리비도적 연대 속에서 합일의 존재가 된다. 만약 대상이 이상적 자아가 된다면 자아는 대

---

8) "집단심리학과 자아 분석," <전집 12, 125>.

상의 속성을 내면화하고, 이상적 자아의 모델을 따라 자신을 형성하려고 한다. 이상적 자아는 자아의 욕망이 대상에 투사됨으로써 나타나는 현상이다. 따라서 이상적 자아는 악마일수도 있고 천사일수도 있다. 만약 그리스도가 이상적 자아가 된다면, 자아는 그리스도와의 동일시 과정을 통하여 자신을 풍요롭게 할 수 있다. 반면에 히틀러가 이상적 자아가 된다면, 자아는 히틀러와의 동일시 과정을 통하여 가공할 만한 역사적 재앙의 동참자가 될 수 있다.

여기서 이상적 자아의 대상이 되는 인물이 역사 속의 객관적 실재로서 어떤 인물이었는가는 심리학적으로 큰 문제가 아니다. 단지 그 인물이 심리적 실재로서 어떻게 동일시되었는지가 중요하다. 많은 경우에 종교적 성자나 문화적 영웅들은 객관적 실재와는 상관없이 이상적 대상으로 신화화의 과정을 거친다.[9)]

신약학의 오랜 숙제인 역사적 예수와 케리그마의 그리스도 사이의 문제는 바로 이 점에서 이해될 수 있다. 기독교가 고백하는 케리그마의 그리스도는 역사적 예수의 진면목, 객관적 실재를 찾아낸다고 해서 달라질 것이 없다. 케리그마의 그리스도는 이미 객관적 대상이기를 넘어서서 신화적 실재요 심리학적 실재로서 이상적 자아의 자리를 차지하고 있기 때문이다.

이상화와 동일시의 심리학적 개념은 종교를 이해하는 데 매우 중요한 단초를 제공한다. 에리히 프롬은 이 두 개념을 발전시켜 이상화에 근거한 종교를 권위주의적 종교라 불렀고, 동일시에 근거한 종교를 인간주의적 종교라고 불렀다.[10)]

기독교 자체에서도 이상화와 동일시의 개념은 매우 중요하다. 기독교 전통에는 한편으로 그리스도의 절대성, 초월성, 신성 등을 강조하

---

9) 이에 대해서는 이경재, <신화해석학>의 "8장, 엘리아데의 신화학" 중 '영웅 신화'를 참조.

10) 이에 대해서는 본서의 "14. 결론: 미학적 차원의 종교"의 '권위주의적 종교와 인간주의적 종교'를 참조.

면서 그에 대한 절대 순종과 절대 사랑을 강조하는 이상화의 전통이 있는 반면, 다른 한편으로는 그리스도의 신성을 인간 내면의 심층에 존재하는 영혼의 불꽃으로 이해하는 동일시의 전통이 있다. 전자가 정통주의, 교회주의 근본주의 등의 전통으로 대중들에게 널리 퍼져 있는 기독교로서, 이상화된 그리스도의 명령을 순종하고 이상화된 삶을 '본받는'(imitatio) 것을 종교의 이상으로 삼는다면, 후자는 신비주의와 인문주의의 전통으로 소수 부류에 퍼져 있는 기독교다. 여기서는 그리스도와의 동일시, 즉 내 안에 존재하는 이상적 자아인 그리스도의 정신에 '참여하는'(participatio) 것이 중요하고, 따라서 그리스도와의 '신비적 합일'(unio mystica)이 강조된다.

기독교에는 심심치 않게 두 전통이 충돌하면서 대중기독교가 신비기독교를 박해하는 경우를 볼 수 있다. 그리스도를 절대 순종의 대상으로 생각하는 사람들은 그리스도를 동일시의 대상으로 삼는 것은 신성을 모독하는 이단으로 생각한다. 반면에 그리스도를 동일시의 대상으로 생각하는 사람들은 그리스도를 타율적 절대 순종의 대상으로 삼는 사람들을 피상적이고 유아적인 단계에 속하는 사람들로 생각한다. 정신분석학은 이 중에서 어느 것이 옳고 어느 것이 틀리다고 가치판단을 내리지 않는다. 다만 이러한 신학적 갈등과 집단적 충돌을 심리학적 개념으로 명쾌히 분석할 수 있다는 데 프로이트의 공헌이 있다.

집단과 지도자

인간은 무리를 이루어 사는 사회적 동물이다. 그러나 사회적 동물이라는 말에는 인간 집단의 모순과 갈등의 역동성이 잘 나타나 있지 않다. 인간이 있는 곳에는 힘의 갈등과 모순과 투쟁이 존재하고, 이들을 조정하는 장치가 존재한다. 이 장치를 아리스토텔레스는 '정치'라고 불렀고, 인간을 '정치적 동물'(zoon politikon)로 정의했다. 정치는 힘들 사이의 갈등을 조절하고 조직하는 합리적 과정이다. 그러나 아리스토텔레스의 정치적 동물이라는 말에는 지도자와 집단 사이의 관계가 잘 표명되어 있지 않다. 인간이 있는 곳에 정치가 있지만, 정치가 있는 곳에는 집단과 지도자의 관계가 있게 마련이다. 프로이트의 집단심리학은 바로 이 점을 강조하고 있다.

1) 프로이트는 개인의 심리뿐만 아니라 집단의 심리도 언제나 지도자와의 관계에서 이해한다. 개인의 심리가 부친의 권위에 대한 유아의 오이디푸스 콤플렉스의 갈등관계에서 이해된다면, 집단의 심리도 지도자에 대한 군중의 심리적 복합성에서 이해된다. 프로이트에게 지도자와 집단의 관계는 부모와 자식 관계의 확대다. 부모의 권위를 경험하며 성장한 인간은 부모 곁을 떠나더라도 부모의 권위를 대체하는 새로운 권위를 요청하는 심리적 굴레에 종속되어 있다. 따라서 프로이트에게 집단의 리비도적 유대는 지도자와 집단구성원 사이에서 일어나는 부모와 자식 사이의 가정 관계와도 같다. 개인심리학이 부모와 자식, 자식과 자식들 사이의 심리학으로 구성되듯이, 집단심리학은 지도자와 집단구성원, 그리고 집단구성원 사이의 심리학으로 구성되는 것이다.

지도자를 말할 때는 흔히 막스 베버의 사제적 지도자와 예언자적 지도자가 거론된다. 사제적 지도자가 교육을 통한 지식과 기술로 어떤 권위적 위치에 오른 사람이라면, 예언자적 지도자는 자신에게 부여된 특별한 품성, 즉 카리스마를 가지고 권위적 위치에 오른 지도자다. 무교에서도 무당을 세습무와 강신무로 구별하는데, 세습무가 사제적 지도자라면 강신무는 예언자적 지도자라고 할 수 있다. 구약성서에도 교육을 통해 사제가 된 궁정사제들이 있는 반면, 신의 계시를 통해 사제가 된 카리스마적 예언자들이 있다.

그러나 직위 자체가 카리스마를 유발한다는 사실 또한 유의할 필요가 있다. 예를 들어 경찰 제복을 입은 사람은 이미 개인을 넘어서서 공권력을 발동하는 공인의 카리스마를 지니게 되듯이, 일단 사제의 자리에 오르게 되면 개인이 아니라 신의 사역을 담당하는 공인의 카리스마를 지니게 된다. 사람들은 직위에 부여된 카리스마 때문에 경관의 지시를 따르고 사제의 명령에 순종한다. 말하자면 직위 자체가 개인의 품성과는 관계없이 카리스마를 부여하는 것이다.

리 본은 베버와 유사한 맥락에서 지도자의 위광을 인위적 위광과 개인적 위광으로 구별했다. 인위적 위광은 습득된 위광으로서 이름, 행운, 명성, 직위 또는 전통이 부여하는 이념 때문에 대상에 부착된 위광이다. 반면에 개인적 위광은 베버의 예언자적 위광처럼 소수의 카리스마적 지도자들에게 부착된다.

흔히 집단의 열광적 지지를 촉발하는 지도자는 개인적 위광을 가지고 있는 카리스마적 지도자다. 왜냐면 이들은 집단적 환상과 욕구를 충족시킬 수 있는 개인적 자질과 품성을 지니고 있기 때문이다. 거꾸로 말하면 집단의 욕구를 충족시킬 수 있는 지도자는 그 자신이 강력한 신앙이나 이념에 매혹되어 있으면서 집단의 좌절된 소원을 환상으로 일깨우고, 이를 자신이 실현할 수 있다고 믿는 강력하고 위압적이며 광신적인 의지를 소유해야 한다.[11]

집단은 이런 지도자로부터 새로운 부모의 권위를 발견하고, 지도자에 대한 복종에의 의지를 갖게 된다. 따라서 리 본은 이런 지도자들이 대체로 광신적이라고 말한다. 광신적 지도자는 '신비롭고 불가항력적인 힘'을 소유한 것처럼 보인다. 그것은 원시인들이 '마나'라고 불렀던 어떤 특별한 경이와 경외의 신비스런 위광으로 비쳐진다. 그리고 이 위광은 개인의 비판적 기능을 마비시키고, 마치 최면과 같은 효과를 일으킨다.[12]

카리스마적 지도자나 광신적 지도자는 집단구성원에게 뚜렷한 심리

---

11) "집단심리학과 자아 분석," <전집 12, 87>.

12) Erich Hoffer, *True Believer: Thoughts on the Nature of Mass Movements*, New York: Harper, 2002. 본서는 광신도의 사회적, 종교적 의미를 탁월한 통찰로 보여 주고 있다.

적 각인을 남긴다. 모세가 유대교의 특성을 창조하고, 바울이 서구 기독교의 성격을 결정하며, 레닌이 볼셰비키 혁명의 특성을 결정한다. 공자가 중국 문화의 특징을 이루고, 스탈린이 소련의 전체주의적 특성을 이루며, 히틀러가 나치즘의 본질을 형성한다. 지도자는 집단에게 심리적, 도덕적 특성뿐 아니라 집단이 추구해야 할 목적과 환상을 각인시킨다. 지도자의 목적이 히틀러와 같이 광신적이라면 추종자들의 심리도 광신적으로 변한다. 반면에 지도자의 비전이 간디와 같이 고매하다면 비록 어렵기는 하지만 추종자들의 심리도 그렇게 변할 수 있다. 교회에서도 교인은 어차피 목사를 닮게 된다는 말을 한다. 목사가 기복적이라면 교인도 기복적이 되고, 목사가 권위적이라면 교인도 권위적이 된다. 따라서 정신분석학의 관점에서 보더라도 지도자의 역할은 아무리 강조해도 지나칠 수가 없다.

2) 프로이트에게 카리스마적 지도자의 원형은 인류의 초기에 절대 권력을 행사했던 원부다. 종교현상학자인 반 델 레에우가 종교의 본질을 '힘에의 순종'이라고 정의했다면,13) 프로이트에게 원부는 절대적 힘을 가지고 있는 신의 원형이다. 원부의 권위에 대하여 자식들은 철저히 수동적이고 피학적이다. 그들에게는 원부의 의지를 복종하는 길밖에 없다.

원부는 자신 외에는 아무도 사랑하지 않는 완전한 이기주의자다. 그가 사랑하는 자가 있다면 오직 자신의 필요에 따라 자신을 섬기는 사람들뿐이다.

> 그는 인류 역사가 시작되었을 때부터 '초인'이었다. 니체는 초인이 미래에만 나타날 것으로 기대했지만, 사실은 먼 옛날에도 초인이 존재했던 셈이다. 오늘날에도 집단구성원들은 지도자에게 똑같이 공평하게 사랑받고 있다는 환상을 필요로 한다. 그러나 지도자는 남을 사랑할 필요가 없다. 그는 절대적인

13) 반 델 레에우, <종교현상학 입문>, 손봉호, 길희성 옮김, 분도출판사, 1998.

> 나르시시즘에 사로잡혀 있고, 자신만만하고 독립성이 강한 독불장군의 성격을 갖고 있을지도 모른다.[14]

원부는 누구도 사랑하지 않기에 누구에게도 종속되지 않는 존재, 철저히 나르시시즘에 사로잡힌 존재다. 그러나 원부는 추종자들이 분산되지 않도록 그들에게 사랑과 정의의 환상을 심어 주고, 공포의 먹구름으로 그들의 독립적 의지를 파괴해야 한다.

산도르 페렌치가 최면의 방법에는 달래고 진정시키는 어머니의 모델과 공포와 두려움으로 위협하는 아버지의 모델이 있다고 하였을 때, 그것은 바로 지도자의 집단구성원들에 대한 당근과 채찍의 통치 방법과 동일하다.

자식들은 원부가 자신들을 동등하고 정의롭게 사랑한다는 환상을 갖는다. 이 환상이 가정과 같은 혈연적 자연 집단뿐만 아니라 교회와 군대 같은 인위적 사회 집단에서도 집단의 유대를 강화시키는 역할을 한다. 만약 이러한 환상이 사라진다면 집단은 더 이상 리비도적 유대를 갖지 못하고 집단이기를 그치게 된다.

이것은 근대의 절대 왕정이나 전체주의의 붕괴에서 확인된다. 왕이나 독재자는 개인적 덕목과는 관계없이 집단을 하나로 묶는 리비도적 유대의 역할을 한다. 그가 없다면 집단은 고립되고 분산되어 공황 속으로 빠져든다. 지도자의 붕괴는 곧 집단의 붕괴로 이어진다. 따라서 프랑스 혁명이나 러시아 혁명에서 황제의 제거는 곧 그 시대의 종언을 말한다. 히틀러의 자살은 나치 자체의 붕괴를 의미한다. 스탈린의 제거는 전체주의의 종언을 고한다. 박정희의 죽음은 겨울공화국의 종말을 고한다.

국가나 사회처럼 큰 집단에서뿐만 아니라 가정, 교회, 군대와 같은 보다 작은 집단에서도 사정은 마찬가지다. 가정의 권위를 내면화하지 못한 일부 젊은이들은 거리의 갱단이라는 새로운 유사 가족집단에서

---

14) "집단심리학과 자아 분석," <전집 12, 138>.

대리부친의 권위를 찾고 그에 종속되어 자신의 새로운 정체성을 찾으려 한다. 군대의 지도자가 적의 손에 살해되든지 포로가 되면 군대 집단은 공황에 빠지고 만다. 다윗의 물매 하나에 골리앗을 잃은 블레셋 군대가 막강한 군사력에도 불구하고 패주했다는 것은 이를 말해 준다.

프로이트는 가이 소니(Guy Thorne)의 소설 "어두웠을 때"(When It Was Dark)를 소개함으로 이런 사정을 설명한다. 이 소설은 교회의 사령관인 그리스도의 부활이 허구로 밝혀질 때, 교회가 어떻게 공황 속으로 빠지게 되는지를 보여 준다. 소설은 예루살렘의 어떤 무덤에서 아리마대 요셉의 비문을 발견했다는 고고학적 이야기로부터 시작한다. 비문에는 아리마대 요셉이 예수가 죽은 지 사흘 만에 몰래 예수의 시체를 훔쳐서 이곳에 묻었다고 적혀 있다. 그렇다면 그리스도의 부활은 거짓이다. 따라서 그의 신성도 거짓이다. 이 고고학적 발견이 세상에 알려지자 유럽은 온통 공황에 빠진다. 그것은 곧 기독교에 기반을 둔 유럽 문명이 밑바닥부터 무너지는 사건이기 때문이다. 사람들은 범죄에 빠지고, 폭력을 휘두르며, 법은 뒷전으로 물러난다. 신이 없다면 모든 것이 가능하다는 도스토예프스키의 말의 긍정이다. 이러한 공황 상태는 고고학적 발견이 실제로는 교회의 적대세력이 조작한 거짓말이라는 사실이 밝혀지면서 막을 내린다.

집단은 닥쳐오는 위험 때문에 공황에 빠지는 것이 아니라, 공황에 먼저 빠지기 때문에 닥쳐오는 위험을 감당치 못한다. 군대의 정신적 사기가 물리적 무기 이상으로 중요하듯이, 가정이나 교회나 국가의 정신적 사기는 모든 고난과 위험을 극복하게 하는 원동력이다. 그것을 가능케 하는 것이 지도자에 대한 리비도적 유대와 그에 근거한 집단 구성원 사이의 감정적 유대다. 따라서 지도자와의 유대가 사라진다면, 집단구성원 사이의 상호적 유대도 쉽게 무너질 수 있다.

3) 프로이트에게 지도자의 역할이 아무리 중요하다 하더라도 지도자의 중요성만을 강조하는 것은 반쪽 진리다. 프로이트의 집단심리학은

권위적 지도자를 요청하는 인간의 심리에 관심을 기울임으로 다른 반쪽의 진리를 해명하려고 한다. 인간은 왜 강력한 권위를 지닌 지도자를 요청하는가?

프로이트에게 권위의 근원은 부모의 권위요, 지도자의 권위는 부모 권위의 대체물이다. 태초의 인간들은 원부에게 복종하고자 하는 열망을 갖고 있었다. "원부는 이상적 자아의 자리에서 자아를 지배하는 집단의 이상"[15]이기 때문이다. 마찬가지로 집단은 현실원칙에서 좌절된 자신들의 욕구를 채워 줄 이상적 자아를 권위적 지도자에게서 발견하고, 지도자와의 동일시를 통해서 억압된 욕구를 해소하려고 한다.

"집단은 여전히 무제한적인 힘에 의해 지배되기를 원한다. 집단은 권위에 대한 극단적 애착"과 "복종하고자 하는 열망"을 가지고 있기 때문이다.[16] 에리히 프롬은 인간은 자유의 무거운 짐을 내려놓고 절대 권위의 그늘 밑으로 숨으려는 욕망, 즉 '자유로부터의 도피'라는 욕망을 가지고 있다고 하였다. 같은 맥락에서 사르트르는 "인간은 자유 하도록 저주받았다"고 하였다. 자유는 개체성과 독립성을 통하여 스스로가 주인이 되고 스스로의 본질을 창조해야 하는 무거운 과제이기 때문이다.

이런 관점에서 보자면 히틀러의 심리보다도 히틀러를 요청하는 대중의 집단심리가 중요한 문제로 대두된다. 종교적으로도 광신적 신도가 광신적 지도자를 요청한다. 집단은 자신들의 좌절된 욕구를 해소할 집단적 표상을 지도자의 절대 권위를 통해서 찾으려 하기 때문이다.

야콥 부르크하르트는 누군가가 자신들을 구원할 것이라고 믿으며 메시아를 바라는 인간들은 결국 비합리적 광신주의, 야만적 집단주의의 포로가 될 수밖에 없다고 경고했다. 오늘날에도 요청되는 것은 메시아 도래에 대한 광신적 기대가 아니라 오히려 건전한 이성의 합리적 판단, 성숙한 인간의 양식일 뿐이다. 이것이 프로이트의 지도자와

15) "집단심리학과 자아 분석," <전집 12, 143>.
16) "집단심리학과 자아 분석," <전집 12, 143>.

집단에 대한 분석이 보여 주는 교훈이기도 하다.

교회와 군대

집단의 형태가 아무리 다양할지라도 집단의 형태는 동류의 개인들로 구성되는 동종집단과 이질적 개인들로 구성되는 비동종집단, 가족과 같은 혈연적 자연집단과 비(非)혈연적인 인위적 사회집단, 비교적 단순한 원시집단과 고도로 발달한 조직집단 등으로 구별할 수 있다. 이렇게 보자면 교회와 군대는 형태상으로 이질적 개인으로 구성되는 비동종집단이요, 비혈연적 인위집단이며, 고도로 발달한 조직집단이라는 유사성을 가지고 있다.

그런데 프로이트는 양자 사이에는 형태적 유사성을 넘어서는 심리학적 유사성이 있음을 지적한다. 특히 프로이트는 교회를 언제나 권위적이고 정치적인 양태로 생각한다. 따라서 교회의 전형적 모습을 철저한 계층구조를 갖추고 있는 가톨릭교회에서 발견한다. 그리고 가톨릭교회는 계급구조를 바탕으로 운영되는 군대와 동일한 심리학적 메커니즘을 가지고 있다고 생각한다. 프로이트에게 교회와 군대는 각각 그리스도와 사령관을 수장으로 삼고, 다른 집단에 대해 호전성과 적대감을 가지는 심리학적 특성과 환상을 가지고 있는 집단이다.

교회와 군대의 구성원들은 자신들의 우두머리가 자신들을 동일하게 사랑한다는 환상을 가지고 있다. 그리스도는 "누구든지 어린 아이 한 사람에게 가장 작은 것이라도 행한다면, 그것이 곧 나에게 행한 것이다"는 말로 모든 사람을 향한 동등한 사랑을 말한다. 그리스도는 신도들에게 대리 부친이다. 따라서 신도들은 자신들을 그리스도 안에서 평등한 형제요 자매라고 부른다. 군대에서도 사령관은 대리 부친이다. 모든 병사들은 사령관이 자신들을 동일하게 사랑한다는 환상을 가지고 있다. 그런 점에서 자신들을 평등한 동지라고 부른다.

> 그러나 집단 안에서의 평등에의 요청은 단지 그 회원에게만 해당하고 지도자에는 해당이 안 된다는 사실을 잊지 말도록 하자. 모든 회원들은 서로 동등해야만 한다. 그러나 그들은 모두 한 사람에 의해서 지배받기를 원한다. 자신을 서로서로 동일시할 수 있는 많은 동료들, 이들보다 우월한 한 사람, 이것이 지속적인 집단에서 발견할 수 있는 상황이다.[17]

교회와 군대에는 일반 집단과 같이 두 가지 요소가 있다. 첫째는 지도자(그리스도, 사령관)에 대한 리비도적 유대요, 둘째는 집단구성원 사이의 리비도적 유대다. 이 두 유대는 서로 다른 원리에 의해 유지된다. 지도자에 대한 유대가 이상적 자아의 원리로 설명된다면, 회중들 상호간의 유대는 동일시의 원리로 설명된다. 먼저 병사나 교인이 사령관이나 그리스도를 자신과 동등한 존재로 동일시하지 않는다는 것은 명백하다. 사령관이나 그리스도는 자신들보다 우월한 존재요, 자신들의 이상적 자아이기 때문이다. 그러나 병졸과 신도들은 모두가 사령관과 그리스도 밑에 있는 존재들이라는 점에서 이들 사이에는 동일시의 원리가 적용된다.

교회를 예로 든다면 그리스도는 신도들의 이상이고 그리스도에 속한 모든 신도들은 그리스도의 동등한 자녀들이다. 그리스도의 동등한 자녀들이란 말은 곧 동일시의 원리를 표현해 준다. 동일시는 신도들 사이의 상호 신뢰와 공감으로부터 나오는 것이 아니라, 거꾸로 이상적 자아에 대한 리비도적 유대로부터 발생한다. 그것은 군대의 경우도 마찬가지다. 병졸들 사이의 신뢰와 공감으로부터 상호간의 동일시가 발생하는 것이 아니라, 사령관에 대한 유대로부터 동일시가 발생한다.

이러한 관계는 사령관이나 그리스도가 자기 밑에 있는 모든 사람들을 평등하게 대우한다는 환상을 낳는다. 평등한 대우의 논리에는 억압을 받아도 평등하게 받아야 한다는 감정이 깔려 있다. 거기에는 솔로몬의 판결에서처럼 한 여자의 아기가 죽었다면, 다른 여자의 아기도

---

17) "집단심리학과 자아 분석," <전집 12, 135>.

살려둘 수 없다는 공격적 소망이 담겨 있다. 만약 지도자로부터 평등한 대우를 받는다는 감정이 사라진다면 조직은 와해될 위험을 갖게 될 것이다. 따라서 집단은 지도자가 아무도 사랑하지 않는데도 모두를 사랑한다는 환상을 가져야 한다. 거꾸로 지도자는 집단에게 그러한 환상을 심어 주어야 한다.

그러나 교회와 군대 사이에는 차이도 있다. 군대의 사령관이 병졸들에게 명령을 하달하고 절대 복종을 요구한다면, 교회는 모든 신도들이 그리스도가 그들을 사랑한 것처럼 서로를 사랑하라고 가르친다. 군대에서는 병졸과 사령관의 동일시를 발견할 수 없지만, 교회에서는 신도와 그리스도의 동일시가 발견될 수 있다. 말하자면 교회에서는 그리스도를 이상적 자아로 생각할 뿐만 아니라 그리스도와의 동일시의 원리가 추가될 수 있다. 그것은 군대와는 달리 그리스도의 명령이 사랑이기 때문이요 따라서 사랑의 합일이 가능하기 때문이다.

그리스도와의 동일시의 원리가 극대화될 때, 신비적 합일(unio mystica)의 신비주의가 가능하다. 만약 교회의 이상적 자아가 사랑의 이상으로서 동일시의 원리에서 작용한다면 교회는 보다 높은 윤리적 이상을 달성하게 될 것이다.[18] 그러나 그리스도와의 동일시의 원리가 사라지고 우월한 이상적 존재, 초월적 그리스도의 모습만 강조된다면 교회는 군대 집단과 같은 상하 질서의 계급 집단으로 존재하게 될 것이다. 이것이 앞서 '이상화와 동일시'의 종교적 의미에서 언급한 바와 같이 주변에서 흔히 볼 수 있는 대중적 교회의 모습이다.

이상적 자아가 내면화되고 동일시되지 않는 곳에서는 외재적 그리스도, 초월적 그리스도에 대한 절대 복종이 강조되는 권위주의적 종교가 탄생한다. 권위주의적 종교는 권위주의적 종교인을 산출하고, 권위주의적 종교인은 권위주의적 종교를 요청한다. 이와 함께 종교의 절대 권위는 종교인의 절대 권위를 은폐하는 수단이 되고, 종교인의 절대

---

18) "집단심리학과 자아 분석," <전집 12, 151>.

권위는 신도들의 절대 복종을 유도하는 억압 도구로 작용할 수도 있다.

전이현상과 권위적 사제

일부 신도들은 사제의 설교를 통하여 실컷 두드려 맞고 스트레스를 받으면서도, 그 사제에게 절대 권위를 부여하고 절대 순종하며 때로는 기쁨까지 느낀다고 한다. 더욱이 그러한 교회일수록 성장하는 교회가 될 수 있다고 말하기도 한다. 이 말에는 일단의 진리가 담겨 있는 듯하다. 왜냐하면 소위 물량적으로 성공했다는 교회 중에는 그런 종류의 교회가 많은 것이 사실이기 때문이다. 그렇다면 그 이유는 무엇일까? 이러한 물음에 대하여 프로이트의 전이의 개념이 대답을 주는 것처럼 보인다.

프로이트는 임상경험을 통하여 상담자와 내담자 사이에는 매우 강력한 정서적 유대관계가 있음을 지적한다. 상담자는 내담자에 대하여 때로는 사랑과 찬미와 의존의 대상이 되는가 하면, 때로는 증오와 질투와 공격의 대상이 되기도 한다. 프로이트는 이런 현상을 상담자와 내담자 사이에 존재하는 감정적 '전이현상'이라고 불렀다.

그런데 중요한 것은 전이현상이 일어나는 것이 상담자의 내적 자질에 의존한다기보다는 상담이 일어나는 장소와 상담자의 직위에 근거한다는 사실이다. 병원을 찾는 사람이 의사의 진단과 처방에 자신을 맡기듯이, 상담자를 찾는 내담자는 상담자의 직위가 가지고 있는 권위에 자신을 맡긴다. 병원에 가면 환자는 의사 앞에서 어린이와 같은 존재로 변하고 때로는 의사를 찬미하고 숭배까지 한다. 그것은 병원이라는 장소와 의사라는 직위 앞에서 환자에게 일어나는 전이현상의 결과다. 환자의 전이현상은 흔히 의사의 나르시시즘을 조장하여 직업병을 일으키기도 한다. 환자의 자신에 대한 순종과 찬양이 전이현상의 결과라는 것을 모르고 자신이 언제나 찬양되어야 할 권위적 존재로 착각하는 것이다. 그것은 권위적 장소와 직위에 있는 모든 사람들에게 해당될 수 있는 이야기다.

여하튼 전이현상은 한마디로 권위를 가진 인물에 대한 자발적 의존현상을 가리키는 말이다. 프로이트는 전이현상의 기원을 무력한 유아의 부모에 대한 의존감에서 찾았다. 부모는 어린이의 생존을 위한 절대적 필연성이요 절대적 권위다. 부모의 권위에 대한 무력한 유아의 의존감은 성인이 되었다고 사라지지 않는다. 비록 성인이 유아와는 달리 주변상황을 조절하고 타개할 수 있는 능력을 갖추었다 하더라도, 사회적 제약과 자연적 제약 앞에서 무력감을 느끼는 것은 유아와 다를 바가 없다. 따라서 유아가 부모적 권위에 의존하듯이, 성인은 자신에게 확실성과 안정감을 제공해 줄 수 있는 또 다른 부모적 권위를 요청한다. 이것이 신, 지도자, 상담자 등으로 전이하게 된다. 따라서 유아의 부모적 권위에 대한 의존감과 성인의 지도자 숭배 사이에는 아무런 차이가 없다.

프로이트의 전이의 개념은 정치, 사회, 종교 생활에서 일어나는 사회적 전이에 대해 탁월한 통찰을 제공해 준다. 사회적 전이현상 중에 매우 흥미로운 것이 정치지도자에 대한 숭배다. 사회의 구성원들이 무력감에 시달릴수록 이들은 절대적 권위를 가진 우상을 요청한다.

사회적 무력감은 절대적 권위를 요청하고 절대적 권위에 맹종하는 정치적 광신자들이나 종교적 광신자들을 탄생시킨다. 거꾸로 광적인 지도자는 이들을 이용하여 자신의 나르시시즘을 충족시킨다. 그러나 역사는 그러한 우상이 결국은 사회를 파멸시키는 촉진제로 작용한다는 것을 증언한다. 역사의 질곡을 단번에 깨뜨려 버릴 메시아는 없다. 성인의 무력감은 현실에 대한 합리적 태도의 함양과 현실을 타개하려는 과학적이고 독립적인 사고로 타개되어야 한다. 프로이트는 이를 '현실에의 교육'이라고 하였다.

전이현상이 종교생활에서는 어떻게 일어나는가? 신학적으로 교회는 하나님의 집, 예배의 집 등으로 서술되겠지만, 현상적으로 교회는 신도와 사제로 구성되어 있는 직위의 차별에 의한 조직이요 계층적 장소다. 사제는 하나님의 말씀을 전하는 권위적 자리에 있고, 신도는 하나님의 말씀을 듣는 순종적 자리에 있다.

사제는 이미 자신의 내적 자질과는 관계없이 권위와 카리스마를 부여받은 직위다. 따라서 신도는 그 직위가 갖는 권위 앞에서 이미 어린이와 같은 자세를 취하게 되어 있다. 교회에서 "어린이와 같이 되지 않으면 천국에 갈 수 없다"는 예수의 말씀이 남용되는 이유는 사제의 권위를 강화하려는 무의식적 욕구의 발로일 수도 있다. 좋은 교인은 사제의 권위에 순종하는 교인이요, 나쁜 교인은 사제의 권위에 도전하는 교인이다. 좋은 교인 앞에서 사제의 나르시시즘은 만족되고, 나쁜 교인 앞에서 사제의 나르시시즘은 상처받는다.

어떤 사제들은 흔히 자신의 행적을 자랑하고 자신이 얼마나 위대한 일을 많이 하는가에 열변을 토한다. 하나님의 말씀을 전하는 설교를 한다고 하지만 실제로는 자신의 나르시시즘을 만족시키는 독백을 하고 있는 것이다. 어떤 설교자들은 상스러운 말과 욕지거리로 교인들을 주눅 들게 만든다. 그런데도 교인들은 아멘을 외치고 쑥스러운 웃음을 지어 가며 은혜를 받는다고 말한다. 이런 이상한 행태를 어떻게 설명할 수 있을까? 프로이트의 통찰에 의하면, 사제가 권위적이고 카리스마적이며 절대성을 주장할 때, 집단은 그로부터 부모적 권위의 대체물을 발견하고 전이현상을 통해 복종에의 욕구를 충족시키는 만족을 얻는다.

프로이트에게 신은 부모적 권위의 대체물이요 유아적 무력감의 요청이다. 신의 절대성은 신의 대리인인 사제의 절대 권위로 대체되고, 사제의 절대 권위는 신도의 절대 순종을 요청한다. 신도들은 그러한 권위적 사제를 부모적 권위에 대한 대체물로 전이하고 무의식적으로 요청한다. 사제로부터 부모적 권위를 발견하지 못한 집단은 사제와의 리비도적 유대가 약할 뿐만 아니라 신도들 사이의 감정적 유대도 약하다. 권위주의적 교회에서 신도들과 사제 사이의 동일시는 불가능하고 오직 신도들 사이의 동일시만이 가능할 뿐이다. 사제는 차별화된 권위이기 때문에 사제의 질타는 감사한 마음으로 순종해야 할 하느님의 권위로 이해된다.

그러나 권위주의적 사제라고 해서 언제나 신도들의 절대 순종을 받는 것은 아니다. 권위적 요청에 비해서 반항의 강도도 커진다. 사랑과 증오, 복종과 반항의 모순적 감정의 병렬이라는 프로이트의 양가감정의 교리는 이를 가리킨다. 권위적 사제에 대한 복종과 사랑은 증오와 반항을 동반한다. 대중의 감정적 흐름은 헤아릴 수 없다. 예수를 호산나로 맞이하던 대중의 손짓이 다음 날에는 예수를 죽이라는 손짓으로 변한다. 사제의 권위에 순종하던 신도들의 마음에는 언젠가 그를 제거하고 싶은 마음도 존재한다. 사제적 권위가 자신들의 집단 환상과 어긋날 때, 사제의 운명은 <토템과 타부>의 원부와 같이 제거되고 만다.

그러나 권위적 사제가 살해되었다고 민주적 교회가 성립되는 것은 아니다. <토템과 타부>에서 자식들은 원부를 살해하고 자신들의 평등 사회를 건설하려 했다. 그러나 원부가 사라진 평등 사회는 혼란을 의미했다. 그리고 원부살해는 원부에 대한 죄의식으로 나타났다. 마침내 자식들은 원부에 대한 '지연된 복종,' 강화된 복종으로 원부를 신격화하게 되었다. 마찬가지로 권위적 사제를 제거한 신도들은 자신들의 집단 환상을 채워줄 새로운 권위적 사제를 요청하게 될 것이다.

프로이트에게 종교는 부모적 권위의 신격화에서 이루어진다. 따라서 민주적, 이성적 교회라는 말은 실패할 수밖에 없는 겉치장에 불과하다. 교회가 절대 권위의 신적 집단인 이상 그리스도와의 직접적 연합을 말하는 신비주의나 무교회주의를 제외하고는 민주적, 이성적이 될 운명이 아니다. 그러나 신비주의나 무교회주의는 이미 교회의 기구적 제도와 양적 성장과는 관계없이 개인적 삶의 한 방식으로 존재할 수밖에 없다. 여기에 종교집단에 대한 프로이트의 계몽주의적 비관론이 존재한다.

성숙한 개인

현대사회의 지도자는 원부와 같은 절대 지도자가 아니다. 절대적 권위의 카리스마를 지니고 있던 원부는 민주적 지도자와 관료기구로 대치되었다. 그럼에도 불구하고 프로이트에 의하면 원부, 부친-지도자는 결코 사라지지 않고 대체되지도 않는다. 역사에서 사라지는 것은 없어지는 것이 아니라 단지 표면으로부터 억압되는 것일 뿐이다. 역사는 억압된 것들의 회귀를 통하여 언제나 반복한다. 그것은 지도자보다도 일반 대중들이 권위에의 복종을 원하는 병리학적 심리학을 가지고 있기 때문이다.

이런 점에서 정신분석학은 지도자의 병적 조건을 말하는 데 그치지 않고 추종자들의 병리학적 상태를 중시한다. 히틀러가 아니라 독일 국민, 무솔리니가 아니라 이탈리아 국민들의 심리학적 상태가 히틀러와 무소리니를 만들어 낸다. 따라서 정신분석학은 자유로운 시민의 합리성에 근거해서 민주주의가 발전하리라는 낙관적 진보의 신앙에 대하여 대중은 결코 합리적이 아니라는 분석으로 이를 붕괴시킨다.

프로이트에게 대중은 무정부적 경향, 연약함, 수동성, 경박함, 일하기 싫어하는 게으름 등으로 특징된다. 그러나 이것이 진보에 대한 절망의 이유는 아니다. 오히려 프로이트는 인간의 비합리성에 대한 지식이야말로 고도의 합리성에 도달하기 위한 전제일 뿐만 아니라, 민주주의 발전을 위한 조건이라고 생각한다. 다시 말하면 합리성의 결여가 대중심리의 조건이라면 합리성의 발전이야말로 미래적 진보를 위한 전제와 과제가 된다는 말이다.

프로이트는 아인슈타인에게 쓴 편지에서 플라톤의 공화국을 연상시키듯, 이성이 본능적 삶을 지배하는 새로운 공동체를 희망하였다. 그것은 <환상의 미래>에서 이성의 공화국으로 나타난다. 그러나 그것은 단지 희망사항일 뿐, 프로이트의 인간의 조건에 대한 비전은 매우 비관적이다. 사회가 지도자에 대한 비합리적 관심과 의존에 연합되어 있다면, 사회는 안정을 유지하기 위해서 언제나 넓은 의미에서 권위주의적일 수밖에 없다. 평등한 개인들의 사회란 프로이트에게는 현실성이 없는 소망일 뿐이다.[19] 따라서 프로이트는 마르크스의 공산사회나 다른 종류의 사회적 유토피아주의에 대해서도 비판적이다.

이렇게 문명과 집단에 대한 프로이트의 비관주의에도 불구하고, 프로이트는 개인의 신경증을 치료하는 의사로서 성숙한 개인성에 기대를 건다. 성숙한 개인은 자신의 비합리적 본능과 욕구를 깨닫고 이를 이성으로 조절하고 절제할 수 있는 자기의식적인 사람이다. 프로이트의 개인적 성숙에 대한 기대는 국가, 대중, 집단에 대한 부정적 분석에 대한 반명제다.

에리히 프롬은 <종교와 정신분석>에서 프로이트의 집단인과 성숙한 개인 사이의 반명제를 원용하여, 인간에게는 양의 본성과 인간의 본성이라는 두 가지 종류의 지향성이 있다고 하였다. 양의 본성이 집단적 행동에 의해 진위, 선악을 결정하는 무리본성이라면, 인간의 본성은 집단적 판단과는 관계없이 독립적 이성을 통해서 사물을 사유하고 판단하는 인간 고유의 능력이다. 이러한 인간 고유의 능력을 배양하는 것이 성숙한 인간의 과제가 된다.

성숙한 개인성은 인생의 시초에 저절로 주어지지 않는다. 그것은 인생이 도달해야 할 과제요, 이 과제를 돕는 것이 정신분석학이다. 프로이트는 성숙한 개인으로 구성되는 새로운 집단, 새로운 사회를 희망하였다. 그러나 그것이 개인적 단위에서는 가능할지라도 사회적 단위에서도 과연 가능한지의 문제에 대해서는 비관적 견해를 유지하였다. 이것이 프로이트주의를 엘리트 이론이라고 부르는 이유다.

---

19) Philip Rieff, *Freud: The Mind of the Moralist*, 247.

7. 모세와 유일신교

프로이트와 모세

프로이트가 어린 시절부터 매혹을 느꼈던 인물들에는 요셉, 모세, 알렉산더, 한니발 등이 있다. 그 중에서도 그가 일생을 통해 사로잡혔던 인물은 유대교의 창시자 모세다. 프로이트는 모세에 대한 여러 글을 남겼다. <꿈의 해석>(1900)에서는 비스마르크의 꿈을 모세와 연관시켜 해석하였고, 1901년에 로마를 찾았을 때는 미켈란젤로의 모세 상에 매혹당해 수차례나 이 조상(彫像)을 방문하면서 스케치를 하고 명상에 잠기곤 하였다.

1912년에 프로이트는 자신의 전기 작가인 어네스트 존스(Ernest Jones)가 로마를 방문하게 되자, 다음과 같은 편지를 써 보냈다. "당신이 그렇게도 빨리, 또 이른 나이에 로마를 보게 되었다니 부럽기 한이 없습니다. 모세를 향한 나의 깊은 헌신을 생각해서라도 그에 관한 글을 써 보내 주십시오." 프로이트의 과제를 잘 알고 있었던 존스는 답장에 이렇게 썼다. "내가 도착한 날 나의 첫 번째 순례는 모세에게 당신의 안부 인사를 전하는 것이었습니다.

그러자 모세가 자신의 도도한 태도를 약간 누그러트렸다고 나는 생각합니다."[1] 프로이트가 이 편지를 읽고 기뻐했을 것은 명약관화하다.

1913년에 프로이트는 "미켈란젤로의 모세"라는 에세이를 써서 1914년 <이마고 *Imago*>에 무명으로 기고를 하였는데, 그곳에서 프로이트는 어떤 조각도 이 조각만큼 강렬한 인상을 남긴 것은 없다고 하였다.[2] 프로이트가 모세에게 사로잡힌 이유는 모세에게서 자신의 역할 모델을 발견하였기 때문이다. 1909년 1월 17일에 융(Jung)에게 쓴 편지에서 그는 다음과 같이 말하고 있다.

> 우리는 확실히 앞서 나아가고 있습니다. 내가 모세라면, 당신은 여호수아이고 당신은 내가 멀리서나마 단지 어렴풋이 바라보는 정신분석학이라는 언약의 땅을 소유하게 될 것입니다.[3]

오랜 명상 끝에 프로이트는 마침내 모세에 대한 마지막 글을 쓰게 되는데 그것이 바로 <인간 모세와 유일신교>(1939)라는 작품이다. 이 글은 프로이트가 말년에 나치를 피해 런던에 망명할 당시 발간한 작품으로서 프로이트의 문학적 상상력과 심리학적 통찰이 매우 돋보이는 작품이다. 특히 이 작품에서 프로이트는 모세가 유대인이 아니라 이집트인이라고 주장한다. 프로이트는 이로 인해 감수해야 할 유대사회의 공격과 불이익의 위험에도 불구하고, 자신의 학문적 진정성을 위해 이 책을 발간하기로 결심했다고 한다.

이 작품은 성서에 나오는 모세의 이야기를 그대로 따르는 것이 아니라, 성서가 말하고 있지 않는 모세의 이야기를 정신분석학적으로 재구성한 심리학적 역사소설의 형태를 취한다. 여기서 프로이트는 오이

---

1) Peter Gay, *Freud: A Life for our Time*, New York: Norton, 1988, 314-315.

2) "미켈란젤로의 모세 상," <전집 14, 292>.

3) Freud and Jung, *The Freud/ Jung Letters: The Correspondence between Sigmund Freud and C. G. Jung*, W. McGuire, ed. Bollingen Series, 94, Princeton: Princeton University Press, 1974, 196-197.

디푸스 콤플렉스의 개념, 특히 <토템과 타부>에서 제시한 원부살해의 개념을 유대교에 적용시켜, 유대교가 왜 그렇게도 철저한 유일신교로 자리 잡게 되었는지를 탁월한 통찰력과 상상력으로 분석하고 있다.

유대교가 기독교의 모태라고 한다면, 유대교의 특성을 이해하는 것은 곧 기독교의 특성을 말하기 위한 전제가 될 것이다. 또한 유대교에 대한 심리학적 분석은 곧 기독교에 대한 심리학적 분석과 맥을 같이 한다고 볼 수 있다. 따라서 본 논문은 프로이트의 유대교 분석을 통해서 기독교와 유대교의 차별성 내지는 유사성을 심리학적으로 살펴보려고 한다. 이를 위해서 우리는 먼저 프로이트가 재구성한 모세의 심리학적 드라마를 간략히 이해하는 것이 필요하다. 이를 소개하는 것으로 이야기를 시작하도록 하자.

모세의 살해

이집트가 세계적 강국이 되었던 된 18왕조, 기원전 1375년에 젊은 파라오 아멘호테프 4세가 왕위에 올랐다. 그는 최초의 엄격한 유일신교인 아톤교로 개종하고 자신의 이름을 이크나톤으로 개명하였다. 그는 모든 주술과 종교 의례를 거부하고, 이집트인들이 가장 중요하게 여겼던 사후의 삶에 대한 종교적 환상도 거부하는 종교개혁을 단행했다. 그는 태양의 에너지를 지상에 있는 모든 생명의 근원으로 인식하고, 신적 권능의 상징으로 태양을 숭배했다. 그리고 백성들에게 창조와 환희와 마아트(진리와 정의)의 도덕적 이상을 전파하였다.

이크나톤은 기원전 1358년 이른 나이에 종교개혁을 완수하지 못한 채 세상을 떠났다. 그리고 새 왕조가 성립되었는데, 새 왕조에서는 그동안 박해를 받았던 아문종교의 사제들이 주축이 되어 아톤종교를 반격하고 마침내 전멸시키게 되었다. 이때 이크나톤의 보좌관이었던 사람이 바로 이집트인 모세였다. 모세는 아톤교를 보존하기 위해서 당시

수세대 동안 이집트에 정착해 살고 있던 유대인을 선택하였다. 그리고 이들과 함께 이집트를 탈출하게 되었다. 이로써 아톤교는 이집트인으로부터 유대인에게로 넘어오게 되었고, 유대인은 아톤신의 선택된 백성이 되었다.

모세는 광야에서 유대인들에게 이집트의 종교의식이었던 할례를 행하고, 이크나톤보다도 더욱 엄격하게 아톤교의 유일신앙을 가르쳤다. 그는 청교도적 유일신교를 유지하기 위한 방편으로 아톤신 외에는 어떤 다른 신도 부정하는 철저한 배타성을 가르쳤다.

그런데 유대인들은 자신들의 정신적 부친이자 절대 권위를 행사하는 모세를 사랑하는 동시에 증오했다. 이들은 어느 날 연합해서 모세의 억압적 통치에 반기를 들고 마침내 모세를 살해했다. 모세를 살해한 후 이들은 야훼 신을 섬기는 시나이 반도의 미디안 부족과 합류했다. 따라서 아톤교를 바탕으로 하는 유대교에 야훼신이 자연스레 합류하게 되었다.

야훼신은 본래 시나이 반도의 화산(火山)신이었다. 이집트에는 화산이 없지만 시나이 반도에는 화산이 있었다. 야훼는 빛이 두려워 밤중에 배회하는 피에 굶주린 무시무시한 악령이었고, 야훼종교는 미디안인들의 호전적이고 천박한 종교였다. 반면에 아톤신은 철저히 윤리적인 유일신이었다.

아톤종교와 야훼종교가 합류함으로써 양자는 유대교 발전의 중심축이 되었는데, 아톤신은 후에 야훼신의 이름으로 통일되었다. 그러나 이름은 야훼신이지만 야훼신의 내용은 모세가 소개한 아톤종교의 순수한 유일신교가 되었다. 말하자면 "유대교의 중심축은, 세월이 흐르면서 야훼신이 그 특징을 잃고 모세의 신, 아톤신을 닮아가는 과정"4)이라고 말할 수 있는 것이다.

여하튼 유대인들은 광야에서 힘을 모은 후 가나안을 침공하였다. 가

---

4) "인간 모세와 유일신교," <전집 13, 333>.

나안에 정착하게 되면서 유대교 또한 당시의 지배 세력이었던 사제들의 종교로 변모하게 되었다. 사제들은 진실과 정의의 삶보다는 제사와 의례를 강조하였다. 이것은 모세의 종교와는 배치되는 것이었다. 왜냐하면 모세의 종교는 철저한 유일신교일 뿐만 아니라 제사와 의례보다는 오로지 신 자신에 대한 믿음과 마아트, 즉 진실과 정의의 삶을 강조하기 때문이다. 따라서 이후에 등장한 예언자들은 계속적으로 사제종교에 반대해서 모세종교의 순수성을 강조하게 되었다. 그리고 유대교는 우여곡절을 겪으면서 마침내 모세 전승을 따르는 청교도적 유일신교로 부활하게 되었다.

이상이 프로이트가 재구성한 모세의 살해와 모세종교의 부활에 대한 드라마의 요약이다.[5)]

만약 이 드라마가 이것뿐이라면 프로이트의 문학적 상상력과 소설가적 재질을 감탄하는 것으로 족할 것이다. 또한 역사비평가들은 프로이트가 재구성한 모세의 역사성을 문제 삼을 수도 있다. 그러나 프로이트는 모세에 대한 역사소설을 쓰거나 역사비평을 하려는 것이 아니라, 단지 모세종교에 대한 정신분석학적 의미를 탐구하려고 한다. 굳이 역사를 거론하자면 이 드라마는 모세종교의 심리학적 역사철학이라고 명명할 수 있을 것이다.

그렇다면 프로이트의 심리학적 역사철학의 중심개념은 무엇일까? 그것은 왜 모세의 종교가 야훼의 종교를 제치고 중심축으로 회귀하게 되었는가의 문제와 맞물려 있는데, 이를 밝혀 주는 것이 프로이트의 중요한 개념인 '억압된 것의 회귀'다.

---

5) 프로이트의 모세의 살해와 부활의 관점에서 보자면, 루터의 가톨릭에 대한 종교개혁, 특히 사제의 지배 권위에 대한 만인사제직의 교리, 종교 의례의 행위보다는 오직 믿음에 의한 구원의 교리의 강조는 유대교의 경우와 마찬가지로 제의적 사제종교로부터 모세종교의 이상이었던 유일신교의 청교도적 순수성으로 돌아가는 운동으로 이해할 수 있다.

억압된 것의 회귀

프로이트에게 억압된 것은 사라지는 것이 아니라 다만 무의식으로 잠복할 뿐이다. 잠복된 억압은 에너지를 축적하면서 처음보다 억압의 밀도가 더욱 강해지고, 강화된 억압은 언젠가 의식의 표면으로 화산처럼 폭발하면서 증상으로 표출된다. 이것이 개인적으로는 강박신경증으로 나타나고, 집단적으로는 종교라는 집단 신경증으로 나타난다.

1) 먼저 개인의 강박신경증을 생각해 보자. 신경증은 정신적 상처 또는 심리적 외상(trauma)의 결과로 나타나는데, 프로이트에 의하면 인간은 다섯 살까지의 유아기를 거치면서 최초의 심리적 외상을 갖는다. 다섯 살이 지나면서 유아기의 심리적 상처는 잠복기로 접어들어 더 이상 기억되지 않는다. 그러나 무의식 속으로 잠복한 심리적 외상의 흔적은 무의식 속에 남아 반응하면서 인격 형성에 중요한 역할을 담당하게 된다.

심리적 외상의 반응에는 적극적 반응과 소극적 반응이 있다. 적극적 반응은 심리적 외상을 다시 기억해 내고 현실화하려는 노력, 즉 "만일 그 체험이 어린 시절의 감정적 문제와 관련이 있는 것이라면 타인과의 유사한 관계에서 그것을 재생시키는 노력이다."[6] 프로이트는 이런 적극적 반응을 심리적 외상의 '고착' 또는 '반복강박'이라 불렀다.

예를 들어 어머니에게 지나치게 의존했던 사람은 비록 자신의 과거를 잊고 있다 하더라도 어머니처럼 자기를 보호하고 지켜 줄 아내를 찾아 평생 헤매게 될 것이다. 반면에 소극적 반응은 "망각된 심리적 외상을 절대로 다시 생각하지 않으려고 하고, 반복하지 않으려 하는 것이다."[7] 이것은 문제를 직시하기 보다는 회피하려는 '수세적 반응'으로서, 그 결과는 금제(禁制)나 공포증으로 나타난다. 따라서 소극적

---

6) "인간 모세와 유일신교," <전집 13, 350>.
7) "인간 모세와 유일신교," <전집 13, 350>.

회피는 문제의 해결이 아니라 오히려 문제에 대한 고착이라고 할 수 있다.

신경증은 심리적 외상에 대한 적극적 또는 소극적 반응의 어느 하나 또는 양자의 타협으로 발생한다. 심리적 외상에 대한 자기 방어의 메커니즘이 증후군을 형성하면 유아 신경증이 되지만, 장기간의 잠복기를 거친 후에 마치 곪은 것이 터지듯이 분출하면 성인 신경증으로 나타난다. 여기서 잠복기는 심리적 상흔이 에너지를 흡수하면서 억압의 밀도를 강화하는 시간이다.

> 잊히는 것은 소멸되는 것이 아니라 단지 억압되어 있을 뿐이다. 이 기억 흔적은 기억만큼이나 생생한 형태로 존재하되 리비도 반대 집중에 의해 고립되어 있을 뿐이다. 이들 기억 흔적은 다른 지적 과정과의 소통이 불가능하다. 무의식, 다시 말해서 의식이 접근할 수 없는 무의식 안에 보관되어 있기 때문이다.[8)]

무의식 안에 보관되어 에너지를 축적한 억압은 마침내 강박신경증으로 발전하게 된다. 강박신경증은 합리적 사고와는 무관하게 자신의 억압되고 은폐된 심리적 외상의 기억을 통해서 현실세계를 바라보고 살아가는 것이다. 따라서 강박신경증에서 현재를 살아가는 것은 과거요, 현재는 과거의 반복으로 나타난다. 이 것이 강박신경증을 '억압된 것의 회귀'라고 부르는 이유다.

2) 억압된 것의 회귀의 공식은 한마디로 '초기의 심적 외상-방어-잠복기-신경증의 발생-억압된 것의 부분적 회귀'라고 할 수 있다. 그런데 프로이트에게 개인 발생과 종족 발생, 개인과 인류의 심리학적 발달은 상동성(相同性)에서 이해된다. 즉 개인의 강박신경증의 공식은 집단적 삶에도 그대로 적용된다는 말이다. 따라서 그는 다음과 같이 말한다.

---

8) "인간 모세와 유일신교," <전집 13, 375>.

> 인류 또한 성적, 공격적 본성의 갈등을 통과하였다. 그리고 그것은 영원한 흔적을 남겼지만, 대부분은 억제되어 잊혀졌다. 오랜 잠복기를 거친 후에 이들은 다시 활기를 띠어 구조와 경향성에 있어서 신경증상과 유사한 현상을 창조하였다.[9]

말하자면 개인의 심리적 외상이 잠복기를 거친 후 회귀하듯이, "집단의 경우에도 과거의 인상은 무의식적 기억 흔적 안에 보존"된 후 회귀한다. 여기서 개인의 신경증과 같이 집단적 신경증으로 나타나는 것이 종교다. 따라서 프로이트는 신경증이 개인 종교라면 종교는 집단 신경증이라고 정의하였다. 이런 관점에서 프로이트는 <토템과 타부>에서 인류의 종교와 도덕과 사회의 기원을 원부살해의 억압된 기억과 심리적 상흔으로부터 도출하였다.

> 형제들은 아버지의 자리에 특수한 동물을 토템으로 세웠다. 이 토템동물은 형제들의 조상이자 수호령신으로 받아들여졌다. 따라서 다치게 하거나 죽여서는 안 되었다. 모듬살이의 남성들은 일 년에 한 번씩 한자리에 모여 의례적인 향연을 벌였는데, 그들은 바로 이 자리에서 토템동물(평소에는 숭배의 대상이던)을 죽이고는 모두 그 고기를 찢어 나누어 먹었다. 모듬살이의 남성이면 어느 누구도 빠질 수 없는 이 향연은 아버지 살해의 의례적인 반복이었다. 바로 여기에서 사회적인 질서, 윤리적인 규범, 그리고 종교가 시작되었다.[10]

프로이트는 동일한 원리와 모티브를 모세의 종교에 적용하면서 유대교의 기원과 특성을 설명한다. 고집스런 유대인들은 청교도적 유일신교를 가르치고 선택된 백성의 특권을 부여해 주었던 강력한 권위의 부친 모세를 사랑하는 동시에 증오했다. 어느 날인가 이들은 연합해서 모세를 살해했다. 이들은 마침내 모세의 종교를 버리고 의례와 희생을 강조하는 미디안의 종교를 수용했다. 그러나 모세를 죽이고 모세의 종

---

9) "인간 모세와 유일신교," <전집 13, 356>.
10) "인간 모세와 유일신교," <전집 13, 420>.

교를 버린 데 대한 후회와 죄의식이 심적 외상으로 그들의 마음을 떠나지 않았다. 비록 이들이 미디안의 부족신 야훼의 종교를 따랐지만 모세의 아톤종교는 이들의 정신적 지하실에서 잠복하고 있었다. 그러다가 마치 심리적 외상에 대한 고착이 잠복기를 거친 후 신경증으로 발현하듯이, 유대교가 야훼의 호전성의 옷을 벗어 버리고 모세의 순수한 청교도적 일신교로 변모되었다. 그것은 모세의 부활이요 억압된 것의 회귀였다.

역사가 전승이 되려면 에너지를 흡수하여 질적으로 강화되는 억압과 잠복의 과정을 거쳐야 한다. 따라서 프로이트는 역사적 전승은 신경증의 발생처럼 언제나 억압의 운명을 견디고, 무의식의 세계에 잠복해 있는 과정을 거친 후에 의식으로 회귀할 때에만, 대중을 사로잡는 강력한 영향력을 행사할 수 있다고 말한다.11) 그렇다면 유대교는 모세의 살해라는 심리적 외상을 떠나서는 전승으로 정착할 수 없다. 실로 프로이트는 이를 통해서만 유대교의 급진적 특성을 올바로 이해할 수 있다고 생각한다. 프로이트가 말하는 유대교의 특성은 무엇인가?

유대교의 특성

유대교의 특성은 무엇보다도 절대적 유일신교라는 사실에서 찾아야 한다. 모세의 종교는 다른 부족의 신들을 인정하면서 이를 거부하는 단일신교가 아니라 다른 신들의 존재 자체를 부정하는 유일신교다.

그런데 최초의 유일신교가 이집트에서 발생했다는 것은 무엇을 말하는가? 프로이트는 이에 대하여 유일신교는 단일신교보다 훨씬 발달된 정치적 의미를 갖는 것으로서 만국을 유일신의 절대 지배하에 통일하려는 제국주의적 의미를 담고 있다고 말한다.12) 그렇다면 제국과

11) “인간 모세와 유일신교,” <전집 13, 384>.

12) 그러나 이와는 전혀 다른 해석도 가능하다. 즉 이집트의 유일신교는 프로이트의

는 무관하게 약소민족에 불과했던 유대인이 유일신교를 수용하게 된 이유는 무엇일까? 이에 대한 프로이트의 통찰은 매우 탁월하다.

> 이집트에서의 유일신교는 제국주의의 부산물로 성장했다. 말하자면 신은, 광대한 세계 제국의 절대적인 통치자였던 파라오를 그대로 반영하는 존재였던 것이다. 유대인의 경우는 정치상황이 지극히 불리해서, 배타적인 민족신의 이념에서 보편적 세계 지배자 이념으로 전개시킬 수가 없었다. 바로 이 때문에 이 힘도 없는 조무래기 국가의 국민이 오만하게도 위대한 주님의 총애를 받는 백성이라고 주장하지 않았을 것인가?[13]

말하자면 이집트의 유일신교가 강대한 제국주의적 힘을 배경으로 발생했다면, 반대로 유태인의 유일신교는 아무런 힘도 없는 약소민족의 정신적 생존전략으로 발달했다는 말이다. 만약 유일신이 오직 자신들만을 배타적으로 선택했다면, 유대인은 주변 강대국의 압박과 억압에도 불구하고 자신들만이 신의 백성이라는 민족적 자부심과 동질성을 가질 수 있을 것이고, 자신들만이 유일신의 보호를 받을 수 있고, 세계의 주인이 될 수 있다는 민족적 환상을 유지할 수 있었을 것이다. "따라서 신이 위대하면 위대할수록 이 신이 약속하는 보호는 그만큼 높은 신뢰성을 갖게 되는 것이다."[14] 결국 모세가 유대인에게 부여한 선민의식은 강대국에 둘러싸인 약소민족의 생존전략과 잘 맞아 떨어지게 되었고 유대교의 특성으로 자리 잡게 되었다는 말이다.

그런데 유일신교의 정치적 의미보다 더욱 중요한 것이 유일신교의 정신적 의미다. 모세종교에서는 오직 신만이 위대하고 장엄한 절대자로서, 인간은 신에게 절대적으로 순종해야 하는 존재다. 원시종교가

주장처럼 제국주의적 의미를 가지고 있는 것이 아니라, 거꾸로 기존 다신교적 종교를 바탕으로 하는 사제들의 기득권을 해체하고 새로운 정치판을 짜려고 했던 파라오의 '권력에의 의지'가 담겨 있었다는 정치적 해석이다. 이 해석은 제 3세대 그리스도교 연구소에서 행한 필자의 "프로이트와 신학" 세미나에서 김진호 목사가 제기한 해석임을 밝혀 둔다.

13) "인간 모세와 유일신교," <전집 13, 335-336>.

14) "인간 모세와 유일신교," <전집 13, 417>.

별과 달과 해와 자연물을 신적 대상으로 바라보는 자연종교였다면, 유대교는 만물을 유일신의 피조물로 선언한다. 이와 함께 하비 콕스가 <세속도시>에서 설파하듯 자연물은 신적 대상이 아니라 신의 피조물이라는 자연의 탈신성화, 자연의 부정화가 일어난다. 유대교의 신은 자연물과 같은 유한한 형상으로 표상될 수 없다. 모세에게 신이 '스스로 있는 자' 또는 '존재 자체'라고 자신을 계시한 것처럼 신은 오직 추상적 언어와 정신적 사유로 표현되고 고백될 수 있을 뿐이다. 프로이트는 이러한 유대교의 정신적 특징을 가리켜 광대무비의 종교, 장엄과 숭고의 종교라고 정의했다. 이 정의는 이미 헤겔이 <종교철학 강의>에서 희랍종교와 로마종교를 각기 '미의 종교'와 '유용성의 종교'로 지칭한 반면, 유대교를 '장엄의 종교'로 규정했던 것과 일치한다.

신의 형상을 만들 수 없다는 모세의 계명은 신을 감각적 물질적 대상이 아닌 추상적 이념적 대상으로 사유케 하는 정신사적 진보를 이루었다. "이것은 감성에 대한 정신성의 승리, 좀 더 엄격하게 말하면 심리적으로 필연적인 결과와 함께 본능적인 모든 충동의 단념을 의미한다."[15] 여기서 신의 비(非)물질화, 정신화는 유대인에게 물질적 신을 섬기는 다른 민족에 대하여 우월감을 심어 주었다. 또한 본능적 충동의 단념은 윤리성을 지니면서 율법의 본질적 내용이 되었다.

유대교에서 율법은 외적 강제에 머무는 것이 아니라 내적 초자아의 수준까지 발달한다. 인간은 초자아로부터 비난을 받을 때 죄의식을 느낀다. 따라서 초자아의 심화는 죄의식의 심화요, 죄의식의 심화는 윤리성의 심화다. 이것이 유대교가 윤리종교, 죄의식의 종교로 발달한 원인 중의 하나다. 그런데 인간은 또한 초자아로부터 인정을 받을 때 만족과 해방감을 느끼게 된다. 따라서 자아는 초자아의 인정을 받기 위해서 스스로 초자아의 심화를 기뻐할 수 있다.

---

15) "인간 모세와 유일신교," <전집 13, 397>.

> 자아는 초자아에 대하여 본능적 충동의 단념이라는 희생을 지불하면, 그 보상으로 초자아로부터 더 큰 사랑을 받을 것으로 기대한다. 자아는 바로 이 사랑받을 만한 행위를 한 것을 의식하고는 자랑스러워하는 것이다.16)

따라서 유대인에게 초자아적 율법의 복종은 타율적 금지가 아니라 자율적 금지고, 외적 제한이 아니라 내적 제한이며, 고통이 아니라 기쁨이다. 말하자면 율법은 일종의 자기애적 자만심의 성격을 띠면서 발달한다. 그것은 마치 <토템과 타부>에서 아들들이 원부를 살해한 후, 원부와의 동일화를 통하여 본능적 충동을 단념하고 원부의 금제를 내면화함으로써 종교와 문화와 도덕을 탄생시켰듯이, 유대인은 모세를 살해한 후, 모세와의 동일화를 통하여 모세의 종교를 초자아적 율법, 윤리적 종교로 강화시키면서 종교의 획기적 진보를 이룩하게 되었다는 것이다.

이렇게 보자면 유대인은 자신의 정신적 부친 모세를 살해했지만, 살해된 모세는 더욱 강력한 에너지로 무장되어 그들 안에서 부활하였다. 그리고 유대인의 도덕과 문화와 종교를 창조한 거룩한 부친이 되었다. 말하자면 억압된 것의 회귀가 모세종교를 통해서 실현된 것이다. 이런 점에서 모세는 어느 누구보다도 승리한 예언자라고 할 수 있다. 따라서 필립 리프는 다음과 같이 말한다.

> 대중을 교화하기 위하여 산의 은둔처로부터 내려와 대중들을 베다의 다신교로부터 보다 높은 윤리적 이원론으로 고양하려 했던 니체의 차라투스트라보다도 프로이트가 기술한 모세는 더욱 강하고 더욱 성공적인 엄격한 개인주의자다. 니체의 위대한 인간은 실패하는 반면, 프로이트의 위대한 인간은 죽음에서마저도 성공한다. 유대인이 비록 모세의 고집스런 성격과 지적 맹렬함에 반항하였고, 모세가 가르친 종교를 버렸다 할지라도, 그가 죽은 후에 이들은 더욱 모세의 종교에 속박되었다. 니체의 책에 있는 현실주의, 차라투스트라의 궁극적인 철학적 실패에 대한 현실주의와 비교한다면, 프로이트의 모세와 유일신교는 심리학적 로맨스의 승리다.17)

---

16) "인간 모세와 유일신교," <전집 13, 402>.

그런데 모세의 심리학적 승리와는 달리 선민 유대인은 역사상 한 번도 제국의 희망을 이룬 적이 없다. 거꾸로 주변 강대국에 시달리면서 고난과 억압과 패배의 역사로 얼룩져 있을 뿐이다. 선민의 희망이 패배의 환상으로 변하는 역사적 비극은 유대교를 더욱 정신적으로 만드는 계기가 되었다. 그것이 바로 유대교를 더욱 심화된 죄의식의 종교로 만드는 동인으로 작용했다.

유대교의 핵심 사상인 신명기 신학은 "너희가 여호와의 계명을 순종하면, 자손만대에 복을 내려준다"고 말한다. 그러나 역사는 이들에게 곤경과 불행만을 안겨다 주었다. 그렇다면 신의 선택된 백성으로 신의 배타적 사랑과 보호를 받는다는 소망은 어떻게 해석될 수 있는가? 여기서 유대인은 역사가 암울하면 할수록 신의 계명을 제대로 지키지 않아 벌을 받는다는 죄의식을 심화시켰다. 더욱이 모세종교의 전승자인 예언자들은 죄의 회개를 통해서만 구원을 얻을 수 있다고 강조했다. 따라서 유대인들은 죄의식을 해소하기 위해서 더욱 율법을 강화하고 더욱 윤리적 존재가 되어 갔다. 이와 함께 유대교는 종교사에서 유례를 찾아볼 수 없을 정도로 죄의식을 심화시킨 종교로 발전하였다.

그러나 강박신경증 환자가 자신의 심리적 상흔을 제거하지 않고 회복될 수 없듯이, 유대교 또한 죄의식의 근원을 제거하지 않고 죄의식을 심화시키는 율법의 강화만으로는 회복될 수 없다. 한편으로는 죄의식을 제거하기 위해 율법을 강화하는 반면, 다른 한편으로는 강화된 율법이 죄의식을 더욱 심화시킨다. 프로이트는 이러한 죄의식의 심화에 따른 악순환이야말로 유대교의 특성이요 딜레마로 보았다.

바울의 기독교

유대인의 죄의식의 딜레마는 해석학적 순환이다. 죄의식을 제거하기

17) Philip Rieff, *Freud: The Mind of the Moralist*, 284.

위해서 율법이 강화되어야 하고, 율법의 강화는 죄의식을 심화시킨다. 해석학적 순환의 고리를 끊는 것은 오직 죄의식의 원인을 제거하는 길이 있을 뿐이다. 이러한 시도가 세기말적 시대에 살던 바울에 의해 제시되었다.

바울은 죄의식의 해석학적 순환을 끊어 버리는 해결책을 복음의 형태로 진술하였다. "우리 중의 한 분이 우리의 죄를 풀어 주기 위해서 자신의 생명을 바치셨기 때문에 우리는 모든 죄에서 해방되었다." 이것이 바울이 전하는 복음의 내용이다. 이 진술에는 하나님을 죽였다는 말이 나오지 않는다. 그러나 프로이트는 목숨을 희생하여 갚을 수 있는 범죄는 '이에는 이, 눈에는 눈'이라는 탈리오법칙에 따라서 살인죄밖에 없다고 지적한다. 그렇다면 살인죄는 인류학적으로는 원부살해요, 유대교적으로는 모세의 살해 또는 모세로 표상되는 모세종교와 모세의 신, 하나님의 살해다. 따라서 프로이트는 바울의 복음에는 처음으로 부친살해를 인정하는 내용이 암시적으로 담겨 있다고 생각한다. 이렇게 보자면 바울의 메시지는 다음과 같이 요약할 수 있다. "우리가 이렇게 불행한 것은 우리가 아버지 하나님을 죽였기 때문"이요, 이로부터 해방되는 길은 그것을 인정하고 아들의 속죄 물을 통해서 그 죄의 고리를 잘라 버리는 것이다. 그것이 예수를 통한 속죄의 희생이요 복음의 내용이다. 따라서 바울은 저들은 신을 살해했다는 것을 사실로서 긍정하지 않지만 우리는 그것을 인정하고 죄로부터 씻음을 받았다고 말한다.[18] 프로이트는 여기에 기독교의 반유대적 정서가 녹아 있다고 보았다.

바울에게 예수의 희생은 인간의 원죄인 부친살해에 대한 최초의 긍정을 의미하는 것이요, 긍정에 따르는 위대한 부정의 사건, 즉 대속의 사건을 의미하는 것이다. 만약 예수의 희생에서 부친살해에 대한 죄의식의 심화가 전제되지 않는다면, 그것은 고대로부터 내려오는 비극적

18) "인간 모세와 유일신교," <전집 13, 427>.

영웅의 원형에 속하는 하나의 일화요, 프레이저(Frazer)가 <황금가지>에서 무수히 증언하는 '죽어가는 신들'(dying gods)의 하나로 치부될 수 있을 뿐이다. 그러나 유대교의 선민사상과 청교도적 죄의식의 심화는 바울의 기독교에 이르러 근원적 죄의식으로부터 벗어날 수 있는 구원의 종교로 변화한다.

새 종교인 기독교는 아들을 통한 신과의 화해, 부친과의 화해를 주장한다. 기독교의 핵심 내용은 실로 아버지 하나님과의 화해, 하나님에게 저질렀던 죄업을 예수를 통하여 속죄 보상하는 행위에 근거하고 있다. 따라서 바울의 기독교는 인간을 하나님과 화해시키고 원죄를 씻어주는 예수를 구세주요 해방자로 고백한다.

그러나 기독교는 과연 부친과의 화해를 이루었는가? 이에 대한 프로이트의 대답은 부정적이다. 왜냐하면 "스스로 화해를 이룬 아들이 아버지 옆에 나란히 앉는, 실제로는 아버지를 대신하는 신"이 되었고, "아버지 종교에서 솟아오른 기독교가 아들의 종교"가 되었으며, 결국 기독교도 "아버지를 제거하는 운명에서 벗어나지 못했기" 때문이다.[19] 말하자면 유대교가 부친살해의 억압된 기억에 근거한 부친의 종교라면, 기독교는 이를 인정하면서 부친과의 화해를 말하지만 결국에는 다시 아들을 부친의 위치에 올려놓는 아들의 신격화를 통하여 또 다른 부친살해를 감행한 것이다. 이 점에서 바울의 종교는 원래의 의도와는 달리 모순적 결과를 초래하게 되었다.

오이디푸스 반역

프로이트에게 종교의 원형은 부친 종교다. 그런데 형태적으로 보자면 모세의 종교가 부친의 종교라면 기독교는 아들의 종교다. 따라서

---

19) "인간 모세와 유일신교," <전집 13, 427>.

프로이트에게 기독교는 유대교적 하나님의 엄격한 자리를 대신할 수 없다. 단지 기독교는 부친의 종교인 유대교에 대한 아들의 심리적 반역, 오이디푸스 콤플렉스의 정조를 가질 뿐이다. 따라서 프로이트에게 기독교의 유대교에 대한 관계는 아들의 부친에 대한 투쟁 관계, 새로운 형태의 오이디푸스 반역의 관계로 이해된다.

역사상 아들 종교의 성립은 오이디푸스 콤플렉스의 과정을 통하여 설명할 수 있다. 부친에 대한 오이디푸스 반역은 부친의 승인과 보호와 사랑을 받는 부친의 연인이 되든지, 또는 스스로 부친이 되는 부친과의 동일화를 통하여 성공적으로 이루어진다. 마찬가지로 아들의 종교는 부친의 종교로부터 인정과 승인과 사랑을 받던지, 또는 자신이 부친의 위치에 오르는 새로운 권위를 필요로 한다.

실제로 역사상 수많은 이단 종파나 섹트(sect)는 부친 종교로부터 인정을 받지 못하는, 즉 부친의 연인이 되지 못한 종교집단을 말한다. 반면, 아들의 종교가 부친 종교의 사랑과 보호와 인정을 받을 때는, 이단이 아니라 종교집단 내의 어떤 운동이나 캠페인으로 불릴 수 있다. 그러나 이들과는 달리 부친의 종교에 대해 항거한 아들의 종교가 부친 종교와 동일한 권위를 갖게 된다면, 그러한 항거는 아들 종교의 수립으로 귀결될 수 있다.

세계의 모든 위대한 종교들은 모두 이러한 반역의 승리, 오이디푸스 혁명이 승리한 결과로 성립되었다. 조로아스터의 고대종교에 대한 관계, 부처의 힌두교에 대한 관계, 모세의 다신교에 대한 관계, 기독교의 유대교에 대한 관계 등은 부친 종교에 대한 오이디푸스 반역의 승리요, 아들이 부친이 되는, 즉 아들과 부친이 동일화되는 새로운 종교의 탄생으로 이해될 수 있다.

그런데 기독교의 경우에는 이러한 사정이 신학적으로 복잡하게 얽혀져 있기 때문에 보다 깊은 연구가 필요하다. 기독교 초기에는 예수를 아버지의 사랑하는 아들로 이해하는 교리가 발전했다면, 후기에는 예수를 아버지와 동일화된 신적 존재로 이해하는 교리가 발전했다. 후기에 발전한 기독교의 삼위일체 교리는 그리스도를 성육신한 하나님의 아들로 고백한다. 요한복음은 그리스도가 창조 이전에 하느님과 함께 있었던 하나님의 아들이고, 하나님 자신이며, 하나님의 말씀이요, 선재하는 로고스로 고백한다. 이것은 아들을 부친의 위치에 올려놓은 신격화의 결과물이요 오이디푸스 반역의 승리물이다. 그러나 이러한 발전과 함께 복잡한 신학적 문제가 초래된다. 몇 가지 가능성을 추리해 보자.

예수의 죽음에 얽힌 문제

1) 첫째, 아들을 신격화하지 않을 때 그리스도의 죽음은 '형제살해'(fratricide)의 모티브에서 해석할 수 있는데, 이것도 신학적, 정치사회학적 의미로 달리 이해할 수 있다.

첫째로 신학적 관점에서 보자면 유대인들에 의한 예수의 죽음은 카인에 의해 살해당하는 아벨의 재현이요, 이의 심판은 신에 의해 수행된다. 아벨의 핏 소리가 대지로부터 부르짖을 때, 카인은 아버지를 향하여 "내가 형제를 지키는 자입니까?"라고 하였다. 성서에서 무고한 형제의 핏 소리를 해결해 주는 것은 아버지다. 아버지는 법과 정의로써 형제의 갈등을 판결한다. 카인을 향한 아버지의 심판은 아벨을 향한 정의의 판결이기도 하다. 마찬가지로 예수의 죽음에 대한 신의 정의로운 심판은 유대인에 대한 정죄와 예수의 부활로 나타난다.

둘째로 정치사회학적으로 보자면 예수의 죽음은 형제들에 의해 자행된 희생양의 죽음이다. 사회적 법은 아버지의 이름을 가지고 있는 아버지의 대체물이다. 그러나 형제들의 갈등 속에 운영되는 현실정치에서 법은 아버지의 심판처럼 정의롭지 못할 때가 많다. 예수로부터 죄를 찾을 수 없다고 하면서도 형제들의 갈등을 해소하기 위한 빌라도의 결정은 예수의 운명을 형제들의 손에 맡김으로써 죽게 한다. 말하자면 예수를 죽인 것은 빌라도의 법이 아니라 형제들의 경쟁과 갈등에 기인한 현실정치의 타협적, 희생양적 산물이다.

현실정치가 횡행하는 곳에 법의 이름은 정치를 위한 장식품이다. 법이 절대적 우위를 차지하면 아버지의 율법주의가 되고, 정치가 우위를 차지하면 아들들의 타협주의가 된다. 정치와 법의 관계는 정치가 법의 상위에 있든지 또는 법이 정치의 상위에 있든지 둘 중의 하나다. 정치와 법이 인간을 위한 수단이라는 생각은 이미 아버지의 이름을 거세한 아들들의 세계, 근대의 인간 중심적 사유의 발로다. 그러나 인간을 위하여 존재한다는 정치와 법의 근대적 이상이 항상 현실이 되는 것은 아니다. 정치와 법의 관계는 근대에 있어서도 항상 형제적 갈등과 이해관계에 의하여 왜곡되고 해석되고 적용되고 타협되기 때문이다.

예수의 죽음이 형제살해로 이해될 때, 예수를 죽인 것은 법의 이름을 계승하고 있는 장자 유대교와 예수 사이에 일어난 형제적 갈등과 이를 정치적으로 이용한 빌라도의 현실 정치적 합작품이 된다. 여기서 예수의 십자가는 구속의 사건이 아니라 형제적 갈등과 정치적 현실주의의 타협에 의해 무고하게 죽어가는 희생양으로 이해된다. 거꾸로 예수의 죽음은 형제적 살해가 정치적 명분과 타협과 각본에 의하여 조직적으로 자행될 수 있다는 정치권력의 허구를 들춰내는 수치로 나타난다. 따라서 예수의 십자가는 모든 수치스런 정치적 희생을 고발하는 역사의 원형으로 남는다. 갈보리 산정에 꽂힌 십자가는 땅의 정치에 의하여 희생당하는 인간들의 원형이다.

카인의 후예인 인류의 역사는 피로 물든 역사다. 피의 역사는 희생양의 역사다. 그리스도는 카인에 의해 희생당한 아벨의 재현이다. 지라르(Girard)는 죄 없는 그리스도의 희생 이후에는 누구도 희생양을 정죄할 수 있는 도덕적 정당성을 획득할 수 없게 되었다는 데 있다고 말한다.[20] 십자가가 있는 한 땅의 정치는 피 묻은 손을 감출 수가 없

---

20) 지라르, <나는 사탄이 번개처럼 떨어지는 것을 본다>, 김진식 역, 서울: 문학과 지성사, 2004.

다. 그러나 무고한 정치적 희생의 원형으로써의 예수의 십자가는 "세계사는 인류의 최고 법정"이라는 헤겔의 말처럼 역사의 최고법정에서 승리의 원형으로 판결 받는다. 그것이 부활의 정치사회적 의미다.

2) 둘째, 아들이 신격화되어 하나님과 동격이라면, 아들의 죽음은 아버지가 스스로 자식을 내어주어 희생케 했다는 신학이 성립된다. 이것은 신학적으로 사랑의 모티브로 전개되지만, 심리학적으로는 영아살해(infanticide)의 모티브에 속한다.

영아살해는 역(逆)오이디푸스 사건이다. 가타리(Guattari)와 들뢰즈(Deleuz)는 <앙띠 오이디푸스>에서 프로이트의 오이디푸스 콤플렉스는 아들의 아버지에 대한 감정이 아니라 거꾸로 아버지의 아들에 대한 감정을 아들에게 투사한 것이라고 하였다. 이렇게 보자면 아브라함에게 독생자 이삭을 바치라고 명령한 하나님의 음성은 아브라함의 무의식으로부터 고개를 쳐든 어둡고 무서운 영아살해의 명령이다. 그것은 유기체를 무기물로 만들라는 타나토스, 죽음 본능의 발현이다. 예수의 십자가상의 절규, "하나님이시여 어찌하여 나를 버리시나이까?"라는 절규는 이삭의 침묵과는 달리 예수의 영아살해에 대한 거부요 부정으로 이해할 수 있다. 따라서 헤겔은 이 절규와 함께 구약의 권위주의적 아버지 신은 부정되었다고 했다. 헤겔에게 부활은 부친신의 죽음(부정)에 따른 아들신의 탄생(긍정)을 의미한다.

그러나 정통 신학은 영아살해의 모티브를 하나님의 사랑의 모티브로 해석한다. 아브라함이 신의 명령을 따라서 독생자 이삭을 희생 제물로 삼듯이, 하나님은 독생자 예수를 인간을 위하여 희생 제물로 삼는다. 요한복음의 유명한 구절, "하나님이 이 세상을 이처럼 사랑하사 독생자를 주셨으니, 이는 저를 믿는 자마다 멸망치 않고 영생을 얻게 하심이다"[21]라는 구절은 바로 영아살해의 모티브를 사랑의 신학으로

---

21) 요한복음 3: 16.

해석한 것이다.

3) 셋째, 하나님 자신이 스스로 아들을 죽게 했다면, 살해에 가담했던 가롯 유다와 제사장과 로마 관헌들은 하나님의 도구로 사용된 것이기 때문에 죄가 있다고 말할 수 없다. 그것은 하나님의 보이지 않는 무한한 경세 의지의 섭리라고 보아야 한다. 아담의 타락이 없었다면 그리스도의 구원도 있을 수 없다. 이런 점에서 밀턴(Milton)은 <실낙원>에서 아담의 타락은 섭리적 관점에서 보자면 '다행스런 타락'(felix culpa)이라고 하였다. 헤겔이 역사의 보이지 않는 섭리로 제시한 '이성의 간지'도 이런 종류의 신학적 모습이다. 이것이 급진화 되면 세상에는 선이나 악이 있을 수 없고 오직 신의 경세적 섭리만이 있을 뿐이라는 선재적 결정론이 결론으로 도출될 수 있다.

4) 넷째, 신격화된 그리스도, 하나님과 동격인 그리스도를 군중들이 살해했다면, 이것은 다시 부친살해의 모티브로 해석되어야 한다. 신학적으로는 그리스도가 이미 신격화되었기 때문에, 그리스도의 희생은 군중들에 의해서 부친살해라는 오이디푸스 반역이 재현되는 것으로 볼 수 있다. 군중들은 자신들의 아버지인 하나님과 동격인 그의 아들을 실제로 죽였다.

이 관점에서 보자면 기독교는 유대교가 걸어왔던 길, 모세를 살해하고 죄의식을 심화시켰던 종교의 길을 다시 재현하고 있는 것으로 나타난다. 그것은 바울이 속죄희생으로 이해했던 그리스도 죽음의 신학적 발전이 뜻하지 않게 몰고 온 역전현상이다. 인류는 하나님의 독생자를 죽였다. 그 피는 오늘도 모든 사람의 손에 묻어서 지워지지 않는다. 바울은 독생자의 희생을 통해서 인류가 아버지와 화해를 했다는 구원의 복음을 말하지만, 심리학적 내용에 있어서 인류는 독생자를 죽인 부친살해의 범죄자요, 오이디푸스 반역의 원흉이다. 그렇다면 기독교는 유대교 이상으로 죄의식이 심화되는 종교로 발전할 수밖에 없는 운명을 갖게 된다. 따라서 마르쿠제는 다음과 같이 말한다.

> 프로이트의 말에 의하면 원죄는 아들의 전언대로 지상에서의 평화와 사랑의 질서 안에서 보존될 수 있다. 그러나 그렇게 되지는 않았다. 원죄는 아들에 대항하는 또 하나의 죄에 의해 대체되었을 뿐이다. 그의 변질과 함께 그의 복음 역시 변질되었다. 그의 신격화는 이 세계로부터 그의 전언을 말살하였다. 고통과 억압이 영구화된 것이다.[22]

부친 종교로서의 기독교

기독교 신학의 복잡성은 부친의 종교와 아들의 종교 사이에 놓여 있는 모순과 갈등에서 유래한다고 볼 수 있다. 바울이 전하는 복음은 부친살해의 원죄를 긍정하고 이로부터 자유롭게 되는 해방의 전언이었다. 그것은 율법의 지배에 의한 유대교적 죄의식의 무게를 자유의 무게중심으로 전이하는 에로스(아가페)적 작업이었다. 그러나 에로스(아가페)의 복음이 다시 부친 종교로 회귀하면서, 아들 종교는 변질되고, 마침내 부친 종교가 더욱 강화되는 결과를 초래했다. 따라서 기독교의 발전은 아들 종교가 다시 부친 종교로 회귀하는 과정, 즉 기독교의 유대화 과정으로 읽을 수 있다. 실제로 복잡하게 얽히고설킨 삼위일체의 신, 아들 종교의 신은 본질적으로는 유일한 부친 신앙으로 회귀하고 변화되는 과정의 산물이라고 할 수 있다.

이러한 복음의 변질과 복음의 율법화는 기독교를 유대교뿐만 아니라 어느 종교보다도 더욱 배타적인 종교로 만들었다. 우상숭배에 대한 동서교회의 신학적 논쟁으로부터 시작하여 주술사와 이단에 대한 화형식과 종교 전쟁 등의 비극적 역사에는 부친 종교가 강화되는 데 따른 무의식적 죄의식과 이와 함께 심화되는 배타적 율법주의가 깔려 있다.

---

22) 마르쿠제, <에로스와 문명>, 82.

개신교의 문자주의나 근본주의 등은 이런 배타성의 극화된 한 형태라고 할 수 있다. 따라서 아놀드 토인비는 서구 개신교의 특징을 억압되었던 유대교의 율법주의가 회귀한 '유대교적 르네상스'라고 불렀다.[23] 처음에 부친 종교의 모순을 극복하려던 기독교가 거꾸로 부친 종교의 강화된 모습으로 변모하게 되었다는 것이다. 이 점이 사랑을 표방하는 아들의 종교인 기독교가 내용적으로는 권위적이고 율법적이고 폐쇄적인 성격을 갖게 된 이유를 설명하는 것처럼 보인다.

프로이트에게 아들의 종교는 또 다른 형태의 부친의 종교다. 프로이트가 <토템과 타부>에서 부친살해 이후에 부친의 내면화가 아들들에게 더욱 강화되었다는 주장은 기독교에서도 그대로 재현된다. 프로이트에게는 역사에 전적으로 새로운 것이라곤 없다. 오직 억압된 것의 반복과 회귀만이 새로운 모습으로 역사를 장식할 뿐이다. 마찬가지로 프로이트에게 아들의 종교를 표방하는 기독교는 실상에 있어서 부친 종교의 반복과 회귀, 오히려 강화된 부친 종교의 모습으로 존재할 뿐이다.

해석의 자유와 화해의 자유

프로이트의 <모세와 유일신교>에 대한 두 가지 포인트를 지적함으로써 나가는 말을 대신하자. 첫째는 프로이트의 모세살해에 대한 드라마를 통하여 프로이트 자신에 대한 정신분석을 감행하는 것이요, 둘째는 프로이트가 기독교를 부친 종교의 반복이라고 하였을 때, 이를 재검토하는 것이다.

첫째로 프로이트의 모세살해에 대한 관점을 거꾸로 프로이트 자신에게 돌려서 생각해 보도록 하자. 스피노자는 바울의 베드로에 대한

---

23) 토인비, <역사의 연구 II>, 노명식 역, 서울: 삼성출판사, 1994, 302-304.

진술은 우리에게 베드로에 대한 정보를 제공해 주기보다는 바울 자신에 대한 정보를 제공해 준다고 하였다. 이렇게 보자면 프로이트의 모세살해에 대한 해석은 모세에 대한 이야기보다는 프로이트 자신에 대한 이야기를 전해 준다고 볼 수 있다. 이에 대해 해롤드 블룸의 비평학적 통찰은 우리에게 좋은 시사점을 던져준다.

해롤드 블룸은 <영향의 불안 *Anxiety of Influence*>에서 창조적 시인은 자신이 계승하고 있는 전통과 투쟁함으로써 '영향의 불안'으로부터 해방되려 한다고 하였다. 창조적 시인은 전통의 오류를 정화하고 수정한다고 하면서 사실상 전통으로부터 해방된 자신의 세계를 건설하려고 한다. 이전 세계의 감옥으로부터 탈출하여 자신의 새로운 세계를 건설하는 방법은 이전 시인의 작품을 의도적으로 오해하고 오독(誤讀)하는 것이다. 블룸은 이렇게 해서 형성된 세계를 '수정주의'(revisionism)라고 불렀다. 따라서 수정주의는 부친으로부터 해방되고 자유를 획득하여 스스로 부친이 되는 오이디푸스 반역의 결과라고 할 수 있다.

프로이트에게는 부친의 '감옥으로부터 탈출'하는 길이 바로 꿈의 언어, 무의식의 언어로 나타난다. 프로이트는 <꿈의 해석>에서 욕망 자체가 전위, 압축, 억제, 역전이라는 무의식의 언어를 통하여 표출된다고 하였다. 거꾸로 말하자면 무의식의 언어를 암호 해독하는 길은 욕망이 은폐되어 자신을 표출하는 법칙을 이해할 때만 가능하다. 이렇게 보자면 프로이트의 전통적 모세 이해에 대한 수정주의는 프로이트 자신의 욕망이 전위, 압축, 억제, 역전된 무의식의 언어를 말하는 것으로 해석할 수 있다. 즉 프로이트의 모세 신화는 프로이트 자신이 모세가 되려는 부친살해의 욕망을 은폐하면서 전개되는 자전적 역사소설로 이해할 수 있다는 말이다. 프로이트는 1909년 1월 17일에 융(Jung)에게 쓴 편지에서 다음과 같이 말하고 있다.

> 우리는 확실히 앞서 나아가고 있습니다. 내가 모세라면, 당신은 여호수아이고 당신은 내가 멀리서나마 단지 어렴풋이 바라보는 정신분석학이라는 언약의

땅을 소유하게 될 것입니다.[24)]

모세가 유대교의 창시자이듯이 프로이트는 정신분석학의 창시자다. 그러나 프로이트의 여호수아였던 융은 프로이트에게 오이디푸스 반역을 감행했다. 다른 정신적 아들들도 프로이트를 떠났다. 모세에게 여호수아가 있었다면, 프로이트에게는 부친살해를 감행한 반역자 아들들이 존재할 뿐이다. 프로이트가 자신을 모세와 동일시했다면, 모세는 프로이트처럼 살해되어야 한다. 또한 살해된 모세가 유대교의 불멸의 존재가 되듯이, 살해된 프로이트 또한 정신분석학의 불멸의 존재가 될 것이다. 따라서 우리는 이렇게 말할 수 있다. 프로이트는 스스로 모세가 되기를 바라는 모세에 대한 오이디푸스 반역의 억압된 욕망과 자신에 대한 제자들의 오이디푸스 반역의 자전적 경험을 유대교에 전위함으로써 모세살해의 해석적 판타지와 창조적 오독을 전개할 수 있었다.

둘째, 기독교는 부친 종교의 반복이라는 프로이트의 주장을 재검토해 보자. 수전 한델만(Susan Handelman)은 <모세의 살해자 *Slayers of Moses*>[25)]에서 랍비 유대교의 특징은 해석이 해석을 낳고 그 해석이 또 다른 해석을 낳는 해석학적 자유의 전통이라고 하였다. 유대교적 해석의 자유는 데리다의 용어를 사용하자면 도래하지 않는 메시아에 대한 지연(遲延)과 차연(差延)의 해석학이다. 이렇게 보자면 프로이트가 제시하는 무의식적 언어의 법칙인 전위, 압축, 억제, 역전은 랍비 유대교의 해석학적 전통에 속한다고 말할 수 있다. 그러나 해석의 자유는 화해의 자유는 아니다. 프로이트에게 해석의 자유는 부친살해의 기억을 억압하는 가운데 발생하는 판타지의 시리즈다. 그러나 화해의 자유는 은폐된 사실을 드러내고 인정하는 가운데 발생하는 목적론적 희망

---

24) Freud and Jung, *The Freud/ Jung Letters: The Correspondence between Sigmund Freud and C. G. Jung*, 196-197.

25) Susan A. Handelman, *Slayers of Moses: The Emergence of Rabbinic Interpretation in Modern Literary Theory*, Albany: SUNY Press, c1982.

이다. 따라서 리쾨르(Ricoeur)의 말처럼 프로이트의 해석학이 과거를 향하는 고고학(archeology)에 근거를 두고 있다면, 기독교는 헤겔식으로 미래를 향하는 목적론(teleology)에 무게중심을 두고 있다.

바울의 기독교에서는 성육신된 성자, 즉 신을 살해하는 부친살해가 실제로 일어나고 이를 인정한다. 따라서 기독교는 부친살해를 은폐하고 억압할 필요가 없이 미래를 향한 목적론적 화해에 희망을 둘 수 있게 되었다. 그 결과로 랍비 유대교의 해석학적 전승에 획기적 혁명이 일어났다. 그것은 해롤드 블룸 식으로 말하자면 유대교적 전승으로부터 탈출하기 위한 의도적이고 창조적인 해석학적 오독이다. 따라서 비록 프로이트가 기독교를 부친 종교의 반복으로 보았다 할지라도, 기독교는 부친 종교의 '단순한' 반복은 아니다. 아우구스티누스가 <고백록>에서 기독교에는 플라톤 철학에 없는 것이 있는데 그것이 바로 성육신이라 했듯이, 기독교에는 유대교에 없는 것이 있는데 그것이 바로 성육신이라고 말할 수 있다.

한마디로 기독교는 유대교적 해석학의 부유(浮游)하는 기표(記標)를 성육신의 기의(記意)로 종결지었다. 이로써 프로이트가 유대교를 발생학적 오이디푸스 반역에서 해석한 것과는 달리, 기독교에는 헤겔식의 목적론적 화해가 존재할 수 있게 되었다. 그렇다면 유대교와 기독교의 차이는 무엇인가? 그것은 한마디로 은폐된 오이디푸스 반역과 인정된 오이디푸스 반역, 해석학적 기표와 성육신적 기의, 해석의 자유와 화해의 자유라고 말할 수 있을 것이다.

8. 나르시시즘

나르키소스

나르시시즘은 원래 나르키소스의 신화로부터 유래한 말이다. 오비디우스에 의하면 나르키소스는 강의 신인 케피소스와 요정 리리오페 사이에서 태어난 아들이다. 나르키소스는 매우 아름다웠기 때문에 모든 이들은 그에게 찬사를 보내고 사랑에 빠지게 되었다. 그러나 나르키소스는 자신만을 사랑했기에 이들의 사랑을 모두 거부하였다. 따라서 나르키소스를 사랑한 이들은 모두 실연의 아픔을 겪게 되었다. 이를 본 정의의 여신 네메시스가 모종의 계획을 세웠다. 나르키소스가 헬리콘 산의 정상에 있는 샘물을 마실 때였다. 그는 샘물에 비친 자신의 이미지, 너무나 아름다운 소년을 보고는 즉시 사랑에 빠져 버렸다. 나르키소스는 샘물의 소년을 잡을 수 없었다. 그렇다고 그 자리를 떠날 수도 없었다. 마침내 샘물 속의 이미지에 취하여 넋을 잃은 채 자리를 지키던 나르키소스는 굶어 죽고 말았다. 나르키소스가 죽은 자리에 꽃이 피어났다. 사람들은 그 꽃의 이름을 나르키소스, 수선화라고 불렀다.

이것이 나르키소스 신화의 아름답고 슬픈 내용이다. 신화가 문학의 원형으로서 상상력의 보고라 한다면, 나르키소스의 신화 또한 많은 사람들에게 상상력과 영감을 불러일으키는 상징으로 사용되곤 하였다. 나르키소스의 신화를 플라톤주의자들은 완전한 사랑의 자기 충족성을 가리키는 상징으로 해석하였고, 종교학자들이 고대 다산종교의 중요한 모티브인 신의 죽음과 재생의 관점에서 해석하였다면, 심리학자들은 자기 자신만을 사랑하는 정신적 태도로 해석하였다.

나르키소스의 신화가 심리학적 중요성을 지니면서 나르시시즘이란 개념으로 처음 등장하게 된 것은 폴 네케(Paul Näcke)로부터다. 폴 네케는 나르시시즘을 자신의 몸을 성적 대상을 대하듯이 바라보고 쓰다듬고 애무하는 성 도착의 개념으로 사용하였다. 폴 네케가 나르시시즘의 개념을 처음 제시한 공로가 있다면, 이를 더욱 발전시켜 풍요롭게 만들고 일상용어가 되게 한 것은 프로이트의 공로다. 프로이트는 나르시시즘을 폴 네게의 성 도착의 개념과는 달리 모든 유기체가 생존하기 위하여 필요한 자기보존 본능의 수단이라는 개념으로까지 발전시켰다. 이것이 무엇을 뜻하는지 살펴보도록 하자.

나르시시즘

유기체가 생존하기 위해서는 일정한 양의 에너지가 필요하다. 동양에서는 이 에너지를 기(氣)라고 불렀다. 유기체는 유기체 고유의 선천기(先天氣)를 가지고 태어난다. 그리고 물과 공기와 음식을 통하여 후천기(後天氣)를 보강한다. 에너지의 고갈은 곧 죽음이다. 따라서 기가 모이면(聚) 생명이고 기가 흩어지면(散) 죽음이라고 하였다.

비슷한 맥락으로 프로이트는 성 에너지를 근간으로 하는 유기체 고유의 에너지를 리비도라고 불렀다. 그리고 물리학에서 말하는 에너지 보존의 법칙 또는 에너지 항상성의 법칙을 모델로 삼아 이를 해석하였다. 물리학에서 에너지는 흐름이요 변화다. 나무가 불타면 나무의 형태는 사라지지만 나무의 에너지는 열에너지로 변화한다. 나무의 형태학적 관점과는 달리 에너지의 양은 항상적으로 동일하다. 마찬가지로 프로이트는 유기체의 리비도는 항상적 수준을 유지하면서 외적 대상을 향하든지 또는 외적 대상으로부터 철수하여 자기 자신을 향한다고 보았다. 이 전제가 바로 나르시시즘을 이해하기 위한 초석으로 작용한다.

1) 유기체가 고유의 리비도를 유지하고 있다면, 유기체가 모나드처럼 주변 환경에 대하여 독립적으로 존재하는 자족적 상태를 생각할 수 있다. 예를 들어 알은 자기 충족적 생명을 가지고 있는 모나드처럼 존재한다. 프로이트는 나르시시즘의 개념을 전개하기 이전에 이미 <정신기능의 두 원리>(1911)에서 그러한 가정을 조금 다른 각도에 제시하였다. 인간은 본능적으로 쾌락원칙을 추구하지만, 쾌락원칙은 주변 환경에 의해서 억압될 수밖에 없다. 그런데 억압된 본능은 잠을 자는 동안에 다시 기지개를 펴고, 꿈을 통하여 자신의 원망을 성취하려고 한다. 따라서 프로이트는 잠이나 꿈은 인간 유기체가 주변 환경으로부터 단절되어 자기 자신의 폐쇄된 단위, 즉 모나드로 돌아가는 길이라고 보았다. 이런 개념이 후에 발달하여 나르시시즘의 개념으로 나타나게 되었다.

프로이트는 <나르시시즘 서론>(1914)에서 태아가 모나드처럼 존재하던 상태를 가정하면서 이를 근원적 또는 일차적 나르시시즘이라고 부른다. 일차적 나르시시즘은 태아가 알처럼 주변 환경에 대하여 비분별적 일치를 유지하고 있었던 근원상태를 가리킨다. 자궁 속의 태아는 절대적 자기 충족성, 절대적 자기애의 상태에 살고 있다. 갓 태어난 신생아도 아직 모태에 있었을 때와 유사한 완전한 나르시시즘의 상태로 존재한다. 유아에게 존재하는 현실은 오직 자기 자신뿐이며 배고픔, 목마름, 잠, 춥거나 따듯한 육체적 감각일 뿐이다. 여기서는 아직 대상을 향하는 리비도와 자아를 향하는 리비도의 구별이 존재하지 않는다. 따라서 자아의식도 존재하지 않고, 오직 나르시시즘적 리비도를 통하여 자기보존을 달성할 뿐이다.

일차적 나르시시즘의 관점에서 보자면 나르키소스 신화의 핵심은 자기 자신과 사랑에 빠졌다는 것이 아니라, 자신의 이미지를 자신으로 인식하지 못했다는 것, 즉 자신과 주변 환경 사이의 차이에 대한 개념을 결여하고 있었다는 것으로 이해할 수 있다. 그것은 바로 태아의 자궁 안에서의 절대적 자기 충족성, 자기 자신과 주변이 절대적 평형과 평안에 놓여 있는 파라다이스의 상태를 가리킨다. 인간은 이에 대한 기억을 무의식 속에 간직하고 있고, 이를 신비주의적 세계를 통하여 실현하려고 한다. 여기에 다음 장에서 살펴볼 일차적 나르시시즘의 종교적 의미가 존재한다.

2) 일차적 나르시시즘에 있던 유아는 점차 자기 충족적 세계로부터 벗어나서 외부 세계를 발견하게 되고 외적 대상과 관계를 맺기 시작한다. 유아가 자신이 아닌 외부 대상을 인식하기까지는 몇 달이 걸린다. 유아는 점차 외부 대상을 자신의 뜻대로 조절할 수 없다는 것을 발견하기 시작한다. 자신의 욕구와는 다른 현실원칙이 존재한다는 것을 인식하는 것은 타자를 인식하는 것이다. 타자의 개념 없이는 자아의 개념도 없다. 타자의 인식은 곧 자아의 인식을 가져온다. 이와 함께 일차적 나르시시즘의 저수지에 모여 있던 리비도가 자기를 향하는 리비도와 대상을 향하는 리비도로 분리되면서, 자아 리비도와 대상 리비도, 자기애와 대상애로 구별된다.

그러나 유아의 리비도가 대상애로 향한다 할지라도 자기애를 향한 리비도가 사라지는 것은 아니다. 왜냐하면 인간은 최소한도로 자기보존을 위한 에너지의 양을 항구적으로 필요로 하기 때문이다. 말하자면 자기보존의 에너지, 자기애의 에너지는 대상을 향한 에너지, 대상애보다도 언제나 근원적이고 기본적이다. 프로이트에게 인간의 나르시시즘은 아무리 대상애가 강하다 할지라도 결코 사라질 수 없는 근원적인 것이라 할 수 있다. 그것은 인간이 자기애를 완전히 벗어날 수 없다는 말과도 같다.

따라서 프로이트의 사전에는 자기애를 완전히 방기하고 원수마저도 자기 몸처럼 사랑할 수 있는 절대적 대상애의 개념은 존재하지 않는다. 다만 프롬이 지적하듯이 "정상적이고 성숙한 사람은 자기애가 완전히 없어진 것이 아니라 사회적으로 용인될 수 있도록 최소한으로 줄어든 사람"[1]이라고 말할 수 있을 뿐이다. 이런 점에서 자기애와 대상애는 비록 리비도의 방향 전환이라는 점에서는 동일하지만 결코 대칭적일 수는 없다. 이를 프로이트는 자기애야말로 리비도의 '저수지'라고 말했다.[2] 이 리비도의 저수지로부터 자기보존의 리비도가 대상을 향하기도 하고, 거꾸로 대상을 향하던 리비도가 다시 저수지로 돌아오게 된다. 이를 프로이트는 리비도의 경제학적 모델이라고 불렀다.

경제학적 관점에서 보자면 인간의 리비도 양은 상대적으로 일정한 수준을 유지한다. 따라서 자아 리비도가 강하면 대상 리비도가 약화되고, 대상 리비도가 강하면 자아 리비도가 약화된다. 즉 "어느 한 쪽의 리비도가 많이 발현되면 다른 쪽을 향한 리비도는 그만큼 부족하게 된다."[3]

예를 들어, 병자들은 외적 대상에 대한 관심을 별로 보이지 않는다. 이것은 외적 대상을 향하던 리비도가 철수되어 자기 자신을 향하기 때문이다. 노인이 되어 몸이 불편한 사람들도 리비도의 방향을 외적 대상보다는 자신에게로 향하게 한다. 이것이 병자들이나 노인들이 때로는 자기만을 생각하는 이기적이고 자기중심적 인간으로 비쳐지는 이

1) 에리히 프롬, <인간의 마음>, 황문수 역, 문예출판사, 90.
2) '자아가 리비도의 저수지'라는 견해는 1922년에 '이드가 리비도의 저수지'라는 견해로 새롭게 정의되었다.
3) "나르시시즘 서론," <전집 11, 49>.

유다. 반면에 사랑에 빠진 사람들에게서는 대상 리비도가 크게 발현되고 자기 리비도가 약화되는 것을 볼 수 있다. 사랑에 빠진 사람은 사랑하는 대상 앞에서 한없이 약하고 순종적인 존재로 변화한다. 그것은 리비도의 방향이 자신으로부터 대상을 향하여 흐르기 때문이다. 반대로 실연당한 사람은 좌절감에 빠져 대상으로부터 리비도를 철수하여 자기 자신에게로 방향을 돌린다.

프로이트는 이렇게 대상을 향하던 리비도가 철수하여 자기 자신에게로 집중되는 현상을 '이차적 나르시시즘'이라고 불렀다. 이차적 나르시시즘은 앞에 든 예와 같이 모든 사람에게 나타나는 현상이지만, 정신분열증 환자에게서는 극단적으로 나타난다.

정신분열증 환자는 정상인과는 달리 외부 세계를 객관적이고 현실적으로 인식하지 못한다. 이들은 자신의 주관적 감정인 공포나 의심 따위를 외적 대상으로 투사하고 이를 객관화한다. 예를 들어 분열증 환자는 자신의 공포를 투사하여 다른 사람이 자신을 해치려고 음모를 꾸민다고 믿는다. 분열증 환자는 객관적 현실세계를 살아가는 것이 아니라 자신의 주관적 감정이 투사되고 객관화된 판타지의 세계를 살아간다. 따라서 분열증 환자의 리비도는 언제나 자기 자신을 향해서만 흐르는 특색을 지니고 있다. 이를 프로이트는 극단적 자기애, 극단적 나르시시즘의 병리현상이라고 불렀다.

여기서 유아의 극단적 나르시시즘과 분열증 환자의 극단적 나르시시즘은 분명하게 차별성을 갖는다. 유아의 일차적 나르시시즘이 '아직' 현실을 인식하지 못하는 단계라면, 정신병자의 이차적 나르시시즘은 외부 세계를 '이미' 현실적인 것으로 인식하지 못한다는 엄격한 차이가 있기 때문이다.

여하튼 이차적 나르시시즘은 근원적 나르시시즘의 리비도가 후에 발달되어 나타나는 이차적 현상이다. 따라서 프로이트는 "대상 리비도 집중(대상을 향하는 리비도의 발현)의 후퇴로 생겨난 나르시시즘은 갖가지 영향으로 잠복해 버린 근원적인 나르시시즘 위에 첨가된 부차적

나르시시즘"이라고 말한다.[4]

그런데 대상을 향하던 리비도의 방향이 자기에게로 후퇴하는 것을 이차적 나르시시즘이라고 할 때, 여기서 전제가 되고 있는 것은 주체와 객체, 자기와 대상과의 관계다. 실로 나르시시즘은 이 관계에서 리비도가 어떤 방향을 취하는가, 즉 자기를 사랑의 대상으로 삼는가, 또는 대상을 사랑의 대상으로 삼는가에 대한 이론이다. 프로이트는 이렇게 자기와 대상 사이에서 일어나는 관계의 문제를 대상선택의 이론으로 발전시켰다.

대상선택

유아는 자기 충족적 세계, 일차적 나르시시즘의 상태로부터 벗어나 외부 세계와 관계를 맺기 시작한다. 유아는 외부 세계를 발견하고 외부 세계가 자신의 욕구와는 달리 존재한다는 것을 인식함으로써 본래적인 자기 충족적 자기애를 대상애로 발달시킨다. 자기애의 에너지가 대상애로 발달하고, 자기 리비도가 대상 리비도로 전이한다.

여기서 유아가 관계를 맺는 최초의 세계, 최초의 대상은 무엇보다도 자기 자신이며 다음으로는 자신을 돌봐주는 여자, 즉 어머니다. 따라서 유아의 리비도는 자기 자신을 향하는 자기애의 방향과 어머니를 향하는 대상애의 방향을 갖는다. 인간이 자기애를 갖는 것은 자기보존 본능의 당연한 결과다. 그런데 자궁을 떠난 유아의 세계 내 생존은 어머니에게 의존하기 때문에 유아의 자기보존 본능은 어머니라는 대상을 통하여 달성될 수밖에 없다. 즉 유아에게는 자기보존 본능과 성적 본능, 자아 리비도와 대상 리비도, 자기애와 대상애가 어머니를 매개로 통합되어 존재한다.

---

4) "나르시시즘 서론," <전집 11, 48>.

유아가 성장하면서 성적 본능은 점차 자기보존 본능으로부터 이탈하여 성적 대상을 선택하는 대상 리비도로 발달한다. 그러나 인간은 자신이 최초로 사랑했던 두 대상인 자기 자신과 어머니에 대한 근원적 관계로부터 벗어날 수 없다. 말하자면 인간은 자기를 사랑의 대상으로 삼는 나르시시즘의 경향과 자신을 돌봐주는 어머니와 같은 존재를 사랑의 대상으로 욕구하는 경향으로부터 자유로울 수 없다. 이런 관점에서 프로이트는 대상선택 이론을 제시하였다.

> 대상선택이란 나르시시즘적인 단계를 거친 후에 리비도가 발달하는 과정으로서의 두 가지 상이한 유형들을 따른다는 사실입니다. 자신의 자아를 대신해서 그와 가장 비슷한 대상이 등장함으로써 나르시시즘적 유형을 따르거나, 아니면 다른 인생의 욕구들을 만족시키는 데 쓸모 있게 된 사람들이 리비도의 대상으로 선택되는 의존적 유형을 따르게 됩니다.[5]

나르시시즘적 유형과 의존적 유형은 <나르시시즘 서론>에서 다음과 같은 도식으로 제시된다.

1 나르시시즘의 유형
- a. 현재의 자신(그 자신)
- b. 과거의 자신
- c. 자신이 바라는 미래의 모습
- d. 한때 자신의 일부였던 사람

2. 부모의존 유형
- a. 자신에게 젖이나 밥을 먹여 주는 여자
- b. 자신을 보호해 주는 남자

그리고 a나 b의 역할을 대신해 주는 여러 사람들[6]

부모의존 유형의 대상에는 자신의 생명을 보호해 주던 어머니 또는

---

5) "리비도 이론과 나르시시즘," <전집 1, 572>.
6) "나르시시즘 서론," <전집 11, 68>.

어머니의 대체물을 향한 대상선택이다. "이런 대상애는 어렸을 적의 근원적 나르시시즘에서 파생된 것으로 그 나르시시즘이 성적 대상으로 전이된 것이라 할 수 있다."[7] 프로이트는 이것이 흔히 남성들의 특징으로 나타나는바, 남성들은 성적 대상을 과대평가하는 경향을 가지고 있다고 말한다. 성적 대상을 과대평가하는 이유는 자신을 감싸주고 보호해 주는 어머니와 같은 존재로 대상을 바라보기 때문이다. 남성들이 여성에게서 모성애를 느끼고 싶어 한다는 말이나, 남성들은 자신의 어머니와 유사한 여성을 아내로 맞이한다는 속설은 프로이트 식으로 말하자면 남성들은 부모의존 유형의 대상선택을 한다는 말로 표현할 수 있다.

그러나 부모의존 유형의 대상애가 남성들에게만 한정되는 것은 아니다. 여성이 자신을 보호해 주는 남자나 그런 대상을 대상애로 선택하는 경우는 부모의존 유형에 속한다. 부모의존 유형의 함의는 종교의 경우에 특히 중요한 의미를 지닌다. 다음 장에서 살펴보겠지만, 이런 유형에 속하는 사람은 신을 자연과 사회로부터 자신을 보호해 주고 영육간의 밥을 먹여 주는 부모의 대체물로 생각한다.

나르시시즘적 유형의 대상선택은 부모의존 유형의 대상애와는 달리 자신이나 자신의 일부인 명예, 지성, 재치, 미모와 같은 자신의 일부, 자식, 애인과 같은 자신의 사람이나 재산, 이념과 같은 사물, 또는 자신의 이상을 과대평가하는 경향을 갖는다. 한 마디로 자기와 관계된 모든 것이 나르시시즘적 애착의 대상이 된다.

라플랑슈는 나르시시즘적 대상선택을 다음과 같은 도식으로 표현하였다.[8]

---

7) "나르시시즘 서론," <전집 11, 65>.

8) Jean Laplanche, *Life and Death in Psychoanalysis*, Baltimore: The Johns Hopkins UP, 1976, 77.

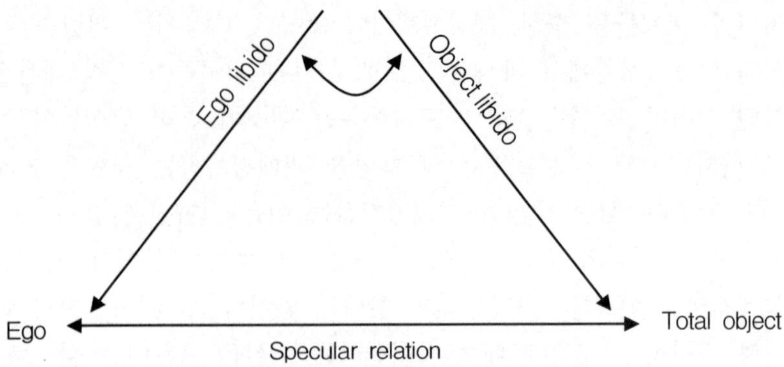

이 도식에서 자아 리비도는 자아를 향하고 대상 리비도는 외적 대상을 향한다. 그러나 자아와 대상은 거울과 같이 서로를 비추고 반영하는 관계를 유지하고 있다. 프로이트의 나르시시즘적 대상선택의 정의가 과거와 현재와 미래의 자신에게 리비도가 집중하거나 자신의 분신에 리비도가 집중하는 것이라면, 라플랑슈는 이를 자아와 대상의 거울 관계로 표현한 것이다. 이 도식에서 자아와 외적 대상 사이의 거울 관계는 대상 사이의 '간(間)주관적'(intersubjective) 관계가 아니라 주체 안에서의 '내(內)주관적'(intrasubjective) 관계다. 말하자면 대상을 외적 대상으로 바라보는 것이 아니라, 자신의 거울로서 바라보는 것이다. 따라서 자기애의 사람은 다른 사람의 현실이 자신의 현실과 다르다는 것을 알지 못한다. 나르키소스의 신화에서처럼 자신 이외에는 거의 주의를 기울이지 않는 것이 나르시시즘적 대상선택의 특성이다.

나르시시즘적 유형의 대상애는 흔히 미모의 여성이나 출세한 사람들처럼 자기만족이 강한 사람들에게서 나타난다. 출세한 사람들이 자기 잘난 맛에 사는 것은 쉽게 이해할 수 있다. 나르키소스처럼 출세라는 호수에 비친 자기 모습에 홀려 버릴 수 있기 때문이다. 또한 미모의 여성들이 거울에 비친 자기 모습에 홀릴 수 있다는 것도 이해하기 쉽다. 자기애에 빠진 여성들은 타자를 사랑하기보다는 타자로부터 사랑을 받는 데 열렬한 관심을 둔다. 소위 공주병을 앓는 여성들은 자신의 나르시시즘을 만족시켜 줄 수 있는 남성, 즉 자신만을 사랑하고 찬양할 수 있는 남성을 이상적 파트너로 생각한다. 그러나 백마를 탄 왕자가 자신을 구하러 올 것이라는 환상은 망상으로 끝날 때가 많다. 이런 여성을 대하는 남성들은 그들이 자신을 사랑할지에 대해 회의를 품을 수 있고, 더욱이 여성에게 기대하는 모성성에 대해 좌절감을 느낄 수도 있다. 따라서 남성들은 이들을 찬탄하면서도 접근하기를 두려워할지도 모른다. 이것이 나르시시즘적 유형의 여성들이 실제로 외로운 존재일 때가 많은 이유가 되는 것처럼 보인다.

나르시시즘적 유형의 사람은 흔히 매력적으로 보인다. 그것은 자기 만족, 자기 충족성을 향유하는 존재가 갖는 신비한 자력(磁力), 그럼에도 불구하고 쉽게 접근할 수 없는 거리감에 유래한다. 사자나 호랑이와 같은 맹수, 위대한 품성을 가진 인물들, 문학 작품의 반역자나 범죄자마저도 매력적으로 보이는 이유는 이들이 갖는 자기 충족성의 신비한 자력과 접근 불가능성에 있다고 할 수 있다.

프로이트는 <토템과 타부>와 <집단심리학>에서 자신만을 사랑하는 나르시시즘적 원부와 나르시시즘적 지도자를 그렸다. 대중은 나르시시즘적 지도자가 자신들을 사랑한다고 믿고 싶어 하지만, 실제로 이들은 자신만을 사랑한다. 그러한 자기 충족성의 신비성과 접근불가능성이 인물을 대중의 지도자로 만드는 이유이기도 하다.

악성과 양성의 나르시시즘

이차적 나르시시즘은 대상으로 향하던 리비도가 자기 자신으로 향하게 됨으로 발생하는 자기애를 말한다. 리비도가 자신에게로 방향을 선회하면, 자아상이 세계의 중심이 되고, 외부 세계와의 이성적, 객관적 관계가 소멸되는 결과를 낳는다. 따라서 타자의 비판은 비록 합리적 비판일지라도 참을 수 없으며, 나르키소스의 신화에서처럼 타자라는 호수의 눈에 비친 자아상에 민감할 수밖에 없다.

우리는 여기서 이차적 나르시시즘을 몇 가지로 분류하여 살펴볼 필요가 있다. 왜냐하면 이차적 나르시시즘은 그 양태가 매우 복잡하고 다양하게 나타나기 때문이다. 예를 들어 벤 버스텐은 나르시시즘을 네 가지 형태로 구별하고 이들의 특성을 다음과 같이 제시하였다.[9]

1. 집착형(craving) 인격: 요청과 주문이 많고, 무언가 항상 결핍되어 있으며, 집착이 강한 사람.
2. 과대망상형(paranoid) 인격: 과민증. 완고함. 남을 의심하기 좋아하고, 시기심이 많으며, 다른 사람을 탓하기 좋아하며, 화내기를 잘하는 사람.
3. 속임수형(manipulative) 인격: 타자를 희생하여 자신의 이익을 구하고자 술수를 쓰며, 타자의 희생에서 만족감을 느끼는 사람.
4. 남근형(phallic) 인격: 성적인 노출증의 경향이 있으며, 교만한 특성을 가지고 있는 사람.

이런 분류법은 주로 병리학적 나르시시즘을 취급하고 있다는 점에서 그 의미를 갖는다. 그런데 병리학적 나르시시즘만을 나르시시즘에서 다루는 것은 편향적이다. 프로이트가 주로 병리학적 나르시시즘을 이차적 나르시시즘에서 다루고 있을지라도, 프로이트의 나르시시즘은 자기보존 본능의 특성을 갖는 것이기 때문에, 비록 정도의 차이는 있을지라도 인간이라면 누구라도 벗어날 수 없는 심리적 현상이기 때문이다. 실제로 프로이트에게 병리학적이라는 말과 정상적이라는 말이 무를 자르듯이 분리할 수 있는 것이 아니라 증상의 정도의 차이에 있음을 인정한다면, 우리는 누구에게나 있는 나르시시즘을 병리적 상태와 정상적 상태, 악성과 양성, 또는 양자의 혼합이라는 관점에서 살펴볼 필요가 있다.

---

9) Ben Bursten, "Some Narcissistic Personality Types," in Andrew Morrison, *Essential Papers on Narcissism*, New York: New York University Press, 1986.

1) 악성 나르시시즘의 극단적 형태는 편집증 환자에게서 찾아볼 수 있다. 편집증은 그 내용에 따라서 과대망상, 피해망상, 애정망상, 질투망상 등으로 나타난다. 이들은 모두 외부를 향하든 리비도를 자아로 향하는 리비도로 전환함으로, 객관적 세계와의 현실적 관계를 상실하고, 자기 자신의 망상을 현실로 인식한다는 특성을 가지고 있다. 말하자면 외적 현실의 자리를 내적 망상이 대신하는 것이다. 프로이트는 그 중에서도 과대망상증은 유아 초기의 근원적 나르시시즘으로 돌아가듯이, 대상을 향하던 리비도를 퇴각시켜 자신을 향하게 함으로 자아의 확대를 꾀하는 이차적 나르시시즘의 악성 형태라고 말한다.10)

프로이트의 슈뢰더 판사에 대한 논문은 이런 악성 형태를 잘 보여준다. 슈뢰더는 자신을 여인으로 생각하고 자신의 몸에서 세계를 구원할 신의 아들이 태어날 것으로 확실히 믿었다. 그의 리비도는 오직 자기 자신을 향하므로 외부 세계를 향하는 리비도는 존재하지 않는다. 슈뢰더의 과대망상은 현실을 대체하였기 때문에 현실과의 객관적 통로는 더 이상 있을 수 없다. 따라서 그곳에는 이성의 객관적 가치 판단이란 존재할 수 없고, 오직 과대망상의 선입견과 편견이 존재할 뿐이다.

슈뢰더 판사의 극단적 나르시시즘은 병동에서 치료를 받는 입장이기 때문에 세계에 대하여 위험할 필요가 없다. 그러나 악성 나르시시즘 환자가 정치 지도자나 종교지도자가 되어 세계를 자기의 망상에 따라 재단하거나 개혁하려 한다면 이야기는 전혀 달라질 수밖에 없다.

인민사원의 교주였던 짐 존스는 세계를 개혁하겠다는 자신의 과대망상이 물거품으로 변하자 모든 추종자들과 함께 죽음의 향연을 벌이는 광태를 감행했다. 히틀러는 '제3 제국'의 과대망상이 실패하자 피의 홍수를 뒤로 한 채 스스로 목숨을 끊었다. 이들은 지도자가 되지 않았더라면 아마도 정신병동에 감금되었을 편집증 환자들이었을 것이다.

---

10) "리비도 이론과 나르시시즘," <전집 1, 569>.

프로이트는 <토템과 타부>에서 자기 자신 이외에는 아무도 사랑하지 않는 원부를 그렸다. 병적 지도자들은 원부처럼 철저한 자기애, 광신적 자기애에 사로잡힌 사람들이다. 이들이 권력을 잡게 되면 스스로 신과 같은 존재가 되어 잔인한 권력 남용으로 자기애의 도취에 빠져 버린다.

> 이런 사람들은 모든 비판자를 파멸시키려고 하지 않을 수 없다. 그들은 건전한 목소리가 조성하는 위협을 용인할 수 없기 때문이다. 깔리귤라와 네로로부터 스탈린과 히틀러에 이르기까지, 신봉자를 찾아내고 자신의 자기도취에 맞도록 현실을 바꾸고 모든 비판자를 파멸시키려는 그들의 욕구는 바로 광기가 터져 나오는 것을 막으려는 노력이었기 때문에 그렇게 강렬하고 처절했다는 것을 우리는 알고 있다. 또한 역설적이기는 하지만 이러한 지도자들의 광기는 그들을 성공시킨 요인이다.[11]

과대망상적 지도자는 절대적 자기애 때문에 보통 사람들이라면 회의를 느낄 일에 대해서도 확신을 갖고 일을 추진할 수 있다. 따라서 이런 지도자들은 종교적 열광주의자나 유사 종교적 광신자들에게서 많이 나타난다. 믿음 없는 지성은 연약하다. 그러나 지성 없는 믿음은 광신을 낳는다. 광신은 망상을 낳고, 망상은 광신을 가속화한다. 망상에 대한 광신은 병리학적 광기인 동시에 역설적으로 과대망상적 지도자들의 성공 요인이요 자질이기도 하다. 편집증적 지도자는 다른 사람들의 찬양과 지지를 얻음으로써 나르시시즘적 자아의 광기를 치료하려고 한다. 그러나 역사는 이들이 인류에 남긴 아물 수 없는 상처를 생생히 증언한다. 여기에 믿음 없는 지성보다, 지성 없는 믿음이 위험한 이유가 있다.

2) 보다 약한 형태의 악성 나르시시즘을 살펴보기로 하자. 나르시시즘에서는 자아가 과대 팽창되기 때문에 합리적 판단의 왜곡이 일어난

---

11) 에리히 프롬, <인간의 마음>, 110-111.

다. 팽창된 자아는 자신이 언제나 옳다는 환상을 낳는다. 따라서 나르시시즘의 병리학적 요소는 자신에 대한 어떤 비판에 대해서도 격렬한 감정적 반응을 나타낸다는 데 있다. 비록 합리적이고 객관적이고 우호적인 비판이라 할지라도, 그것이 자아에게는 부당한 비난으로 여겨지고 상처를 남긴다. 상처를 입지 않기 위해서는 자기애가 더욱 강화되어야 한다.

만약 외적 비판에 대해 분노를 폭발할 수 없는 형편이라면, 리비도를 더욱 자신에게로 향하게 함으로 외부 세계와 절연하고, 내적 판타지의 세계로 도피할 수 있다. 외부 세계와 절연함으로 자기 자신만이 세계의 전부가 된다. 따라서 외부 세계는 더 이상 자신에 대해 위협이 되지 못한다. 그러나 세계와 관계를 맺을 수 없는 자아는 이미 병적인 존재다.

프로이트는 <슬픔과 우울증>에서 이런 병적 나르시시즘의 형태를 우울증으로 설명하였다. 예를 들어 이상적 연인이라고 생각하든 사람으로부터 실연당한 사람을 생각해 보자. 만약 당사자가 정상적 상태에 있다면, 비록 당분간은 실연의 아픔을 느낄지라도 시간이 지나면서 점차 치유가 될 것이다. 즉 연인을 향하여 집중되었던 리비도가 새로운 대상을 찾아 흐르게 될 것이다. 그러나 병리학적 상태에서는 철회된 리비도가 자기 자신 속으로 들어가서, 포기된 대상과 자기 자신을 나르시시즘적으로 동일시하는 현상이 발생한다. 말하자면 사랑하는 사람과의 대상관계는 깨어졌지만, 자기 자신 안에는 대상이 그대로 존재하고 대상에 대한 사랑의 관계는 지속적이 된다. 그 결과로 자아 안에는 포기된 대상과 동일시된 자아와 또 다른 자아가 존재하게 됨으로 자아는 분열 상태에 이르게 된다.

따라서 프로이트는 우울증에 대해서 "대상 상실은 곧 자아 상실로 변형되고, 자아와 사랑하는 사람 사이의 갈등은 자아의 비판적 활동과 동일시에 의해 변형된 자아 사이의 분열로 바뀌게 된다"고 하였다.[12]

---

12) "슬픔과 우울증," <전집 11, 252>.

분열 상태에서 동일시된 자아는 또 다른 자아를 혹독하게 비판하고 질책한다. 그 결과로 자아는 자책감, 자기 비하, 자기모멸, 자기 증오를 하면서 외부 세계에 대한 관심을 상실한다.[13] 이제 자아는 사랑의 능력을 상실하고 고통과 실의에 사로잡힌다. 우울증은 대상 상실에 대한 정상적 슬픔이 아니라 자기 증오와 자기 상실이 덧붙여진 병리학적 나르시시즘의 증상인 것이다.

우울증의 또 다른 형태는 도덕적 우울증에서도 찾아볼 수 있다. 도덕적 우울증 환자는 병들거나 죽는 것을 두려워하는 것이 아니라, 언제나 자신이 죄를 짓고 있다는 것을 두려워하면서 죄책감에 사로잡힌 삶을 살아간다. 이들에게는 죄와 동일시된 자아와 이를 두려워하고 질책하는 또 다른 자아가 존재한다. 질책하는 자아의 나르시시즘이 만족되기 위해서는 질책당하는 또 다른 자아가 존재해야 한다. 따라서 죄에 괴로워하는 것은 자신의 의로움을 드러내기 위한 나르시시즘의 발로다. 이런 경향이 매우 경건한 종교인에게 나타날 수 있다는 것은 쉽게 짐작할 수 있다. 기독교 신학은 죄의 보편성에 따른 은총의 보편성을 말하고 있지만, 지나친 죄의식의 발달은 은총의 신학으로 이끄는 것이 아니라 병적 나르시시즘의 경건으로 나타날 수 있는 것이다.

3) 나르시시즘의 일반적 상태는 자신이나 자신의 부분에 대한 과도한 애착에서 나타난다. 극단적 예로 대부분의 사람들은 다른 사람의 배설물에 대해서는 혐오감을 느끼면서도 자신의 배설물에 대해서는 시각적으로나 후각적으로 별로 개의치 않는다. 그것은 어떤 심미적 판단과는 관계없이 단지 자신의 일부라는 이유 때문이다. 마찬가지로 사물이나 이념이나 사람이 일단 자기의 것이 되면, 자신의 일부라는 단 하나의 이유 때문에 귀중하게 되고 과대평가된다.

그러나 자신의 것에 대한 병리학적 과대평가는 합리적 판단의 왜곡

---

13) "슬픔과 우울증," <전집 11, 244 이하>.

을 불러일으키고 타자의 것을 과소평가하는 위험으로 나타난다. 자신의 종교가 귀하면 타자의 종교도 귀하게 생각해야 한다. 그러나 자신의 종교에 대한 과대평가는 타자의 종교에 대한 과소평가로 이어지고, 타자의 종교를 거짓이나 우상으로 폄하하여, 파괴의 대상으로 생각하는 병리 증상을 유발한다. 이런 현상은 자식 사랑에서도 나타난다. 자신의 자식이 세상에서 가장 아름답고 가장 똑똑하다고 생각하는 것이 잘못이라고 할 필요는 없지만, 자식에 투사된 자기애적 애착이 과도 팽창될 때, 그것은 결국 자신만이 아니라 자식의 미래도 그르칠 수 있다. 현실에 대한 객관적이고 합리적인 판단의 왜곡은 결국 불행을 낳기 때문이다.

자기 분야에서 큰 업적을 이룬 여성이나 미모의 여성들은 흔히 자아팽창과 함께 나르시시즘에 사로잡히는 수가 많다. 그러나 이들도 자식을 나으면 자기애로부터 자식을 향한 헌신적 대상애로 옮겨 간다. 물론 부모의 자식에 대한 사랑은 자연스런 본능이기에 문제될 것이 없다. 그러나 자식에 대한 과대평가, 과대기대, 과대보호, 과대포장 등의 행태는 심리학적 문제를 발생시킨다. 이 경우에 나르시시즘적 대상 사랑과 자식을 향한 대상 사랑은 일견 모순되는 것처럼 보인다. 그러나 나르시시즘적 유형이 현재와 과거의 자기 자신, 이상적 자기, 그리고 자신의 분신에 대한 사랑을 뜻한다는 것을 기억한다면, 이 문제는 쉽게 해결될 수 있다. 즉 자식에 대한 지나친 대상애는 부모의 나르시시즘적 사랑과 모순되는 것이 아니라, 오히려 자신의 나르시시즘이 자식에게로 전이된 것이라고 볼 수 있다.

말하자면 부모는 나르시시즘의 징후라고 할 수 있는 자기에 대한 과대평가와 과대사랑을 자식에게 전이한다. 따라서 자식을 객관적으로 관찰하지 못하고 아주 완벽한 존재, 완벽해야 하는 존재로 여기고 싶은 충동을 갖는다. 자신은 나르시시즘의 완벽한 지위와 완벽한 만족을 누리지 못했지만, 자식만은 자신이 성취하지 못했던 꿈을 이뤄야 할 존재가 된다.

사내아이는 자기 아버지를 대신하여 위대한 사람이 되고 영웅이 되어야 하며, 계집아이는 어머니가 이루지 못한 꿈에 대한 뒤늦은 보상이지만 잘생긴 왕자와 결혼하여야 한다.[14)]

이것은 자식에 대한 헌신적 사랑이라기보다는 부모의 이루지 못한 나르시시즘이 자식에게서 피난처를 발견하고, 그 대상을 통하여 소원 성취를 이루려는 것, 즉 부모의 나르시시즘이 자식으로 전이되어 부활한 것이라 할 수 있다.

4) 양성의 나르시시즘은 자기 자신의 노력에 의해 성취한 일에 애착을 갖는 행태에서 흔히 발견할 수 있다. 학자가 연구를 하여 업적을 남기고, 농부가 농사를 지어 수확하며, 건축가가 아름다운 건물을 지었을 때, 이들은 자기가 한 일에 대해 애착과 자부심을 가질 수 있으며 자기 자신을 자랑스럽게 생각할 수 있다. 이러한 애착과 자부심은 세계와 절연된 병리학적 자기애가 아니라, 지극히 정상적인 양성의 나르시시즘이다.

노동은 인간과 세계를 연결시키는 매개체요, 세계에서 자신을 실현시키는 동력이다. 인간은 노동을 통하여 자신의 본질인 정신을 발현하고 성취한다. 따라서 노동의 결과물에 대하여 인간이 자부심과 애착을 갖는 것은 매우 당연한 일이다. 그러나 마르크스가 지적하듯이 만약 노동이 소외된 노동, 자기실현의 노동이 아니라 자기 소외의 노동이라면, 노동의 결과는 인간을 더욱 소외시키고, 자부심과 자기애는 팽창되기는커녕 오히려 감소할 수 있다. 소외된 노동에서 인간은 기계의 톱니바퀴, 거대 조직의 한 도구로 존재할 뿐이다. 반면에 창조적 노동은 소외된 노동과는 달리 인간 실현의 도구로 작용한다.

창조적 노동에 종사하는 사람들은 자신의 일에 몰두하는 경향이 있다. 일에 대한 몰두는 일종의 자기도취적 성질을 가지고 있다. 실제로

---

14) "나르시시즘 서론," <전집 11, 70>.

예술가나 정치가나 학자들 중에는 자기애가 심하고 자기주장이 강한 사람들이 많다. 그러나 이들은 노동을 통하여 자기를 실현해야 하기 때문에, 이들의 자기애는 현실과의 관계에서 억제되고 조절될 수밖에 없다. 즉 노동에는 노동의 대상인 소재나 질료가 있고, 노동의 목적이 있으며, 노동의 과정이 있는데, 노동의 목적을 달성하기 위해서는 소재나 질료를 객관적으로 이해하고 합리적으로 판단하는 과정이 필수적이다. 그것은 단순히 자기를 과대평가하고 자기를 팽창하는 병리학적 나르시시즘에서는 이루어질 수 없다. 여기에는 노동을 통하여 세계와 관계를 맺고 세계를 변형하면서 세계와 건강한 균형을 유지하려는 양성의 나르시시즘이 필요하다. 창조적 노동에서 노동의 결과와 업적은 자기 자신이고 자신의 일부다. 따라서 노동의 결과에 대하여 자부심을 갖고 자기애에 빠지는 것은 현실과의 합리적 균형 감각을 가지고 있는 바람직한 나르시시즘이라고 할 수 있다.

5) <나르시시즘 서론>은 비록 짧은 논문이기는 하지만, 프로이트의 수많은 통찰을 간직하고 있다. 에리히 프롬은 프로이트의 나르시시즘의 개념이야말로 인간을 이해하는 데 가장 중요한 공헌을 하고 있는데, 그것은 인간의 모순적 사유와 행동을 설명하는 데 결정적 도움을 주기 때문이라고 하였다. 그것은 종교를 이해하는 데 있어서도 탁월한 통찰을 준다고 말할 수 있는데, 이를 우리는 다음 장에서 살펴보려고 한다.

9. 나르시시즘과 종교

서언

본 장에서는 나르시시즘의 종교적 의미, 특히 일차적 나르시시즘과 대상선택의 종교적 함의를 살펴보려고 한다.

첫째로 프로이트는 일차적 나르시시즘의 개념을 급진적으로 발달시키지는 않았지만, 이의 철학적, 종교적 함의는 지대하다고 할 수 있다. 예를 들어 오토 랑크, 산도르 페렌치, 노만 브라운 등은 이 개념을 발전시켜 인간에게는 자궁 내의 무차별 상태로 돌아가려는 근원적인 퇴행의 욕구가 있다고 주장하였다.[1] 오토 랑크는 이러한 욕구를 '어머니-지향 리비도'(the mother-bound libido)라고 불렀다. 만약 이 개념을 급진화한다면 프로이트의 오이디푸스 심리학은 전(前)오이디푸스 심리학으로 전환될 수 있다. 즉 아버지의 권위를 중심으로 하는 심리학은 어머니의 자궁을 중심으로 하는 심리학으로, 부성 중심적 종교는 모성 중심적 종교로 이동하고, 아버지-어머니-자식으로 구성되는

---

1) Otto Rank, *The Trauma of Birth*. *Ferenczi, Thalasa: A Theory of Genitality*. Norman O. Brown, Life against Death.

삼위(三位)의 심리학은 어머니-자식으로 구성되는 이위(二位)의 심리학으로 변화할 수 있다. 여기서 이위의 심리학은 신비주의를 이해하기 위한 중요한 도구를 제공하는데, 본장의 전반부에서는 이를 논의할 것이다.

둘째로 후반부에는 프로이트의 대상선택과 종교의 관계를 살펴보려고 한다. 종교가 신적 대상을 전제로 하고 있다면, 신적 대상의 심리학적 본질 또한 대상선택의 개념으로부터 이해될 수 있을 것이기 때문이다. 프로이트가 대상선택의 유형을 부모의존 유형과 나르시시즘 유형으로 분류하였듯이, 본 장에서는 신적 대상의 본질을 부모의존 유형과 나르시시즘 유형으로 나누어 살펴보려고 한다.

일차적 나르시시즘과 신비주의

자궁과 태아는 둘이면서 하나요, 하나이면서 둘이다. 태아는 자신과 환경 사이를 아직 구별하지 못하는 절대 평형의 상태, 그리고 자신이 원하는 모든 것을 확보할 수 있는 자기 충족성의 상태, 일차적 나르시시즘의 상태를 유지한다. 그러나 탄생과 함께 유아는 자궁의 충족한 상태를 떠난다. 자궁과의 분리는 최초의 실낙원의 고통을 동반한다. 비록 어머니가 유아에게 필요한 욕구를 충족시켜 준다 하더라도 유아는 분리와 배고픔의 고통을 느끼기 시작한다.

자궁의 충족성을 떠난 유아는 자신을 돌봐주는 타자에게 절대적으로 의존해야 하는 무력하고 미숙한 존재다. 유아는 그러한 무력감과 의존감을 가지고 오랫동안 유아기를 지내야 하는데, 이것이 인간 심리에 가장 중요한 요소로 등장한다. 프로이트의 정신분석학은 실로 미숙하게 탄생한 유아의 가족과의 관계에서 일어나는 무력감과 의존감의 심리학적 드라마다.

유아는 일차적 나르시시즘의 에덴동산을 떠난 후, 무의식 속에서 자기 충족성의 판타지를 꿈꾼다. 자기 충족성의 판타지는 두 가지로 나타난다. 첫째는 어머니와 무차별적으로 재결합함으로써 에덴동산의 절대 평화를 상상해 보는 판타지다. 이를 퇴행적 공생(symbiosis)의 판타지라고 부를 수 있다. 둘째는 타자에 대한 의존성과 타자의 필요성을 거부하고 완전한 자기 충족성의 세계를 상상해 보는 판타지다. 이것은 유아론적(solipsism) 전능성의 환상이라고 말할 수 있다.[2] 퇴행적 공생의 환상이나 유아론적 환상은·모두 일차적 나르시시즘의 기억과 경험으로부터 도출되는 이차적 퇴행 현상이다.

프로이트는 이러한 퇴행 현상을 <쾌락원칙의 피안>에서 열반원칙이라고 불렀다. 열반원칙은 유기체가 고통으로부터 벗어나서 완전한 정적(靜寂)을 유지하려는 경향, 즉 쾌락원칙과 죽음 본능이 결합된 충동을 가리킨다. 프로이트는 열반원칙을 <문명의 불만>에서는 자궁의 대양으로 돌아가려는 충동, 곧 '대양적 감정'이라고 표현했다. 자궁의 대양으로 돌아가려는 열반원칙은 삶의 모든 고통과 긴장으로부터 해방되려는 충동이다.

삶의 모순과 갈등으로부터 해방되려는 욕구는 인간이라면 유아를 비롯하여 성인 모두에게도 해당하는 근원적 욕구다. 그것은 프로이트에게 상실된 고향을 회복하려는 욕구로 나타난다. 회복은 새로움의 창조가 아니라 잃어버림의 재획득이다. 돈과 물질이 인간의 행복을 보장해 주지 않는 이유는 유아의 고향에는 돈과 물질이 아직 존재하지 않았기 때문이다. 오히려 유아가 욕구하는 것은 모순과 긴장이 부재하는 어머니와의 일체다. 인간은 바로 상실된 어머니와의 일체, 무의식 속에 간직되어 있는 대양적 감정, 일차적 나르시시즘의 판타지에서 전능성의 행복을 꿈꾸는 것이다.

유아의 일차적 나르시시즘이 자궁 안에서의 자기 충족성이었다면, 성인의 일차적 나르시시즘은 새로운 자궁 안에서의 자기 충족성이다.

---

2) Christopher Lasch, *The Culture of Narcissism*, New York: Norton, 1979, 242.

이 새로운 자궁이 바로 종교적 신비주의의 세계다. 신비주의는 신 또는 우주와의 무차별적 합일, '신비적 합일'(unio mystica)을 꿈꾼다. 신비적 합일은 자아와 대상이 구별되지 않는 절대평화의 상태, 대양적 감정의 세계다. 인간의 행복은 상실된 실낙원의 재획득을 통해서 실현된다. 이런 의미에서 신비주의는 일차적 나르시시즘의 재획득이다.

프로이트는 신비적 합일의 세계, 대양적 감정의 세계를 일차적 나르시시즘을 향한 퇴행으로 이해했다. 따라서 프로이트에게 신비주의의 세계는 큰 의미를 갖지 못한다. 오히려 프로이트는 신비주의의 세계가 주관과 객관의 분리의 문제를 해결하지 못하고, 단지 분리의 현실을 종교적 방법으로 거부할 뿐이라고 보았다. 신비주의가 분리의 거부로 이해될 때, 프로이트의 대안은 당연히 타자에 대한 필요성과 의존성을 인식하는 것으로부터 시작될 수밖에 없다. 이런 점에서 프로이트는 철저히 과학적 현실주의자다.

프로이트에게 타자는 언제나 자신과 분리된 채로 존재하고, 자신의 생각대로 움직여 주지 않는 낯선 대상이다. 따라서 타자를 자신의 욕망의 관점에서 바라보는 것이 아니라, 타자도 자신처럼 욕망을 가지고 있는 존재로 바라보는 성숙한 관점이 필요하다. 프로이트의 성숙한 자아는 유아적 전능성의 판타지나 신비주의적 퇴행의 판타지를 거부한다. 성숙한 자아는 인간의 제한적 운명을 긍정하고, 타자와의 관계를 사랑의 관계로 증진시키는 한계적 만족만을 추구할 뿐이다.

그러나 프로이트의 신비주의에 대한 부정적 견해에도 불구하고 다른 이해가 가능할 수 있다. 예수는 "사람이 거듭나지 아니하면 하나님 나라를 볼 수 없다"[3]고 하였다. 이에 대해 니고데모는 "사람이 늙으면 어떻게 날 수 있고, 두 번째 모태에 들어갔다가 날 수 있는가?"라고 질문하였다. 예수가 신비주의자라면, 니고데모는 현실주의자요 문자주의자다. 바울은 "문자는 죽이고 영은 생명을 준다"고 했다. 비록 신비

---

3) 요한복음 3: 3.

주의가 모태로 돌아가려는 퇴행 판타지에 근원을 두고 있다 하더라도, 그 비전은 퇴행적 세계가 아니라 우주와 자아가 분리되지 않은 새 하늘과 새 땅의 새로운 세계를 경험하려고 한다. 따라서 신비주의는 자의적이고 의지적인 회귀를 통해 우주 만물에 대한 새로운 비전을 창조한다는 점에서 단순한 퇴행이라기보다는 잃어버린 고향에 대한 창조적 재획득이요 변증법적 화해라고 말할 수 있다.

한마디로 신비주의는 주관과 객관이 분리되지 않은 새로운 세계의 비전을 제시한다. 이렇게 주관과 객관이 분리되지 않은 세계를 힌두교는 범아일여(梵我一如)라 불렀고, 불교는 둘이 아닌 불이문(不二門)의 세계라고 불렀다. 능소(能所)의 대립이 그치고, 피아(彼我)의 차별이 사라지며, 자신과 세계의 대립이 사라진 세계, 따라서 둘이면서 하나이고 하나이면서 둘인 세계가 불이문의 세계다. 이러한 세계를 화엄경은 사법계(四法界)의 사상을 통해 말했다. 사법계는 만물의 세계(事法界), 이치의 세계(理法界), 이치와 만물이 상호 교통하는 세계(理事無碍法界), 만물과 만물이 상호 교통하는 세계(事事無碍法界)를 말함으로써 마치 인드라의 그물처럼 우주 만상이 무차별적으로 상호 관련을 맺고 있다는 교리다. 사법계 사상은 바로 신비주의적 지혜의 백미라고 할 수 있다.

신비주의가 일차적 나르시시즘의 재획득이라고 한다면, 신비주의의 세계는 어머니의 자궁 내 양수의 대양 속에 존재하는 생명의 새로운 경험이다. 따라서 신비주의의 본질은 프로이트의 부친적 종교성과는 달리 여성적 종교성이다. 만물을 생산하고, 만물을 보존하며, 만물을 자신으로 회귀시키는 존재는 땅의 자궁으로 상징되는 어머니 자연이다. 베단타가 창조자(브라흐만), 보존자(비슈누), 파괴자(칼리)라고 부른 삼신사상, 또는 존재(sat), 의식(chit), 희열(ananda)로 표현한 삼위일체는 어머니 자연의 인격화다.

인간은 어머니의 자궁으로부터 태어나서 어머니 대지의 자궁으로 회귀한다. 무덤(tomb)은 곧 자궁(womb)이요, 자궁은 곧 무덤이다. 자궁은 만물을 생산하고, 만물을 보존하며, 만물을 파괴하는 생명 순환의 원천이요 고향이다. 신비주의는 바로 이 모성적 세계의 획득과 귀향을 경험하지 못하면 천국을 볼 수 없다고 말한다. 천국은 바로 생명의 원천이자 생명의 경험인 어머니의 품이기 때문이다.

자연과 문화

신비주의를 모성적 세계의 획득으로 이해할 때, 이는 인간의 어머니 자연에 대한 태도로 보다 넓게 이해할 수 있다. 실로 멜라니 클라인은 인간의 자연에 대한 갈등적 태도는 유아의 어머니에 대한 갈등적 정서에서 그 근원을 추적할 수 있다고 하였다. "태초에 젖가슴이 있었다"는 클라인의 명제처럼 유아의 욕구는 어머니와 일체가 되고 재(再)연합하는 것이다. 그러나 그 욕구는 좌절되고 성취될 수 없다. 따라서 어머니에 대한 보상 욕구가 젖과 꿀이 흐르는 언약의 땅을 향한 탐험과 탐구의 욕구로 수정되어 나타난다. "시인들이 오랫동안 인식해 왔듯이 사랑, 감상, 찬탄, 헌신과 같이 자연에 대한 강력한 감정은 인간의 어머니에 대한 관계와 수많은 공통점을 가지고 있다."[4]

인간은 이 욕구로 인하여 미지의 세계를 탐험하고 과학적 탐구로 세계를 발견하며 문화를 창조한다. 문화는 어머니로부터 분리되어야 하는 불안, 분리불안(separation anxiety)에 대한 방어기제다. 따라서 게자 로하임은 문화는 어둠 속에 홀로 남겨지기를 두려워하는 인간의 방어기제 또는 승화라고 하였다.[5]

유아의 최대 불안은 어둠 속에 홀로 남아 있는 것이다. 그것은 수동적으로 당하는 분리불안이다. 유아는 어떻게 이 수동적 분리불안을 극

---

4) Christopher Lasch, *The Culture of Narcissism*, 243.

5) Geza Roheim, *The Origin and Function of Culture*, New York: Nervous and Mental Disease Monographs, 1943.

복하는가?

프로이트는 <쾌락원칙의 피안>에서 이에 대한 탁월한 분석을 보여준다. 프로이트는 어린 손자가 반복적으로 실패 놀이를 하는 데 주의를 기울였다. 아직 말을 배우지 못한 손자는 실패를 침대 밑으로 던지고는 '오-오-오-오' 소리를 내었다. 프로이트는 그것이 'fort'(사라졌다)를 의미한다고 생각했다. 그리고 다시 실을 잡아당기면서 실패가 나타나면 즐거워하면서 다시 '오-오-오-오' 소리를 내었다. 프로이트는 그것이 다시 'da'(여기 있다)를 의미한다고 추정했다. 프로이트는 손자가 이 놀이를 반복하는 것을 보면서 그 의미는 바로 fort와 da, 사라짐과 돌아옴의 역동적 놀이라고 생각했다. 그렇다면 fort와 da의 놀이는 무엇을 뜻하는가? 말하자면 실패 놀이의 해석학은 무엇인가? 프로이트는 다음과 같이 해석한다.

첫째로 손자는 어머니를 잃은 상흔(傷痕), 홀로 남겨진 수동적 분리불안을 실패를 던지고 다시 잡아당기는 놀이를 통해서 보상받으려고 한다. 놀이에서 실패는 어머니의 대체물이다. 따라서 실패를 던지고 잡아당기는 행위에서 손자는 어둠 속에 홀로 남아 있는 수동적 위치에서 어머니를 가지고 노는 능동적 위치로 변화한다. 말하자면 손자의 놀이는 사라진 존재에 대한 수동적 수용이 아니라 능동적 보상의 자유를 표현하고 있는 것이다.

둘째로 손자는 실패를 던짐으로써 사라진 어머니에 대한 복수를 감행한다. 실패를 던지면서 그는 다음과 같이 생각한다. "엄마는 더 이상 필요 없다. 가려면 가버려라." 말하자면 실패를 던지는 것은 어머니를 능동적으로 방기하는 행위, 즉 어머니에 대한 무의식적 복수를 감행하는 것이다. 프로이트는 어린이들이 화가 날 때, 물건을 마구 집어던지는 행위에는 동일한 심리적 적대감정이 표출되고 있다고 하였다.

프로이트는 손자의 놀이에서 사라진 어머니에 대한 분리불안을 보상받고 극복하며 해소하려는 판타지를 발견하였다. 여기서 어머니에 대한 수동적 의존성을 능동적 승화로 표현하는 승화적 능동성의 판타지야말로 인간이 문명을 일으키는 원동력이다. 문명은 인간이 어머니 자연을 떠난 이후에 스스로의 길을 개척해 나가는 일종의 놀이, 어둠 속에 홀로 남기를 두려워하는 인간의 진지한 놀이다.

그런데 어머니 자연에 대한 수동적 의존성을 부정하고 능동적으로 승화하는 길에는 두 가지가 있다. 첫째는 인간 자신이 어머니 자연의 주인이 되는 길이요, 둘째는 다시 어머니의 품으로 돌아가는 길이다. 전자가 파우스트적 과학의 길이라면, 후자는 뉴 에이지 운동과 가이아적 생태학의 길이다. 이를 살펴보도록 하자.

파우스트의 길

슈펭글러는 <서구의 몰락>에서 서구문명의 특색을 파우스트적 정신이라고 불렀다. 파우스트적 정신은 하늘을 찌르는 검은 숲을 배경으로 성장한 북구라파 사람들의 정신적 경향, 무한에 도달하려는 끝없는 정렬과 욕구를 표현한다. 슈펭글러는 이런 파우스트적 정신의 결과가 하늘을 찌르는 고딕 건축으로 나타났고, 어머니 자연을 정복하려는 과학문명의 정신으로 나타났다고 했다.

비슷한 맥락에서 크리스토퍼 래쉬는 파우스트적 정신을 기술문명을 통해 인간 자신이 어머니 자연의 주인이 되고, 자기 충족적 존재가 되려는 것으로 정의했다. 왜냐하면 기술문명은 인간이 세계를 자신의 욕구와 목적에 따라 굴복시킬 수 있고, 자기 충족적 상태를 달성할 수 있다는 믿음에 기초하고 있기 때문이다.[6]

그런데 파우스트적 정신은 더욱 위로 올라가면, 성서의 정신으로까지 소급될 수 있다. 성서는 야훼의 입을 통하여 인간에게 자연을 정복

---

6) Christopher Lasch, *The Culture of Narcissism*, 243-244.

하라고 말한다. 자연의 주인이 되는 것은 인간의 분리불안을 극복하는 방법이다. 인간은 어머니의 자궁과 젖가슴을 떠나서 실낙원의 삶을 살아간다. 그러나 야훼에게 복락원의 길은 어머니의 자궁으로 되돌아가는 길이 아니다. 오히려 성서는 인간이 어머니 자연의 주인이 되는 길, 따라서 오직 아버지의 아들이 되는 길, 신앙의 길을 복락원의 길로 제시한다. 이것이 성서적 종교가 철저히 부친의 종교가 되는 이유요, 또한 모성적 신비주의가 이교적 신앙으로 배척되는 심리학적 이유다.

자연의 주인이 되는 길, 하비 콕스가 <세속도시>에서 자연의 탈신성화라고 불렀던 성서적 신앙의 길은 자연을 탐험하고 실험하며 지배하는 기술문명의 정신적 에토스가 되었다. 기술문명은 자연의 신비화에서는 발전되기 힘들다. 신비화된 자연에서 인간은 어머니 자연에 순응하고 복종해야 하는 존재가 되기 때문이다. 자연의 탈신성화가 성서적 신앙으로부터 출발했다면, 자연의 기술적 지배는 슈펭글러가 파우스트적 정신이라고 명명한 서구문명에서 극도의 발전을 이루었다.

파우스트적 정신은 자연의 비밀을 끝까지 해명하여 자연의 주인이 되기를 원하는 무한을 향한 정신이다. 이러한 정신이 자연과학을 발전시켰고, 산업혁명을 이루었으며, 자연과 세계를 지배하는 기술문명의 토대가 되었다. 이제 인간은 생명의 신비마저도 조작할 수 있는 자기충족적 존재이기를 희망할 수 있게 되었다.

인간의 자기 충족성에 대한 희망은 심리학적으로는 어머니의 젖가슴을 떠난 실락원의 존재가 어머니의 젖가슴을 스스로 창조하여 자신의 원초적 전능성의 환상을 회복하려는 나르시시즘적 노력이라고 볼 수 있다. 마치 프로이트의 실패 놀이에 대한 분석과 같이, 어머니는 사라지더라도 인간은 스스로 어머니의 주인이 될 수 있다는 능동적 환상을 갖는다.

어머니의 주인이 되라고 명령한 것이 야훼였다면, 이제 스스로 어머니의 주인이 된 인간은 야훼조차도 필요로 하지 않는다. 어머니 자연에 대한 지배의 절정은 아버지 신조차도 거부하는 세속문명으로 귀착되는 것이다. 이러한 역전은 니체가 '신의 죽음'이라는 말로 표현했듯이, 기독교문명이 급진화될 때 발생할 수 있는 논리적 귀결이라고 할 수 있다.

가이아

근대인들은 기술문명의 발달이 유토피아를 가져올 것이라는 낙관주의적 환상을 가지고 있었다. 그러나 그러한 희망은 미증유의 전쟁과 생태계의 파괴, 인간의 사회적 아노미와 실존적 소외 등의 문제와 함께 점차 사라지게 되었다. 어머니 자연의 주인이 되려는 인간의 실험은 자연의 파괴로 나타났다. 기술문명의 발달에도 불구하고 인간은 삶의 의미, 불안, 죽음, 슬픔, 생로병사 등의 굴레로부터 자유로울 수가 없다. 이러한 현대인의 정조를 T. S. 엘리엇은 '황무지'로 정의했고, 실존주의자들은 '고향상실'로 표현했다.

근대적 낙관주의가 무너진 현대에 이르러 파우스트적 정신에 대한 강력한 비판이 고개를 들게 되었다. 그리고 파우스트적 정신에 대립하여 어머니의 주인이 아니라 어머니의 품에 안기려는 나르시시즘적 정신의 터전이 되었다. 이것이 문화적으로 생태학적 가이아 이론과 뉴에이지 운동으로 나타났다.

가이아 이론은 파우스트적 기술문명에 대한 생태학적 비판의 철학으로 등장했다. 생태학은 자연에 대한 탐구와 지배의 태도와는 달리 자연에 대한 인간의 불가피한 의존성을 말한다. 인간은 자연의 주인이 아니라 자연의 일부다. 인간은 자연을 겸허히 이용할 수 있을 뿐이지 지배할 수는 없다. 자연의 생명현상에 대한 인간의 과학적 개입은 가공할 만한 해악을 초래할 것이다. 따라서 생태학은 자연에 대한 도전과 탐험의 파우스트적 정신으로부터 자연에 대한 순종과 조화의 새로운 정신으로 나아갈 것을 주장한다. 여기서 자연과 인간의 불가분리성을 강조하는 생태학은 심리학적으로는 어머니와 유아의 불가분리적 상태를 말하는 일차적 나르시시즘의 정신적 판타지라고 말할 수 있다.

현대의 생태학적 물활론인 가이아 이론은 어머니의 품으로 돌아가려는 일차적 나르시시즘을 잘 보여 주고 있다. 가이아는 희랍의 대모신의 이름이다. 가이아가 숨을 쉬면 대기가 되고, 하늘을 응시하면 별이 된다. 그녀의 숨은 비가 되어 자신의 몸에 내리고 호수가 된다. 가이아의 곡선은 능선이 되고 산이 되며 가이아의 몸으로부터 식물과 동물이 자라난다. 만물은 가이아의 분신이요 가이아 자신이다. 이러한 고대의 가이아 신화가 생태학적 위기와 함께 현대과학의 색채를 띠면서 새로운 모습으로 부활한 것이 가이아 이론이다.

가이아 이론은 지구를 하나의 살아 있는 유기체로 바라본다. 동물의 털이나 새의 깃털이 생명체의 구성물이듯이 대기는 가이아의 구성물이요, 조개껍질이 조개의 살아 있는 부분이듯이 돌과 나무와 바다는 가이아의 살아 있는 부분이다. 말하자면 지구에 존재하는 모든 것, 풀 한 포기나 돌 한 개라 할지라도 거룩한 어머니의 살아 있는 몸이다.

러브록(Lovelock)은 <가이아의 시대>에서 다음과 같이 말한다.

> 성모 마리아에 대한 특별한 자리를 가슴 속에 간직하고 있는 수백만의 기독자들은 아마도 나와 같은 심정을 가지고 있을 것이다. 저 밖에 있는 전지전능한 야훼의 개념은 우리를 두렵게 하고 감히 접근할 수 없게 만든다. 우리 안에 존재하는 고요하고 작은 소리라는 보다 현대적 의미의 신의 임재마저도, 저 밖에 있는 존재와 대화하기를 원하는 사람들에게는 충분치 않다. 그러나 마리아는 가깝고 말을 걸 수 있다. 그녀는 믿을 수 있고 의지할 수 있다.……만약 마리아가 가이아의 또 다른 이름이라고 한다면 어떨까? 그렇다면 처녀 탄생에 대한 그녀의 능력은 기적도 아니고 단성생식의 착오도 아닐 것이다. 그것은 생명이 시작된 이래 존재해 온 가이아의 직무이다.……그녀는 이 우주에 속해 있는 신의 일부다. 그녀는 지구상에서 영원한 생명의 근원이고 지금도 살아 있는 존재다. 그녀는 인류를 생산하였고, 우리는 그녀의 일부다.[7)]

이러한 생각은 어머니 자연에 대한 파우스트적 정신과는 큰 차이를 보인다. 또한 파우스트적 정신의 원류인 성서적 종교와도 큰 차이를 나타낸다. 우주를 초월적 존재의 창조로 보는 성서적 종교는 신과 창조 사이에 존재하는 건널 수 없는 질적 차별성, 즉 존재론적 차이를 강조한다. 반면에 우주를 어머니의 몸으로 보는 가이아 이론은 신과 창조의 질적 동질성, 즉 존재론적 동일성에서 운영된다. 여기에 아버지의 종교와 어머니의 종교, 정신의 종교와 몸의 종교, 성서적 종교와 가이아 종교, 야훼의 종교와 마리아의 종교의 차이가 있다. 이런 점에서 우리는 가이아 이론을 어머니의 품으로 회귀하려는 일차적 나르시시즘의 심리학적 태도를 표출하고 있다고 말할 수 있다.

뉴 에이지 운동

뉴 에이지 운동은 고대종교 신앙과 현대과학 문명의 혼합, 고대종교 신앙을 과학문명의 언어를 통해 표출하려는 포스트모던 현상이다. 따라서 뉴 에이지 운동은 고대적 영성인 신비주의, 윤회설, 주술, 신화 등을 외계인이나 UFO와 같은 기술문명시대의 언어와 결합시킨다. 그럼에도 뉴 에이지 운동은 기술적 유토피아와는 달리 물질세계의 실재성을 거부하면서 고대종교와 같이 현상을 넘어서는 형이상학적 본질을 추구한다. 이런 점에서 뉴 에이지 운동은 전통적 이원론에서 운영된다고 말할 수 있다.

그러나 뉴 에이지 운동의 이원론은 전통적 이원론과는 다른 면이 있다. 전통적 이원론이 물질계의 본질을 정신계 또는 영계에서 찾았다면, 뉴 에이지 운동의 이원론은 물질계의 본질을 지구 밖에 있는 우주의 외계에서 찾는다. 그리고 물질계와 외계를 연결하는 고리 또는 메

---

7) 이경재, <자연학적 인간학과 중층해석학>, 철학과현실사, 73-80 참조.

신저가 UFO가 된다. 인간의 영원한 본향인 어머니의 품은 우주의 외계에 존재한다. 지구상의 인간의 삶은 마치 오르페우스 종교에서처럼 우주의 본향으로부터 추방당한 실낙원의 삶이다. 이런 점에서 뉴 에이지의 이원론은 2세기에서 4세기 사이에 번성했던 고대의 영지주의와 상통한다.

영지주의는 지상의 육체적 삶을 고통과 타락의 영역, 어둠의 세계로 생각했다. 삶의 본향은 육체적, 물질적 세계를 떠난 영의 세계다. 영의 세계는 빛의 세계다. 일부 영지주의자들은 이 빛의 세계를 모성적 세계로 이해했다. 따라서 이들은 "하늘에 계신 우리 아버지" 대신에 "하늘에 계신 우리 어머니"에게 기도했다.[8] 빛의 세계에 도달하기 위해서는 육체에 감금된 영에 대한 지식, 그노시스(gnosis)를 깨달아야 한다. 그노시스는 물질을 초월한 영의 세계, 빛의 세계에 대한 특별한 지식이다. 따라서 영지주의는 물질과 본질, 육체와 정신의 극단적 이원론에 근거하여 종교의 목적은 바로 본질과 정신에 대한 그노시스를 갖는 데 있다고 하였다.

뉴 에이지 운동은 영지주의의 정신과 영에 대한 그노시스를 우주적 본향에 대한 그노시스로 대체한다. 피라미드, 아틀란티스, 거석군(巨石群)과 같은 지구의 경이로운 건설물들은 우주의 방문자들이 건설한 우주계의 흔적이다. 영지주의의 구세주는 UFO를 타고 우주의 비밀을 전해 주는 메신저다. 영지주의가 동경했던 영지의 세계는 뉴 에이지 운동에서는 우주의 세계다. 이런 점에서 뉴 에이지 운동은 현대 과학문명의 옷을 입고 등장한 영지주의의 또 다른 양태라고 할 수 있다.

그렇다면 영지주의 또는 뉴 에이지 운동의 심리학적 의미는 무엇일까? 정신분석학은 유아의 부모에 대한 감정을 애정과 증오, 만족과 불만과 같은 모순감정의 병존, 즉 양가감정으로 정의한다. 유아에게 부모는 만족과 행복, 안정과 사랑의 근원인 동시에 불만과 좌절, 불안과

8) 이에 대하여는 본서의 "11. 신학과 정신분석학" 중, '신성 가족의 로맨스: 성부, 성자, 성모' 부분을 참조.

미움을 일으키는 존재다. 그러나 유아는 부모에 대한 이중적 감정을 합리적으로 연합할 수 없다. 따라서 멜라니 클라인이 지적하듯이, 유아는 부모에 대한 양가감정을 좋은 부모와 나쁜 부모의 이원론적 이미지로 분리시킨다.

좋은 부모의 이미지가 젖과 꿀이 흐르는 가슴과 같이 행복과 만족을 주는 사랑의 이미지로 나타난다면, 나쁜 부모의 이미지는 자신을 가슴으로부터 거세하는 위협적이고 파괴적인 권위의 이미지로 나타난다. 이것이 종교적 이원론의 심리학적 기원이다. 말하자면 종교적 이원론은 부모에 대한 양육과 자비의 이미지와 심판과 징벌의 이미지를 분리하고 제도화함으로써 발달하게 되는 것이다.[9] 이러한 이원론의 극단적 형태가 영지주의다.

> 영지주의는 인간의 소원과 욕구에 절대적으로 응답하는 세계와 하나가 될 수 있다는 근원적 환상을 유지해 주는 판타지에 신화적 형태, 흔히 매우 감동적이고 표상적인 형태를 덧붙인다. 자비로운 창조주가 고통과 만족으로 범벅이 되어 있는 세계를 창조한다는 것은 불가능하다고 말함으로써 영지주의는 아직 알려지지 않은 경험에 도달하기 위한 영적 조건을 회복하려는 희망을 생동감 있게 만든다.[10]

이렇게 보자면 영지주의는 현실의 고통을 벗어나서 어머니의 품으로 돌아가려는 욕구, 고향상실로부터 고향회복을 향한 꿈, 위협적 부모의 이미지로부터 행복과 사랑을 주는 부모의 세계를 꿈꾸는 나르시시즘에 근거하고 있다고 할 수 있다.

영지주의의 그노시스는 행복과 사랑의 부모에 대한 유아적 환상의 흔적이요 유아적 전능성의 자취다. 그렇다면 현대판 영지주의인 뉴 에이지 운동 또한 자기 충족성의 나르시시즘에 근거하고 있다고 할 수 있다.

---

9) Christopher Lasch, *The Culture of Narcissism*, 246.
10) Christopher Lasch, *The Culture of Narcissism*, 246.

> 뉴 에이지의 영성은 기술적 유토피아주의 만큼이나 자기 충족성의 원초적 나르시시즘에 근거를 두고 있다. 만약 기술적 판타지가 자기 충족성의 유아적 환상을 회복하려고 한다면, 뉴 에이지 운동은 공생(symbiosis)의 환상, 세계와의 절대적 하나됨의 감정을 회복하려고 한다. 제어할 수 없는 물질세계에 대해 인간의 의지를 부과하려는 꿈 대신에, 뉴 에이지 운동은 고대의 영지주의에서 발견되는 주제를 재생하면서, 물질세계의 실재를 거부한다. 이것은 물질을 본질적으로 환상으로 취급하면서, 전체성과 평형성(equilibrium)의 원초적 의미, 니르바나로의 회귀를 재창조하는 데 장애가 되는 모든 것을 제거하려고 한다.[11]

과학문명이 고도로 발달한 현대에 고대종교의 영성이 부흥하고 있다는 것은 일견 아이러니처럼 보인다. 양자는 어머니의 주인이 되려는 파우스트적 정신과 어머니의 품으로 돌아가려는 가이아 정신, 무한을 정복하려는 남성적 정신과 무한의 자비에 안기려는 여성적 정신의 공존이라고 볼 수 있다. 과학이 고향을 떠나서 새로운 고향을 창조하는 정신이라면, 종교는 고향상실의 감정으로부터 고향으로 돌아가려는 정신이다. 그러나 양자는 심리학적으로 볼 때, 유아적 전능성과 자기 충족성을 회복하려는 나르시시즘의 표현이라고 할 수 있다.

과학이 어머니 자연을 정복함으로써 자기 충족성을 찾으려고 한다면, 뉴 에이지 운동은 외계에서 고향을 찾음으로써 자기 충족성을 찾으려고 한다. 인간은 심리학적으로 유아적 전능성, 유아적 자기 충족성의 기억으로부터 벗어날 수 없다. 그것이 과학과 종교의 근원적 모티브가 된다는 것이 정신분석학의 주장이다. 과학적 유토피아가 유아적 전능성의 판타지라면, 뉴 에이지 운동도 그만큼이나 유아적 전능성의 판타지가 되는 것이다.

요약하자면, 파우스트적 정신에서는 인간이 어머니의 주인이 됨으로써 자기 충족성을 획득하려고 한다면, 뉴 에이지 운동과 가이아 이론에서는 인간이 어머니의 품으로 돌아감으로써 자기 충족성을 획득하려

---

11) Christopher Lasch, *The Culture of Narcissism*, 245-246.

고 한다. 파우스트적 정신이 기술문명의 발달을 일으킨다면, 뉴 에이지 운동과 가이아 이론은 신비주의나 유기체적 사유로 나아간다. 한편이 과학적 세계라면 다른 한 편은 종교적 세계다. 그러나 양자가 비록 대립적인 길처럼 보이지만, 양자는 결국 자기 충족성의 획득, 나르시시즘의 다른 양태라는 점에서 공통점을 지닌다.

부모의존 유형의 종교

프로이트는 인간의 대상선택에는 부모의존 유형과 나르시시즘 유형이 있다고 하였다. 부모의존 유형이 자신에게 젖을 먹여주고 돌봐주는 부모적 대상을 선택하는 것이라면, 나르시시즘 유형은 자기 자신이나 자신의 부분에 속하는 대상을 선택하는 것이다.

종교가 신(들)을 전제로 하고 있고, 신(들)과의 관계를 말하고 있다면, 신(들)의 본질은 심리학적으로 대상선택의 두 유형 중의 하나에 속한다고 할 수 있다. 그런데 일단 어떤 대상이 선택된다면, 그것이 비록 부모의존 유형의 대상관계라 할지라도 그에 대한 나르시시즘적 과대평가가 존재하는 것이 또한 흔한 경우다. 따라서 대상선택의 두 유형은 개념적으로 구별할 수는 있어도, 실제적으로는 미묘하게 결합된 형태로 존재한다고 말할 수 있다.

먼저 부모의존형 대상선택은 종교에서 가장 흔히 찾아볼 수 있고 쉽게 이해할 수 있는 유형으로서 인간을 보호해 주는 여성신 또는 부성신으로 나타난다.

먼저 여성신은 어머니의 신격화다. 유아에게 어머니가 돌봄과 보살핌의 근원이듯이, 여성신은 인간이 사랑하고 사랑받기에 자연스럽고 적합한 심리학적 존재로 인식될 수 있다. 풍요와 다산을 추구하는 고대종교는 지모신 또는 대모신을 주신으로 삼는다. 불교는 만물을 생성하고 보호하며 만물을 다시 자신의 품으로 회귀시키는 어머니 대지를 지장보살로 인격화한다. 노자는 자연의 도를 '불멸하는 여성성'(谷神不死), '밥을 먹여 주는 어머니'(食母)라고 부른다.

부성신의 경우에도 부모의존 유형의 심리학은 동일하다. 기독교는 신이 전지전능하기 때문에 신을 믿는 사람, 즉 신을 배경으로 가지고 있는 사람은 세상의 어떤 어려움도 신의 도움으로 이길 수 있다고 말한다. 유아에게 자신의 아버지가 세상에서 가장 힘센 존재로 인식되듯이, 아버지의 신격화인 신은 인간이 의지하고 도움을 청할 수 있는 존재다.

프로이트는 종교를 부모적 권위에 대한 유아적 무력감에서 찾았다. 부모는 유아에 대하여 전능한 존재다. 성장하면서 이러한 감정은 점차 사라지지만, 인간은 신이라는 새로운 부모를 갖는다. 유아가 부모를 숭배하듯이, 인간이 부모의 대체물인 신을 숭배하는 것은 신이 가지고 있다고 생각하는 힘 때문이다.

반 델 레에우는 종교의 본질을 '힘의 숭배'라고 불렀다. 인류학자들이 초자연적 힘인 마나를 종교의 기원과 본질로 보는 것은 인간의 유아적 무력감이 '힘의 숭배'를 낳고, '힘의 숭배'가 종교적 세계를 발생시킨다는 말과 다를 바가 없다. 마르크스가 자본주의 신을 '맘몬'이라 불렀을 때도, 그것은 돈이 지니고 있는 힘과 돈이라는 힘의 숭배를 적절하게 표현한 것이라 할 수 있다.

만약 종교의 신이 모성신이든 부성신이든 간에 힘이 없는 존재, 부모와 같이 자신을 돌보아 줄 수 없는 존재라면, 인간은 신을 숭배하지 않을 것이다. 만약 어떤 신을 믿으면 병들고, 집안 망하고, 굶어 죽고, 되는 일이 없다고 한다면, 누가 그 신을 신으로 섬기겠는가. 이런 관점에서 흔히 일어나는 종교 간의 투쟁은 어느 신이 더 힘이 센가의 투쟁이고, 심리학적으로는 어느 부모가 더 힘이 센가의 투쟁이라고 볼 수 있다.

사실상 역사의 아버지로 불리는 헤로도토스 이전의 시대에는 부족이나 민족 간의 투쟁이 신들의 투쟁으로 이해되었다. 부족 간의 전쟁은 부족 신들 사이의 전쟁으로서, 전쟁에서 승리하는 것은 한 부족신의 힘이 다른 부족신에 비해서 우월하기 때문인 것으로 생각하였다. 헤로도토스는 이러한 신화적 세계관을 벗어 던지고 처음으로 전쟁을 인간의 전쟁으로 묘사하기 시작하였다. 그의 관심은 신들의 행동이 아니라 인간의 행동을 기술하는 것, 즉 인간이 무엇을 행했으며 왜 행했느냐의 기록을 후세에 전하는 것이었다. 이것이 신화적 세계관을 인본주의적 세계관으로 끌어내린 헤로도토스를 역사의 조종으로 부르는 이유다. 그런데 오늘날에도 민족과 민족, 문명과 문명, 종교와 종교 사이의 투쟁이 흔히 신들의 투쟁으로 묘사되고 이해된다는 것은 역사적으로는 신화시대로 회귀하는 것이요, 심리학적으로는 부모의존의 유아적 상태로 회귀하는 것이라고 할 수 있다.

여하튼 프로이트에게 역사는 개인이나 집단을 막론하고 언제나 과거의 경험과 기억이 반복적으로 회귀하는 것이다. 자신을 보호해 주던 부모에 대한 기억은 결국 부모의존 유형의 대상선택을 낳고, '자신에게 밥을 먹여 주는 여자'나 '자신을 보호해 주는 남자' 또는 양자가 결합된 대상을 요구하게 한다. 종교는 그 대상을 신이라 부르고, 신은 인간에게 밥을 먹여주고 보호해 주는 존재로 나타난다. 거꾸로 말하면, 프로이트에게 종교는 결국 모성신이든 부성신이든지 간에 부모의존 유형의 심리학적 대상선택에 기인한다고 말할 수 있다.

나르시시즘 유형의 종교

나르시시즘적 유형의 대상선택에서 가장 중요한 부분은 자기 자신이다. 자신의 가족, 자신의 소망, 자신의 야심, 자신의 이념, 자신의 종교에 모든 강조점이 놓인다. 나르시시즘과 이기주의는 리비도가 자신을 향한다는 점에서는 유사하다. 그러나 이기주의가 자신의 이익을 증대하기 위한 수단으로 때로는 현실을 이용하고 착취하기 위한 합리적 판단의 요소가 있다면, 나르시시즘은 자신의 것을 과대평가하는 경향 때문에, 현실에 대한 객관적, 합리적 이해를 결여하고 주로 비합리적 정서에 근거한다는 차이점이 있다.

부모의존 유형의 종교는 쉽게 이해할 수 있다. 그러나 나르시시즘 유형의 종교는 매우 복잡한 면이 있다. 나르시시즘적 유형의 대상선택과 종교의 관계를 이해하기 위해서는 집단적 나르시시즘의 특성을 이해하는 것이 필요하다. 왜냐하면 종교는 집단적 특성을 떠나서는 생각할 수 없기 때문이다.

개인의 생존을 위해 자기애가 필요하듯이, 집단의 생존을 위해서도 구성원들의 집단애가 필요하다. 집단에 대한 사랑과 자부심이 없다면 집단은 공고한 유대와 빛나는 역사를 가질 수 없다. 그러나 집단애가 비이성적으로 폐쇄적이고 배타적이며 정서적인 바탕에 근거를 두고 전개된다면, 그것은 타 집단과의 합리적 소통을 방해하고 갈등과 폭력과 전쟁의 병리학적 증상으로 나타날 수 있는 위험을 갖게 된다.

개인적 나르시시즘과 마찬가지로 집단적 나르시시즘에도 악성과 양성이 있다. 양성의 나르시시즘은 집단의 생존과 번영을 위해 필요한 자부심과 긍지로서, 현실적 세계를 합리적으로 바라볼 수 있는 이성적 눈을 가지고 있다. 반면에 악성의 나르시시즘은 비이성적 정조에 근거를 둔 집단애로서 객관성이 없고 합리적 판단을 결여하기 때문에, 타 집단에 대한 정서적 우월성과 감정적 배타성으로 표출되곤 한다.

악성의 나르시시즘은 인종, 민족, 집단, 이념 등의 여러 형태로 나타난다. 인종적 나르시시즘은 단지 동일 인종이라는 이유 하나만으로 자신의 우월성을 보장받으려고 하고, 타 인종에 대한 배타적 폭력을 정당화하려고 한다. 히틀러의 범게르만주의나 미국의 KKK와 같은 백인 우월주의가 인간성에 대해 저지른 범죄는 잘 알려진 사실이다. 민족적 나르시시즘은 민족이라는 대명제 앞에서 모든 비판적 이성을 침묵시키고 집단적 광기도 정당화한다. 종교적 나르시시즘은 자신의 종교에 대한 우월성과 절대성을 주장하면서, 타종교에 대한 배타성을 정통으로 주장하고 폭력과 전쟁마저도 미화할 수 있다.

집단적 나르시시즘은 개인적 나르시시즘보다 알아보기가 어렵다. 왜냐하면 자기가 세상에서 제일 우월하고 순수하고 정직하고 아름다운 존재라고 한다면 세상은 그를 비웃을 것이지만, 자기라는 말 대신에 자신이 속한 인종, 민족, 종교, 집단, 이념을 대체시키고, 그것이 세상에서 제일 아름답고 순수하며 우월하다고 주장한다면, 비록 그러한 진술이 타 집단의 눈으로 볼 때에는 비합리적인 주장일지라도, 동일한 집단구성원들에게는 합리적 주장으로 들릴 것이고, 그를 자신의 인종, 민족, 종교, 이념을 사랑하는 매우 헌신적이고 훌륭한 사람으로 칭찬하고 존경할 것이기 때문이다. 그러나 백인 우월주의자들이 사회적으로 소외된 하층계급의 사람들로서, 자신들의 소외된 감정을 인종이라는 집단명사에 투사시킴으로 보상을 받으려고 하듯이, 감성적 민족주의자들이나 배타적 종교 우월주의자들의 경우에도 자신의 개인적 소외를 집단을 통하여 보상받으려는 비합리적 정조에 바탕을 둔 경우가 많다. 자신이 어떤 민족, 어떤 집단, 어떤 종교에 속했다는 이유만으로 우월성을 보장받을 수 있다면, 이보다 자기애를 성취시킬 수 있는 쉽고 간편한 방법은 없을 것이다. 따라서 집단적 나르시시즘은 개인적 나르시시즘보다 더욱 미묘하고 간교한 방법으로 인종, 민족, 이념, 종교 등의 이름 뒤에 숨어서 자기도취적 욕구를 충족시킬 수 있는 도구가 될 수 있다.

부족종교와 보편종교

베르그송은 <도덕과 종교의 두 원천>에서 닫힌 도덕과 열린 도덕, 닫힌 종교와 열린 종교를 구별하였는데, 필자는 이를 그 뜻을 따라 부족종교와 보편종교라는 용어로 표현한다. 부족종교가 부족의 안위와 번영을 위해서 존재하는 부족신과 부족영웅의 종교라면, 보편종교는 부족의 한계를 넘어서서 인간의 보편적 존엄성과 모든 인류의 하나됨을 강조하는 종교다. 역사적으로 보면 부족종교에서 보편종교로 발전하는 것이지만, 양자의 관점은 근본적으로 전혀 다른 가치판단에 근원을 두고 있기 때문에 서로 대립되는 개념으로 보아야 한다. 보편종교의 가치판단은 나와 부족으로부터 시작하는 것이 아니라 우리와 인류로부터 시작한다. 나와 부족의 연장이 우리와 인류가 아니라, 우리와 인류 속의 하나가 나와 부족이다. 따라서 보편종교는 부족종교의 연장이 아니라 부족종교의 코페르니쿠스적 혁명이다. 프로이트 식으로 말하자면, 부족종교가 집단적 나르시시즘의 종교라면, 보편종교는 이를 넘어서는 보편적 에로스의 종교다.

그런데 종교적 나르시시즘은 간파하기 힘든 경우가 많다. 기독교인이나 불교인이라는 말이 많은 경우에 사랑과 자비를 실천하는 사람이라는 말이 아닌 것처럼, 어느 보편종교를 신봉한다는 사실이 그 종교의 이상을 실천하고 있다는 말은 결코 아니기 때문이다. 형식상으로는 보편종교에 속해 있으면서 내용상으로는 부족종교의 범주를 벗어나지 못하는 경우가 허다하다. 때로는 광신적 신앙이 종교의 이상과는 달리 자신의 열등의식을 보상받기 위한 자기도취적 행위일 수도 있다.

에리히 프롬은 모든 종교가 공통적이겠지만, 특히 기독교의 역사 안에는 집단적 나르시시즘과 이에 대한 반작용이 혼합해 있음을 지적하였다.[12] 기독교가 집단적 나르시시즘을 거부하는 이유는 두 가지다. 첫째로 기독교는 모든 인간이 동등하다는 보편적 인간애의 개념을 가지고 있고, 모든 교회는 민족과 종족의 교회가 아니라 보편적 교회라는 개념을 가지고 있다. 둘째로 기독교는 인간을 포함한 어떤 유한한 대상이라도 우상으로 섬겨서는 안 된다는 신의 절대성의 개념을 가지고 있다. 이런 기준에서 보자면 어떤 사람이나 집단도 신의 위치를 점하는 우상이 될 수 없을 뿐만 아니라, 신의 현존 앞에서 모든 인간은

12) 에리히 프롬, <인간의 마음>, 117-118.

동일한 가치 판단의 대상이 되어야 한다.

그러나 교회는 이러한 보편적 이상에도 불구하고 교회 자체를 구원의 유일한 도구로 삼고, 교회 밖에는 구원이 없다는 교리를 전개하면서, 사제를 신의 대리인으로 삼는 집단적 나르시시즘을 육성해 왔다. 이런 풍토 속에서 양육된 교인들은 보편적 사랑의 실천과 신 앞에서의 겸손이라는 종교적 이상보다는 기구적 교회에 속해 있다는 자체만으로 타 종교에 대해 자신의 배타적 우월성을 주장하고 광신적 행위에 동참하는 집단적 나르시시즘의 희생물이 되었다.

이러한 종교적 나르시시즘으로부터 벗어나기 위해서 15, 16세기에 기독교에 원천을 둔 휴머니즘이 등장하였다.

> 니콜라우스 쿠사누스는 만인에 대한 종교적 관용을 설교했고, 피치노는 사랑은 모든 창조의 근원적 힘이라고 가르쳤으며, 에라스무스는 교회의 상호관용과 민주화를 요구했고, 비국교도인 토머스 모어는 보편구제설과 인간의 연대책임이라는 원리를 주장하다가 그 때문에 죽었고, 포스텔은 니콜라우스와 에라스무스의 주장을 바탕으로 세계 평화와 세계 통일을 주장했고, 피코 델라 미란돌라를 따르던 시쿨로는 사람의 존엄성과 사람의 이성 및 덕과 그의 자기완성의 능력을 열렬히 주장했다. 이러한 사람들은 기독교적 휴머니즘의 토양에서 자라난 많은 사람들과 함께 보편성과 우애와 존엄성과 이성을 주장했다. 그들은 관용과 평화를 위해 싸웠다.[13]

그러나 결국 승리는 루터와 가톨릭교회라는 두 광신적 세력에게 돌아갔다. 이들은 모두 자신들에게만 진리가 있다고 주장했다.

> 두 쪽은 모두 신과 그리스도와 사랑의 이름으로 주장했으며 그들은 오직 일반 원리와 비교하면 이차적 중요성밖에 갖지 못하는 한 가지 점에서만 의견이 달랐다. 그럼에도 불구하고 그들은 서로 미워했고 각기 그들 자신의 종교적 신앙 전선에만 인간성이 있다고 확신했다. 자기 자신의 입장에 대한 과대평가와 입장을 달리하는 모든 사람들에 대한 증오의 본질은 자기도취에 있

---

13) 에리히 프롬, <인간의 마음>, 118-119.

> 다. 우리는 훌륭하고 그들은 보잘 것 없다. 우리는 선하고 그들은 악하다. 자신의 교리에 대한 비판은 사악하고 참을 수 없는 공격이지만 다른 사람의 입장에 대한 비판은 그들을 진리로 되돌아오도록 도와주는 선의의 노력인 것이다.[14)]

자신의 집단만이 진리를 소유하고 있다는 주장은 우상숭배다. 그것은 신만이 진리를 소유하고 있다는 주장과는 거리가 멀다. 기독교의 신은 유한한 집단에 감금될 수 없다. 아테네의 우민정치는 진리가 오직 신에게만 있다고 주장한 소크라테스를 무신론자로 정죄하여 살해하였다. 유대교의 광신자들은 신국이 오직 사랑에 있다고 주장한 예수를 신성모독으로 십자가에 처형하였다.

도스토예프스키는 <카라마조프가의 형제>에서 재림한 예수를 추방하는 대배심관을 그렸다. 대배심관은 예수가 세운 정통교회를 지키기 위해 이단을 감시하고 처형하는 교회의 청지기요 파수꾼이다. 그러나 예수가 실제로 재림하였을 때, 예수를 반겨 맞기보다는 감금하고 추방하는 것 또한 대배심관이라는 것은 심각한 아이러니다. 도스토예프스키는 이 스토리를 통해 진정한 무신론자는 바로 철저한 유신론자인 대배심관이라는 사실을 역설적으로 고발한다. 플라톤 식으로 말하자면 현상과 실재는 이처럼 엄청난 괴리가 있고, 진리처럼 보이는 현상이 실재로는 허위의 거짓 무덤이라는 사실을 역사는 무수히 증언한다.

그럼에도 불구하고 종교의 보편애의 이상은 광신적 나르시시즘의 도도한 물결 속에 명맥을 유지하기 힘들다. 그것은 오늘날에도 광신자들에 의해 계속되고 있다. 광신의 뿌리는 자신과 집단을 동일시하는 집단적 나르시시즘에 있다. 개인은 집단에 소속되고 집단과 집단적 나르시시즘의 만족감은 자기 집단은 우수하고 다른 모든 집단은 열등하다는 공통된 이데올로기에 의해 마련된다. 내 종교의 신만이 유일하고 절대적이며, 다른 종교의 신은 우상이고 거짓이다. 쓰나미로 수십만

14) 에리히 프롬, <인간의 마음>, 120.

명이 죽는 인류의 비극이 도래해도 그것은 우상숭배에 대한 당연한 심판이요 정의로 합리화되기도 한다.

광신적 집단 나르시시즘에는 인류애, 인간성, 관용, 평등의 도리는 존재하지 않는다. 다만 자신이 속한 신의 이름을 빙자해 자신이 신이 되는 자기팽창과 자기도취만이 존재할 뿐이다. 광신적 나르시시스트는 자기의 종교를 절대화하고, 진리를 독점함으로써 권력에의 의지를 유감없이 발휘한다. 더욱이 이렇게 함으로써 그렇지 않으면 열등감에 빠질 수밖에 없는 자신의 한계로부터 탈출하려고 한다.

이런 점에서 나르시시즘의 본질은 스스로 부친이 되려는 욕망, 피조물이기를 거부하고 스스로 절대자가 되려는 욕구라고 말할 수 있다. 스스로 절대자가 되려고 하는 욕구는 상처 난 자아, 무력한 자아를 보상하기 위한 수단이다. 따라서 이들은 자신이 동일화할 수 있는 절대 지도자를 필요로 한다. 그것이 종교에서는 절대 종교로, 이념에서는 절대 이념으로, 인종에서는 절대 인종으로, 민족에서는 절대 민족으로, 사교에서는 절대 구세주로 투사되고 동일화되어 절대 진리를 독점하고 있다고 생각하는 악성 나르시시즘에 빠지고 만다.

로고스와 에로스

악성 나르시시즘은 개인적이든 집단적이든지를 막론하고 상처 난 자아 또는 상처 날 수 있는 자아를 보호하려는 이기적 보호막이다. 따라서 나르시시즘은 병에 걸리는 것을 막아 주는 역할을 할 수 있다. 그러나 악성 나르시시즘 자체가 병리학적 증상이기 때문에 해결책이 될 수는 없다. 이로부터의 탈출구는 무엇일까?

1) 프로이트의 해결책은 두 가지로 요약할 수 있다. 그것은 로고스와 에로스의 길이다. 첫째로 프로이트는 <환상의 미래>에서 종교적

환상을 대체하는 과학적 이성을 제시하였다. 과학적 이성은 현실을 객관적으로 인식하는 합리적, 비판적, 성찰적 태도다. 따라서 과학적 이성은 과학적 지식의 절대화와는 거리가 멀다. 과학적 지식이 절대화되면 또 다른 우상숭배인 기술주의로 전락할 것이다. 과학적 태도는 어제의 논쟁이 오늘의 실천이며, 오늘의 실천이 내일의 논쟁이 될 수 있다는 진리 앞에서의 겸손을 전제로 한다. 따라서 과학적 태도는 종교적 광신주의나 인종적, 민족적 나르시시즘의 비합리주의와 절대주의로 전락하지 않고 이들에 대해 비판적 입장을 견지할 수밖에 없다.

둘째로 프로이트는 사랑을 해결책으로 내세운다. "병에 걸리지 않기 위해서는 결국에 사랑을 해야 한다. 만일 어떤 좌절 때문에 사랑을 할 수 없다면 우리는 병에 걸릴 수밖에 없다."[15] 사랑은 생명을 연합하고 확대하는 관계의 맺음이요 관계의 창조다. 사랑이 사라진 곳에는 파괴와 공격의 죽음 본능이 기승을 부리고 악성 나르시시즘의 허위의식이 횡행한다.

헤르만 헤세의 작품 중에 다음과 같은 이야기가 있다. 어느 부부가 만년에 아들을 하나 낳게 되었다. 이때 어떤 도인이 찾아와서 한 가지 소원을 들어주겠다고 했다. 이때 부부는 '이 아이가 모든 사람으로부터 존경과 사랑을 받는 아이가 되게 해 달라'는 소원을 말했다. 아들은 성장하면서 모든 사람으로부터 존경과 사랑을 받는 사람이 되었다. 그러나 아들은 점차 자신의 나르시시즘에 빠져서 교만한 사람이 되고 마침내 나쁜 사람으로 변해 갔다. 오랜 세월이 지난 후 도인이 이 부부를 찾아 왔다. 이들은 자신들의 소원이 잘못되었다는 것을 깨닫고 정반대의 소원을 말했다. '아들이 모든 사람으로부터 사랑받는 사람이 아니라 모든 사람을 사랑하는 사람이 되게 해주십시오.'

프로이트 식으로 말하자면 사랑은 질병의 회복이요 새로운 창조다. 사랑 없이는 창조가 있을 수 없다. 창조는 혼돈으로부터 질서로, 질병

---

15) "나르시시즘 서론," <전집 11, 61>.

으로부터 건강으로 나아가는 사랑의 과정이다. 따라서 프로이트는 하이네의 시를 인용하여 다음과 같이 말한다.

> 질병은 모든 창조적 욕구의
> 궁극적 근거.
> 창조하면서 나의 병이 나았고
> 창조하면서 나는 건강해졌네.[16]

2) 에리히 프롬은 프로이트의 로고스와 에로스의 길을 수용하면서 이를 유대 기독교 전통의 관점에서 자기 나름대로 발전시킨다. 프롬은 사랑의 올바른 개념은 자기애, 집단애를 넘어서서 인류애로 확대되어야 한다고 생각한다. 사랑의 대상을 한 인종이나 집단에 제한시키지 않고, 인류는 모두 가족이라는 개념으로 확대시키며, 자기 자신을 세계 시민으로 경험한다면 인종적, 종교적, 민족적, 악성 나르시시즘은 발을 붙이기 힘들다. 더욱이 인류가 성취한 문명의 성숙을 자랑스럽게 여기고, 인류에게 예술과 기술과 지식을 전파하며, 온 인류가 평등하고 자유롭고 관용하는 세계에 살아갈 수 있도록 인류애의 노력을 경주한다면, 그것은 양성의 나르시시즘으로서 인류를 구원하는 새로운 해결책이 될 수 있을 것이다. 따라서 에리히 프롬은 인류애라는 휴머니즘에 대한 사랑이야말로 과학적 사유와 함께 악성의 집단 나르시시즘으로부터 벗어날 수 있는 길이라고 생각한다. 온 인류가 민족의 국경일이 아니라 '사람의 날'을 최고의 명절로 생각하는 날이 올 때, 인류는 악성의 집단 나르시시즘으로부터 벗어나서 인류의 창조적 시민으로 거듭나게 될 것이다.

이러한 사랑의 원대한 정신은 휴머니즘의 정신에서뿐만 아니라 이미 유대교와 기독교의 전통에서 극명하게 표현되어 왔던 개념이다.

---

16) "나르시시즘 서론," <전집 11, 62>.

> 구약에서는 '네 이웃을 너 자신처럼 사랑하라'고 말한다. 여기서는 적어도 이웃이 자기 자신만큼 중요한 정도까지 자기도취를 극복하라고 요구한다. 그러나 구약에서는 더 나아가 이방인을 사랑하라고 요구한다. (너는 이집트 땅에서는 이방인이었으므로 이방인의 영혼을 알고 있다.) 이방인은 바로 나의 씨족, 나의 가족, 나의 민족의 일원이 아닌 사람이다. 또한 그는 내가 자기도취적으로 집착하고 있는 집단의 일원도 아니다. 그는 단지 사람일 뿐이다.…… 신약에서 '원수를 사랑하라'고 말할 때, 이 말은 같은 사상을 더욱 날카롭게 표현한다. 이방인이 당신에게 완전히 인간답게 된다면 '당신'도 참으로 인간답게 되었으므로 이미 적은 존재하지 않는다. 이방인을 사랑하고 적을 사랑하는 것은 자기도취가 극복되었을 때에만, '나는 그대이다'라고 할 수 있을 때에만 가능하다.[17]

유대 기독교의 인류애의 정신은 고등종교가 표방하는 보편적 인류애의 정신과 일치한다. 프롬은 사랑의 정신을 예언자들의 우상숭배에 대한 교훈으로 보강한다. 우상숭배에 대한 싸움이란 결국 집단적이든 개인적이든지를 막론하고 자기숭배, 자기신격화에 대한 투쟁이다.

> 우상숭배에서는 사람의 하나의 부분적 기능이 절대화되고 우상화된다. 이때에는 사람은 소외된 형태의 자기 자신을 숭배한다. 그가 심취한 우상은 그의 자기도취적 격정의 대상이 된다. 반대로 신의 관념은 신만이—인간이 아니라—전지전능하다고 하기 때문에 자기도취를 부정하는 것이다. 그러나 정의할 수 없고 설명할 수 없는 신이라는 개념은 우상숭배와 자기도취의 부정이기는 했지만 곧 신은 다시 우상이 되었다. 사람은 자기도취적 태도로 신과 자신을 동일시하게 되었고, 따라서 신의 개념의 원래의 기능과는 완전히 모순을 일으켜서 종교는 집단적 자기도취를 나타나게 되었다.[18]

프롬의 과거에 대한 회상과 미래에 대한 희망은 아름다운 소묘다. 예언자의 우상숭배에 대한 투쟁이나 유대 기독교의 사랑의 위대한 정신은 희망적 비전이다. 그러나 이러한 비전이 현실화될 수 있는가? 프

---

17) 에리히 프롬, <인간의 마음>, 130-131.
18) 에리히 프롬, <인간의 마음>, 131.

롬 자신이 언급하듯이 우상숭배를 격파하는 예언자들의 절대적 신의 개념을 도리어 종교적 나르시시즘의 탁월한 도구로 변모시키는 것이 인간이 아닌가? 그렇다면 프롬은 인간을 지나치게 낙관적으로 보고, 종교에 대해 지나친 기대를 하는 것이 아닌가? 이러한 질문이 의미가 있다면, 그것은 프롬의 희망과 기대와는 달리 프로이트의 인간에 대한 스토아 철학적 태도와 현실적 비관론이 보다 적합하다고 할 수 있다.

프로이트는 개인이 종교집단 속으로 흡수되어 구원을 얻을 수 있다는 것을 높게 평가하지 않는다. 옛 신앙은 그 자신이 치료하려고 하는 병을 재생산하고 있기 때문이다. 따라서 프로이트에게 필요한 것은 인간이 병든 공동체로부터 해방되는 것이다. 그러기 위해서는 종교의 젖을 떼어 성숙한 개인이 되고, 종교집단의 '우리'로부터 '나'를 해방시킬 것이 요청된다.[19] 종교적 나르시시즘의 세계로부터 나를 해방시키는 것은 소크라테스의 '너 자신을 알라'는 경구처럼, 스스로를 비판적, 과학적, 성찰적으로 살피는 가운데 가능하다. 이를 프로이트는 정신분석학적 치료라고 불렀는바, 이것이 정신분석학이 현대의 세속 복음이 되는 이유다.

---

19) "Postscript to a Discussion on Lay Analysis," *Collected Papers*, V, 211-212

10. 종교 진화의 정신분석학

인류의 발전사: 주술, 종교, 과학

프로이트는 <토템과 타부>의 세 번째 에세이에서 세계관의 발전사에 대한 매우 중요한 정신분석학적 개념을 제시하고 있다.

> 인간의 세계관의 발전사, 곧 애니미즘적 단계가 종교적 단계에 의해 교체되고, 종교적 단계는 다시 과학적 단계에 의해 교체된다는 발전사를 우리가 인정하면, '사유의 전능성'의 운명을 이 단계들을 통해 추적하는 것은 어렵지 않다. 애니미즘의 단계에서 인간은 자기 자신이 전능하다고 생각했었다. 종교의 단계에서 인간은 전능함을 신들에게 양도하였지만, 정말로 포기한 것은 아니었다. 왜냐하면 인간은 자기의 소원에 따르는 다양한 방법으로 신들에게 영향력을 미칠 수 있는 길을 남겨 놓았기 때문이다. 과학적 세계관은 인간의 전능성의 공간을 더 이상 허용하지 않는다. 인간은 자기의 미소함을 인정하고, 죽음을 비롯한 모든 자연적 필연성에 굴복하였다. 그럼에도 불구하고 현실의 법칙을 계산하는 인간 정신이 갖고 있는 힘에 대한 신뢰 속에 전능성에 대한 원시적 신앙의 일부가 잔존하고 있다.[1]

1) <토템과 타부>, 문예마당, 132-133. <전집 13, 147>.

이 압축된 언어에는 프로이트의 인간 정신의 발달사에 대한 기본 철학이 모두 담겨져 있다. 프로이트는 정신의 발달사를 애니미즘적 단계, 종교적 단계, 과학적 단계로 나눈다. 그것은 인류 정신의 발달사를 오고스트 콩트가 신화적(신학적) 단계, 철학적(형이상학적) 단계, 과학적 단계로 나누고, 프레이저가 주술적 단계, 종교적 단계, 과학적 단계로 분류한 계몽주의적 사유의 연장선상에서 이해할 수 있다. 단지 프로이트는 이들을 인간 심리의 발전사라는 정신분석학적 관점에서 제시하고 분석하였다는 데 특징과 공헌이 있다.

애니미즘[2)]은 에드워드 타일러의 용어로 만물에 정령이 있다고 믿는 원시신앙이다. 원시인들은 레비 브룰이 '신비적 참여'라고 불렀듯이 꿈속에서 만나는 사물과 사건들을 현실적 실재와 구별하지 못했다. 꿈속에서 인간은 자신의 또 다른 자아를 만난다. 또 다른 자아는 현실적 자아와는 다른 경험을 한다. 원시인들은 이 또 다른 자아를 정령이라고 생각했다. 그리고 자신들의 감정을 외계로 투사하여 만물에는 정령이 내재하고 있다고 믿었다. 말하자면 정령은 인간의 감정이 인격화되어 외부 대상으로 투사된 존재, 헤겔의 용어로 인간 자신의 소외의 대상이다. 그리고 원시인은 소외의 대상에서 자기 자신을 다시 발견한다. 이러한 원시신앙에는 인간과 자연물 사이에 유사성의 논리가 존재할 수밖에 없다. 프레이저는 이러한 유사성의 논리를 '공감성'이라고 불렀고, 공감성으로부터 원시적 세계관의 특징인 주술이 발생한다고 하였다.

주술은 자연을 조절하여 유익을 구하려는 원시적 사유의 결과다. '비슷한 것이 비슷한 것을 낳는다'는 유유상생(類類相生)이나 유유상종(類類相從)의 유사주술, 일단 접촉한 사물은 시간과 공간의 거리와 차이에도 불구하고 영향력을 미친다는 감염주술은 자연과 인간 사이의 공감성에서 가능한 논리요 개념이다. 프로이트는 이렇게 비슷한 것을

2) 애니미즘에 대하여는 "5. 토템과 터부"를 참조.

통해서 비슷한 효과를 얻으려는 유사주술이나 접촉을 통해서 영향력을 행사하려는 감염주술을 '사유의 전능성'이라고 불렀다. 그것은 어떤 과학적 인과관계에 기초한 것이 아니라 그렇게 생각하기 때문에 그렇게 되리라고 믿는 것이기 때문이다. 프로이트에게 이러한 특징은 원시인의 특징이기도 하지만 신경증 환자의 특징이기도 하다.

그런데 원시인의 주술적 노력에도 불구하고 자연은 인간의 마음대로 조절되지 않는다. 그렇다면 주술적 사유는 자연을 조절하기 위한 다른 수단을 요청한다. 주술은 아직도 사유의 전능성에 매달려 있지만, 애니미즘은 사유의 전능성의 일부를 신들이나 정령들에게 양도함으로써 그 길을 예비한다. 이것이 종교적 단계로의 전이다. 프레이저가 말하듯이 주술이 실패하는 곳에 종교가 시작한다.

종교적 단계는 자연을 초월한다고 생각되는 정령이나 신들의 힘을 통하여 자연을 인간의 뜻대로 조절하려는 시도다. 따라서 주술이 공감성을 바탕으로 하는 사유의 기술이라면, 종교는 초자연적 신들의 힘을 얻기 위한 간구, 즉 기도의 기술을 필요로 한다. 또한 초자연적 신들의 힘을 얻으려면 신들의 마음을 사기 위한 제물이 요청된다. 기도를 행하지 않는 종교가 없듯이 제물을 바치지 않는 종교도 없다. 이렇게 보자면, 종교의 근원은 형이상학적 질문이나 사유에서 출발하는 것이 아니라 신을 향한 구체적 기도와 봉헌의 제의에 있다.

그러나 기도를 하고 제물을 바쳐도 신들의 힘을 얻을 수 없다면, 신들의 진정한 뜻이 무엇인지를 상고할 수밖에 없다. 신들의 뜻을 알게 하는 것이 바로 신탁이요 계시다. 여기서 기도와 제물보다도 신들의 뜻을 알고 행하는 것이 신들의 은혜를 입을 수 있는 가장 중요한 길로 인식되면서, 종교사는 원시종교의 주술적 단계를 넘어서서 윤리성과 합리성을 강조하는 고등종교의 단계로 진입한다. 그러나 프로이트에게 원시종교나 고등종교를 막론하고 모든 종교는 신의 전능성을 통하여 인간의 전능성을 실현하려는 욕구에서 유래한다.

프로이트가 제시하는 세계관의 마지막 단계는 과학적 세계관이다.

과학적 세계관은 주술이나 종교처럼 인간 전능성의 꿈을 갖지 않는다. 오히려 과학적 단계의 인간은 자연의 필연성을 인정하고 자신의 유한함을 긍정하면서 자연을 이성적으로 관찰하고 긍정하며 살아간다. 어제의 논쟁이 오늘의 실천이며 오늘의 실천이 내일의 논쟁이 될 수 있다는 사물에 대한 열린 태도야말로 이념적 도그마에 빠지지 않는 과학적 인간의 모토라고 할 수 있다. 과학적 인간은 인간의 시간성과 유한성, 더욱이 죽음마저도 자연현상의 필연으로 긍정하려고 한다. 이런 점에서 프로이트에게 과학적 세계관은 보다 발전되고 성숙된 세계관으로 나타난다.

그러나 주술이나 종교가 공감적 기술이나 신들의 도움을 통하여 현실을 조절하고 초월하려는 인간의 전능성의 꿈에서 비롯되고 있다면 과학이라고 이로부터 예외가 될 수 없다. 비록 과학이 주술이나 종교와는 매우 다른 이성적 방법과 합리적 기술을 사용한다 하더라도, 과학의 목적은 주술이나 종교와 같이 현실을 인간적 의도에 맞게 조절하고 변경함으로써 인간적 삶에 유용성을 제공하려는 것이기 때문이다. 이런 점에서 프로이트의 애니미즘, 종교, 과학의 단계라는 세계관의 발전사는 콩트와 프레이저의 계몽주의적 발전 도식과 공통점을 갖는지만, 프로이트 도식의 바탕에는 언제나 인간의 전능성에 대한 욕구가 존재하고 있다는 점에서 그 특징이 나타난다.

개인의 발전사: 나르시시즘, 부모의존, 성숙한 이성

프로이트에게 개인의 심리발달과 인류의 심리발달, 개체발생과 계통발생의 심리학은 동일한 발달 과정을 거친다. 따라서 주술과 종교와 과학의 단계, 원시인으로부터 현대에 이르는 인류 발전의 단계는 유아로부터 성인에 이르는 개인의 심리학적 발전 과정에 그대로 압축되어 있다고 말할 수 있다. 프로이트는 다음과 같이 말한다.

원시인들에게 사유의 전능성의 존재를 나르시시즘에 대한 증거로 간주해도 좋다면, 우리는 인간의 세계관의 발달 단계를 개인의 리비도 발달 단계와 비교하는 시도를 감행해 볼 수 있다. 시간적으로 또 내용적으로 애니미즘적 단계는 나르시시즘에 해당하고, 종교적 단계는 부모에 대한 애착을 그 특징으로 하는 대상선택의 단계에 해당하며, 과학적 단계는 쾌감의 원칙을 포기하고 현실에 적응하면서 외계에서 그 대상을 찾는 성숙한 상태와 완전히 대응한다.[3)]

이 구절도 매우 압축된 언어로서 설명이 필요한 부분이다. 여기서는 인류사의 애니미즘적 단계, 종교적 단계, 과학적 단계가 개인사의 나르시시즘의 단계, 부모에 대한 대상선택의 단계, 성숙한 개인의 단계로 제시되어 있다. 이를 심도 있게 이해하기 위하여 프로이트의 동료이자 매파 해설가였던 산도르 페렌치의 설명을 듣는 길을 택하도록 하자.

산도르 페렌치는 "현실 감각의 발달 단계"[4)]에서 태아로부터 성인에 이르기까지 인간의 인식발달이 어떠한 과정을 거치는가를 종교발달과의 관계에서 매우 탁월하게 제시해 주고 있는데, 이를 따라가다 보면 앞서 인용한 프로이트의 압축된 언어가 쉽게 풀려 나오는 경험을 할 수 있다.

1) 자궁 속 태아와 전능성: 정신분석학은 인간의 정신적 경험이 모태를 떠나는 순간부터 시작하는 것이 아니라 모태 속의 태아의 경험으로부터 시작한다고 말한다. 그러나 자궁 속의 태아는 주변 환경과의 분리 속에서 사물을 경험하는 자궁 밖의 유아와 매우 다른 경험을 가질 수밖에 없다. 태아와 모태는 둘이면서 하나요, 하나이면서 둘인 상태로 존재한다. 또한 태아가 필요로 하는 모든 것은 태아가 욕구하기

---

3) <토템과 타부>, 135. <전집 13, 149>.

4) Sandor Ferenczi, *First Contributions to Psycho-Analysis*, London: The Hogarth Press, 1952, 218-239. 프로이트는 <문명 속의 불만>에서 페렌치의 연구를 언급하고 있다(<전집 12, 237>).

도 전에 모태에 의해 보장된다. 태아의 본능이 원하는 것은 무엇이든지 이미 자궁 안에 있다. 이 상태는 소원이나 욕구와는 관계없이 모든 것이 충족된 상태, 결핍이 없는 상태다. 이런 점에서 자궁 속의 태아는 전능하다고 할 수 있다. 여기서 전능이라는 말은 "자신이 원하는 것을 모두 가지고 있다는 감정, 소원하는 것은 무엇이나 실현되어 있다는 감정"[5]을 말한다.

모태를 떠난 유아는 이런 자궁 내 충족성 또는 전능성의 상태, 일차적 나르시시즘에 대한 무의식적 기억 때문에 자신이 원하는 것은 무엇이나 충족될 수 있다는 과대망상증을 가질 수 있다. 유아의 과대망상증은 부모의 보살핌이 있기 때문에 공허한 망상이 아니다. 그러나 성인이 되어서도 전능성의 상태에 대한 과대망상증을 갖는다면, 그것은 강박신경증의 병리학적 증상으로 나타나든지 또는 보다 발달된 종교적 신비주의로 나타나게 될 것이다. 여하튼 태아가 모태 속에서 경험한 전능성 또는 충족성의 기억이 무의식적으로 반복 회귀하면서 심리학적으로 매우 중요한 의미를 갖는다는 것은 다른 곳에서 충분히 논의하였기 때문에 다시 부연할 필요가 없다.[6]

2) 신생아와 환각적 소원성취: 신생아가 세상에 나오면서 부르짖는 최초의 울음소리는 이전에 경험했던 쾌락과 안락함이 불쾌한 상황으로 변한 데 대한 자연적 반응이요, 전능했던 자궁을 떠나는 실낙원의 절규다. 신생아는 자궁의 충족성을 다시 획득하려고 한다. 어머니는 이를 본능적으로 인식하고 가능한 한 신생아에게 자궁과 가장 유사한 상황을 만들어 주려고 한다.

> 어머니는 신생아를 자신의 따스한 몸으로 안고, 부드럽고 따듯한 포대기로 감싼다. 이것은 신생아에게 어머니의 따사로운 보호의 환상을 심어 준다. 신

---

5) Sandor Ferenczi, *First Contributions to Psycho-Analysis*, 219.
6) 본서의 "9. 나르시시즘과 종교"의 '일차적 나르시시즘과 종교'를 참조.

> 생아는 빛의 자극과 소음으로부터 보호된다. 그리고 신생아가 어떤 자극도 없었던 자궁 내의 상태를 즐길 수 있는 모든 가능성을 제공한다. 또는 신생아를 흔들어 주기도 하고 단조로운 리듬의 자장가를 들려주기도 한다.[7)]

이렇게 함으로써 신생아는 전능성의 상황에 있었던 자궁의 상황을 퇴행적으로 다시 느낄 수 있게 된다. 따라서 페렌치는 이러한 방법을 '환각적(hallucinatory) 방법' 또는 '상상적 방법'이라고 불렀다.

어머니의 환각적 방법이 신생아에게 자궁 내의 상태를 재현시켜 준다면, 인간은 스스로도 환각을 통하여 전능성의 상태를 퇴행적으로 재현하려고 한다. 이러한 환각적 소원성취의 퇴행적 증상이 이후 병리학적으로 정신병적 망상으로 나타나고, 집단적으로 종교적 환상으로 발전되기도 한다.

3) 주술적 사유와 애니미즘: 신생아가 자궁 밖에 존재하는 한 환각적 소원성취는 일정한 한계가 있다. 세계에 던져진 존재인 신생아는 새로운 환경에 적응해야 하고 새로운 환경을 조절하는 방법을 배워야 한다. 여기서 신생아가 새로운 환경에 반응하여 소원성취를 이룰 수 있는 가장 손쉬운 방법이 울음을 터뜨리는 것이다.

> 유아는 대개 자신의 내적 욕구를 충족시킬 수 있다는 환상을 가지고 있다. 증가하는 자극에 대해 만족이 따르지 않을 때, 유아는 울음을 터뜨리거나 발버둥치는 행위 등으로 자신의 불쾌감을 표현한다. 그렇게 야단법석을 치다보면 대개 자신이 환상 속에 그렸던 만족을 얻게 되기 때문이다. 그 유아가 성장하면서 어린이가 되면 유아 때와 마찬가지로, 그러나 의도적인 동작을 통해 자신의 감정을 표현하고 만족을 얻는 방법을 배우게 된다.[8)]

처음에는 불만족 때문에 울음을 터뜨렸고, 그 울음이 소원성취를 이

---

7) Sandor Ferenczi, *First Contributions to Psycho-Analysis*, 221.
8) "정신적 기능의 두 가지 원칙," <전집 11, 14>.

루어 주었다면, 이제는 의도적으로 울음을 터뜨림으로써 소원성취를 이루려고 할 것이다. 말하자면 울음은 더 이상 불만족에 대한 자연적 반응이 아니라, 만족을 얻기 위한 의도적 행위로 변모한다. 이것이 바로 신호의 탄생이요, 울음이 욕구의 신호가 되는 이유다.

유아는 울음 외에도 손과 몸의 동작을 통하여 자신의 욕구를 말한다. 젖이 먹고 싶으면 젖을 빠는 신호를 보낸다. 신호를 발산하면 어머니는 젖을 물리고 유아의 소원성취가 이루어진다. 따라서 유아의 신호는 '주술적' 신호다. 유아는 주술적 신호를 통하여 소원성취를 이루는 전능의 주술사다. 이렇듯 유아는 점차 자신이 원하는 대상을 잡으려고 손을 뻗치는 행동을 한다. 이로부터 몸짓언어(gesture language)가 발달한다. 몸짓언어와 함께 자신이 원하는 대상이 다가온다. 따라서 이 단계의 유아는 신호와 몸짓언어에 의해서 자신이 원하는 것을 획득할 수 있는 주술적 전능성을 경험한다.

여기서 울음, 손짓, 몸짓 등은 모두 내적 욕구를 충족시키기 위하여 육체적 행위를 이용하는 주술적 신호요 기호라는 사실을 기억하자. 이것은 인간행위의 심리를 이해하는 데 큰 도움을 준다. 첫째로 인간의 종교적 삶에서 매우 중요한 자리를 차지하는 저주, 축복, 기도, 의례 등의 행위는 이를 통하여 자신의 욕구를 실현하려는 주술적 몸짓언어요 주술적 전능성의 신념을 표현하고 있다. 말하자면 종교적 몸짓언어는 주술적 몸짓언어의 원시적 잔재요 발전이라고 할 수 있다. 둘째로 주술적 몸짓언어의 병리학적 대응물이 바로 히스테리 발작이다. 히스테리는 억압된 욕구가 육체적 증상을 통하여 갑작스레 전환되고 표현되는 것이기 때문이다. 페렌치는 다음과 같이 말한다.

> 정신분석학은 환자가 억압된 소원을 몸짓의 도움으로 성취하려고 하는 시도를 히스테리 발작이라는 것을 보여준다. 정상인의 정신생활에서 나타나는 수없이 많은 미신적 몸짓, 또는 (저주, 축복, 기도의 몸짓)과 같이 유효하다고 여겨지는 몸짓들은 이러한 발전단계의 잔류물이다. 그 속에서 인간은 정상적인 우주질서를 거부할 수 있을 정도로 아직도 힘이 크다는 것을 느낀다. 점

> 쟁이, 예언자, 자기(磁氣)학자는 계속해서 몸짓의 완전한 힘에 대한 신념을 주장한다.9)

정신분석학은 몸짓-주술의 행위가 바로 신생아의 주술적 기호와 몸짓언어의 연장선에서 이해할 수 있는 것으로서, 유아적 단계로 퇴행함으로써 욕구하는 바를 획득하려는 행위라고 말한다.

유아가 음성언어를 습득하기 시작하면서 주술적 몸짓언어는 점차 음성언어로 대체된다. 음성언어는 몸짓언어에 비해 매우 다양한 대상을 경제적으로 표현할 수 있는 탁월한 도구다. 이전에 젖을 얻기 위해 몸짓언어를 사용하던 유아는 이제 '젖'이라는 말을 함으로써 쉽게 젖을 얻을 수 있다. 유아는 언어를 통하여 자신의 욕구를 충족시킬 수 있다는 사실을 통하여 자신의 언어에는 주술적 능력이 있다고 생각한다. 언어는 주술적 힘이다. 따라서 페렌치는 이 단계를 주술적 사유와 주술적 언어의 단계라고 불렀다.

언어의 주술성에 대한 유아적 믿음은 성인이 되어서도 여러 형태로 유지된다. 예를 들어 '말이 씨가 된다'는 속담은 언어의 주술성에 대한 속신을 표현하고 있는 말이다. 언어의 주술성에 대한 유아적 믿음은 특정 언어에 대한 생각 자체가 불행을 일으킬 것이라고 믿기 때문에 특정 언어 자체를 기피하려는 강박신경증 환자의 병리학적 증상에서 나타나기도 하고, 또는 기도, 간구, 저주 등의 언어행위가 주술적으로 이루어지리라고 믿는 종교행위에서 나타나기도 한다. 정신분석학은 이런 언어의 주술성에 대한 믿음이 유아적 세계에 바탕을 두고 있다고 말한다.

사물을 주술적으로 바라보는 유아적 세계는 한마디로 애니미즘의 세계다. 이것은 어린 시절 누구나 경험해 보았을 예를 하나 들어보면 쉽게 이해할 수 있다. 아이가 식탁에 걸려 넘어졌다고 생각해 보자. 울음보를 터뜨리는 엄마가 아이에게 누가 그랬느냐고 물으면 아이는

---

9) Sandor Ferenczi, *First Contributions to Psycho-Analysis*, 225-226.

식탁을 가리키며 “재가 그랬다”고 할 것이다. 그러면 엄마는 “맴매, 맴매” 하면서 식탁을 때려 주는 시늉을 할 것이다. 아이에게는 식탁이 살아 있는 존재, 자신을 넘어뜨리는 존재, 맴매를 해야 하는 존재, 즉 정령을 가진 존재로 이해되는 것이다. 유아에게 사물은 객관적으로 존재하는 것이 아니라 자신을 향해 오기도 가기도 하며, 말을 걸기도 하고 침묵하기도 하며, 자신을 때리기도 하고 사랑하기도 하는 애니미즘의 대상으로 존재한다.

> 유아는 실재를 인식하는 데 있어서 애니미즘의 시기를 통과한다. 거기서 모든 대상은 그에게 생명을 가진 것으로 나타나고, 그는 모든 대상 속에서 자신의 기관과 활동들을 발견하려고 한다.[10)]

이렇게 유아가 애니미즘의 눈으로 바라보는 세계는 어른이 되어서도 강력한 이미지나 상징으로 작용한다. 문명의 심층 속에 원시가 존재하고 있듯이, 어른의 심층 속에 유아가 존재하고 있다. 이것이 모든 사람들이 어른이 되어서도 애니메이션에 심취하는 이유가 될 것이요, 보다 발달된 애니미즘의 영역인 시적 세계에 매료되는 이유가 될 것이다. 어린이가 어른의 어버이라는 말은 심리학적으로는 언제나 진리다.

여하튼 유아는 세계 속에서 자신의 이미지를 발견하고, 그 이미지를 객관세계로 인식한다. 따라서 애니미즘은 바로 나르시시즘과 통한다. 이것이 바로 프로이트가 인류의 원시적 세계관인 애니미즘이 개인의 경우에 유아의 나르시시즘에 해당한다고 말한 이유다.

4) 부모의존 대상선택과 종교적 단계: 유아의 주술적 신호와 주술적 언어는 욕구하는 것을 소원 성취케 하는 역할을 한다. 그러나 그러한 소원성취가 언제나 뜻대로 이루어지는 것은 아니다. 유아가 내민 손은

---

10) Sandor Ferenczi, *First Contributions to Psycho-Analysis*, 227.

빈손으로 돌아오기 일쑤다. 유아는 점차 주술적 몸짓과 대상 사이에 불일치가 일어나는 것을 깨닫는다. 대상은 유아의 생각과 욕구에 복종하지 않는다. 따라서 유아는 자신의 뜻과는 다른 외적 세계, 즉 자신의 주관적 감정과는 다른 객관적 세계를 인식하기 시작한다. 이와 함께 유아는 외적 세계와는 분리된 나에 대한 인식, 즉 이전에는 없었던 에고라는 인식을 갖는다.

에고가 발달하면서 유아는 자신의 소원을 이루기 위해서는 자신보다 더욱 큰 '신적인 힘'에 의지해야 한다고 생각한다. 유아에게 신적인 힘은 바로 어머니, 유모, 또는 아버지의 힘이다. 그리고 유아는 이 힘의 호의를 얻음으로써 자신의 소원을 성취할 수 있다고 믿는다. 이러한 부모의존적 대상선택이야말로 종교의 시작이라고 할 수 있다. 무력한 유아가 부모의 힘을 통하여 소원을 성취하려고 하듯이, 무력한 인간이 부모의 대체물인 신들의 힘을 통하여 욕구를 충족하려는 것이 종교이기 때문이다. 따라서 프로이트에게 종교는 개인적으로나 인류사적으로 유아기에 해당하는 단계로서, 성숙한 이성과 과학적 로고스에 의해서 수정되고 극복되어야 할 과제가 된다. 프로이트는 그러한 과제를 <환상의 미래>에서 매우 급진적으로 제시하고 있는데 이를 살펴보도록 하자.

종교적 환상과 현실에의 교육

우리는 프로이트의 종교적 단계가 개인적으로나 집단적으로 부모 또는 신적 부모의 힘에 의존함으로써 소원을 성취하려는 유아적 무력감에 근원을 두고 있다고 하였다. 프로이트는 <환상의 미래>에서 이러한 내용을 보다 상세히 서술하고 있다.

인간은 자연 환경과 사회 환경 속에서 살아가는 존재다. 따라서 인간은 종종 자연으로부터 오는 재해와 사회로부터 발생하는 고통에 직면하여 무력할 수밖에 없는 존재다. 이런 관점에서 프로이트는 종교가 바로 자연적 공포에 직면한 인간의 무력감, 그리고 사회적 삶에서 일어나는 고통과 박탈감, 즉 문명 앞에서의 또 다른 무력감을 극복하기 위해서 발생하였다고 하였다. 말하자면 프로이트 종교론의 중심 단어는 '무력감'이다.

프로이트에게 종교는 한마디로 무력감에 근거한 보호의 원망에 바탕을 두고 있다. 따라서 종교적 교리나 이념은 감정적, 심리학적 범주에서 이해할 수 있는 것이지 이성적 범주를 가지고 증명하거나 논의할 수 있는 것이 아니다. 이것이 프로이트가 종교에 대한 지성주의적 입장을 거부하는 이유다. 여하튼 종교가 보호의 원망을 담고 있다면, 종교에는 유토피아에 대한 비전이 담겨져 있다. 프로이트는 이를 가리켜 '환상'(illusion)이라고 부른다.

> 종교적 관념들은 경험의 침전물도 아니고 사색의 최종 결과도 아니다. 그것들은 환상이며, 인류의 가장 오래되고 강력하고 절박한 원망의 실현이다. 종교적 교리가 그토록 강력한 힘을 발휘하는 비결은 원망의 강력함에 있다.[11]

여기서 환상이라는 말은 오류를 뜻하는 것이 아니라 원망에 근거한 이념이나 믿음을 뜻한다. 환상은 결코 허위나 모순이나 오류일 필요가 없다. 망상(delusion)도 원망에 근거한다. 그러나 망상은 불가피하게 실재와 모순된다. 예를 들어 해충이 오물에서 생겨난다는 아리스토텔레스의 믿음은 오늘날의 과학으로 볼 때 오류다. 하늘에서 용암이 흘러내린다고 믿는다면 그것은 실재와 모순되는 망상이요 오류다. 그러나 백마를 탄 왕자가 와서 자신을 아내로 선택할 것이라는 신데렐라의 꿈은 망상이 아니라 환상이다. 마찬가지로 메시아가 인류를 구원할 것으로 믿는 것도 원망을 담은 환상이다.

물론 망상과 환상은 개인에 따라서 달리 이해될 수 있다. 그러나 중

---

11) "환상의 미래," <전집 12, 197>.

요한 것은 프로이트의 환상이 실재와 모순되는 단순히 부정적 개념에만 그치는 것이 아니라 미래에 실현되기를 간구하는 원망을 담은 가능적 현실이요 이상적 현실이며 유토피아적 꿈이라는 것이다.[12] 말하자면 환상은 진위를 따질 수 있는 범주가 아니라 인간의 내재적 욕망과 원망을 내포하고 있는 기호로서 존재하는 것이다.

인류의 환상 중에서 가장 강력한 환상이 종교다. 종교는 입증이나 이성에 근거한 것이 아니라 "인류의 가장 오래되고 강력하고 절박한 원망의 실현이다."[13] 이 원망은 인간이 유아시절부터 어른에 이르기까지 가지고 있는 부모의 사랑과 보호에 대한 환상에서 유래한다. 그리고 인간은 종교적 환상을 통하여 자신들이 당하는 고통과 슬픔, 또는 사회적 박탈이 언젠가 보상되고 정의가 실현될 것이라고 생각한다. 이것이 종교가 인류의 과학적 발달에도 불구하고 언제나 인간에게 호소력을 가지는 이유요, 오늘날 학문으로서의 신학이 비록 사양길에 있다 할지라도 신앙행위로서의 종교는 아직도 번영을 구가하는 이유가 될 것이다.

종교는 논리적 힘이 아니라 심리학적 힘에 바탕을 두고 있다. 따라서 종교는 고통스런 세상을 살아가는 사람들에게 매우 유용한 역할을 할 수 있다. 니체가 종교는 '거짓말'이지만 '유용한 거짓말'이라고 하였듯이, 프로이트는 종교는 환상이지만 '유용한 환상'임을 지적한다.

그럼에도 불구하고 프로이트에게 환상은 현실이 아니라 단지 환상일 뿐이다. 따라서 프로이트는 종교의 유용성에도 불구하고 종교가 환상이라는 사실을 인정하는 것으로 충분하다고 말한다. 말하자면 종교는 좀 더 높은 정신적 단계로 발달하고 그를 향해 극복되어야 할 과제가 되는 것이다. 프로이트에게 이 과제를 담당하는 것이 바로 로고

12) 이런 관점에서 프로이트의 환상을 헤겔식의 부정성으로 확대 해석하고 현실원칙에 충실한 실증철학에 대항하여 유토피아적 부정의 철학을 전개한 사람이 바로 마르쿠제다. 이에 대하여는 본서의 "13. 프로이트와 마르쿠제"의 '환상, 종교, 예술'을 참조.

13) "환상의 미래", <전집 12, 204>.

스교육이라고 말한다. 그렇다면 로고스교육은 자연스레 종교교육에 대한 비판으로부터 출발하지 않을 수 없다.

종교교육과 과학교육

유아는 아직 자신의 이성적, 독립적 판단에 의해서 사물을 판단하지 못한다. 유아는 어른들이 가르치는 사물을 맹목적 감정으로 받아들일 뿐이다. 터툴리안(Tertullian)의 명제, '불합리하기 때문에 믿는다'(credo quia absurdum)는 신앙 태도는 프로이트에게는 유아적 감정과 일치한다. 유아적 특성은 쉽게 최면에 걸리는 사람들에게도 존재한다. 최면은 일시적으로 유아적 믿음, 자기 항복, 복종의 상태로 회귀하는 것이기 때문이다.

따라서 프로이트는 유아에 대한 종교교육, 종교 도그마의 맹목적 주입은 유아의 인격 형성에 손상을 가할 수 있다고 생각한다. 도그마에 대한 맹목적 신뢰의 교육은 권위에 대한 무조건적 신뢰의 정신을 함양하는 권위주의적 인격, 이의 다른 측면인 의존주의적 인격을 배양하기 때문이다.

권위에 대한 무조건적 신뢰는 이성적 사유로 사물을 판단해야 하는 현실원칙과는 달리 권위적 힘에 의존함으로써 모든 것을 성취할 수 있다는 유아적 전능성의 감정을 어른에게 까지 연장시킬 수 있다. '하나에 대한 맹목적 신앙은 다른 것에 대한 맹목적 불신앙'으로 이어진다는 리히텐베르크(Lichtenberg)의 말처럼 권위주의적 인격 또는 의존주의적 인격은 결국 어떤 하나를 신뢰하면 다른 것을 과도하게 불신해야 하는 편향적 인격으로 나타날 것이다.

프로이트의 종교교육에 대한 견해는 쇼펜하우어의 말과 일치한다. "가장 어린 유아기의 마음을 사제들의 조작에 맡김으로써, 진리의 진술과 소통뿐만 아니라 사유와 발견 자체마저도 불가능하게 한다."[14]

따라서 프로이트는 도그마를 맹목적으로 신뢰케 하는 종교교육은 사유의 결핍을 초래한다고 말한다.

유아의 교육은 이들이 이성적, 독립적으로 현실을 판단할 때 까지 사유의 발달을 배양하는 방향으로 나아가야 한다. 즉 교육은 '불합리하기 때문에 믿는다'라는 맹목적 신뢰의 교육 단계로부터 '왜 불합리한 것을 믿어야 하는가?'의 이성적 신뢰의 교육 단계로 발전해야 한다. 이런 점에서 교육의 본질은 유아의 판단력을 억압하면서 권위를 맹목적으로 신뢰토록 하는 종교교육이 아니라 호기심을 유발시켜 스스로 판단토록 연습시키는 과학적 로고스의 교육으로 나아가야 한다. 과학의 씨앗이 호기심과 의심에서 싹튼다면, 과학의 열매는 호기심과 의심을 이성적 로고스를 통하여 탐구하고 실험하고 해결함으로써 열리는 것이기 때문이다. 그러나 종교교육은 권위에 대한 순종을 언제나 확대 재생산하고 과학적 의심을 불경스럽게 여김으로써 이성적 사유를 결핍케 하는 결과를 초래한다.

또한 종교교육은 부모의 힘을 통하여 전능성의 욕구를 충족하려는 유아적 감정을 더욱 큰 신적 힘으로 대체하고 확대 재생산함으로써 인간을 영원히 전능성의 욕구에 사로잡힌 유아적 단계에 고착시키는 결과를 초래한다. 프로이트에게 인간이 유아적 단계로부터 벗어날 수 있는 것은 소원성취를 담보해 주던 부모로부터 정신적 분리를 감행함으로써 가능하다. 그러나 인간은 부모로부터 분리되더라도 더욱 큰 힘을 가진 새로운 부모, 신들의 힘, 종교의 힘을 통하여 전능성의 환상을 유지하려고 한다.

프로이트에게 과학은 이러한 환상을 거부하는 것으로부터 존재한다. 과학에는 부모나 신들의 도움으로 모든 것이 가능할 수 있다는 사유의 전능성에 대한 유아적 환상이 존재하지 않는다. 과학은 가설의 영역을 인정하되 환상의 영역으로 들어가지는 않는다. 과학은 가능한 한

---

14) Sandor Ferenczi, *Further Contribution to the Theory and Technique of Psycho-Analysis*, London: Hogarth, 1926, 444.

객관적 현실에 대한 근사치를 획득하고 현실의 힘을 인정하며 그에 대해 이성적으로 적응해 나가는 과정을 강조한다.

프로이트는 이러한 과학적 태도를 <환상의 미래>에서 '현실에의 교육'이라고 불렀다. 현실에의 교육은 환상적 인간이 아닌 이성적 인간, 사유의 전능성으로부터 벗어난 성숙한 개인, 계몽주의가 희망했던 자율적 인간을 목표로 한다. 여기에 프로이트가 희망하는 과학적 로고스의 메시지가 존재한다.

로고스의 종교

역사적으로 종교의 문명에 대한 공헌은 이론의 여지가 없다. 종교는 인류의 반사회적 본능을 길들이는 데 크게 이바지했고, 인류의 대다수를 행복하게 하고, 위로해 주고, 삶과 조화를 이루게 했으며, 인간을 도덕적 존재로 만드는 데 공헌했다.

만약 종교가 사라진다면 도덕과 법률의 신성성 또한 사라지고 인간의 반사회적 본능이 분출해서 서로가 서로를 살해하면서 문명은 혼돈에 빠지지 않을 것인가? 이러한 가상적 질문에 대해 프로이트는 종교의 신성한 명령이 없이도 인간의 사회적 결합은 가능하다고 생각한다. 왜냐하면 약자들이 단결하지 않는다면 약육강식의 살인은 끝없이 일어날 것이기 때문이다.

> 모든 사람을 똑같이 위협하는 생명의 위험은 이제 사람들을 결합시켜 사회를 구성한다. 사회는 개인의 살인을 금지하고, 이 금지를 어기는 사람을 공동으로 죽일 수 있는 권리를 갖는다. 그래서 우리는 사법과 형벌제도를 두고 있다. 그러나 우리는 살인에 대한 금지를 이렇게 이성적으로 설명하지 않고, 살인에 대한 금지령은 신이 내렸다고 주장한다.[15)]

---

15) "환상의 미래," <전집 12, 210-211>.

이런 점에서 프로이트의 비종교적 사회이론은 홉스의 사회이론과 유사하다. 타자가 나를 죽일지 모른다는 의심의 눈초리로 서로를 바라보는 잔인한 사회에서 인간은 '만인의 만인에 대한 이리'(homo homini lupus)다. 따라서 홉스는 인간들이 자신들의 권리를 국가에 위임하고 법의 우산 밑에서 동일한 보호를 받아야 한다고 말한다. 프로이트 또한 종교에 근거하지 않더라도 인간의 도덕과 공동체는 이성적으로 존재할 수 있고, 이성적으로 해석할 수 있다는 계몽주의적 입장을 취한다.

계몽주의적 전통에서 프로이트는 이성과 지성, 과학정신이 종교를 대체할 것을 기대한다. 프로이트에게 종교는 인류에게 공헌한 이상으로 해를 끼쳤다. 종교적 아집과 도그마로 인한 타자에 대한 편견과 종교전쟁, 인간의 지성과 사고를 억압하고 발달을 금지하는 종교적 억압 등은 그러한 예의 극히 일부다. 더욱이 오늘날 종교는 더 이상 인간을 행복하고, 도덕적이고, 교양적이고, 지성적으로 만들지 못한다. 그것은 종교가 쇠퇴하고 영향력이 감소되었기 때문이 아니라, 과학의 발달과 함께 인류가 실재에 대한 보다 많은 지식을 갖게 되고, 현실에 대한 인식의 눈을 뜨게 되었기 때문이다.

프로이트는 과학정신이 종교를 대체해야 하는 이유와 기대를 두 가지로 피력한다. 첫째, 유아가 신경증 단계를 거쳐서 성인의 문명단계로 발달하듯이, 인류의 보편적 강박신경증인 종교는 더 성숙한 문명단계로 나아가기 위해서 거쳐야 할 과정인 동시에 또한 벗어나야 할 과제다. 어린이가 신경증에서 벗어나듯이 인류도 언젠가 신경증 단계를 극복해야 한다. 둘째, 인류가 본능을 다스리고 지배하면서 보다 나은 세계를 건설할 수 있는 수단은 오직 지성뿐이다. 종교는 무력함과 보호의 감정에 근거하기 때문에 사고의 발달을 저해하고 지성이 우위를 차지하는 상태에 도달하는 데 저해 요소가 된다. 인간 사회의 미래를 기대할 수 있는 것은 감정이 아니라 감정과 본능을 조절하고 지배하는 이성이다.

만약 인간에게 환상의 위안을 제공하는 종교를 빼앗는다면 인간은 삶의 고난과 잔인함을 견딜 수 있겠는가? 오랫동안 수면제를 복용해야 잘 수 있는 사람에게서 수면제를 빼앗는 것은 잔인한 짓이 아니겠는가? 이러한 질문에도 불구하고 프로이트는 종교적 환상을 제거한 자리에 현실을 직시하는 교육, '현실에의 교육'을 처방전으로 내놓는다.

종교적 환상에 대한 반명제가 현실이라면, 종교교육에 대한 반명제는 현실에의 교육이다. 종교교육이 유아적 무력감과 부모의 보호에 대한 교육이라면, 현실에의 교육은 유아적 신경증을 벗어나서 현실을 인식하도록 가르치는 성숙에의 요청이다.

> 그들은 따뜻하고 안락한 부모의 집을 떠난 어린애와 똑같은 처지에 놓이게 될 것이다. 그러나 유아 상태는 결국 극복될 수밖에 없는 운명이다. 인간은 영원히 어린애로 남아 있을 수는 없다. 결국에는 '적대적인 생활' 속으로 나아가야 한다. 이것을 '현실에 대한 교육'이라고 부를 수 있을 것이다.[16)]

이를 위하여 프로이트는 과학적 지성이 종교를 대체하고, 인류가 종교의 집단 신경증을 벗어날 것을 기대한다. 종교의 목적이 인류의 사랑과 고통의 감소에 있다면 그것은 과학과 이성의 목표와 다를 바가 없다. 이러한 과학과 이성의 새로운 신을 프로이트는 '로고스'의 신이라 불렀다. 로고스는 전통종교와 달리 삶의 고통에 시달리고 있는 인간에게 저 세상의 보상을 약속하지 않는다. 그러나 로고스는 이전에 종교가 약속했던 행복과 고통의 감소를 환상으로가 아니라 현실로서 제공할 것이다. 프로이트는 로고스를 다음과 같이 묘사한다.

> 우리의 신인 로고스는 아마 전능한 존재는 아닐 것이며, 그 이전의 신들이 약속한 것을 극히 일부밖에 실현하지 못할 것이다. 이 사실을 인정해야 한다면, 우리는 체념하고 받아들일 것이다. 그렇다고 해서 그 때문에 세상과 인생에 대한 관심을 잃어버리지는 않을 것이다. 우리한테는 당신이 갖고 잇지

---

16) "환상의 미래," <전집 12, 229-230>.

> 않은 확고한 토대가 있기 때문이다. 우리는 과학적 연구를 통해 세계의 현실을 어느 정도 알 수 있고, 그 지식을 통해 우리의 힘을 강화할 수 있으며, 그 지식에 따라 우리의 삶을 조정할 수 있다고 믿는다.17)

이렇게 보면 프로이트의 종교는 스토아철학의 로고스, 스피노자의 이성철학과 맥을 같이 한다. 스토아철학자들이 신에 대한 믿음을 통하여 보상과 보호를 기대하기 보다는 우주적 이성과의 일체를 통하여 세계를 관조하고 자유를 누렸고, 스피노자가 영원의 상을 의식하면서 마음의 평정을 누렸듯이, 프로이트의 로고스는 과학적 지식을 통해 인간의 삶을 성숙케 하고 강화하는 관조적 신이라고 말할 수 있다.

로고스의 지성은 "인간이 서로 사랑하고 삶의 고통이 줄어드는 것을 목표로 한다."18) 그렇다면 프로이트의 로고스는 위대한 세계 종교의 목표와 다를 바가 없다. 에리히 프롬은 바로 이 점을 <종교와 정신분석>에서 다음과 같이 지적하였다.

> 프로이트는 인간 발달의 목표가 지식(이성, 진리, 로고스), 형제애, 고통의 감소, 독립, 책임과 같은 이상들의 성취라고 주장한다. 이들은 공자와 노자, 부처, 예언자들과 예수의 교훈과 같이 동서 문명이 근거하고 있는 모든 위대한 종교들의 윤리적 핵심을 구성한다.19)

말하자면 프로이트가 윤리적 이유에서 종교에 반대하고 있는 것처럼 보이지만, 실제로 그의 로고스는 '현실에의 교육'을 통한 인간의 독립성과 책임성의 인식을 고양하려는 성숙함의 종교를 주장한다는 사실, 그것은 실상 모든 위대한 세계 종교가 이상으로 하는 목표와 일치한다는 역설이 성립된다.

이런 점에서 에리히 프롬은 종교에 대한 논의는 유신론이냐 무신론

---

17) "환상의 미래," <전집 12, 236>.
18) "환상의 미래," <전집 12, 234>.
19) Erich Fromm, *Psychoanalysis and Religion*, New Haven: Yale UP, 1978, 18.

이냐의 문제, 또는 신앙이냐 불신앙이냐의 문제가 아니라, 어떤 종교인가 또는 어떤 신앙인가의 문제로 논의의 초점을 옮겨야 한다고 정확히 지적하였다. 권위주의적 세계에 인간을 얽어매는 종교가 있는가 하면, 반대로 인문주의적 세계에서 성숙한 자유를 구가하는 인간해방의 복음을 가르치는 종교도 있다. 동일한 종교 안에서도 이러한 양극적 대칭이 신앙의 종류와 특성을 형성하고 있다. 종교와 신앙의 내용은 단수가 아니라 복수요, 다양한 스펙트럼이 있기 때문에, 일괄적으로 종교를 규정하고 거부할 수 없다.

실제로 프로이트의 종교에 대한 비판과 로고스의 기대는 곧 위대한 세계 종교 자체가 내부로부터 극복하고 달성하려고 했던 이상과 일치하는 것이다. 그러나 종교의 이상이 아무리 위대하다 하더라도 대중의 종교는 감정적이고 열정적이며 로고스의 지성과는 거리가 멀다는 것이 현실이다. 이 점에서 과학자인 프로이트는 대중의 종교적 감정을 넘어서는 지성에 대한 기대와 환상을 가졌을 것이다. 더욱이 프로이트는 계몽주의적 전통에서 옛 시대를 벗어 버리는 새로운 과학적 진보의 세계를 꿈꾸었던 사람이다. 모든 사상이 시대의 아들이라는 헤겔의 말처럼 프로이트에게는 이러한 요소가 과학적 지성에 편중케 하는 요소로 작용했을 것이다.

여하튼 종교의 이상은 현실세계를 넘어서는 이상세계의 원망이요 원망을 담은 환상이다. 프로이트의 로고스 또한 환상이다. 이것은 프로이트의 주장과 정반대되는 진술일지 모른다. "아니, 우리의 과학은 결코 환상이 아니다. 과학이 우리에게 줄 수 없는 것을 다른 데서 얻을 수 있으리라고 생각하는 것이 환상이다."[20] 그러나 비록 프로이트가 로고스의 믿음은 환상이 아니라고 거듭 주장할지라도, 환상이 진위의 문제가 아니라 원망의 심리학적 문제로 이해된다면, 프로이트의 강변과 기대 또한 그의 로고스 종교가 환상임을 입증한다. 이런 점에서

---

20) "환상의 미래," <전집 12, 230>.

프로이트의 다음의 말은 과학적 지성에 근거한 로고스 신의 겸손한 환상을 보여 주고 있다.

> 어쩌면 내가 고백한 희망도 일종의 환상일지 모른다. 그러나 나는 한 가지 차이를 단호히 고집한다. 나와 똑같은 환상을 품지 않는다 해도 벌을 받지 않는다는 점은 제쳐놓고라도, 내 환상은 종교적 환상과는 달리 수정할 수가 있다. 내 환상은 망상적 성격을 갖지 않는다.……내 생각이 잘못되었다는 것을, 내가 아니라 나와 같은 생각을 가진 후학들이 경험을 통해 알게 된다면, 나는 그 기대를 미련 없이 버릴 것이다.[21)]

여기서 자신의 "환상은 종교적 환상과는 달리 수정할 수 있다"는 말은 로고스의 종교와 교리적 종교와의 차이점을 잘 드러내 주는 말이다. 교리적 종교에서는 어제의 진리가 오늘의 진리가 되고, 오늘의 진리가 내일의 진리가 되지만, 로고스의 종교에서는 어제의 논쟁이 오늘의 실천이 되고, 오늘의 실천이 내일의 논쟁이 된다는 과학적 실험 정신을 수용하는 것이다.

나가는 말

사르트르는 '인간은 자유 하도록 저주받았다'고 하였다. 자유는 달콤한 말이지만 결코 쉬운 말이 아니다. 자유는 스스로 서고, 스스로 행동하고, 스스로 사유하며, 스스로 자신의 본질을 창조하면서, 스스로의 존재에 책임을 지는 행위, 스피노자의 언어로 자기 원인적 존재(causa sui)가 되는 것이다. 따라서 자유는 엄청난 중력으로 인간의 어깨를 무겁게 한다. 자기 원인적 존재가 오직 신이라고 말한다면 자율적 인간의 꿈은 신이 되려는 꿈이기도 하다.

---

21) "환상의 미래," <전집 12, 225>.

과연 인간은 신과 같이 자유와 자율의 중력을 견딜 수 있는가? 니체는 모든 것을 대긍정하는 초인의 이상을 통하여 중력을 거슬러 춤을 출 수 있는 인간을 차라투스트라의 복음으로 제시했다. 사르트르는 '실존이 본질에 앞선다'는 명제로 자신의 본질을 창조하는 자율적 인간을 그렸다. 그러나 프로이트는 그러한 자율적 인간에 대한 계몽주의적 희망에도 불구하고 인간에 대한 비관론적 견해를 잃지 않는다. 프로이트의 성숙한 인간은 결코 쉽게 이루어질 수 없는 희망사항이요 과제로 남는다. 그의 인간론은 언제나 쾌락원칙과 현실원칙, 갈등과 분열, 양가감정 속에 존재하는 모순적 존재이기 때문이다.

성서는 신과 같이 되려는 인간의 욕구를 실낙원의 신화를 통하여 대답한다. 더욱이 신과 같이 되려는 문명의 욕구를 바벨탑의 이야기를 통하여 비극적으로 전한다. 성서는 인간과 문명에 대한 비관주의적 관점에 서 있다. 그것이 또한 구원을 절대명제로 삼는 성서 드라마의 플롯이요 기반이기도 하다. 따라서 밀턴은 <실낙원>에서 아담의 타락이 그리스도를 가능케 했다는 의미에서 '다행스런 타락'(felix culpa)이라고 불렀다. 타락이 없으면 구원도 없다. 추락은 상승을 위한 전제요, 상승은 추락의 희망이다.

이런 의미에서 프로이트의 비관적 인간론은 그의 무신론에도 불구하고 역설적으로 철저히 성서적이라 말할 수 있다. 단지 프로이트는 구원을 종교적 메시아에서 찾는 것이 아니라, 스스로 성숙한 이성적 인간이 되는 계몽주의적 이상에서 찾고 있다는 차이가 있을 뿐이다. 이것이 프로이트의 종교를 로고스의 종교로 귀착시키는 원동력으로 작용한다.[22]

22) 프로이트의 종교는 '로고스의 종교'와 '에로스의 종교'다. 에로스의 종교에 대해서는 본서 "12. 문명 속의 불만" 중 '에로스의 종교'를 참조.

11. 신학과 정신분석학

서언

신학은 정신분석학과 어떤 관계가 있는가? 신학이 신의 계시에 대한 신앙을 조직화하고 합리화하는 학문적 노력이라면, 정신분석학은 인간 정신의 무의식적 내용과 과정을 탐구하고 정신적 치료를 목적으로 하는 학문이다. 따라서 얼핏 보면 신학과 정신분석학은 관계가 없는 것처럼 보인다. 그러나 신학이 인간 정신의 행위임에 틀림없는 한, 정신분석학의 범주와 무관할 수 없다. 이러한 사정을 프로이트의 전기 작가이자 대변인이었던 어네스트 존스는 다음과 같이 말한다.

> 신학적 주제에 대한 정신분석학의 공헌은 두 가지로 말할 수 있다. 첫째, 정신분석학은 인간의 지성적 작업이 무의식적 내용에 의해 영향을 받는다고 말함으로써, 하느님, 죄, 구원과 같은 신학의 중요한 주제들을 무의식적 과정과 연결시킨다. 의식이 제시하는 이성적, 합리적, 표면적 내용은 실로 무의식적 과정의 욕구적, 초합리적, 잠재적 내용의 변형이요 합리화이기 때문이다. 둘째로 정신분석학은 종교 신념의 주제들이

> 어떻게 발생하고 무의식과 어떤 관계를 맺는지를 구체적 개인의 분석을 통하여 제시한다. 경험과학을 표방하는 정신분석학은 개인의 구체적 경험과 이에 대한 분석과 해석에 근거한다. 따라서 정신분석학은 신학적 주제들을 독자적, 추상적 주체로 다루는 대신에, 이러한 주제들이 가정과 사회 안에 처한 개인의 성장과정을 통하여 어떻게 발생하고 발달하며 변형되는가를 경험 과학적으로 탐구하고 이론화한다.[1]

이 구절의 논점은 두 가지다. 첫째로 신학적 주제의 내용은 무의식적 과정의 욕구가 변형되고 합리화된 것이요, 둘째로 신학적 주제는 가정과 사회 안에 처한 개인의 성장 과정과 연관해서 분석되고 해석될 수 있다는 것이다. 한마디로 정신분석학은 신학적 주제들을 심리학적 범주로 환원하면서, 신학에 대하여 외재적 비평의 입장, 리쾨르의 용어로 설명과 의심의 해석학적 입장을 취하는데, 이런 입장에서 신학적 주제들이 어떻게 해석될 수 있는지를 살펴보는 것이 본 장의 주제다.

지성주의적 종교의 거부

프로이트는 종교에 대한 지성주의적 입장을 거부한다. 물론 종교에 대한 지성주의적 이해의 거부는 이미 신학자들에 의해 종교의 고유성을 말하기 위한 방어적 도구로 사용되었다. 초대교회의 교부였던 터툴리안은 "예루살렘이 아테네와 무슨 관계가 있느냐?"는 말로 신앙과 이성 사이의 다리를 절단하였다. 18세기의 대철 파스칼은 "아브라함의 하나님, 이삭의 하나님, 야곱의 하나님은 철학자의 하나님이 아니다"라는 말로 철학적 신과 신앙적 신의 메울 수 없는 간격을 설파하였다. 19세기의 슐라이에르마허는 종교의 본질을 '절대 의존의 감정'에서 찾

---

1) Ernest Jones, *What is Psychoanalysis?*, Greenwood Press Reprint, 1973.

음으로써 계몽주의적 종교관에 종지부를 찍었다. 키르케고르는 "진리는 주체성"이라는 말로 헤겔의 주지주의적 종교관을 타파하려고 하였다. 루돌프 오토는 종교에는 합리적 요소와 비합리적 요소가 있는데, 절대타자 앞에 선 피조물 감정이라는 비합리적 요소야말로 종교의 근원이라고 하였다.

마찬가지로 프로이트는 종교를 형이상학적, 합리주의적, 지성주의적으로 개념화하는 것을 거부한다. 지성주의자들이 증명하려는 추상적이고 개념적인 신은 살아 있는 종교의 신과는 아무런 관계가 없는 것으로, 실상 신의 죽음을 말하고 있는 영리한 묘책일 뿐이다. 이 점에서 "감정은 종교의 보다 깊은 원천이며 신학적인 신조들은 부차적 산물"[2]이라고 보는 윌리엄 제임스의 주장은 마치 프로이트를 대변하고 있는 것처럼 들린다.

> 여러분은 종교가 전하는 것은 항상 경험적 사실이라는 점을 기억해야 한다. 종교는 신적 실재가 항상 존재하고 그 실재와 우리들 사이에 주고받는 관계들이 실질적으로 존재한다고 말한다. 이와 같은 사실에 대한 명확한 인식이 스스로 지탱될 수 없다면, 확실히 추상적 추론만으로는 그 인식이 필요로 하는 지지를 제공할 수 없다. 개념적 과정이 사실들을 분류하여 정의내리고 해석할 수는 있지만, 사실을 만들어낼 수는 없으며 사실의 개별성을 재현시킬 수는 없다.[3]

윌리엄 제임스는 종교가 지성주의로 이해될 때 종교의 참 생명은 사라지고 인간의 삶과 무관한 사변만이 존재한다고 말하면서 그 결과를 다음과 같이 지적한다.

> 수다스러움이 비전을 대시하여 들어왔고, 전문성이라는 것이 생명을 대신하게 되었다. 우리는 빵 대신 돌을 가지게 되었으며, 물고기 대신 뱀을 얻게

---

2) 윌리엄 제임스, <종교적 경험의 다양성>, 김재영 옮김, 한길사, 2005, 518.
3) 윌리엄 제임스, <종교적 경험의 다양성>, 541.

> 되었다. 그와 같은 용어들의 집합이 신에 대한 핵심적 이해를 제공한다면 신학의 학파들은 계속 번성하겠지만 종교, 즉 생명력 있는 종교는 이 세상으로부터 달아나 없어질 것이다.[4)]

윌리엄 제임스에게 종교가 구체적 감정과 경험의 영역으로부터 출발해야 하듯이, 프로이트에게도 종교는 성찬 의례, 토템 의식, 다산과 풍요, 절대 권위에 대한 순종 등으로 나타나는 구체적 감정과 살아 있는 경험의 영역이다.

유아의 무력감과 부모의 권위

프로이트는 종교감정의 기원과 본질을 '권위에 대한 정서적 필요,' '권위에의 복종'이라고 말한다. 그것은 종교현상학자인 반 델 레에우가 종교감정의 본질을 '힘에의 복종'이라고 정의한 것과 일치한다. 종교는 강력한 힘을 가진 신, 전능한 신에 대한 믿음을 통해서만 가능하다. 만약 신이 무력한 존재라면 누구도 신을 믿고 의지하지 않을 것이다. 그러나 종교현상학은 인간이 '힘에의 복종'을 왜 욕구하는지, 즉 인간이 종교를 왜 욕구하는지를 말하지 못한다. 프로이트는 그러한 욕구를 인간의 무력감에서 찾고, 그 기원을 유아기에서 발견한다.

유아는 자연과 환경에 대하여 무력한 존재로 탄생한다. 유아의 무력감은 부모의 권위와 보호를 절대적으로 요청한다. 유아에게 부모는 절대적 권위와 절대적 힘을 가지고 있는 존재다. 유아의 생존은 권위에 대한 정서적 필요, 심리적 욕구와 불가분리의 관계에 있다. 프로이트는 이러한 사실에서 종교감정의 근원 모델을 발견하였다.

유아의 무력감에 근거한 부모적 권위의 요청은 어른이라고 다를 바가 없다. 인간은 누구나 냉혹하고 불확실한 현실 앞에서 무력감과 불

---

4) 윌리엄 제임스, <종교적 경험의 다양성>, 533.

안감을 갖게 되고, 이로부터 자신을 방어할 수 있는 부모적 권위와 부모적 보호를 욕구하기 때문이다. 종교는 이러한 욕구를 충족시켜 주는 최상의 도구다. 종교의 신은 절대적 힘을 가진 존재로서 무력한 인간의 보호자로 나타난다. 말하자면 종교의 신은 바로 유아에 대한 부모의 권위가 새롭고도 더욱 강력한 부모의 권위를 갖고 나타나는 것이다.

종교감정을 유아적 무력감의 부모적 권위에 대한 보호와 갈증으로 이해하는 프로이트의 종교관은 종교의 본질을 인간의 본질로 보는 포이에르바흐의 통찰과 일치한다. 포이에르바흐는 <기독교의 본질>에서 종교를 인간 본질의 '투사'라고 보았기 때문에, '신학의 본질은 인간학'이라고 하였다. 그러나 프로이트는 한걸음 더 나아가서 포이에르바흐의 '신학의 본질은 인간학'이라는 명제를 '인간학의 본질은 심리학'이라는 명제로 환원시킨다. 이러한 환원에서 슐라이어마허의 절대의존의 감정과 루돌프 오토의 두렵고 떨리며 매혹하는 신비의 감정은 유아의 무력감이 부모에 대해 느끼는 권위와 보호에 대한 의존의 감정에 그 근원을 두고 있다는 해석이 가능해진다. 프로이트에게 신의 비밀은 바로 유아의 부모적 권위에 대한 심리학적 비밀로 나타나는 것이다.

성서에 나오는 저 유명한 탕자의 비유는 아버지의 품을 떠난 아들이 재산을 탕진하고 돼지우리에서 갖은 고생을 하다가 결국 먹을 것이 풍부한 아버지의 집으로 귀향한다는 이야기를 말해 준다. 아버지의 품은 부모적 권위와 보호 밑에 살아가는 유아적 세계요 쾌락원칙의 세계다. 세상에서 좌절하고 고생하는 아들은 부모적 권위와 보호를 상실한 탈유아적 무력감과 불안감의 세계요 현실원칙의 세계다. 그리고 아버지의 집으로 돌아가는 아들은 새로운 부모적 권위와 보호를 갈망하는 새로운 유아의 탄생이요 종교적 세계로의 진입이다. 여기서 유아적이라는 말은 프로이트에게 종교감정의 핵심이다. 프로이트에게 천국은 아버지의 나라, 새로운 부모적 권위와 보호가 있는 나라, 무력감과 불안감이 전능한 아버지의 보호에서 해소되는 나라, 따라서 현실원칙을 넘어서는 유아적 환상의 나라다.

프로이트가 종교를 유아적 무력감과 권위와 보호에의 갈망이라는 심리학적 현상으로 이해할 때, 종교는 진화론적으로 극복해야할 과제로 나타난다. 인간은 유아나 어른을 막론하고 현실원칙 앞에서 무력한 존재이지만 종교는 인간의 약함을 지나치게 강조하고 이를 자랑스러워하기까지 한다. 때로는 인간의 약함에 대한 처절한 고백과 절규가 신앙의 척도로 생각되기도 한다. 인간의 무력감이 강할수록 신앙의 힘도 강해지고, 현실원칙에 대한 좌절감이 강할수록 종교적 환상의 세계도 커진다. 그러나 프로이트는 유아적 무력감과 유아적 환상의 종교는 '현실에의 교육'을 통하여 극복해야 할 과제, 과학적 이성을 통하여 현실을 해결할 수 있는 성숙한 인간의 영웅적 과제로 발전해야 한다고 믿는다. 그러한 과제가 과연 실현될 수 있는가의 문제는 프로이트의 계몽주의적 과제요 희망사항일 뿐이다.

여성적 감정

종교가 무력한 유아의 부모 권위에 대한 절대의존의 감정에 근거를 두고 있다고 했을 때, 이를 달리 표현하면 종교감정의 특성은 '무제한적으로 복종 당하려는' 감정, 마조히즘적 감정, 수동적이고 의존적 특성을 지닌 여성적 감정이라고 표현할 수 있다.[5] 프로이트에게 여성적이라는 말은 심리학적 수동성이나 심리학적 의존성의 의미를 가지기 때문에 유아적이라는 말과 상호 겹치는 가운데 사용된다.

프로이트는 이러한 특성을 임상 자료를 통하여 전해 주고 있다. 늑대 인간[6]은 남성성을 능동성으로 여성성을 수동성으로 이해한다. 그리고 그의 성적 목적은 여성으로 변화되어 아버지의 연인이 되는 것이

5) "마조히즘의 경제적 문제," <전집 11, 420>.
6) "늑대인간," <전집 9, 195-341>.

다. 프로이트가 종교를 부친에 대한 복종의 감정으로 이해할 때, 늑대 인간은 종교의 여성적 특성을 간접적으로 보여 준다고 할 수 있다.

프로이트는 특히 드레스덴의 판사였던 슈레버의 케이스[7]를 통하여 종교의 여성적 특성을 말하고 있다. 슈레버는 1893년과 1895년 두 차례에 걸쳐 편집병으로 정신병원에 입원했는데, 처음에는 자신의 주치의가 자신을 박해하고 있다는 박해망상에 사로잡혔고, 다음에는 자신이 여성으로 성전환되었으며, 자신의 몸에서 신의 아들인 메시아가 탄생할 것이고, 그가 세계를 구원할 것이라는 거대한 종교적 망상을 갖게 되었다. 프로이트는 이 두 가지 단계의 과대망상이 모두 '성적'인 동시에 '종교적'인 것이라고 해석하였다.

먼저 슈레버의 주치의에 대한 박해망상은 그의 주치의에 대한 동성애적 욕망에 대한 방어기제로 나타났다. 자신이 사모하는 사람을 거꾸로 박해의 주체로 삼는 것은 과대망상의 전형적 방어기제의 한 증상이다. 슈레버의 주치의에 대한 동성애적 욕구는 도덕적으로 수용될 수 없기 때문에 그 욕구를 거꾸로 주치의에게 투사한다. 그래서 '나는 그를 사랑한다'는 말 대신에 '나는 그를 증오한다'(왜냐하면 그가 나를 박해하기 때문에)고 말한다. 이러한 투사는 과대망상증에 전형적으로 나타나는 현상이다. 나의 X에 대한 사랑이나 증오를 거꾸로 X에게 투사함으로써 말미암아 X가 나를 사랑하거나 증오한다고 확신하게 되고, 내가 X를 사랑하거나 증오한다는 사실을 부정할 수 있게 된다. 따라서 슈레버의 주치의에 대한 박해망상은 바로 주치의에 대한 동성애적 욕구의 투사로 인해 나타난 역전 증상이요 방어 메커니즘이라고 말할 수 있다. 이런 투사를 통하여 슈레버는 심리학적으로 남성적, 능동적 존재이기를 그치고 여성적, 수동적 존재로 변화한다. 이런 여성적 감정이 더욱 발전되어 자신의 몸에서 신의 아들이 탄생할 것이라는 종교적 거대망상으로 나타난다. 프로이트는 슈레버의 여성이 되려는 욕

---

7) "편집증 환자 슈레버," <전집 9, 103-193>.

구가 남성 신에 복종하려는 욕구로 해석하면서, 여성적 태도를 종교감정의 근원으로 생각했다.

이러한 병리학적 임상 자료는 고사하고라도 종교적 상징주의에서는 흔히 신도들을 여성으로 표현한다. 고대종교에서 사제들은 머리를 삭발하거나 스스로 고자가 됨으로써 여성으로 변신한다. 고자됨이 실제적 거세라면 삭발은 상징적 거세다. 기독교와 같은 고등종교에서도 신도들은 흔히 여성으로 표현된다. 예수는 신랑이 밤에 도적같이 임할 때에 등잔의 기름을 준비하지 않은 신부들이 당황하게 된다는 비유를 통하여 주님을 신랑으로 신도를 신부로서 묘사한다. 가톨릭의 사제와 수녀는 생물학적 성의 차이에도 불구하고 신랑되신 주님에 대하여는 모두 여성으로 표현된다.

종교적 상징주의를 떠나서도 어느 종교에서나 열성신도들의 대부분은 실제로 여성들로 구성되어 있다. 프로이트의 여성이라는 말이 생물학적 개념을 넘어서 수동성과 복종에의 의지를 뜻한다면, 열성적 남성 신도들은 여성적 감정이 강한 남성들이라고 해석해도 무방하다.

강박 의례: 신경증과 종교

프로이트는 "강박행동과 종교행위"(1907)라는 논문에서 신경증 환자에서 발견되는 강박행동과 종교의식 사이에 유사성이 있음을 지적하였다. 특정한 행위가 어떤 의미를 지니고, 그것이 반복적으로 또는 강박적으로 수행되는 어떤 패턴을 가지게 될 때, 우리는 이런 행동을 의례라고 부른다. 의례의 대표적 예는 종교 의례다. 그런데 강박신경증 환자에게도 종교 의례와 유사한 강박 의례가 있음을 관찰할 수 있다. 프로이트는 양자의 유사성을 다음과 같이 말한다.

첫째로 강박 의례나 종교 의례를 행하는 사람들은 이를 행하지 않을 때, 어떤 위험이 닥쳐올지도 모른다는 불안감을 느낀다. 거꾸로 불안감으로부터 해방되기 위해서는 신경증적 의례나 종교 의례가 반복적으로 수행되어야 한다. 예를 들어 종교인이라면 누구나 예배 의례를 정기적으로 준수치 않으면 자신이나 가족이 벌을 받을지도 모른다는 불안감에 사로잡히곤 한다. 신경증 환자도 자신만의 독특한 의례를 행하지 않으면 자신이나 타자에게 불행한 일이 생기지 않을까 불안해한다. 종교인이 염주나 묵주를 헤아리고 기도문을 암송하면서 마음의 평안을 누린다면, 강박신경증 환자는 단추나 볼펜을 만지면서 무엇인가 중얼거려야 마음이 편해진다.

한마디로 신경증 의례와 종교 의례는 특정행위를 금지하고 특정행위를 강박적으로 준수한다. 이런 점에서 신경증 의례와 종교 의례 사이의 유사성을 발견하기는 어렵지 않다. 다만 차이가 있다면 신경증적 의례가 개인에 따라 달라지는 변화성과 다양성을 가지고 있다면, 종교 의례는 공동체적 성격 때문에 전통성과 정형성을 갖는다는 사실에 있다.

둘째로 신경증 의례와 종교 의례와 관련된 불안감의 근원은 과거의 정신적 사건에 있으며, 또한 거기에는 자신이 깨닫지 못하는 무의식적 죄의식이 존재한다. 강박행위를 준수해야 하는 이유는 바로 보이지 않는 죄의식이 있기 때문이요, 죄에 대한 징벌로서 어떤 불행이 닥칠지도 모른다는 불안감 때문이다. 따라서 모든 강박적 의례행위는 가상적 불행을 피하기 위해서 수행하는 것, 즉 죄의식과 불행에 대항하기 위한 "방어행위 혹은 방어수단인 대비책,"[8] 보험행위라고 할 수 있다.

예를 들어 강박신경증 환자인 쥐 인간은 부친에 대한 적개심으로 발생한 죄의식 때문에 자신의 부친이나 부친이 사랑하는 사람에게 불행이 닥치지 않도록 하기 위하여 기이한 강박행위를 준수한다. 이런 죄의식과 강박 의례는 경건한 종교인들의 행위에서도 대응물을 찾을 수 있다. 종교인들은 자신들을 불쌍한 죄인이라고 생각한다. 사도 바

8) "강박행동과 종교행위," <전집 13, 17>.

울은 자신을 죄인의 괴수라고까지 말한다. 죄를 씻기 위하여 종교인들은 반복적으로 종교 의례를 수행하면서 자신들의 죄를 씻고 신의 심판을 피하며 은총을 얻으려고 노력한다. 여기서 종교인들의 기도, 탄원, 예배와 같은 종교 의례는 강박신경증 환자의 의례와도 같이 죄의식과 죄에 대한 징벌불안에 대한 방어행위, 보험행위, 방어수단의 가치를 지니고 있는 것처럼 보인다.

셋째로 강박행위와 종교행위의 심연에는 본능충동의 억압이 존재한다. 강박신경증의 경우에 억압된 내용물은 주로 성적 본능의 억압이다. 본능의 억압은 말 그대로 사라진 것이 아니라 억압되고 은폐된 것이다. 억압된 것은 다시 고개를 들고 돌아올 기회를 엿보다가 언젠가 어떤 형태로든 회귀하고야 만다. 억압된 본능의 영향은 유혹처럼 느껴진다. 억압이 클수록 유혹의 강도도 심해진다. 억압된 본능은 유혹을 낳고, 유혹은 처벌에 대한 기대불안을 낳는다. 기대불안을 피하기 위해서 신경증 환자는 쥐 사람의 경우처럼 강박 의례를 수행한다. 강박행위는 결국 유혹에 대한 방어, 기대불안과 기대불행에 대한 무의식적 방어로서 일어나는 것이다.[9)]

종교행위에도 이러한 특성이 나타난다. 종교는 생물학적 본능의 억압과 포기를 요청한다. 그러나 양자 사이에는 유사성 못지않게 중요한 차이도 존재한다.

> 이 양자에서 가장 중요한 유사성은 인간의 내부에 깃들어 있는 타고난 본능 발현의 체념이다. 가장 중요한 차이가 있다면 이 본능의 성격일 것이다. 신경증의 경우 이 본능은 성적인 것에서 오는 것인데 견주어, 종교의 경우 이기적인 데서 솟아오르는 것이다.[10)]

말하자면 신경증이 성적 본능의 억압에 바탕을 두고 있다면, 종교는

9) "강박행동과 종교행위," <전집 13, 18>.
10) "강박행동과 종교행위," <전집 13, 20>.

사회에 해로운 이기적 본능의 억압을 강조한다. 이것은 뒤르켐이 종교를 정의하여 개인을 초월하는 '사회적 집단의식'이라고 말한 것과 상통한다. 그러나 종교가 성적 본능의 억압과 관계가 없는 것은 아니다. 프로이트에게 모든 리비도는 성애적이기 때문에 종교가 요구하는 본능의 억압이 성애적 리비도와 무관할 수는 없다. 따라서 종교는 이기적 본능의 억압과 함께 성적 본능의 억압을 포함하고 있다고 말하는 것이 적절하다.

종교가 본능의 억압을 요청할 때, 억압된 본능은 유혹을 일으키고, 유혹은 죄의식을 유발하며, 죄의식은 신의 처벌에 대한 기대불안을 낳고, 기대불안은 신경증 환자의 경우처럼 종교 의례라는 강박행위로 전위한다. 여기서 경건한 종교인이 보통 사람보다 성적 유혹이나 타락에 더욱 깊이 빠질 수 있는 이유를 추측해 볼 수 있다. 그것은 경건한 종교인일수록 본능을 억압하는 강도가 그만큼 깊기 때문에 그 유혹도 크고 억압된 것의 회귀도 클 것으로 추측할 수 있기 때문이다.

넷째로 종교가 집단적이고 공동체적이라면 신경증은 사적 현상으로서 종교에 대한 병리학적 대체물이다. 프로이트의 표현으로 신경증은 '개인적 종교성'(an individual religiosity)이요, 종교는 '보편적 강박신경증'(a universal obsessional neurosis)[11]이다. 그것은 조셉 캠벨의 "꿈이 개인의 신화라면, 신화는 집단의 꿈"이라는 말을 예견한다. 캠벨 식으로 말하자면 신경증이 개인 종교라면, 종교는 집단 신경증이다.

종교는 모두가 참여하는 환상을 가지고 있고, 모두가 참여하는 의례행위를 가지고 있다. 따라서 종교 구성원들은 집단 신경증을 공유함으로써 자신들이 외롭게 통과해야 할 사적 신경증을 해소할 수 있다. 여기에 종교의 유용성이 있다고 할 수 있다. 그렇다고 프로이트에게 종교가 집단 신경증이라는 사실이 사라지는 것은 아니다. 그것은 종교의 유용성에도 불구하고, '현실에의 교육'을 통하여 극복되어야 할 과제가

---

11) "강박행동과 종교행위," <전집 13, 20>.

되기 때문이다.

아버지와 하느님 아버지

신학은 신을 '하느님 아버지'로 고백한다. 예수는 하느님을 친근한 어감의 '아바 아버지,' 즉 '아빠'라고 불렀다. 주기도문은 '하늘에 계신 우리 아버지'라는 말로 시작한다. 세상에 아버지가 있다면 하늘에도 아버지가 있다. 세상의 아버지가 육신의 아버지요 유한한 아버지라면 하늘의 아버지는 영의 아버지요 전능한 아버지다. 이렇게 하느님을 아버지로 부르는 것은 정신분석학적으로 매우 정당한 일이다. 왜냐하면 전능한 하느님 아버지는 인간의 아버지에 대한 이미지가 전이된 것이기 때문이다.

인간은 유아 시절에 자신의 아버지를 전능한 존재로 인식한다. 그러나 성장하면서 아버지에 대한 전능성의 이미지는 점차 깨어지게 되고, 때로는 아버지가 무력한 존재로 인식되기도 한다. 프로이트는 어린 시절 자신의 아버지에 대한 존경과 기대가 깨어지는 경험을 고백하였다. 비엔나 거리를 아버지와 함께 걸어갈 때 반(反)유대주의자가 아버지에게 시비를 걸고 폭행을 가해 아버지의 새 모자가 흙탕에 떨어졌다. 아버지는 아무 말도 못하고 모자를 집어 든 후 아들과 함께 그 자리를 피했다. 이후에 프로이트의 아버지의 전능성에 대한 환상은 깨어지고 만다. 그리고 프로이트는 유대인 장군인 한니발과 유대인의 영웅인 모세를 새로운 아버지로 삼았다. 마찬가지로 모든 사람들은 아버지에 대한 환상이 깨어질 때, 보다 강력한 새로운 아버지를 필요로 한다.

프로이트에게 인간의 의식은 시간의 흐름과 함께 성장한다 하더라도 무시간적 심층에 속하는 무의식은 원시상태로 존재한다. 따라서 유아가 느끼는 무력감은 어른이 된다고 사라지는 것이 아니다. 어차피 유한한 인간은 냉혹한 현실원칙 앞에서 무력감에 사로잡힐 때가 많다.

성서에 나오는 탕자가 굶주림으로 고통당하면서 아버지의 집을 그리워하듯이, 모든 인간은 현실원칙의 무게를 느끼며 새로운 아버지의 힘을 기대하고 필요로 한다. 이때 유아시절에 가지고 있었던 아버지에 대한 전능성의 이미지가 새로운 아버지로 쉽게 전이되고, 하늘 아버지는 더욱 강력하고 더욱 전능하며 더욱 완전한 아버지의 속성을 갖게 된다.

그렇다면 무력감 속에서도 하늘 아버지에 대한 기대를 아예 거부하는 전투적 무신론자가 있다는 것은 어떻게 설명할 수 있을까? 이것은 아마도 유아시절에 부재했던 아버지에 대한 증오감이 하늘 아버지에 대한 증오감으로 전이되어 나타나는 전투적 현상으로 설명할 수 있을 것이다. 그러나 대부분의 경우에 정신분석학적으로 하느님의 전능성, 전지성, 완전성은 유아가 아버지에게 부여하였던 속성이 확대 연장되어 신성화된 것이라고 볼 수 있다.

삼위일체와 의식의 발전사

삼위일체의 교리는 성부, 성자, 성신으로 구성되는 '신성 가족'의 로맨스다. 정신분석학은 신성 가족의 로맨스를 인간이라면 누구라도 피해 갈 수 없는 부모와 자식의 관계, 개인 가족의 로맨스로부터 이해하고 해석한다. 그런데 가족을 사랑의 보금자리로만 여기는 것은 반쪽 진리다. 가족 사이에는 사랑과 증오가 있고, 갈등과 화해가 있으며, 모순과 통합이 존재한다. 따라서 개인 가족의 로맨스는 가족 구성원 사이에서 일어나는 갈등과 화해와 통합의 심리적 역동 과정으로 이해해야 한다. 마찬가지로 삼위일체 교리 또한 신성 가족 안에서 일어나는 의식의 발전사로 이해할 수 있다.

헤겔에게 신은 성부로부터 시작하여 성자와 성령에 이르는 영원한 분별화의 과정이다. 먼저 성부는 타자를 필요로 하지 않는 절대적 즉자존재다. 즉자존재는 인간에게 두려움과 떨림으로 다가서는 절대 권위자, '거룩, 거룩, 거룩'으로만 표현할 수 있는 유대교의 신이다. 여기서 절대적 즉자존재는 프로이트가 <토템과 타부>에서 보여 주고 있는 무차별적 절대 권리를 가지고 있는 부친, 자기애에 사로잡힌 원부에 해당한다.

그런데 기독교 신학은 신이 자신을 비워서 인간이 되었고, 그 분이 바로 그리스도 예수라는 성육신의 교리를 주장한다. 사도 바울은 다음과 같이 말한다.

> 너희 안에 이 마음을 품어라. 곧 그리스도 예수의 마음이니
> 그는 근본 하나님의 본체시나 하나님과 동등 됨을 취할 것으로 여기지 아니하시
> 오히려 자기를 비어 종의 형체를 가져 사람들과 같이 되었고
> 사람의 모양으로 나타나셨으매 자기를 낮추시고 죽기까지 복종하셨으니
> 곧 십자가에 죽으심이라.12)

여기서 '자신을 비웠다'는 말, 즉 케노시스(kenosis)는 신이 자신을 비우는 행위, 신의 자기 부정, 절대적 즉자존재가 상대적 대자 존재가 되는 것을 말한다. 절대존재가 즉자적으로만 존재한다면 역사는 일어나지 않는다. 역사는 시간적이고 상대적이며 제한적이고 관계적이다. 역사는 오직 대자 관계에서만 일어난다. 따라서 일반적으로 즉자존재인 절대신을 말하는 종교가 초월적, 초역사적 영역에서 세계를 대립적, 부정적 관점에서 바라본다면, 기독교 신학은 내재적, 역사적 세계를 신의 자기부정의 결과로서 대긍정한다.

여기서 신의 자기 부정의 행위, 즉자존재의 대자존재로의 변화가 자연적으로는 창조요, 역사적으로는 그리스도 예수다. 신의 자기 부정은 그리스도 예수의 자기 긍정이다. 신의 자기 부정이 즉자성(卽自性)의 부정, '거룩, 거룩, 거룩'의 부정, 절대 권위의 부정이라면, 그리스도 예수의 자기 긍정은 대자성(對自性)의 긍정, 세상의 긍정, 사랑의 긍정

---

12) 빌립보서 2: 5-7.

이다. 따라서 헤겔에게 그리스도 예수는 신의 부정이요, 신의 죽음이다. 예수의 종교는 유대교의 권위적 즉자신의 죽음이며 기독교적 사랑의 대자신의 탄생이다.

헤겔에게 즉자존재의 대자존재로의 부정은 역사의 탄생이다. 즉자신은 대자(對自)신을 통하여 초월성을 부정하는 역사적 존재가 된다. 그러나 그리스도 예수는 역사 속에서 다시 부정된다. 그것이 그리스도 예수의 십자가상의 죽음이다. 죽음은 모순이요 부정이다. 역사는 모순과 부정에 의해서 움직인다. 역사적 존재인 그리스도 예수의 죽음과 부정은 바로 죽음의 부정, 부정의 부정, 부활, 즉 역사의 대긍정을 의미한다. 즉자신의 부정에 의해서 대자신이 탄생되고 역사가 전개되었다면, 대자신의 부정에 의해서 즉자신과 대자신이 화해되고 승화되는 즉자/대자신이 탄생한다. 이 화해의 신, 모순과 대립이 극복되는 즉자/대자신이 바로 성령이다.

성령에 의해서 역사는 초월적 즉자 신에 대립하는 범주와 역사적 대자신에 국한되는 범주가 아니라 내재하면서 동시에 초월하는 내재/초월의 변증법적 범주가 된다. 따라서 의식의 발전사라는 관점에서 보자면, 역사는 무(無)목적적으로 운행되는 것이 아니라 초월, 내재, 초월/내재의 방향으로 발전한다고 말할 수 있고, 다양한 종교의 양태도 초월적 즉자신, 내재적 대자신, 초월/내재의 즉자/대자신의 종교로 발전한다고 말할 수 있다.

헤겔에게 삼위일체 교리는 이렇게 즉자, 대자, 즉/대자의 과정, 성부, 성자, 성령의 변증법적 과정을 가리킨다. 성부가 성자가 되고, 성자가 성령이 되는 변증법은 즉자 의식이 대자 의식이 되고, 대자 의식이 다시 즉자 의식을 포섭하면서 전체 의식이 되는 의식의 변증법에 기반을 둔 것이다. 신이 물질이 아니라 절대정신이라면 정신은 의식의 변증법을 따라 발전할 것이기 때문이다.

인간 의식의 발전은 인간 문명의 발전이요, 인간 문명의 발전은 절대정신인 신의 의식 발전사이기도 하다. 이런 관점에서 보자면 성부의 의식은 성자의 의식을 통하여 대립, 계승 발전되고, 성자의 의식은 다시 성령의 의식을 통하여 성부의 의식과 성자의 의식이 화해되고 통합되는 전체 의식으로 발전한다. 이것은 프로이트에게 부친의 의식이 자식의 의식을 통하여 어떻게 대립, 발전되는가의 도식과 일치한다.[13)]

<토템과 타부>에서 원부의 의식은 아들의 의식과는 상관없는 즉자 의식과 초월적 의식으로 존재한다. 성부는 성자와는 관계없는 초월적, 외재적 의식이다. 아들의 원부에 대한 오이디푸스 반역과 함께 원부는 살해, 부정되고, 아들은 자기 의식을 갖게 된다. 원부의 즉자 의식이 아들의 대자 의식으로 변화하는 것이다. 그러나 아들의 원부에 대한 부정은 원부에 대한 '지연된 복종'으로서 새로운 의식으로 발전한다. 초월적, 외재적 원부는 사라졌지만, 원부는 아들의 의식 속에 내재적 정신으로 부활한다. 원부의 부정과 부정의 부정으로서의 재긍정은 바로 아들의 의식 속에 내재하는 초자아다. 말하자면 초자아는 부모의 외재적 정신이 자식의 내재적 정신으로 변한 결과, 자식의 내부로부터 스스로 지시하고 감시하는 자아의 내적 장치가 된 것이다. 이로써 성부의 즉자 의식에 대한 부정으로서의 아들의 대자 의식은 또 다른 부정을 통하여 원부가 다시 대긍정되는 즉자/대자 의식의 단계로 발전한다.

이렇게 보자면 셋이면서 하나라는 삼위일체 교리는 개인 의식에 있어서도 부모와 자식의 정신적 관계가 외재적 대립 관계로부터 내재적 통합 관계로 발전하는 의식의 관계 양태를 반영한다고 볼 수 있다. 성부가 외재적 즉자 의식이라면, 성자는 이에 대립하는 대자 의식이고, 성령은 양자가 통합 화해되는 즉자/대자 의식의 초자아라고 할 수 있기 때문이다.

---

13) 이에 대하여는 본서의 "7. 모세와 유일신교"의 '부친 종교로서의 기독교'를 참조.

가족 로맨스와 삼위일체

가족의 로맨스가 아버지, 어머니, 자식으로 이루어지듯이 신성 가족의 로맨스 또한 아버지, 어머니, 자식을 기본으로 한다. 가족 로맨스에서 발생하는 최초의 관계는 자식과 어머니 사이의 관계다. 인간은 누구나 어머니의 자궁을 최초의 환경으로 갖는다. 어머니와 태아는 구별은 되지만 분리할 수 없는 존재, 둘이면서 하나요, 하나이면서 둘인 존재다.[14] 프로이트는 태아의 이런 상태를 원초적 나르시시즘이라고 불렀다.

많은 창조신화가 대양 위에 떠 있는 알로부터 세계가 시작했다고 말할 때, 그것은 자궁의 원수 위를 떠다니는 태아의 이미지를 상징한다고 말할 수 있다. 그러나 탄생과 함께 태아는 자궁을 떠나고 어머니의 젖가슴을 통하여 이원적인 세계를 경험한다. 자아의 의식은 타자를 의식하는 가운데 생기는 결과물이다. 유아의 욕구가 뜻대로 충족되지 않을 때, 유아는 타자를 의식하게 되고 또한 타자와 분리된 자아를 의식한다. 따라서 의식의 발달은 어머니와의 분리를 전제로 한다.

수많은 창조신화는 분리의 이미지를 한 몸으로 붙어 있는 아버지와 어머니를 자식이 중간에서 떼어 놓는 성적 상징성으로 표현한다. 분리의 결과로 아버지는 하늘이 되고 어머니는 땅이 되며, 하늘과 땅 사이에 비로소 자식이 존재한다. 이러한 신화적 이미지에서 자식은 부부의 일체성을 이체성(二體性)으로 만들고, 그 사이에 존재함으로써 우주를 하늘과 땅과 사람, 천지인(天地人)의 삼재(三才)로 만든다. 부모가 없으면 자식이 없듯이 자식이 없으면 부부는 되어도 부모는 될 수 없다. 창조는 자식의 탄생과 함께 시작하기에, 신화는 부부가 부모로 변하는 이미지로부터 시작되어야 한다.

그런데 정신분석학은 아버지와 어머니 사이에서 자식이 탄생한다는

---

14) 이에 대하여는 본서의 "10. 종교 진화의 정신분석학"의 '개인의 발전사: 나르시시즘, 부모의존, 성숙한 이성'을 참조.

창조신화의 이미지를 하늘과 땅과 인간의 기원을 보여 주는 우주론적 관점에서 해석하지 않고, 부모와 자식 사이에서 일어나는 복잡한 애증의 심리학적 관점에서 해석한다. 유아가 생명의 근원지인 어머니의 자궁으로 돌아가려는 욕구나 어머니의 젖가슴을 떠나지 않으려는 욕구는 어머니와 일체가 되려는 욕구다. 만약 유아가 어머니의 품속에 영원히 거한다면 의식은 발달할 수 없다. 거꾸로 어머니가 자식을 자신의 품 안에서 떠나보내려고 하지 않는다면 자식의 의식발달도 있을 수 없다. 신화에서 때로는 어머니가 자식을 집어 삼키는 무서운 공(恐)모신으로 표상되는 것은 이러한 사정을 표상하고 있는 것이다.[15)]

창조신화가 부모 사이를 떼어 놓는 자식의 이미지를 보여 주듯이, 정신분석학은 어머니와 자식 사이를 떼어 놓는 아버지의 이미지를 보여 준다. 유아는 어머니를 독점하고 싶지만 아버지는 이를 허용하지 않는다. 어머니는 유아의 어머니이지만 아버지의 아내이기도 하다. 아버지는 유아의 어머니에 대한 독점 욕구를 억압한다. 따라서 어머니가 유아와의 자연적, 육체적 동일성의 원리를 표상한다면, 아버지는 사회적, 정신적 탄생의 원리를 표상한다. 어머니의 몸으로부터 세계가 창조되었다는 창조신화가 창조주와 피조물 사이의 동일성의 원리를 강조한다면, 아버지의 말씀으로부터 창조되었다는 창조신화가 창조주와 피조물 사이의 차별성의 원리를 강조하게 되는 이유가 여기에 있다.

헤겔은 이런 원리를 <정신현상학>에서 부성적 원리와 모성적 원리라는 말로 표현했다. 부성적 원리가 사회적, 국가적, 법률적 원리라면, 모성적 원리는 자연적, 신적, 가족적 원리를 말한다. 프로이트 식으로 표현하자면 부성적 원리가 의식적, 사회적 원리라면 모성적 원리는 무의식적, 자연적 원리다. 자식은 이러한 두 원리 사이에 존재하면서 이들을 내면화하고, 의식과 무의식, 쾌락원칙과 현실원칙 사이를 자아 속에서 매개한다. 자식 속에는 아버지와 어머니의 두 가지 다른 원리

---

15) 이에 대하여는 이경재, <신화해석학>(다산글방) 중 "공모신과 자모신"을 참조.

가 동시적으로 존재한다. 따라서 아버지와 어머니와 자식은 셋이면서 하나요, 하나이면서 셋이라고 말할 수 있다.

마찬가지로 신성 가족의 로맨스는 성부, 성모, 성자로 이루어지는 드라마다. 신성 가족의 로맨스에서 성서는 하느님의 영이 마리아를 잉태시켜 예수 그리스도를 낳았다고 말한다. 성화(聖畵)에서는 성령이 마리아를 잉태시키는 장면을 때로는 하느님이 말씀의 숨(<프시케>)을 마리아에게 바람처럼 뿜어대는 이미지로, 때로는 비둘기의 날개 짓이 마리아에게 임하는 이미지 등의 상징으로 표현한다. 바람이나 비둘기의 날개 짓은 정신분석학에서 남근을 상징하는 이미지들이다. 성부와 성모의 신성 결혼에서 성자가 탄생한다. 성자는 성부와 성모를 연결하고 매개하는 존재로서, 성자 안에는 성부와 성모가 삼위 일체적으로 존재한다.

그런데 신성 가족의 로맨스에서 아버지는 성부이고, 아들은 성자가 될 터인데, 어머니는 어떤 위치를 차지하는가? 어머니가 성령의 위치를 차지할 수 있는가? 이것이 신성 가족의 로맨스에서 풀어야 할 문제다.

신성 가족의 로맨스: 성부, 성자, 성모

대부분 종교의 신들은 부성신이나 모성신의 모습으로 나타난다. 경제적 관점에서 볼 때, 농업을 기반으로 하는 정착 집단의 자연종교가 모성신을 주신으로 삼는다면, 유목을 기반으로 하는 이동 집단의 사회종교는 부성신을 주신으로 삼는다. 또한 역사적 관점에서 볼 때, 다산과 풍요를 목적으로 하는 고대종교에서 모성신이 주신으로 나타난다면, 보다 복잡한 가부장적 사회에서는 부성신이 모성신을 대체하여 주신으로 자리 잡는다. 그런데 대부분의 세계 종교에는 모성신의 모습이 어떤 형태로든 존재하고 있는 데 반하여, 철저한 유일신교인 셈족의 유대교와 이슬람교에는 모성신의 모습이 전혀 나타나지 않는다. 비록 유대교의 지혜문학에는 '지혜'라는 여성명사가 부성신과 함께 나타나기는 하지만, 유일신교를 표방하는 유대교에서 그것을 모성신이라고 보기에는 무리가 따른다.

그런데 같은 셈족의 종교에 속함에도 불구하고, 기독교에는 삼위일체의 교리가 있다. 이 교리에는 신성 가족의 로맨스가 존재하고 있는가? 풀어 말하자면 성부와 성자가 남성신인 것이 분명하다면, 성령이 여성신과 관계가 있을 수 있지 않겠는가? 그런데 성령을 뜻하는 프네우마(pneuma)가 중성명사인 것을 보면, 삼위일체 교리에 모성신이 등장할 공간은 없는 것처럼 보인다. 말하자면 성모는 성자의 어머니, 신의 어머니로서 숭배될 뿐, 성모가 모성신으로 존재하는 것은 아니다.

그런데 나그 하마디(Nag Hamadi)에서 발견된 영지주의 문서는 정통 기독교와는 다른 삼위일체의 교리를 제시하고 있다. 비록 영지주의가 역사의 발전 과정에서 이단으로 몰려 사라지고 말았지만, 이들의 삼위일체론은 신성 가족의 로맨스를 이해하기 위한 중요한 모티브를 보여주고 있다.

첫째로 영지주의는 신을 남성성과 여성성을 모두 포괄하는 이위(二位)일체로 표현한다. 이들은 창세기에서 하느님이 인간을 창조할 때, '자신의 형상대로' 남자와 여자를 만들었다는 말이야말로 신의 본질이 바로 남녀의 본성을 모두 포괄하는 이위일체라는 것을 보여 주는 증거라고 말한다.

> 하느님이 가라사대 우리의 형상을 따라 우리의 모양대로 우리가 사람을 만들고, 그로 바다의 고기와 공중의 새와 육축과 온 땅과 땅에 기는 모든 것을 다스리게 하자 하시고 하느님이 자기 형상, 곧 하느님의 형상대로 사람을 창조하시되 남자와 여자를 창조하시더라.[16]

---

16) 창세기 1: 26-27. 창세기에는 이와는 다른 전승의 인간 창조의 이야기가 나온다. "아담이 돕는 배필이 없으므로, 여호와 하느님이 아담을 깊이 잠들게 하시니, 잠들매, 그가 그 갈빗대 하나를 취하고, 살로 대신 채우시고, 여호와 하느님이 아담에

즉 신은 남성성과 여성성의 통일체이기 때문에 신의 형상을 입은 인간도 남성과 여성으로 존재할 수 있다는 말이다. 따라서 영지주의자들은 신을 '만물의 부모'이시오, '영원한 두 이름'이시며, '성부이신 당신'과 '성모이신 당신'으로 부른다.[17]

영지주의의 위대한 시인이었던 발렌티누스(Valentinus)는, 마치 노자의 '이름 없음이 천지의 시작이요, 이름 있음이 만물의 어머니'(無名天地之始 有名萬物之母)라는 명구를 상기시키듯,[18] 성부를 말로 표현할 수 없는 만물의 심연과 근원이라 하였고, 성모를 만물의 자궁으로서 은혜와 침묵이라고 불렀다. 성모인 침묵은 자신의 자궁 속에 성부인 심연의 씨를 받는다. 이로부터 남성 에너지와 여성 에너지가 음양의 조화를 이루면서 만물이 유출되기 시작하는데, 이것이 바로 창조의 과정이라는 것이다. 이렇게 보자면 성부와 성모는 자연스레 만물의 부모로서, 성자와 함께 삼위일체를 이루게 될 것이다.

둘째로 영지주의는 성모를 지혜로 묘사한다. 지혜의 희랍어 소피아(sophia)는 히브리어 호크마(hokhmah)의 번역인데, 양자는 모두 여성명사다. 따라서 잠언서가 하느님이 지혜로 세상을 만들었다고 할 때, 지혜는 하느님의 창조를 잉태하고 만물을 생산하는 여성적 힘으로 이해할 수 있다. 영지주의는 이 여성적 힘에 대하여 다음과 같이 말한다.

> 나는 처음이요 마지막이며, 알파요 오메가다. 나는 존경받는 자이고 질책 받는 자이며, 창녀요 거룩한 자이다. 나는 아내요 처녀며, 어머니요 딸이다.……나는 지식이요 무지다.……나는 티 없는 자요 수치스런 자며, 힘이요 공포다.……

게서 취하신 그 갈빗대로 여자를 만드시고, 그를 아담에게로 이끌어 오시니, 아담이 가로되 이는 내 뼈 중의 뼈요, 살 중의 살이라. 이것을 남자에게서 취하였은즉, 여자라 칭하리라 하니라."(창세기 2: 20-23) 전자에서 아담과 이브가 신의 형상을 따라 동시적으로 창조된다면, 후자에서는 아담만이 신의 형상을 따라 창조되고, 이브는 아담의 갈빗대로부터 창조된다는 차이가 있다.

17) Elaine Pagels, *The Gnostic Gospels*, New York: Vintage Books, 1989, Chapter III, God the Father/ God the Mother 참조.

18) 이에 대하여는 이경재, <非의 시학: 노자와 서양사상>(다산글방, 2000)을 참조.

나는 어리석은 자요 현명한 자다.[19]

이 구절은 제임스 조이스의 <피네간의 경야>의 안나 리비아 플루라벨(ALP)을 연상시킨다. ALP는 더블린을 관통하는 리피강의 인격화다. 더블린의 남쪽 언덕에서 발원한 소녀 리피는 개울이 되어 춤을 추면서 강을 이룬다. 강은 북쪽의 아름다운 교외를 통과하면서 가족을 이루고 어머니 리피가 된다. 어머니 리피는 다시 구부러져 더블린을 통과하면서 늙고 추한 도시의 강이 되어 쓰레기들을 싣고 아버지 대양의 품으로 향한다. 태양이 작열하면 아버지 대양은 수증기를 하늘로 올려 보내어 구름을 이루고 구름은 다시 더블린의 남쪽 언덕으로 가서 비를 내린다. 소녀 리피는 어머니요 아버지며, 자궁이요 정액이며, 어머니 안에 있는 딸이요 딸 안에 있는 어머니다. ALP는 바로 처음이요 마지막이며, 알파요 오메가로서 여성적 힘을 보여 주는 상징이다. 마찬가지로 영지주의에서는 여성적 힘이 하느님의 창조를 잉태하고 생산하기 위해서 필수불가결한 요소로 존재한다.

셋째로 영지주의는 성모를 성령으로 묘사한다. <요한 위서(僞書)>에는 예수의 십자가 처형 이후 요한이 슬픔에 잠겨 있을 때 삼위일체의 환상을 바라보는 장면이 그려져 있다.

[하늘이 열리고] 하늘 아래 [있는 모든] 창조가 환히 빛나고, [세계가] 진동을 하였다. [그리고 나는 두려웠다. 그리고 나는] 빛 속에서 다수의 형태를 가진 형상을 보았다……그 형상은 세 개의 형태를 가지고 있었다.[20]

요한은 환상으로부터 다음과 같은 음성을 들었다.

그가 나에게 말하길, '요한아, 요한아, 왜 너는 의심하고 두려워하느냐? 나는

19) *Thunder, Perfect Mind*, 13: 16-16: 25; Elaine Pagels, *The Gnostic Gospels*, 55-56에서 재인용.
20) *Apocryphon of John*, 1: 31-32: 9; Elaine Pagels, The Gnostic Gospels, 51에서 재인용.

> 언제나 [너와 함께 있는] 일자로서, 나는 [아버지요], 나는 어머니며, 나는 아들이다.[21]

이 구절에서 삼위일체는 분명히 성부, 성모, 성자로서 나타나는데, 여기서 성모는 바로 성령에 해당하는 것이다. 마찬가지로 <도마 복음>에서 예수는 육신의 부모인 마리아와 요셉을 신적인 부모인 진리이신 성부와 성령이신 성모에 비교한다. <빌립보 복음>도 성령을 천상의 성부에 대응하는 처녀요 어머니로 묘사한다. 따라서 처녀 탄생이라는 말은 처녀가 아기를 밴다는 문자적 의미가 아니라 만물의 아버지인 성부와 만물의 어머니인 성령이 신비로운 연합을 이룬다는 신성 가족의 로맨스로 이해된다.

이렇게 보자면 영지주의의 삼위일체는 성부, 성모, 성자로 구성되는 신성 가족의 로맨스를 명백하게 보여 주고 있음을 알 수 있다. 그런데 영지주의는 기독교 부파 간의 정치투쟁에서 패배함으로써 역사의 뒤안으로 사라지게 되었고, 이와 함께 삼위일체 교리에 존재하던 여성신도 억압되어 사라지게 되었다. 신성 가족 안에서 여성성이 배제되는 것은 또한 교회와 가족 안에서 여성의 지위가 쇠퇴하기 시작한다는 것을 간접적으로 증언하는 것이기도 하다.

성모와 성령

'모든 사상은 그 시대의 아들'이라는 헤겔의 경구처럼, 신학적 교리는 사회적 상황과 무관치 않다. 초대교회는 남녀가 함께 떡을 떼고 예배를 드리는 비교적 남녀평등적인 교회의 모습을 가지고 있었다. 역사학자들은 당시에 남녀평등적 경향은 상류계층과 하층민에 속하는 무산대중이나 유랑민들에게 편만해 있었던 반면, 중산계층은 가부장적 사

21) *Apocryphon of John*, 2: 9-14.

상으로 물들어 있었다고 말한다. 따라서 초대교회의 구성원들이 무산대중이었음을 상기한다면, 이들이 남녀평등적 경향을 가지고 있었음을 쉽게 짐작할 수 있다. 그런데 2세기 중엽이 되면 가부장적인 중산계층이 교회의 중심 세력으로 등장하기 시작한다. 따라서 이들에게 남녀평등적 교리가 이념적 저항을 불러일으키는 요소가 되었음은 쉽게 짐작할 수 있다.

여하튼 2세기 중엽의 교회에는 남녀를 구별하고 여성을 차별하는 관습이 정착되기 시작하였다. 그 이유는 방금 말한 상황적 원인 외에도 또 다른 원인이 작용하고 있음을 지적할 수 있다. 멀리는 기독교가 셈족의 남성신 유일사상의 종교적 전통에 서있기 때문에 그것이 교리 형성 과정에서 남성 중심적 교리로 작용하였다고 볼 수 있다. 가깝게는 당시에 세력을 떨치고 있던 영지주의에 대항하기 위한 정치적 원인이 복합적으로 작용하면서, 영지주의에 대한 반작용으로 여성차별의 편향적 관습이 정착하게 되었다고 볼 수 있다.

실제로 많은 교부들은 여성성을 강조하는 영지주의 집단을 이단으로 배격하였다. 이레나이우스는 '어리석은 여성'들이 영지주의로 빠져든다고 경고하였고, 터툴리안은 북아프리카 교회의 여성 지도자들을 '독사'라고 공격하였다. 사도 바울마저도 여성들은 교회 안에서 잠잠해야 한다고 설교하였다. 결국 정통교회는 영지주의를 공격하고 억압하면서 여성의 교회 내 지도적 위치를 배격하였고 남성 중심적 교회로 발전하였다.

이런 발전 과정에 대하여 정신분석학이 관심을 갖는 것은 신성 가족의 삼위일체 드라마에서 억압되어 있는 여성적 원리에 대한 것이다. 프로이트에게 억압되어 있는 것은 결코 사라지는 것이 아니라 잠복기를 통하여 에너지를 충전하면서 은폐되어 있는 것일 뿐이다. 마찬가지로 억압된 여성성은 억압된 잠복기를 통하여 에너지를 흡수하면서 회귀할 날을 기다린다. 그것이 어떻게 무엇으로 표출되었는가를 살펴보는 것은 영지주의 이후에 남성주의적인 기독교에서 여성성이 어떻게 나타나게 되었는가를 짐작게 하는 단초가 될 것이다.

먼저 정통교회의 발전 과정에서 억압되었던 여성성이 회귀하게 된 사건은 중세의 여성 숭배 사상이라고 할 수 있다. 중세는 가부장적이고 교권주의적이며 계층주의적인 기독교 문화의 정점에 속한다. 바로 이 정점에서 여성을 이상화하고 찬양하는 음유시인들의 여성 숭배 사상이 등장하게 되었다는 것은 큰 의미를 지닌다. 이런 사상의 연장선에서 여성을 이상화하는 기사도가 탄생하고 여성을 종교화하는 마리아 숭배사상이 발달되었다. 단테는 베아트리체를 이상화하면서 천국으로 인도하는 영적 안내자로 삼았다. 단테에게 여성성은 구원에 이르는 길이요 영성의 본질에 속하는 것이다. 여성성의 종교화는 성모숭배 사상에서 정점을 이루는데, 이와 함께 신성 가족의 로맨스에서 사라졌던 여성성이 부활하는 결과를 초래한다. 따라서 현대에 이르러 교황 비오 12세가 마리아의 승천설을 선포하였을 때, 그것은 단순히 교리상의 문제라기보다는 교회가 전통적 삼위일체 교리에서 은폐하고 억압했던 여성성의 원리가 다른 형태로 나타났다는 것, 심리학적으로 '억압된 것의 회귀'가 마침내 실현되었다는 것을 의미한다.

그렇다면 마리아론을 비성서적인 것으로 비난하고 거부하는 개신교는, 토인비가 유대교적 율법주의의 부활이라고 불렀듯이, 매우 전투적인 남성 종교의 모습을 취한다고 할 수 있다. 그러나 가족 로맨스에서 어머니를 제거할 수 없듯이, 신성 가족의 로맨스에서 여성성을 제거할 수 있을까? 인간의 의식 속에 존재하는 여성 원리, 헤겔이 자연적, 신적 원리라고 말한 여성 원리를 부정할 수 있을까? 은폐되고 억압되었던 여성 원리는 개신교의 발전 과정에서 어떤 다른 모습으로 회귀하는 것은 아닐까?

개신교의 남성성이 가장 극명하게 나타난 것이 청교도주의다. 청교도주의는 철저한 법치주의, 경건주의, 금욕주의 등의 남성적 법칙으로 표상된다. 청교도주의 이후에 나타난 근본주의는 더욱 남성적이다. 근본주의의 문자적 법치주의, 문자적 경건주의, 문자적 배타주의 등은 남성성의 원리가 더욱 협소화되고 왜소화되어 종교를 자신들의 문자적 법칙에 감금시킨 현상이다. 그렇다면 개신교에는 여성성의 원리가 발디딜 틈이 없는가?

이런 질문에 대해서 개신교에서 여성성이 가장 특출하게 나타난 현상이 성령운동이라고 답할 수 있다. 방언, 입신, 집단적 탈아, 엑스타시 등을 은혜의 징표로 삼는 성령운동은 남성적 청교도주의나 근본주의와는 전혀 다른 원리에서 운영된다. 디오니소스적 엑스타시는 아폴로적 금욕주의나 문자주의와는 반대다. 산도르 페렌치는 엑스타시의 신비주의는 바로 어머니의 자궁 속에 무차별적으로 존재했던 기억, 어머니의 자궁으로 돌아가기를 원하는 원초적 나르시시즘에 기인한다고 하였다.

엑스타시는 금욕과 경건과 문자의 남성 원리를 초월하는 어머니와의 신비적 합일, 여성성의 부활을 말한다. 실제로 영지주의자들은 에덴동산의 낙원을 자궁이라고 불렀고, 이에 이르는 길을 모성적 성령의 힘이라고 했다. 그렇다면 엑스타시의 성령운동은 실제로 모성성의 원리가 남성적 개신교에서 억압된 후에 회귀한 것으로 생각할 수 있다. 말하자면 성부, 성모, 성자로 구성되는 신성 가족의 드라마가 은폐된 형태로 다시 자신을 주장하는 것이라고 말할 수 있다.

죄의식, 거룩한 죄인, 마조히즘

모든 종교는 죄에 대한 의식과 이념을 가지고 있다. 인간은 죄의식이 있기 때문에 종교를 갖지만, 동물은 죄의식이 없기 때문에 종교를 가질 수 없다. 도덕적으로 죄의식은 이상적 가치와 현실적 행위 사이의 차이에서 발생하는 균열의 의식이다. 따라서 죄의식은 행위가 일어난 후에 발생하는 도덕적 의식이요 도덕적 결과물이다.

그런데 기독교신학은 원죄의 교리를 통하여 도덕적 의미의 죄의식에 선행하는 보편적이고 내재적인 죄의 본성을 말한다. 원죄는 신을 향해 나가야 하는 의지의 방향이 신을 반하는 방향으로 나가게 되는 의지의 왜곡이다. 성서는 의지의 왜곡을 아담이 신처럼 되기를 원해서 선악과를 따먹었다는 신화적 언어로 묘사한다. 아담이 인간을 뜻하듯이, 모든 인간은 그러한 왜곡된 의지, 자기중심적인 경향성을 실존적 조건으로 가지고 있다. 그것은 인간이 행동을 하기 이전에도 가지고 있는 유한성의 굴레다.

프로이트도 인간에게는 도덕적 죄의식보다 더욱 깊은 의미의 보편적이고 내재적인 죄의식이 존재한다고 말한다. 이를 신화적 언어가 아니라 정신분석학적 언어를 통하여 두 가지 방식으로 설명한다. 첫째는 개체적 인간 이전에 존재하는 인류의 죄의식에 대한 역사학적, 기원학적 설명이고, 둘째는 개체적 인간의 정신 안에 구조적으로 존재하는 근원적 분열성에 대한 설명이다.

첫째로 프로이트는 <토템과 타부>에서 태초의 인류는 이미 죄를 범하였고, 그 죄의식은 문명의 기반이 되어 인류의 정신사를 통하여 흐르고 있다고 말한다. 말하자면 죄의식은 기원학적으로 개체적 인간 이전에 이미 보편적으로 존재하는 삶의 선험적 구성 요건이다. <토템과 타부>는 그 사정을 '태초에 살인이 있었다'는 유명한 명제로 표현한다. 인류는 개체로 탄생하기 이전에 이미 카인의 동참자요, 후회하는 카인의 후예다.

개체적으로 유아가 부친살해의 원망, 오이디푸스 콤플렉스를 가지고 있다면, 종족적으로 역사의 시초에는 원부살해가 실제로 일어났다. 원부살해 이후에 죄의식에 사로잡힌 형제들에게 원부는 신격화되었고, 죄의식을 해소하는 장치로 토템음식을 먹는 제의가 수행되었다. 종교의 기원은 이렇게 원부살해에 대한 죄의식에 근거한 제의다. 또한 토템종교가 문명의 시초라면 문명에 참여하는 인류는 모두 선험적으로 원부살해의 죄의식에 동참하는 존재다.

마찬가지로 기독교의 기원과 본질은 예수의 죽음에 있고, 따라서 예수의 죽음을 기억하는 성찬 제의에 있다고 할 수 있다. 성찬은 예수의 죽음에 대한 공동의 범죄를 참회하고 예수의 피와 살을 내 몸에 일체화시키는 제의다. 토템음식을 통하여 살해된 원부신과 일체화가 되는 것처럼 성찬음식을 통하여 아들신과의 일체화가 이루어진다.

이렇게 보자면 필립 리프가 "인간은 후회하는 살인자로서 종교는 죄의식의 역사"[22]라고 지적하듯이, 종교는 개체적 인간이 범죄를 저지르기 이전에 이미 행해진 인류의 공동범죄에 동참하는 죄의식과 후회의식에 근거한 제의적 산물이라고 할 수 있다.

둘째로 개체 인간의 정신 안에 구조적으로 존재하는 모순적 분열성과 죄의식의 관계를 살펴보자. 프로이트에게 인간은 철저히 이원론적 존재다. 정신과 육체를 구별하는 전통적 이원론이 아니라 인간 본능 안에 존재하는 충동과 욕구의 모순과 갈등, 쾌락원칙과 현실원칙, 자아와 이드, 초자아와 자아, 생명 본능과 죽음 본능의 이원론이다.

이러한 구조적 분열로부터 죄의식이 발생한다. 예를 들어 인간의 공격성이 외부로 향하는 사디즘은 사회와 문명을 위협할 수 있다. 따라서 문명이 유지되기 위해서는 인간의 공격성을 억압하든지 다른 방향으로 돌려야 한다. 이 중에서 가장 쉬운 장치가 공격성의 에너지를 내부로 향하도록 하는 것이다. 자신의 내부를 향하는 공격적 에너지는 죄의식의 원천으로 작용한다. 여기서 죄의식은 도덕적 행위와는 별도로 존재하는 심리학적 죄의식이다.

심리학적 죄의식은 초자아와 자아의 사이에서도 발생한다. 초자아는 종교적 가치에 기반을 두고 있는 문화적 규범이 내면화된 것이다. 따라서 초자아는 일반법과는 달리 자아의 내면에서 자아를 언제나 감시하는 양심의 법, 신적 법이다. 성서는 이러한 초자아의 감시를 다음과 같이 노래하고 있다.

---

22) Philip Rieff, *Freud: The Mind of the Moralist*, 276.

내가 주의 신을 떠나 어디로 가며 주의 앞에서 어디로 피하리이까.
내가 하늘에 올라갈지라도 거기 계시며
음부에 내 자리를 펼지라도 거기 계시나이다.
새벽 날개를 치며 바다 끝에 가서 거할지라도
곧 거기서도 주의 손이 나를 인도하시며
주의 오른손이 나를 붙드시리이다. (시 139: 7-10)

언제 어디서나 자아를 감시하는 초자아는 자아로 하여금 종교적 가치나 문화적 규범을 수행할 것을 요구한다. 그러나 자아는 초자아의 이상을 완전히 수행할 수 없다. 따라서 초자아의 감시대 앞에서 자아는 자신을 불완전하게 느낄 수밖에 없다. 자아의 불완전성은 신학적 언어로 유한성의 자각이요 죄의식의 자각이다.

초자아의 내면적 감시는 인간을 신학적, 심리학적 모순의 존재로 만든다. 초자아의 내면화가 심화되고, 초자아 앞에선 자아의 자기의식이 강할수록 모순은 더욱 극대화된다. 이런 의미에서 죄의식은 초자아의 감시가 자아에게 행하는 심화된 공격성, 마조히즘의 현상이라고 할 수 있다.

지나친 초자아의 발달, 지나친 도덕주의는 자아에 대한 공격성을 발달시키고 병적인 죄의식을 낳는다. "프로이트는 인간의 죄의식을 그가 악하기 때문이 아니라, 억압의 결과로 그가 지나치게 도덕적이기 때문이라고 생각했다."[23] 종교가 강조하는 경건함의 뒷면에는 억압의 메커니즘이 존재한다. 이런 이유 때문에 심화된 죄의식을 가지고 매우 경건하게 살아가든 사람이 때로는 가공할 만한 범죄를 저지를 수 있는 역설을 이해할 수 있다. 때로는 자신을 향한 공격성이 타자를 향한 공격성으로 선회할 수도 있기 때문이다.

그러나 기독교는 죄의식이야말로 은총과 신앙의 길로 인도하는 전제로 생각한다. 키르케고르가 심화된 자아의식, 죄의식이 본래적 실존,

23) Philip Rieff, *Freud: The Mind of the Moralist*, 319.

신앙적 실존, 은총에 이르는 길이라고 했을 때, 그것은 신학적으로는 옳은 진술이다. 사도 바울은 "죄가 많은 곳에 은혜도 많다"는 말을 통하여 죄의식이 깊은 곳에 은총 의식도 증가하는 아이러니, 죄의식의 쓰라린 상처를 감싸는 은총의 즐거움을 역설적으로 증언하였다. 또한 율법은 죄를 깨닫게 하는 몽학선생, 즉 초자아의 지나친 공격성 앞에서 모든 사람은 죄인이며, 오직 은총만이 구원에 이르게 할 수 있다는 교리를 제시하였다. 율법이 은총을 위한 몽학선생이라면, 죄의식의 심화, 죄 공포증은 바울의 은총신학의 필요조건이다. 아우구스티누스의 "주여, 당신은 우리를 당신을 향해서(ad te) 살도록 창조하셨음으로, 우리가 당신 안에(in te) 거하지 않고서는 영원한 평안을 누릴 수 없나이다"(고백록 1권)는 고백이나, 바울의 "내가 행하려는 선은 행치 아니하고 행치 않으려는 악을 행하나니, 내 안에 다른 법이 있다"는 고백 등은 신적 초자아의 이상에 거하지 않는 인간의 구조적 모순과 갈등, 그리고 이를 초극하려는 신앙과 은총의 길을 잘 보여 주고 있다.

그러나 정신분석학은 신학적으로 심화되고 미화된 자아의식과 지나친 죄의식을 신앙과 은총으로 인도하는 긍정적이고 적극적인 의미로 이해하는 것이 아니라 마조히즘적 강박신경증으로 이해한다.[24] 여기에 죄의식이라는 공통분모에 대한 신학적 이해와 정신분석학적 해석의 차이가 존재한다. 정신분석학은 기독교의 죄의식 개념과 구조적 공통점을 갖지만, 초자아가 자아를 지나치게 공격할 때 이를 병리학적 증상으로 바라보는 것이다.

그런데 죄의식의 심화가 은총에 이르는 길이라는 신학적 교리는 정

---

24) 가톨릭의 예전에서 신자들이 가슴을 세 번 치면서 '내 탓이요, 내 탓이요, 내 탓이로소이다'라고 외치는 의식은 종교의 마조히즘적 경향을 보여 준다. 이 말의 도덕적, 영적 의미는 충분히 이해할 수 있다 하더라도, 심리적, 정치적 의미는 달리 이해할 수 있다. 모든 것을 내 탓으로 돌리는 것은 심리학적으로 공격 본능을 내면화함으로써 발생하는 거룩한 마조히즘의 표현, '징벌에의 욕구'(need for punishment)를 표현한다고 볼 수 있다. 정치적으로도 세상의 모든 잘못을 내 탓으로 돌린다면, 객관적 현실인 사회의 부정의와 역사의 모순은 변치 않고 남아 있을 것이다.

신분석학적으로도 일단의 역설적 진리를 보여 준다. 자아는 양심 또는 신적 초자아의 가학적 공격과 비난을 감수할 뿐만 아니라 때로는 이를 즐기려는 마조히즘적 유혹에 사로잡힐 수 있기 때문이다. 부모의 가혹한 질책과 비난을 수용하는 것은 또한 부모의 용서와 사랑을 담보하는 것이다. 마찬가지로 신적 초자아의 가혹한 비난과 심판을 즐거이 수용하는 것은 신으로부터의 용서와 은총을 담보하는 길이기도 하다. 거꾸로 말하면 은총과 사랑의 신학은 죄의 달콤한 유혹과 가혹한 심판의 양가성을 마조히즘적으로 요청하고 있다. 우리는 이를 '도덕적 마조히즘' '거룩한 범죄' 또는 '거룩한 죄인'(holy sinner)이라고 부를 수 있다.

실로 종교문학 속에는 죄 주변을 감도는 은총의 향기, '거룩한 죄'의 역설이 다양하게 나타난다. 바울의 '죄가 많은 곳에 은총이 많다'는 바울의 신학적 진술은 심리학적으로도 진실이다. 도스토예프스키의 <죄와 벌>의 라스콜리니코프, <악령>의 스타브로킨은 윤리적 범죄자이면서 또한 양심공포증에 시달리는 거룩한 범죄자들이다. 이들에게 신의 은총을 즐기기 위해서 죄는 필수조건이요, 죄는 근본적으로 신을 즐겁게 하는 일이다.[25]

정신분석학은 이렇게 심화된 죄의식, 거룩한 죄를 마조히즘적 신경증으로 부른다. 따라서 정신분석학에 신앙과 은총의 길이 있다면, 그것은 자아의 모순적 본질에 대한 합리적 이해와 해석을 통하여 자아를 용서하고 관용하는 길이 있을 뿐이다. '네 이웃을 네 몸처럼 사랑하라'는 예수의 교훈에서 정신분석학은 '네 이웃을 사랑하라'는 구절 이전에 '네 자신을 사랑하라'는 구절에 강조점을 둔다. 자신을 사랑하고 관용하고 용서하지 못하는 사람에게 이웃을 사랑하고 관용하고 용서하는 것을 기대할 수 없다.

자신에 대한 사랑과 관용과 용서는 자신의 본능적 충동의 모순과

25) Philip Rieff, *Freud: The Mind of the Moralist*, 279.

갈등을 이해하는 것으로부터 출발한다. 인간이 이러한 모순과 갈등을 벗어날 수 없다면, 니체의 '운명을 사랑하라'(amor fati)는 경구처럼 자신의 모순적 운명을 긍정하고 타자의 모순적 운명을 관용하면서, 이와 함께 살아가는 법을 배워야 할 것이다.

신학은 신과 같이 되려는 내재적 원죄 의식으로부터 신에게 복종함으로써 신의 은총을 받는 구원의 길을 제시한다. 반면에 정신분석학은 인간의 모순적 이원론으로부터 발생하는 내재적 죄의식을 발견하고 이를 합리적으로 이해하고 관용하는 운명 사랑의 구원론을 제시한다. 프로이트에게는 본능에 대한 도덕적 승리가 아니라 본능과 지성의 화해가 중요하기 때문이다. 여기에 신학과 정신분석학, 은총과 과학, 신앙과 합리성 사이의 차별이 존재한다.

12. 문명 속의 불만

서언

<문명 속의 불만>(1930)은 제목 자체가 말하고 있듯이 문명의 문제와 불만의 문제라는 두 가지 주제가 서로 얽혀 있는 가운데 전개되고 있다. 따라서 <문명 속의 불만>을 이해하는 첩경은 이 두 가지 주제를 이해하는 데 있다. 그런데 프로이트에게 문명의 문제와 불만의 문제는 근원적으로 인간 본성의 이론으로부터 도출될 수 있는 응용문제다. 왜냐하면 문명과 불만이 인간의 문명과 인간의 불만인 이상, 이 두 가지 주제는 근원적으로 인간의 문제로부터 출발해야 할 것이기 때문이다. 따라서 프로이트는 인간 본성에 대한 이론으로부터 출발하여 문명의 역동성과 문명을 살고 있는 인간 불만의 본질, 나아가서 행복의 가능성을 탐구하려고 한다. 이것이 <문명 속의 불만>을 정신분석학적 문명비평서로 부를 뿐만 아니라 정신분석학적 행복론으로 부르는 이유다. 본 장에서는 서로 얽혀져 있는 두 가지 주제를 다루면서 이의 의미와 함의를 살펴보려고 한다.

행복의 가능성

프로이트에게 인간의 목적은 행복을 추구하고 행복을 향유하는 것이다. 인간이라면 누구나 행복하기를 원하고 행복을 유지하기를 바란다는 사실에 이론의 여지가 있을 수 없다. 그러나 인간이 그렇게도 소망하는 행복이 달성되기 힘들다는 데 인생의 문제가 있다. 오죽 했으면 불교는 인생을 고통의 바다라 말하고, 쇼펜하우어는 인생을 고통과 지루함 사이를 오가는 시계추 같다고 하였을까.

이러한 사정은 소위 세상에서 가장 큰 업적을 남겨 놓았던 위인들에게도 예외가 아니다. 과학자요 정치가며 예술가였던 위대한 천재 괴테는 다음과 같은 고백을 하였다.

> 나는 내 존재의 과정에 대해 아무 말도 하지 않겠다. 그 밑바닥에는 단지 고통과 무거운 짐이 있었을 뿐이며, 75년이라는 생애를 통해 나는 진정으로 행복한 단 4주간의 기간도 가져본 적이 없다. 그것은 다시 들어 올려야만 하는 바윗돌을 영원히 굴리는 것이나 다름없다.1)

종교개혁이라는 세계사적 사건을 성공시켰던 루터는 다음과 같이 말하였다.

> 나는 삶에 완전히 지쳐 있다. 나는 주께서 곧 오셔서 나를 이 자리에서 데려가 주시기를 기도한다. 무엇보다도 그분께서 마지막 심판으로 오시기를 기도한다. 나는 목을 쭉 뺄 것이며, 그 다음에 천둥이 칠 것이고, 그리고 난 다음 나는 편히 쉴 수 있을 것이다.2)

따라서 루터는 그의 말년에 어느 부인이 40년을 더 살기를 축원하였을 때, 40년을 더 사느니 차라리 낙원에 들어가기를 포기하겠다고

---

1) 윌리엄 제임스, <종교적 경험의 다양성>, 김재영 옮김, 한길사, 203쪽에서 재인용.
2) 윌리엄 제임스, <종교적 경험의 다양성>, 204쪽에서 재인용.

대답하였다.

물론 인생을 어떻게 보느냐는 문제는 사람에 따라 정도의 차이가 있을 수 있다. 건강한 낙관주의적 인생관을 가진 사람이 있는가 하면 고뇌하는 비관주의적 인생관을 가진 사람도 있다. 윌리엄 제임스는 그것을 기질적 경향의 차이라고 불렀다. 그러나 기질적 차이에도 불구하고 사유하는 사람이라면 인생이 고뇌로 가득 차 있다는 생각으로부터 벗어날 수 없다. 따라서 시편 기자는 다음과 같이 노래한다.

> 우리의 연수가 칠십이요 강건하면 팔십이라도
> 그 연수의 자랑은 수고와 슬픔뿐이요
> 신속히 가니 우리가 날아가나이다.[3]

전도서 기자는 한 걸음 더 나아가서 인생의 모든 행적이 헛되이 사라져 버림을 노래한다.

> 헛되고 헛되며
> 헛되고 헛되니
> 모든 것이 헛되도다.
> 사람이 해 아래서 수고하는 모든 수고가
> 자기에게 무엇이 유익한고.[4]

소크라테스가 "사유하지 않는 삶은 살만한 가치가 없다"고 했듯이, 인생이 헛되이 흘러가고 고난으로 가득 차 있다는 사유와 자각이야말로 철학과 종교를 향한 첫 걸음이다. 그리고 인생을 고해로 표현하는 불교야말로 이러한 사유와 자각이 가장 절실한 종교로 보인다.

부처는 다음과 같이 말한다.

---

3) 시편 90: 10.
4) 전도서 1: 2-3.

> 삼계(三界)는 편안함이 없다.
> 오히려 화택(火宅)과 같다.
> 중고(重苦)가 충만해 있어 심히 두렵고 무섭다.
> 항상 나고 늙고 병들어 죽는 우환이 있다.
> 이 같은 업화(業火)가 활활 타올라 쉬지 않는다.[5)]

그렇다면 고통의 바다로부터 해방되는 길은 무엇인가? 부처는 인생이 고통으로 점철되어 있다는 실존적 진리로부터 그 원인을 집착에서 발견하였다. 따라서 부처는 다음과 같이 말했다.

> 여실히 고(苦)의 근본을 안다는 것은,
> 말하자면 현재의 애착하는 마음이 미래의 몸과 욕(欲)을 받아
> 그 몸과 욕 때문에 다시 갖가지 고과(苦果)를 찾는 것임을 아는 것이다.[6)]

집착은 욕구의 한 형태다. 생명을 갖고 있는 한 욕구로 벗어날 수 없고, 욕구가 생명의 행위인 이상 욕구 자체를 잘못이라고 할 수는 없다. 그러나 욕구가 대상에 애착하고 사로잡히게 되면 욕구는 고통의 근원으로 작용한다. 욕구가 바람처럼 왔다가 사라지듯이, 욕구가 사로잡히는 대상도 바람처럼 왔다가 사라진다. 만물은 영원히 존재하지 않는 시간적 현상이요 인연을 따라서 생멸집산(生滅集散)하는 계기적 현상이다. 이것이 연기설(緣起說)의 자각이요, 제법무아(諸法無我)와 제법무상(諸法無常)의 가르침이다. 나와 만물이 연기의 소산이라면 제법무아와 제법무상은 같은 가르침의 양면일 뿐이요, 그것은 한마디로 공(空)의 교설로 요약할 수 있다. 고통은 바로 연기의 진리를 자각하지 못하는데서 발생하는 것이요, 만물의 공성(空性)을 제대로 깨닫지 못하는 데서 유래하는 무명(無明)의 결과다. 따라서 고통으로부터의 해방 또는 열반은 곧 연기 또는 공을 사무치는 데서 달성될 수 있을 것이

5) <법화경>(法華經).
6) <중아함경>(中阿含經).

다. 이런 점에서 부처가 제시하는 고통으로부터의 해방, 행복에로의 초대장은 매우 철학적이라 할 수 있다.

기독교는 고통의 근원을 죄에서 찾는다. 그런데 죄는 왜곡된 욕구와 그 결과를 말하는 것이라는 점에서 불교의 무명으로 인한 욕구에 대한 통찰과 동일선상에 존재한다. 그러나 그 해결책에 있어서는 상이하다. 아우구스티누스를 통하여 이를 살펴본다면, 그 상이성이 매우 명료하게 드러난다. 아우구스티누스는 <고백록>에서 유한하고 무상한 사물에서 행복을 찾을 때는 언제나 실망과 고통만이 존재하고, 무한하고 영원한 신에게서 행복을 찾을 때야말로 비로소 참다운 행복이 달성될 수 있다고 하였다.

아우구스티누스는 자기 이상으로 사랑했던 친구가 죽었을 때, 슬픔과 고통으로 가득 찰 수밖에 없었다. 그러나 그 고통을 성찰하면서 다음과 같은 자각을 하게 되었다.

> 슬픔이 그렇게도 쉽게 그리고 깊숙이 내 마음에 침투한 것은 죽을 수밖에 없는 사람을 안 죽을 사람처럼 사랑함으로써 내 혼을 모래 위에 쏟아 놓아 버린 탓이었습니다.[7)]

말하자면 무상한 대상을 유상한 존재로 집착함으로써 쓰라린 고통을 맞이하게 되었다는 말이다. 아우구스티누스는 이러한 고통으로부터의 해결책을 다음과 같이 제시한다.

> 당신을 사랑하고 당신 안에서 친구를 사랑하며 당신을 위해 원수까지 사랑하는 사람은 복을 받을 것입니다. 왜냐하면 항상 계셔서 모든 것을 사랑하시는 그 분 안에서 모든 것을 사랑하는 자만이 자기가 사랑한 것을 하나도 잃어버리지 않기 때문입니다.[8)]

---

7) 아우구스티누스, <고백록>, 선한용 옮김, 대한 기독교서회, 4권 8장 13절. 이 번역본은 영어 발음을 따라 '어거스틴'으로 표기하고 있지만, 본서에서는 라틴어 발음인 '아우구스티누스'로 통일하여 사용하고 있기에, 역자의 이해를 구하는 바이다.
8) 아우구스티누스, <고백록>, 4권 8장 14절.

즉 영원한 신 안에서 유한한 대상을 사랑한다면 대상을 상실하는 고통으로부터 해방되고 행복을 달성할 것이라는 말이다. 따라서 아우구스티누스의 행복론은 다음 구절로 요약될 수 있다. "당신은 우리를 당신을 향해서(ad te) 살도록 창조하셨으므로 우리 마음이 당신 안에서(in te) 안식할 때까지는 편안하지 않습니다."[9] 여기서 아우구스티누스의 행복론은 '향해서'(ad)와 '안에서'(in)라는 두 단어에 나타나 있다. 일자이신 하느님을 향한(ad te) 삶과 마침내 하느님 안에(in te) 있는 삶이야말로 행복을 향유하는 삶이요, 반대로 하느님을 반하는(a te) 삶은 영원한 일자를 떠나서 유한한 다자 속으로 흩어져 버리는 삶이기에 불행한 삶일 수밖에 없다는 것이다.

불교가 고통의 원인을 집착에서 찾고, 집착 자체의 무상성의 자각을 통하여 고통으로부터 해방되는 철학적 구원론을 제시한다면, 아우구스티누스는 집착하는 대상의 무상성의 자각으로부터 시작하여 영원한 신을 향한 신앙을 통하여 고통으로부터 해방되는 신학적 구원론을 제시한다. 이것이 불교가 깨달음의 종교라면 기독교가 신앙의 종교요, 불교가 자력 종교라면 기독교가 타력 종교가 되는 이유가 될 것이다.

그러나 프로이트는 이러한 종교적 행복론을 심리학적으로 재구성한다. 말하자면 프로이트는 인간의 불행은 심리학적으로 어디서 유래하는 것이며, 불행한 인간이 왜 신을 요청하고 종교를 필요로 하는지를 묻는다. 그리고 이런 분석에 근거해서 행복의 가능성을 탐구하려고 한다. 여기에 종교적 행복론과 심리학적 행복론의 차이가 존재한다.

프로이트는 행복론을 말하기 위해서 두 가지 길을 택한다. 첫째는 무엇이 인간에게 고통을 일으키고, 인간은 고통을 피하고 행복을 추구하기 위해 무엇을 행하느냐의 문제를 경험론적으로 살피는 것이고, 둘째는 인간 본능의 구조 자체가 과연 고통으로부터 벗어날 수 있는 해방의 길을 가능케 하느냐의 문제다. 이를 각각 살펴보는 동안 프로이

---

9) 아우구스티누스, <고백록>, 1권 1장 1절.

트의 행복론의 윤곽이 드러나게 될 것이다.

불행의 원인

프로이트는 먼저 경험적으로 인간의 불행을 세 가지 외적 원인에서 찾는다. 첫째는 질병으로부터 오는 불행, 둘째는 자연적 재해로부터 오는 불행, 셋째는 가족과 사회의 인간관계에서 오는 불행이다. 따라서 인간은 이 세 가지 원인을 피하고 제어함으로써 행복을 획득하려고 한다.

이 중에서 질병과 자연적 재해로부터 오는 불행은 문명의 발달과 함께 크게 감소되었다. 과학의 발달은 수많은 질병으로부터 인간을 해방시키고, 홍수와 기근과 같은 자연적 재해를 어느 정도 조절할 수 있게 하였다. 비록 아직도 수많은 질병이 인간을 불행으로 몰아넣고, 생태학적 위기가 기술문명의 업적을 비웃는다 할지라도, 과학의 발달이 행복의 충분조건은 아닐지라도 필요조건이라는 데는 이의가 있을 수 없다.

때로는 기술문명을 구가하는 현대사회에서 원시사회를 동경하고 거기서 대안을 생각하는 사람들이 있지만, 이들이야말로 역설적으로 선진 산업사회의 풍요로운 혜택을 가장 많이 받은 사람들이라는 점은 흥미로운 일이다. 프로이트는 이런 사실이 인간의 심리 속에는 문명에 대한 거북함 내지는 불만감, 나아가서는 적개심이 존재한다는 사실을 역으로 보여 주는 것으로 생각한다.

여하튼 과학의 발달은 질병과 자연적 재해로부터 오는 인간의 불행을 대대적으로 감소시켰다. 그럼에도 불구하고 자연의 일부인 인간이 질병의 문제를 완전히 해결할 수 없고, 자연의 엄청난 위력을 피할 수 없는 한에 있어서는 이들로부터 오는 불행을 전적으로 피할 수 있는 길도 불가능할 것이다.

가족과 사회의 인간관계에서 오는 불행은 병이나 자연적 재해와는 달리 문명이 발달한다고 감소되는 것은 아니다. 때로는 가장 가까워야 할 가족관계가 불행의 원인이 되기도 한다. 그렇다고 인간이 가족을 떠나서 살아갈 수도 사회를 떠나서 존재할 수도 없다. 때로는 싫은 사람을 만나지 않고 좋은 사람들을 만나기 위해 클럽이나 조합이나 동호회를 조직한다. 그러나 거기에도 인간관계의 불행은 언제나 도사리고 있다. 극단적으로는 타인과의 관계를 회피함으로써 불행을 피하려는 자발적 고립의 삶을 선택할 수도 있다. 만남은 이별을 전제하고, 사랑은 슬픔으로 귀결되므로 모든 집착으로부터 벗어나 홀로 자유를 누리는 은둔자의 길이 있을 수 있다. 그러나 인간이 사회적 존재인 한, 은둔적 고립이 현실적으로 행복을 가져다줄 것인지는 생각해 볼 일이다. 실제로 은둔자들은 자신들의 집단을 형성하고 자신들의 사회에서 인간관계를 유지한다는 사실에서, 엄밀한 의미의 은둔적 고립이란, 극단적 자폐증 환자가 아닌 한 존재할 수 없음을 알 수 있다. 따라서 인간관계에서 오는 불행을 극복하기 위하여 처세술과 삶의 기술이 발달한다. 처세술이나 삶의 기술은 인간관계라는 엔진을 부드럽게 하기 위한 윤활유 역할을 하는 것이다. 그럼에도 불구하고 프로이트에게 인간관계에서 오는 불행은 질병이나 자연적 재해의 경우처럼 정도의 차이는 있을지언정 전적으로 피할 수 없는 숙명이라고 할 수 있다.

환상

인간이 외부세계에서 오는 고통을 전적으로 제어할 수 없다면, 자신의 내부세계를 변화시킴으로써 행복을 추구하는 방법이 있을 수 있다. 모든 고통이 결국 유기체가 외부에 대응하면서 발생하는 것이라면, 고통은 감각에 불과하기 때문에 유기체 내부의 감각에 영향을 미침으로 고통을 피할 수 있을 것이다.[10)]

이런 방법 중에서 가장 조잡하면서도 손쉬운 방법이 마약이나 술이나 흥분제와 같은 약물을 사용함으로써 내적 감각을 변화시키는 화학적 방법이다. 고통이 감각 작용의 결과라면 감각 작용을 무디게 함으로써 고통을 피할 수 있을 것이다. 그러나 이런 방법은 일시적 마취나 일시적 쾌락의 효과는 있을지언정 인생을 행복으로 이끌지는 않는다. 행복은 일시적 쾌락과는 달리 인생에 의미와 가치를 지속적으로 부여할 수 있는 것이어야 하기 때문이다. 화학적 방법은 오히려 인생을 개선할 수 있는 막대한 에너지를 낭비시키는 원인이 되므로 결국 불행을 가속화시키는 결과를 초래한다.

그런데 감각을 무디게 하는 화학적 방법과는 달리 욕구의 내적 원천인 본능적 충동에 영향을 주어 고통으로부터 벗어나는 방법이 있다. 이런 방법의 극단화가 동양의 요가나 명상과 같이 욕구 자체를 무화시킴으로써 평정심에 이르게 하는 방법이다. 앞서 본 바와 같이 불교는 욕구가 움직이는 근원을 파헤치고 욕구와 대상 사이의 연기(緣起)와 공성(空性)을 자각함으로써 욕구의 집착으로부터 벗어나려고 한다. 이 또한 인간의 정신적 내부 세계를 변화시킴으로써 행복을 추구하는 방법이라고 말할 수 있으며, 불교가 유심론적 종교라고 부르는 이유다.

또 다른 방법은 리비도의 방향을 다른 쪽으로 돌리는 것이다. 프로이트는 이를 환상의 길이라고 부른다. 환상은 본능적 리비도를 승화시키는 상상력의 세계다. 상상력은 다른 동물들과는 달리 인간만이 지니고 있는 이미지를 만들 수 있는 힘이요 이미지를 사용할 수 있는 힘이다. 케네스 벌크(Kenneth Burke)의 말처럼 인간은 상징을 만들고 상징을 사용하며 상징을 통하여 사유하는 상징적 동물이다. 인간은 환상을 통하여 상징적 세계를 창조하고, 그 상징적 세계를 통하여 대상(代償) 만족을 취하려고 한다. 이 중에서 가장 중요한 환상의 장르가 예술과 종교다.

10) "문명 속의 불만," <전집 12, 250>.

예술은 현실원칙과는 다른 환상의 세계를 적극적으로 창조한다. 아리스토텔레스의 말처럼 예술은 필연성의 현실에서 가능성의 세계를 창조하는 것이다. 또는 매튜 아놀드(Mathew Arnold)의 지적처럼 예술은 현실세계에서 이상세계를 그리는 것이다. 따라서 예술은 삶의 구속과 질곡의 현실원칙으로부터 벗어날 수 있는 '가벼운 마취상태'[11]의 쾌락원칙을 제공한다. 그러나 프로이트가 지적하듯이 예술이 현실의 비참함을 잠시 벗어날 수 있게 해 줄지언정 해소하는 것은 결코 아니다.

예술이 현실을 향한 비전과 과제가 되는 것은 미학과 정치학을 결합시킨 프리드리히 실러의 미학적 교육이나 마르쿠제의 미학적 정치의 과제가 될 것이다. 그러나 프로이트에게는 그러한 과제가 존재하지 않는다. 레비-스트로스가 인디언의 대칭 문신에서 인디언의 현실적 질곡인 계급적 갈등과 사회적 모순의 예술적 승화를 보았듯이, 프로이트에게 예술이 존재한다는 사실은 문명의 불만으로부터 벗어나려는 인간의 환상적 욕구가 존재한다는 사실과 환상을 통한 대상만족의 가능성을 제시해 주는 것일 뿐이다.

프로이트에게 종교는 예술과 함께 현실원칙의 질곡으로부터 리비도를 환상의 세계로 돌리고 환상의 세계에서 행복을 구하는 인류의 집단적 환상이다. 앞서 살펴본 바와 같이 아우구스티누스는 불행을 초래하는 외적 세계로부터 불행을 피할 수 있는 내적 세계로 향하고, 내적 세계의 모든 리비도를 영원한 신의 세계로 승화시킴으로써 행복을 발견한다. 종교는 리비도를 승화시킴으로써 행복을 추구하려는 인류의 환상적 노력이다.

프로이트는 종교가 사람들을 집단적 환상에 빠지게 함으로써 개인적 신경증의 고통에 빠지지 않게 하는 효용성이 있다[12]고 말한다. 한 사람이 하늘에서 유황불이 떨어지는 우주의 종말을 말하면 분열증 환자로 치부되지만, 집단이 이를 믿고 전승으로 정착하면 종말론이라는

---

11) "문명 속의 불만," <전집 12, 254>.
12) "문명 속의 불만," <전집 12, 259>.

종교적 교리가 된다. 종말론은 현실원칙에 대한 쾌락원칙의 승리, 해소될 수 없는 현실적 모순과 질곡으로부터 해방되는 새 하늘과 새 땅에 대한 환상이다. 따라서 종말론은 쾌락을 추구하는 인간의 가장 거대한 환상적 산물이다. 종말론의 환상 때문에 무수한 신도들은 개인적 신경증을 앓는 대신에 죽음마저도 기꺼이 기쁨으로 맞을 수 있었다. 종말론이 아니더라도 종교가 제공하는 안심과 축복의 교리들은 고통스런 현실을 그런 대로 행복하게 살아가도록 만드는 중요한 역할을 할 수 있다.

신화를 실재로 믿으면 종교가 되고, 허구로 믿으면 문학이 된다는 노드롭 프라이의 말처럼, 집단구성원들이 하나의 환상을 공유하고 믿으면, 그것은 더 이상 문학적 환상이 아니라 실재로 작용한다. 거꾸로 실재로 작용하던 환상이 더 이상 종교이기를 그치면, 그것은 실재가 아니라 문학으로 존재한다. 고대에 종교적 실재로 믿었던 신화들이 이제는 단지 문학적 상상력의 잔재로 남아 있는 경우는 이를 말해 준다.

여하튼 종교는 예술처럼 환상에 속하는 영역이지만, 개인적 환상이 아니라 집단적 환상이다. 따라서 종교의 집단에 대한 영향력은 어떠한 영역보다도 압도적이다. 종교적 환상 때문에 살 수도 있고, 종교적 환상 때문에 죽을 수도 있다. 이슬람의 저항세력이 스스로 자살 특공대가 되어 죽어가면서도 천국에서 순교자의 영예를 안게 될 것이라고 자부하는 것은 종교적 환상이 좋든 나쁘든 인간에게 얼마나 큰 위력을 발휘하는지를 보여 준다.

종교는 인생의 피할 수 없는 고통에 대한 궁극적 해답을 신의 뜻에 맡기고, 행복의 길은 오직 신에 대한 절대 순종에 있다고 말한다. 그러나 프로이트는 종교가 제공하는 행복을 예술의 경우처럼 일종의 마취나 도취로 볼 뿐, 행복으로 인도하는 확실한 길로 생각하지는 않는다. 왜냐하면 종교는 현실원칙과는 무관하게 환상을 통한 대상 만족을 줄 뿐이기 때문이다. 환상 속에서 만족하고 행복해 한다 치더라도 눈을 뜨면 어찌할 수 없는 똑같은 현실이 존재할 뿐이다. 따라서 헤겔이

<정신현상학>에서 스토아주의가 주장하는 사유의 절대 자유를 어찌할 수 없는 현실적 질곡으로부터 사유의 세계로 후퇴한 '불행한 의식'의 소산으로 정의하였듯이, 프로이트에게 종교는 그 유용성에도 불구하고 현실원칙의 질곡으로부터 환상의 세계로 퇴행한 '불행한 의식'의 소산이요 대상만족의 영역으로 존재하는 것이다.

이렇게 본다면 프로이트의 행복론은 비관적 정조로 가득 차 있다고 할 수 있다. 말하자면 외부세계로부터 오는 고통을 전적으로 제어할 수 없는 인간이 내부세계를 변화함으로써 행복을 추구하려 하지만 그것 또한 환상의 가치만을 지닐 뿐이다. 이러한 프로이트의 비관적 정조의 원인은 어디서 찾을 수 있을까? 그것은 바로 프로이트의 본능론의 대전제인 쾌락원칙과 현실원칙 사이의 괴리에 그 원인이 있다고 할 수 있다.

쾌락원칙

프로이트는 인생의 의미와 목적에 대해서 말할 수 있는 것은 오직 종교뿐이라는 것을 인정한다. 그러나 인간 자신의 행동을 통해서 살펴볼 때, 인생의 목적을 결정하는 것은 쾌락원칙의 프로그램이라고 말한다. 쾌락원칙은 본능의 욕구를 즉각적이고 적극적으로 만족시킴으로써 행복하기를 원한다. 인간이 행복하기를 원한다는 것은 쾌락원칙에 지배를 받는다는 말과 같은 말이다. 그런데 문제는 쾌락원칙의 본능적 욕구가 충족되었다고 일시적인 쾌락은 얻을지언정 지속적인 행복의 상태가 유지되는 것은 아니라는 데 있다. 그것은 쾌락원칙 자체의 구조적 모순이다. 왜 그럴까?

욕구가 없다면 쾌락도 없다. 욕구는 결핍이다. 그러나 결핍이 충족된 순간에 욕구는 더 이상 존재하지 않는다. 배고픔은 결핍이고 결핍은 욕구를 낳는다. 반대로 배부름은 결핍의 충족이고 쾌락이다. 그러나 배부른 사람에게 아무리 진수성찬을 먹이려고 해도 행복은커녕 역겨움만을 느낄 뿐이다. 말하자면 결핍의 충족과 함께 욕구 자체가 존재하지 않는다. 따라서 쾌락은 결핍의 상태에서 충족의 상태로 이행되는 과정에서 나타나는 상대적이고 일시적인 현상이라고 말할 수 있다. 이것이 바로 쾌락원칙의 구조 자체가 지니고 있는 쾌락의 한계성이다.

프로이트는 가장 적극적으로 추구되는 쾌락인 성애를 통하여 이를 설명한다. 성욕이 쌓이면 긴장이 되고, 긴장은 불쾌를 낳으며, 긴장의 해소는 쾌락을 낳는다. 그러나 쾌락이 발생하면서 긴장이 해소되고, 긴장의 해소는 욕구마저 사라지게 한다. 따라서 성애의 쾌락은 식욕의 쾌락과 같이 불쾌에 대한 상대적 쾌락이요 찰나적 쾌락일 뿐, 지속적 쾌락이 아님을 알 수 있다. 그것이 성애적 쾌락의 중요성을 폄하하는 것은 아닐지라도, 성애적 행복은 쾌락원칙의 역동적 구조 자체 때문에 매우 제한적이고 상대적이며 일시적일 수밖에 없다는 사실을 말해준다.

그런데 더욱 중요한 것은 인간이 쾌락원칙의 프로그램 안에서만 살아갈 수 없다는 데 있다. 말하자면 인간은 문명을 이루고 사회생활을 영위하기 위해서 현실원칙의 지배를 받아야 한다. 인간은 쾌락원칙의 리비도를 억압함으로써 그 에너지를 차용하여 문명을 발달시키고 사회생활을 영위한다. 문명은 인간의 질적 삶을 위한 필수 조건이다. 따라서 현실원칙은 즉각적 만족을 원하는 쾌락원칙의 억압 위에 서있지만 인간적 삶의 질을 위해서는 필수불가결한 원칙이기도 하다.

예를 들어 성애적 쾌락이 오직 해당 당사자들에게서만 일어나는 사건이라면, 문명은 수많은 사람들 사이에서 일어나는 사회관계를 바탕으로 한다. 따라서 사회적 집단정신의 체현인 종교는 개인적 쾌락을 억제하고 인류 모두를 사랑하라고 가르친다. 또한 도덕과 법률은 성애적 쾌락을 결혼에 한정하고 일부일처제로 묶어 놓는다. 그럼에도 불구하고 많은 사람들은 매춘이나 간음 등의 수단을 통하여 성애적 쾌락을 적극적으로 꾀하려고 한다. 하물며 만약 종교와 도덕과 법률이 성애적 쾌락의 자유를 무제한적으로 허락한다면, 성 에너지를 차용하고 승화시킴으로써 존재하는 문명의 기반 자체가 해체되어 버릴지도 모른다. 그리고 문명의 해체는 곧 바로 인간이 행복할 수 있는 조건 자체를 와해시킨다. 말하자면 성애적 쾌락을 억압함으로써 문명이 이루어지지만, 성애적 쾌락의 무제한 해방은 문명의 해체로 이어지고, 문명의 해체는 또 다시 인간적 삶의 질 자체를 무너뜨리는 불행의 순환고리를 형성한다.

더욱이 문명은 노동이라는 사회관계에 기반을 두고 있다. 쾌락원칙이 개인적 욕구의 범주라면, 노동은 피와 땀의 고통스런 과정을 통하여 개인을 사회에 편입시키는 사회적 행동이다. 따라서 문명은 자신을 유지하기 위해서라도 개인의 성적 에너지를 노동의 에너지로 전환하고 승화시켜야 한다. 말하자면 개인은 자신의 쾌락원칙을 제한함으로써 현실원칙을 따를 수 있고, 문명인의 삶을 살아갈 수 있다. 따라서 기본적으로 쾌락원칙과 현실원칙의 구조적 모순 속에서 살아가는 인간은 문명을 향유하면서도 문명에 대하여 불만을 가질 수밖에 없다는 이론이 도출될 수 있다.

이렇게 보자면 행복은 쾌락원칙 자체가 가지고 있는 상대성의 원리뿐만 아니라 문명이라는 현실원칙을 살아가야 하는 인간적 삶의 구조적 특성상 언제나 제한적일 수밖에 없다. 따라서 프로이트는 다음과 같이 말한다.

> 쾌락원칙은 행복해지기 위한 프로그램을 우리에게 부과하지만, 이 프로그램은 결코 완수될 수 없다. 그러나 우리는 어떤 방법으로든 거기에 다가가려는 노력을 포기해서는 안 되고, 사실상 포기할 수도 없다.……우리가 가능하다고 인정하는 제한된 의미에서의 행복은 개인의 리비도의 경제학의 문제다. 모든 사람에게 똑같이 적용되는 황금률은 존재하지 않는다. 사람들은 저마다 자신이 구원받을 수 있는 특정한 방식을 스스로 찾아내야 한다.[13]

---

13) "문명 속의 불만," <전집 12, 257>.

이제 다시 처음으로 돌아와서 행복은 가능한가라는 질문을 던질 때, 행복은 매우 제한적일 수밖에 없다는 비관적 대답을 할 수밖에 없다. 그렇다면 불행은 인간의 굴레요 조건인 가? 이에 대한 원인을 불교는 만물의 무상성(無常性)에서 찾고, 실존철학자와 신학자들은 인간의 유한성이라는 존재론적 구조에서 찾을 것이다. 그러나 프로이트는 이를 인간 본능의 이원론에서 찾았다. 말하자면 쾌락원칙과 현실원칙 사이에 존재하는 영원한 괴리는 구조적으로 완전한 행복을 불가능케 하고, 불만의 터전으로 작용한다. 여기에 프로이트의 행복에 대한 비관론이 존재한다.

그러나 비관론이라고 해서 행복 자체가 불가능하다는 것은 아니다. 단지 일시적 행복은 존재할지라도 영원한 행복은 신기루일 뿐이라는 것이다. 만약 종교가 영원한 천국의 행복을 말한다면, 그것 또한 프로이트에게는 환상일 뿐이다. 왜냐하면 행복은 언제나 상대적, 대조적, 비교적인 것으로부터 발생하기 때문에, 지속적이고 영원한 행복이라는 말 자체가 모순이기 때문이다. 그렇다면 행복의 문제는 어떻게 현실원칙에 순응하면서 살아갈 수 있을까라는 문제로 귀착될 수 있을 것이다. 그러나 이것은 프로이트 이후에 발전한 에고 심리학의 과제로 등장한다.

문명과 공격 본능

<문명 속의 불만>의 두 번째 주제는 문명에 대한 정신분석학적 비평이다. 여기서 프로이트는 자신의 후기 본능 이론인 에로스와 타나토스, 생명 본능과 죽음 본능을 매개로 문명비평을 감행한다. 따라서 프로이트는 "문명은 인류를 무대로, 에로스와 죽음, 삶의 본능과 파괴 본능 사이의 투쟁이라는 형태를 띠고 있다"[14]고 말한다.

---

14) "문명 속의 불만," <전집 12, 301-302>.

문명화가 개인을 가족으로부터 민족, 나아가서 국가, 인류로 결합시키는 에로스의 작업이라면, 야만화는 거꾸로 고문, 파괴, 혁명, 전쟁을 일으키는 공격 본능의 작업이다. 따라서 인류가 문명인이 되기 위해서는 공격 본능을 무해한 것으로 만들거나 제거하는 수단을 개발하고 발전시켜야 한다. 그렇지 않다면 문명화는 불가능하고 사회는 야만상태를 벗어날 수 없다.

따라서 먼저 죽음 본능이 문명과 어떠한 관계를 맺는지를 생각할 필요가 있다. 죽음 본능은 사회학적으로 공격 본능과 파괴 본능으로 나타난다. 인간이 공격 본능과 파괴 본능을 가지고 있는 한, 인간은 사랑스러운 존재가 아니라, 홉스의 명제처럼 '인간은 인간에 대한 이리'로서 존재할 것이다. 여기에 프로이트 문명론의 출발점이 있다.

> 인간은 사랑받기를 원하고, 공격을 받아도 기껏해야 자신을 방어할 수 있을 뿐 상대를 반격하지도 못하는 유순한 동물이 아니다. 반대로 인간은 강력한 공격 본능을 타고난 것으로 추정되는 동물이다. 따라서 이웃은 그들에게 잠재적인 협력자나 성적 대상일 뿐 아니라, 그들의 공격 본능을 자극하는 존재이기도 하다. 인간은 이웃을 상대로 자신의 공격 본능을 만족시키고, 아무 보상도 주지 않은 채 이웃의 노동력을 착취하고, 이웃의 동의도 받지 않은 채 이웃을 성적으로 이용하고, 이웃의 재물을 강탈하고, 이웃을 경멸하고, 이웃에게 고통을 주고, 이웃을 고문하고 죽이고 싶은 유혹을 느낀다. '인간은 인간에게 이리다'(homo homini lupus) 인생 경험과 역사에 대한 지식 앞에서 누가 감히 이 주장을 반박할 수 있겠는가?[15)]

이런 주장에서 '이웃을 사랑하고, 원수를 사랑하라'는 종교적 교훈은 매우 비현실적인 것처럼 보인다. 프로이트는 이 같은 교훈이 존재한다는 사실 자체가 인간이 정반대를 욕구하기 때문이라고 말한다. 말하자면 종교적 이상은 인간이 얼마나 공격적이고 사악한지를 역설적으로 보여 주는 증거일 뿐이다.

---

15) "문명 속의 불만," <전집 12, 289>.

인간의 공격 본능을 진지하게 생각하지 않는 사회적 프로그램은 실패할 수밖에 없다. 예를 들어 공산주의는 사유재산이 인간성을 타락시킨다고 보았기 때문에 사유재산의 파기와 함께 인류 모두가 평화롭게 살 수 있는 유토피아가 달성될 것으로 생각했다. 이런 생각은 인간이 근본적으로 선하고 협조적이고 평화로운 존재라는 소박한 낙관주의적 인간론에 바탕을 두고 있다. 그러나 프로이트에게 이런 유토피아적 사유는 환상일 뿐이다. 왜냐하면 인간의 공격성과 파괴성은 소유에 의해 창조된 후천적인 것이 아니라 소유 이전에 본능적으로 내재하고 있는 선천적인 것이기 때문이다.

> 사유재산을 폐지하면, 인간의 공격 본능이 이용한 도구 가운데 하나를 빼앗을 수는 있다. 그 도구는 가장 강력하지는 않지만 상당히 강력한 것은 분명하다. 그러나 사유재산을 폐지해도, 공격 본능이 악용하는 힘과 영향력의 차이를 바꿀 수는 없고, 공격 본능의 본질을 바꿀 수도 없다. 공격 본능은 재산이 만들어 낸 것이 아니다. 오히려 재산이 극히 빈약했던 원시시대에는 공격 본능이 거의 무제한으로 맹위를 떨쳤고, 유아는 자기 배설물에 대한 원초적인 소유권을 포기하기도 전에 이미 공격 본능을 드러낸다. 공격 본능은 사람들 사이의 모든 정애 관계와 애정 관계의 토대를 이룬다.[16]

프로이트에게 인간은 근본적으로 이기적이고 자기애적이며 공격적인 동물이다. 인간은 기껏해야 자신의 성애적 대상, 자신의 가족, 넓게는 자신이 속한 혈연집단, 학연집단, 민족 집단 또는 이념집단을 사랑할 수 있을 뿐이다. 비록 종교가 인류를 사랑하라고 말할지라도, 그 인류는 흔히 자신과 동일한 종교를 가지고 있는 인간들의 범주에 국한된다.

베르그송은 <도덕과 종교의 두 원천>에서 열린 종교와 닫힌 종교, 필자의 용어로는 부족종교와 보편종교를 구별하면서, 부족종교가 부족의 소원과 가치와 목표를 달성시켜 주는 부족을 위한 신을 선이라고 보았다면, 보편종교는 부족의 한계를 뛰어 넘어 모든 인류에게 적용되

16) "문명 속의 불만," <전집 12, 291-292>.

는 동일한 가치와 윤리와 목표를 제시하는 보편성을 주장한다고 하였다. 그러나 이상적으로는 그렇다고 하더라도, 경험적으로는 기독교, 불교, 회교와 같은 소위 보편종교들일지라도 넓게는 자신의 종교에 속한 사람들 또는 좁게는 자신의 집단에 속한 사람들에게는 보편적 사랑을 말할지라도, 타 종교나 집단의 사람들에게는 적개심과 공격 본능을 표출하는 일이 허다하다. 그것은 보편종교를 표방하더라도 내용적으로는 부족종교의 한계를 벗어나지 못하는 것을 보여 주는 것인데, 부족종교는 곧 심리학적으로 자기애적 집단을 말하는 것이다.

그렇다면 비교적 규모가 작은 자기애적 집단 안에서는 에로스가 보다 쉽게 실현될 수 있다는 가정을 할 수 있다. 노자는 마을 한 쪽에서 개가 짖으면 다른 한 쪽 끝에서 이를 들을 수 있는 규모의 작은 공동체를 이상사회로 제시하였다. 실제로 지연, 혈연, 학연, 이념 등을 같이 하는 작은 자기애적 집단에는 공격성과 파괴성을 능가하는 평화와 사랑의 원리가 존재할 수 있다. 프로이트는 이러한 집단의 사랑을 '사소한 차이의 나르시시즘'이라 불렀다.

그러나 프로이트에 의하면 자기애적 집단이라 할지라도 평화를 유지하기 위해서는 공격 본능을 해소시킬 수 있는 장치가 필요하다. 가장 쉬우면서도 위험한 방법이 공격성을 타자에게 배출하는 방법이다. 집단이 공고할수록 타 집단에 대한 배타성과 적개심과 공격성도 그만큼 강화된다. 만약 이 공격성을 수용할 타 집단이 존재하지 않는다면, 공격성은 자기 집단 안으로 분출될 수밖에 없다.

> 인간이 이 공격 본능을 단념하는 것은 쉽지 않다. 인간은 이 본능을 만족시키지 않고는 편안함을 느끼지 못한다. 비교적 작은 문화 집단은 침입자에게 적개심을 발산하는 형태로 이 본능의 배출구를 제공하는데, 그 이점은 결코 얕볼 수 없다. 공격 본능을 발산할 수 있는 대상이 남아 있는 한, 상당수의 사람들을 사랑으로 단결시키는 것은 그리 어렵지 않다.[17]

---

17) "문명 속의 불만," <전집 12, 292>.

아무리 내부적으로 불화가 많은 가족이라 할지라도 밖의 적대자를 만나게 된다면 쉽게 결속하게 되는 것을 볼 수 있다. 히틀러는 인간의 이러한 심리적 특성을 잘 간취하여, 범게르만주의로 국민들의 나르시시즘을 자극하였고, 반유대주의로 공격성을 수용할 수 있는 타자를 설정하였다. 이러한 극단적 예는 고사하고라도 민족 간에 있어서도 이방 민족에 대한 경멸이나 질시나 반목이 정치경제적 동기를 떠나서라도 은연중에 일어나고 있음을 쉽게 알 수 있다. 한 국가 안에서도 정치적 이념집단이나 종교적 이념집단은 타 집단에 대한 공격성과 적개심을 불러일으키고, 자신들의 당파성과 배타성을 미화하면서 집단의 결속력을 강화하려고 한다. 따라서 정치지도자, 시민운동가, 종교인 등은 집단의 결속을 위하여 타자에 대한 공격 본능을 의식적 또는 무의식적으로 이용하려고 한다. 매우 배타적인 학연주의, 지역주의, 패거리주의 등도 심리학적으로 보면 타 집단에 대한 적대관계를 매개로 자신들 동류집단의 안전과 평화를 유지하려는 공격 본능의 발로라고 할 수 있다.

공격 본능의 해소 장치

인간의 공격성은 일상생활의 증오, 분노, 식욕, 성욕, 성취욕, 명예욕 등의 모든 욕구에 작용을 한다. 문제는 문명의 발달을 위해서 해로운 공격성을 이로운 공격성으로, 파괴성을 유용성으로 변형하는 것이다. 증오나 분노가 정의를 위해 사용될 때, 공격성은 보다 나은 세계를 향한 동력이 될 수 있다. 식욕이나 성욕이 공격성과 밀접한 관계가 있다는 것은 주지의 사실이다. 개인의 성취욕이나 명예욕은 사회 발달이나 문명 증진을 위한 적극성으로 변형될 수 있다. 예술가들은 공격성을 창조적 상상력으로 변형시키고 승화시킴으로써 미적 차원의 세계를 창조한다. 말하자면 공격성은 문명을 야만으로 되돌릴 수 있는 파괴적 위험을 가지고 있으면서도 문명발달의 유용한 수단으로 변형될 수 있다.

이렇게 공격성이 개인적 차원에서 에로스와 결합됨으로써 이로운 공격성으로 변형될 수 있듯이, 문명은 공격성이 파괴성을 벗어나서 에로스와 결합되기를 요청한다. 문명의 과업이 "개개의 인간을 리비도적 유대로 묶인 공동체로 통합"[18]하는 것인 만큼, 문명은 자신을 보존하기 위하여 공격 본능을 통제하거나 해소하는 장치를 필요로 한다. 여기서는 해소 장치의 대표적 실례를 희생양 제도와 스포츠를 통해서 살펴보도록 하자.

지라르는 <폭력과 성스러움>에서 집단은 희생양을 찾고 이에 대한 만장일치적 폭력, 즉 희생제의를 행함으로써 '해로운 폭력'을 '이로운 폭력'으로 변화시킨다고 하였다. 희생제의는 문명에 위험 요소로 작용하는 공격 본능을 특정 대상으로 향하게 함으로써 공격성을 통제하고 해소할 수 있는 장치다.

프레이저의 <황금 가지>는 희생제의가 고대사회에서 동물 공희(供犧)나 인간 공희, 즉 동물이나 인간을 희생 제물로 바치는 제도로 어떻게 시행되고 있었는지를 매우 다양한 자료를 통하여 보여 준다. 성서에도 희생양 제도가 종교제의의 핵심 사상으로 나타나 있다. 다음 구절은 희생제의의 사회적 역할을 잘 보여 준다.

> 아론은 두 손으로 산 염소의 머리에 안수하여,
> 이스라엘 자손의 모든 불의와 그 범한 모든 죄를 고하고,
> 그 죄를 염소의 머리에 두어 미리 정한 사람에게 맡겨 광야로 보낼지니,
> 염소가 그들의 모든 불의를 지고 무인지경에 이르거든,
> 그는 그 염소를 광야에 놓을지니라.[19]

말하자면 이스라엘의 모든 죄와 불의를 염소에게 전가하여 희생양

18) "문명 속의 불만," <전집 12, 322>.
19) 레위기 16: 21-22.

으로 삼은 다음 광야로 쫓아내어 죽게 함으로써 이스라엘은 죄로부터 벗어나서 깨끗하게 될 수 있다는 말이다. 죄와 불의가 해로운 공격성의 결과라면, 이를 염소에게 전가하고 지라르의 말처럼 만장일치적 폭력을 가함으로써 공격성을 통제하고 해소하려는 것이다. 이 같은 희생양 제도는 수송아지나 양을 죽여 피를 뿌리면서 행해지는 속죄제와 화목제에서도 그대로 행해진다.

> 만일 이스라엘 온 회중이 여호와의 금령중 하나라도 그릇 범하여 허물이 있으나 스스로 깨닫지 못하다가, 그 범한 죄를 깨달으면 회중은 수송아지를 속죄제로 드릴지니, 그것을 회막 앞으로 끌어다가, 회중의 장로들이 여호와 앞에서 그 수송아지 머리에 안수하고 그것을 여호와 앞에서 잡을 것이요…… 제사장이 그것으로 회중을 위하여 속죄한즉 그들이 사함을 얻으리라, 그는 그 수송아지를 진 밖으로 가져다가 첫 번 수송아지를 사름 같이 사를지니 이는 회중의 속죄제니라.[20]

이러한 희생제의는 기독교 구원론의 중심 사상으로 발전되어, 사도 바울은 예수의 죽음을 가리켜 "우리의 유월절 양, 곧 그리스도께서 희생이 되셨다"[21]고 하였다. 말하자면 예수의 죽음은 하나님께 바쳐진 희생 제물로서, 이로 인해 인류가 속죄되고 구원을 받게 되었다는 말이다. 따라서 히브리서는 "예수 그리스도의 몸을 단번에 드림으로 말미암아 우리가 거룩함을 얻었다"[22]고 주장한다. 이렇게 보자면 성서의 구원의 이야기는 희생제의로부터 출발해서 희생제의로 끝나는 희생양의 드라마라고 해도 과언이 아니다.

콘라드 로렌츠는 <공격론 *On Aggression*>에서 인간의 동물적 공격성을 해소시키는 장치를 스포츠에서 발견하였다. 스포츠는 숲을 누비며 사냥을 하던 인간의 동물성, 종족간의 전쟁 속에서 카니발리즘을

---

20) 레위기 4: 13-21.
21) 고린도전서 5: 7.
22) 히브리서 10: 10.

행하던 인간의 야만성, 문명의 틀 속에 억압되어 있는 인간의 공격성을 일정한 룰이 있는 게임을 통하여 승화시키고 해소하는 장치다. 따라서 스포츠는 치열한 승부욕 속에서 공격성을 마음껏 발휘하고 발산할 수 있는 최상의 제도다. 그것은 선수 못지않게 관중에게도 참이다. 관중은 선수 못지않게 자신의 공격성을 발산하고 대리만족을 느낄 수 있다.

스포츠가 때로는 서로 다른 자기애적 집단 사이의 갈등을 넘어서 전쟁으로까지 발전할 수 있다는 것은 스포츠가 얼마나 공격 본능의 에너지를 사용하고 있는지를 보여 준다. 스포츠는 전쟁의 축소판이다. 그러나 스포츠는 전쟁처럼 비극적이고 비열한 야만성을 드러내는 것이 아니라 게임의 룰 안에서 일어나는 정당한 문명성을 보여 준다는 차이가 있다.

공격 본능의 통제 장치: 초자아

공격 본능의 유효한 통제 장치로는 종교와 윤리와 법률이 대표적이다. 종교는 살인하지 말고 서로 사랑하라는 명령을 통하여 공격 본능을 통제하고 문명을 통합하려고 한다. 윤리는 양심적 행위의 보편성을 강조하면서 반이성적인 행위의 비윤리성과 반문명성을 고발한다. 법률은 복잡한 인간사의 이해관계를 조절하고 범죄행위를 통제하려고 한다. 따라서 어떤 문명을 막론하고 종교와 윤리와 법률이 없는 문명은 존재하지 않는다. 토마스 아퀴나스의 말을 따르자면 종교가 신적 명령에 근거한 영원법(lex aerterna)이라면, 윤리는 이성에 근거한 자연법(lex naturalis)이요, 법률은 사회관계를 통제하는 인간법(lex humana)이라 말할 수 있다.

그런데 프로이트는 공격 본능을 통제할 수 있는 세계, 종교와 윤리와 법률이 어떻게 심리학적으로 작동하는가, 이러한 통제장치의 정신분석학적 원인이 무엇인가를 말해 준다. 이것이 프로이트의 통찰이 매우 근원적 관점을 가지고 있다고 말하는 있는 이유다.

> 문명은 자신을 적대하는 공격성을 억제하거나 해롭지 않은 것으로 만들거나 아예 제거하기 위해 어떤 수단을 쓰고 있는가?……개인은 자신의 공격 본능을 무해한 것으로 만들기 위해 어떤 수단을 사용하는가? 그것은 너무 놀랄 만한 수단이어서 짐작조차 못했을 게 분명하지만, 그래도 지극히 명백하다. 개인의 공격 본능은 안으로 돌려져 내면화한다. 아니, 실제로는 공격 본능이 나온 곳으로 돌려보내진다. 다시 말해서 자신의 자아로 돌려지는 것이다.[23]

공격 본능이 외부를 향하지 않고 자신의 자아로 돌려져 내면화된다면, 이보다 유효한 공격성의 통제수단이 어디에 있을까. 이를 프로이트는 초자아의 개념으로 설명한다. 초자아의 성립과정은 개인과 외적 권위 사이의 관계로부터 시작한다.

개인에게 최초의 외적 권위는 부모다. 유아는 부모의 사랑과 보호를 받지 않으면 생존 자체가 불가능하다. 따라서 유아는 부모의 사랑의 상실에 대한 불안을 갖는다. 사랑을 잃을지도 모를 행위는 나쁜 것으로 피해야 한다. 피하지 않으면 부모의 눈에 들키게 되고 사랑을 잃게 되며 처벌을 받을 것이다. 이러한 불안이 부모의 권위와 명령에 순종해야 하는 당위성을 갖게 한다. 그렇지 않다면 죄책감을 갖게 될 것이다. 여기서 죄책감은 '사랑의 상실'에 대한 불안과 두려움에 기인한다.

성장하면서 부모를 대체하는 선생, 종교인, 지도자와 같은 외적 권위가 등장한다. 외적 권위의 명령에 복종하는 것도 이들로부터 사랑을 잃을지도 모른다는 사회적 불안과 두려움이다. 그런데 이런 권위들이 내면화되어 초자아가 될 때, 중대한 변화가 발생한다. 초자아는 현상적으로는 외적 권위를 섭취하여 내면화된 새로운 권위지만, 이와 함께 권위에 대한 사랑과 증오, 순종성과 공격성이 함께 내면화되기 때문이

---

23) "문명 속의 불만," <전집 12, 302-303>.

다. 따라서 초자아는 자아가 순종하고 사랑해야 하는 부분인 동시에 자아를 공격하고 증오하는 부분이기도 하다. 말하자면 자아의 공격성이 내면화되어 초자아의 자아에 대한 공격성으로 바뀌는 것이다.

이렇게 될 때, 자아는 외적 권위에 대한 불안을 갖는 것이 아니라 내면적 초자아의 감시를 받는다. 초자아는 자아 위에 군림하면서 자아에게 '양심'의 이름으로 공격성을 발휘한다. 이전에는 외적 권위의 사랑을 잃고 공격을 받을 수 있다는 두려움 때문에 본능을 자제했지만, 이제는 내적 권위에 대한 두려움, 즉 양심의 가책, 죄책감 때문에 본능을 자제한다.

죄책감은 엄격한 초자아와 그것의 지배를 받는 자아 사이의 긴장을 말한다. 따라서 초자아가 엄격하면 할수록 죄책감도 강해지고 자기 징벌 욕구도 강해진다. 따라서 사도 바울처럼 공덕을 많이 쌓은 매우 도덕적 인간이 자신을 세상에서 가장 악한 죄인이라고 고백하는 역설이 나타난다.

더욱이 욕망이 좌절되는 불운을 당할 때면, 초자아 속의 양심의 힘이 강화된다. 보통 때라면 양심은 자아에 대해 관대하지만, 불운이 닥치면 자신의 죄를 생각하고, 초자아적 양심의 요구에 귀를 기울이며, 자기의 잘못을 반성하고 자신을 징벌하려고 한다. 어린 시절에는 불운이 부모나 부모의 권위로 표상되는 운명 또는 신의 사랑과 보호를 상실했다는 것을 의미했다면, 이제는 불운이 초자아의 엄격함에 대한 두려움과 죄책감에서 생겨나고 스스로를 징벌함으로써 속죄하려고 하기 때문이다.

이러한 자아의 징벌이 집단적으로는 유대교의 특성으로 나타난다. 유대인은 신의 선택된 백성이라는 믿음을 버린 적이 없었기 때문에, 불운을 맞을 때마다 신의 뜻에 어긋난 자신들의 죄의식을 심화시키면서 자책의 징표로 율법을 더욱 강화하였다. 엄격한 율법은 강화된 죄책감의 결과요 자아에 대한 징벌 욕구의 표현이다.

여기서 자아에 대한 외적 권위와 내적 권위, 외적 부모와 내적 부모, 자아에 대한 초자아의 차이가 분명해진다. 외적 권위의 사랑을 받기 위해서 자아는 쾌락원칙의 본능을 단념해야 한다. 반면에 내적 권위의 사랑을 받기 위해서 자아는 본능의 단념뿐만 아니라 징벌까지도 요구한다. 외적 권위 앞에서는 나쁜 행동만이 처벌의 대상이 되지만, 내적 권위인 초자아 앞에서는 나쁜 행동과 나쁜 의도가 동일시된다.

이렇게 공격성의 의도만 가지고도 양심의 가책이나 죄책감이 나타나게 될 때, 비로소 "문명은 개인의 공격성을 약화시키고 무장을 해체시키는 한편, 마치 정복한 도시에 점령군을 주둔시키듯 개인의 내부에 공격성을 감시하는 주둔군을 둠으로써 개인의 위험한 공격 욕구를 통제"[24)]할 수 있게 된다.

문명적 초자아

초자아는 외부로 향할 수 있는 공격 본능을 내면으로 향하게 함으로써 공격성을 통제할 수 있는 최상의 심리기제다. 따라서 문명의 발달과 양심의 발달 사이에는 상관관계가 있다고 할 수 있다. 만약 문명인이 초자아의 양심과 죄책감을 상실한다면, 공격성을 그대로 수행하던 원시적 야만의 상태로 회귀하게 될 것이다. 여기서 프로이트는 개인적 초자아의 개념을 따라서 '문명적 초자아'의 개념을 제시한다. 개인적 초자아가 자아의 공격성을 안으로부터 지키는 역할을 하듯이, 문명적 초자아는 사회구성원들의 공격성을 내부로부터 지키는 감시자의 역할을 한다.

문명의 초자아는, 마치 부모의 권위가 내면화 되면서 개인적 초자아를 형성하듯이, 예수, 부처, 모하메드, 공자와 같은 문명의 위대한 인격들을 통하여 달성된다. 위대한 인격은 개인에게와 마찬가지로 공동

---

24) "문명 속의 불만," <전집 12, 303>.

체와 문명에 영향을 끼친다. 예수와 서구문명, 모하메드와 중동문명, 부처와 동양문명, 공자와 동북아문명을 분리해서 생각한다는 것은 불가능하다. 이들의 인격은 문명의 초자아가 되어서 엄격한 이상적 요구를 제시하고, 인간의 공격 본능을 내면화시켜 통제하며, 양심과 윤리를 통해서 사회적으로 선한 행위를 유발하려고 한다.

따라서 문명적 초자아는 문명의 통합과 공동생활을 영위하기 위해 매우 중요한 기능을 한다. 말하자면 문명적 초자아는 해로운 공격 본능을 이로운 공격 본능으로 변형시켜서 에로스에 봉사하는 역할을 할 수 있다. 그러나 개인적 초자아의 명령에 대해 쾌락원칙의 본능적 저항이 존재하듯이, 문명적 초자아의 명령에 대해서도 인간은 순종만 하는 것이 아니라 저항을 한다. 왜냐하면 자아는 초자아라는 내적 권위 외에도 본능적 이드의 욕구를 충족시켜 주어야 하기 때문이다. 오히려 이드의 본능적 욕구에 비하여 초자아의 도덕적 요구는 매우 제한적일 수밖에 없다.

따라서 초자아의 요구가 본능적 욕구를 완전히 억압할 수 있다든지, 무제한의 통제력을 갖는다고 생각한다면 이것은 매우 비현실적인 생각이다. 프로이트에게 '원수를 사랑하라'든지 '하나님이 완전하듯이 너희도 완전하라'는 식의 종교적 교훈은 불가능한 이상일 뿐이다. 문명적 교훈은 인간의 본능에 대한 견제 역할을 할 수 있는 것으로 족할 뿐이다.

만약 초자아가 지나친 도덕적 성결함과 전적인 희생을 요구한다면, 자아는 이를 포기하고 반항하든지 또는 지나친 죄책감으로 신경증에 빠져 버릴 것이다. 마찬가지로 문명적 초자아가 지나친 요구를 하는 시대를 가정한다면, 그 시대의 인간들은 공동적으로 집단 신경증에 걸릴 수 있다고 가정해 볼 수도 있다. 문명적 초자아가 인간에게 부과하는 짐이 지나치게 된다면, 인간은 공격 본능의 내적 억압을 포기하고 오히려 공격 본능을 외부로 노출시키는 폭력과 파괴의 야만 상태로 나아가든지 또는 종교적 광신주의와 같은 집단 신경증의 상태로 전락할 것이다. 이 같은 주제는 본서의 주제는 아니지만 매우 흥미로운 것으로서 문명의 변환기에 일어나는 세기말적 증상과 함께 연구할 가치가 충분한 것으로 생각된다.

에로스의 종교

<문명 속의 불만>은 인간이 행복하기가 얼마나 힘든 것인가를 말할 뿐만 아니라, 인간적 삶의 총체인 문명 자체가 항상 야만의 위험에 노출되어 있음을 말한다. 그리고 그것은 바로 인류에 내재하는 삶의 본능과 죽음의 본능, 에로스와 타나토스 사이의 긴장과 모순과 갈등에 기인한다. 여기서 프로이트는 인류의 과제를 다음과 같이 말한다.

> 인류에게 숙명적인 문제는 문명발달이 인간의 공격 본능과 자기 파괴 본능에 의한 공동생활의 방해를 억누르는 데 성공할 것이냐, 성공한다면 어느 정도나 성공할 것이냐 하는 문제인 듯싶다.[25)]

말하자면 인류의 문제는 개개의 인간을 통합하여 단일 집단의 창조를 목적으로 하는 에로스가 얼마나 성공하느냐, 죽음의 본능, 파괴 본능, 공격 본능이 얼마나 해소되고 통제되느냐, 또는 공격성이 어떻게 에로스에 봉사하는 이로운 공격성으로 변형될 수 있느냐의 문제에 달려 있다는 말이다.

프로이트는 히틀러가 유럽 문명을 공격성의 광기, 전쟁의 소용돌이로 몰고 가기 전에 이미 그 전운을 예측하듯 다음과 같은 말로 문명의 미래를 예측한다. 그것은 테러리즘이 일상의 소식이 되어 버린 오늘날 우리의 문명에도 적용되는 예언이 될 것이다.

---

25) "문명 속의 불만," <전집 12, 329>.

> 이제 우리는 두개의 '천상의 권력' 가운데 하나인 영원한 에로스가 그와 똑같이 불멸적 존재인 적수와의 투쟁에서 열심히 버티어 주기를 기대할 수밖에 없다. 하지만 어느 쪽이 성공하고 어떤 결과가 초래될 것인지를 누가 예측할 수 있겠는가?[26]

프로이트는 인간과 문명에 대한 비관주의적 사유가 강하면 강할수록 에로스에서 구원의 희망을 발견한다. 종교가 가르치는 절대적 사랑의 메시지가 현실적으로 불가능하다고 주장했던 프로이트가 결국 사랑만이 인간의 구원이라는 메시지로 결론을 맺는 것이다. 에로스를 주장하는 프로이트는 로고스의 종교를 제창했던 계몽주의자 프로이트의 또 다른 얼굴이다.

프로이트는 2년 후 아인슈타인에게 보낸 편지에서 이를 재확인하면서, 정신분석학이 종교적 사랑을 말한다고 해서 이상할 것이 없다고 하였다. 따라서 프로이트의 종교를 굳이 말하자면 에로스의 종교라고 할 수 있다. 여기서 프로이트의 에로스 개념을 자신의 문명철학의 핵심으로 삼아 발전시킨 사람이 마르쿠제다. 따라서 다음 장에서는 마르쿠제의 프로이트 해석과 함께 그의 에로스의 종교를 살펴보려고 한다.

---

26) "문명 속의 불만," <전집 12, 329>.

13. 프로이트와 마르쿠제

마르쿠제의 공헌

1960년대 학생운동의 사상적 대부였던 마르쿠제의 <에로스와 문명>은 프로이트의 본능 이론, 특히 현실원칙과 쾌락원칙, 에로스와 죽음 본능의 개념을 정치철학, 문화철학, 비평철학으로 발전시킨 명저다. 이 저서에서 마르쿠제는 프로이트 심리학의 혁명적 요소를 간파하면서 이를 마르크스의 사회학과 연결시키는 작업을 하였다.

마르쿠제는 모든 철학을, 매튜 아놀드가 '현실상황'과 '이상상황'을 구별하였듯이, '인간이 살아가는 세계'를 서술하는 철학과 '인간이 살고 싶은 세계'를 바라보는 철학으로 구별하였다. 인간이 살아가는 세계를 서술하는 철학이 현상학적, 실증주의적 철학이라면, 인간이 살고 싶은 세계를 바라보는 철학은 예언자적, 혁명적, 해방적 철학이다.

마르쿠제는 실증주의 철학을 현상유지를 합리화하는 반동철학으로 비판하면서, 헤겔, 마르크스, 프로이트로부터 해방의 예언자적 철학을 발견하였다. 따라서 마르쿠제는 마르크스와 베버와 프로이트를 변증법적으로 결합하는 프랑크푸르트학파의 전통을 공유하면서 프로이트를 마르크스 식으로 해석하고, 마르크스를 프로이트 식으로 해석한다.

마르쿠제에게 살고 싶은 세계는 살아가는 세계의 모순과 억압을 거부하는 철학으로부터 시작한다. 따라서 살고 싶은 세계에 대한 비전과 실천은 살아가는 세계에 대한 부정의 철학으로 나타난다. 마르쿠제는 프로이트의 쾌락원칙과 현실원칙의 대립에서 부정의 철학이 명백히 나타나고 있음을 보았다. 현실원칙이 살아가는 세계를 말한다면, 쾌락원칙은 살고 싶은 세계를 말하기 때문이다.

그런데 마르쿠제는 프로이트의 근본 도식은 정당하지만, 인간이 살아가는 세계가 언제나 구체적이고 역사적인 세계임을 프로이트가 망각하고 있었다고 보았다. 따라서 마르쿠제는 세계를 역사적 변화와 사회적 투쟁의 장에서 보았던 마르크스의 철학을 원용하면서 수행원칙이라는 개념을 도입한다. 수행원칙은 현실원칙의 구체적이고 역사적인 형태를 말한다. 수행원칙의 도입과 함께 현실원칙과 쾌락원칙의 대립은 역사적 개념으로 변하고 사회적 역동성의 색깔을 지니게 된다. 이것이 프로이트를 역사화시키면서 정치철학적으로 재해석한 마르쿠제의 첫 번째 공헌이다.

그러나 현실원칙과 쾌락원칙의 구조적 대립만으로는 살고 싶은 세계에 대한 구체적 내용과 대안이 나타나지 않는다. 구체적 대안은 현실의 모순과 억압을 해방하는 이론과 실천의 통찰 위에 정립되어야 한다. 여기에 프로이트의 본능 이론이 빛을 발한다. 에로스가 생명을 연합하고 확대하는 생명 본능이라면, 죽음 본능은 생명을 분열하고 파괴하는 본능이다. 마르쿠제에게 에로스가 살고 싶은 세계의 비전이라면, 죽음 본능은 살아가는 세계의 현실원칙이다. 따라서 마르쿠제는 죽음 본능이 억압되고 에로스가 해방되는 세계에 대한 비전을 꿈꾼다. 이와 함께 프로이트의 본능 이론은 새로운 세계에 대한 비전의 사회철학, 유토피아적 문명비평의 혁명적 도구로 나타난다. 이것이 프로이트를 재해석한 마르쿠제의 두 번째 공헌이다.

본 장에서는 이 같은 두 가지 공헌을 전제로 하면서, 프로이트의 본능 이론이 지니는 함의, 그것이 어떻게 정치철학, 문화철학, 해방철학으로 발전할 수 있는지를 마르쿠제를 따라서 살펴보려고 한다.

쾌락원칙과 현실원칙, 그리고 억압

프로이트의 쾌락원칙과 현실원칙은 정신의 일차 과정과 이차 과정, 본능과 현실, 전통철학의 언어로 감성과 이성의 관계를 나타내는 역동적 개념이다. 마르쿠제는 양자 사이의 관계를 다음과 같은 도식으로 간결하게 정리하였다.[1]

(쾌락원칙)에서	(현실원칙)으로
즉각적 만족	지연된 만족
쾌락	쾌락의 제한
기쁨(놀이)	땀(노동)
수동성	생산성
억압의 부재	안전성

이 도식을 마르크스 식으로 표현하자면, 쾌락원칙은 본능적 쾌락을 추구하는 무의식적 하부구조로, 현실원칙은 유용성을 추구하는 의식적 상부구조로 부를 수 있다. 여기서 토대가 되는 것이 쾌락원칙이라면, 토대를 은폐하고 있는 것이 현실원칙이다. 이런 점에서 현실원칙은 극중 배우가 쓰고 나오는 가면(persona)에 비유할 수 있다. 인격을 뜻하는 영어 personality가 persona에서 나왔듯이, 인격은 쾌락자아를 은폐하고 있는 현실자아의 가면이라는 말도 성립된다. 실제로 현실자아는 쾌락자아와는 달리 현실에 의해 '조직된 자아'요 사회와 타협하고 조

1) 마르쿠제, <에로스와 문명>, 30.

절된 '사회적 자아'다.

이렇게 보자면, 프로이트의 정신분석학은 심리학을 개인의 정신현상에 국한하는 개인심리학이나, 개인을 사회에 적응시킴으로써 행복을 추구하는 에고 심리학과는 다른 차원에서 전개되고 있음을 알 수 있다. 프로이트의 정신분석학에는 이미 사회적, 역사적 현실이 전제되어 있고, 본능이 현실과 관계하면서 어떻게 적응되고 변형되는가에 대한 통찰이 가득 차 있기 때문이다. 말하자면 프로이트의 개인심리학은 동시에 사회심리학이기도 하다. 따라서 융이 '집단 무의식'이라는 말을 사용했을 때, 프로이트는 집단적이라는 말을 사용하지 않더라도 인간 정신은 어차피 '집단적'이라고 비평했다.

프로이트에게 개인심리학과 사회심리학이 일치한다는 말은 이들이 모두 쾌락원칙과 현실원칙의 대립구조에서 운영된다는 말이기도 하다. 개인적으로 인간의 정신은 부모와 유아 사이의 가족관계에 일어나는 쾌락원칙과 현실원칙의 역동성에서 구성된다. 유아의 정신과정은 부모에 대한 오이디푸스 콤플렉스, 사랑과 증오의 역동성에서 쾌락원칙과 현실원칙이 갈등을 일으키며 형성된다. 또한 집단적으로도 인류의 최초 무리 집단은 권력을 독점한 원부를 살해하는 오이디푸스 반역을 감행하고, 형제 집단을 형성한 후, 원부살해의 죄의식을 내면화함으로써 문명을 일구어 나가는 과정을 거친다.[2] 유아에게 부친이 현실원칙의 권위가 되듯이, 최초의 인류에게 원부는 현실원칙의 사회적 권위를 표상한다. 또한 사회적 권위는 부모의 초자아가 되고, 부모의 초자아는 다시 유아에게 내면화되어 전통을 형성하고 역사를 이룬다. 이렇게 본다면, 프로이트의 쾌락원칙과 현실원칙의 대립은 개인과 사회를 움직이는 역동적 원리요 필연적 구조라고 할 수 있다.

이 필연적 대립구조에서 '억압'이라는 개념이 발생한다. 현실원칙이 쾌락원칙에 제한을 가한다는 말은 거꾸로 쾌락원칙이 현실원칙에 억압

---

2) 본서의 "5. 토템과 터부"를 참조.

을 당한다는 말이다. 억압은 바로 현실원칙에 의해 분출되지 못한 쾌락원칙의 에너지다. 그 에너지는 무의식의 영역으로 침전하여 분출할 때를 기다린다. 따라서 무의식은 곧 억압의 이론이다. 말하자면 억압의 이론으로부터 무의식의 이론이 나타나고, 거꾸로 무의식은 역동적으로 억압된 것을 말한다. 결국 프로이트에게 정신분석학은 본능의 이원론에 근거한 억압에 대한 이론이다. 따라서 노만 O. 브라운은 다음과 같이 말했다.

> 프로이트의 혁명은, 억압이 사실로서 인정될 때 이로부터 필연적으로 발생하는 인간 본성과 인간 사회에 대한 전통적 이론에 대한 급진적 수정이다. 프로이트의 새로운 관점에서 본다면, 사회의 본질은 개인의 억압이고, 개인의 억압은 자기 자신의 억압이다.[3)]

본능의 이원론에서 볼 때, 억압 없는 인간과 문화는 존재하지 않는다. 그러나 또한 억압은 문명발달의 원천이기도 하다. 문명은 쾌락원칙의 본능을 억압하고 억압된 에너지를 승화시켜 문명의 에너지로 사용하기 때문이다. 그렇다면 문명의 역사는 곧 억압의 역사다.[4)] 따라서 마르쿠제는 프로이트의 억압의 교설이야말로 문명의 심층을 폭로하는 위대한 고발장이라고 말한다.

그런데 마르쿠제는 마르크스의 전통을 따라서 억압의 내용, 현실원칙의 형태는 구체적으로 역사적 현실과 역사적 과정에 따라 변화한다는 사실에 관심을 두었다. 현실은 불변하는 것이 아니라 인간의 행위와 선택에 의해 변화될 수 있는 '사회적 구성물'이요 '역사적 구성물'이다. 따라서 마르쿠제는 '현실원칙의 역사적 형태'를 가리키는 '수행원칙'(performance principle)이라는 개념을 도입했다.[5)] 이런 통찰로부터 쾌락원칙과 현실원칙의 대립, 억압의 필연성이라는 프로이트의 기본구

3) Norman O. Brown, *Life against Death*, 3.
4) 마르쿠제, <에로스와 문명>, 29.
5) 마르쿠제, <에로스와 문명>, 51.

조는 역사화되고 정치화된다.

수행원칙과 과잉억압

현실원칙과 쾌락원칙의 대립은 불가피하다. 따라서 현실원칙에 의한 쾌락원칙의 억압도 불가피하다. 그러나 억압의 정도와 내용은 현실원칙의 역사적 형태인 수행원칙을 따라서 다를 수밖에 없다.

프로이트는 현실원칙의 배경에는 물질의 희소성(ananke)이 있다고 하였다. 물질의 결핍은 생존투쟁의 일차적 원인이 되고, 노동의 필연성을 불러일으킨다. '너는 종신토록 수고하여야 그 소산을 먹으리라'[6]는 야훼의 인간에 대한 실낙원의 저주는 물질의 결핍에 대한 노동의 필연성을 신화적으로 표현한 것이다. 그러나 비록 물질의 결핍으로 인한 노동의 필연성이 원리적으로는 타당하지만, 이의 형태와 내용은 사회와 역사에 따라서 다르다는 것을 인식할 필요가 있다.

여기서 마르쿠제는 다시 마르크스 전통을 따라 '과잉억압'(surplus repression)의 개념을 도입한다. 쾌락원칙과 현실원칙의 차이가 억압을 낳고 억압의 에너지가 승화되어 문명의 동력이 된다면, 이것은 피할 수 없는 '기본억압'(basic repression)이다. 그러나 기본억압에 덧붙여진 억압의 과도한 양, 즉 과잉억압은 문화에 따라 다르고 역사적 생산양태에 따라 다르며 정치적 지배양태에 따라 다르다. 말하자면 과잉억압은 수행원칙에서 본 억압의 역사적 형태로서, "특정 지배기구로부터 발생하는 추가 조작"[7]이라고 말할 수 있다.

지배기구는 현존의 수행원칙을 합리화하고 효율화하기 위하여 그에 필요한 이데올로기를 생산하고 전파한다. 비록 이데올로기는 역사에 따라 달리 나타나는 역사적 구성물이요 이념적 가면이지만, 지배기구

---

6) 창세기 3: 17.
7) 마르쿠제, <에로스와 문명>, 51.

는 이를 불변의 현실원칙처럼 보이도록 노력한다. 따라서 이데올로기는 과잉억압을 합리화하고 정당화하는 수행원칙의 유용한 도구로 작용한다.

예를 들어 죄의식의 이데올로기와 지배기구의 관계를 살펴보자. 프로이트는 죄의식의 강화가 문명 진보에 중요한 역할을 담당한다고 하였다. 죄의식의 발달이 개인적으로는 오이디푸스 콤플렉스에서 일어나는 현상이지만, 집단적으로는 <토템과 타부>에서 나타나듯이 원부살해의 결과로 나타나는 현상이다. 형제들은 원부살해에 대한 죄의식을 통하여 원부를 신격화하고 최초의 사회계약을 맺어 문명의 발달을 촉진한다. 따라서 죄의식은 문명 진보의 역동성이라고 말할 수 있다. 그러나 봉건주의적 지배기구는 죄의식을 강화하는 종교적, 이념적 이데올로기를 통하여 자신들이 살아가는 현실세계가 불변의 세계인 것처럼 보이게 한다. 말하자면 죄의식의 강화가 과잉억압의 이념적 도구가 되고, 지배기구의 이익을 강화하는 추가 조작으로 작용하게 되는 것이다.

같은 맥락에서 자본주의는 노동의 신성성이라는 이데올로기를 통하여 사람들이 쾌락적 본능을 포기하고 생산적 현실원칙에 전념할 것을 요청한다. 자본주의는 개인을 노동 시장의 상품처럼 다루면서 개인주의와 경쟁주의를 증진시킨다. 개인의 성공은 오직 개인의 능력이요, 개인의 실패는 오직 자신만이 책임질 몫이다. 따라서 자본주의의 수행원칙은 경쟁의 냉혹한 법칙이라는 한마디로 표현할 수 있다. 자본주의의 지배기구는 이런 법칙을 불변의 현실원칙처럼 주장하고 전파한다. 그러나 마르쿠제에게 이것은 실제로 지배계급의 이익의 필요 때문에 생산된 추가 조작이요 과잉억압의 이데올로기일 뿐이다.

여기서 마르쿠제의 과잉억압의 개념은 두 가지 면에서 급진적 내용을 갖는다. 첫째, 과잉억압은 기본억압과는 달리 사회 역사적 특성을 갖기 때문에, 과잉억압의 제거는 구체적으로 과잉억압을 수행하는 사회에 대한 정치혁명으로 나타난다. 둘째, 과잉억압은 정의상 쾌락원칙에 대한 과잉억압이기 때문에, 과잉억압의 제거는 쾌락원칙의 해방으로 나타난다. 이것이 특히 오늘날 선진 산업사회의 상황에서는 무엇을 뜻하는가?

통제와 관리의 획일사회

프로이트가 현실원칙의 배경이라고 불렀던 재화의 희소성은 현대 자본주의 사회에서는 거의 해소되었다. 산업혁명은 대규모 소비재 생산을 가져왔고, 녹색혁명은 인간을 궁핍으로부터 해방시켰으며, 의학혁명은 인류의 삶의 질을 대폭 향상시켰다. 더욱이 선진 산업사회의 정보혁명과 운송혁명은 인류를 하나의 지구촌으로 묶어 놓았고, 이전에 보지 못했던 풍요의 시대를 구가하게 하였다.

막스 베버는 노동의 신성성, 검약의 윤리, 내세에서의 지연된 만족이라는 청교도 윤리가 자본주의의 정신적 에토스, 마르쿠제의 용어로 수행원칙이었다고 하였다. 그런데 초기 자본주의와는 정반대로 선진 산업사회에서는 소비가 미덕이 되고, 현세적 쾌락이 삶의 목적으로 존재하며, 성의 자유분방한 실천이 구가되고 있다. 그렇다면 쾌락원칙을 억압하여 성적 에너지를 노동과 문화의 동력으로 전용 승화했던 과거의 문명을 '억압적 승화'의 문명이라고 부른다면, 현대문명은 쾌락원칙이 해방되고 기본억압만이 존재하는 '비억압적 문명'처럼 보인다. 과연 선진 산업사회에는 과잉억압이 사라졌는가? 현대문명의 수행원칙은 무엇인가? 이런 질문에 대한 마르쿠제의 대답은 무엇인가? 이를 사회학적, 성적, 심리학적 측면에서 살펴보자.

먼저 사회학적 측면에서 마르쿠제는 선진 산업사회의 특징을 한마디로 획일적으로 통제되는 관리사회라고 부른다. 선진 산업사회는 재화의 희소성에 대한 문제를 해결하고 미증유의 풍요를 구가한다. 그러나 풍요사회는 자신의 질서가 해체되지 않도록 개인을 추가적으로 조작할 필요가 있다. 프로이트가 말하듯이 문명이 억압된 본능의 에너지위에 기반하고 있다고 할 때, 모든 것이 풍요롭게 된다면 억압된 본능이 해방되고 마침내 문명의 해체로 이어질지도 모를 일이다. 따라서 선진 산업사회는 생산성과 능률성이라는 이데올로기를 통하여 개인을 관리하고 통제하려고 한다. 말하자면 생산성과 능률성은 후기자본주의 사회의 지배체제를 정당화하고 재생산 체제를 영속화시킬 수 있는 수행원칙이라 할 수 있다.

이런 수행원칙 아래서 개인은 마르크스가 '사용가치'라고 불렀던 고유가치를 상실하고, 단지 거대한 부를 창출하기 위한 사회조직의 '교환가치'에 의해서만 거래된다. 타자와의 관계에서도 인격적 관계는 사라지고 '비교가치'에 의해서만 개인이 평가된다. 개인은 단지 교환을 위해 존재하는 거대한 기계의 부속품일 뿐이다. 그것은 이미 마르크스가 소외라고 불렀던 개념의 실현이다.

> 소외의 이론은 인간이 그의 노동 속에서 자신을 실현하지 못하고, 인간의 삶이 노동의 도구가 되고 노동과 노동의 산물이 개인으로서의 인간으로부터 독립된 형태와 힘을 가장하고 있다는 사실을 제시하였다. 그러나 이러한 상태로부터의 해방은 소외의 저지가 아니라 소외의 성취를, 억압된 생산적 개성의 복귀가 아니라 억압된 생산적 개성의 소멸을 요구하는 듯하다.[8]

이 같은 사회에서 개성이란 단지 이름으로만 존재한다. 선진 산업사회일수록 인간의 개성을 강조하는 것처럼 보이지만 그것은 단지 표면 현상일 뿐, 실상 개성은 지배체제의 전도사인 매스컴이 대량으로 전달하는 유행의 특수한 형태와 표현을 따를 뿐이다. 이제 개인은 기 드보르(Guy Debord)가 '장관의 사회'(society of the spectacle)[9]라고 적절하게 지적하였듯이, 깊이를 상실하고 상품의 만화경에 취해 버린 기술사회에서 매스컴이 제공하는 오락에 취하고 대량정보에 의해 세뇌 당하면서 살아간다. 마르쿠제는 이런 사회와 이 속에서 살아가는 인간을

8) 마르쿠제, <에로스와 문명>, 111.

9) Guy Debord, *The Society of the Spectacle*, Boston: Zone Books, 1995.

각기 '일차원적 사회'와 '일차원적 인간'이라고 불렀다.[10)]

일차원적 사회는 매스컴을 통하여 소비를 증진시키고, 소비는 지배체제의 재생산을 가속화한다. 소비가 없으면 생산도 없다. 초기 자본주의 사회의 검약은 선진 산업사회의 적이다. 생산성과 능률성이 노동시장의 이데올로기라면, 소비성은 개인의 이데올로기여야 한다. 즉 개인은 노동시장에서는 생산성과 능률성으로 자신을 교환하지만, 또한 개인적 삶에서는 광고와 유행을 따라 사물을 선택하는 소비자가 되어야 한다. 소비는 쾌락이다. 그러나 그 쾌락은 사회체제가 제공한 방식에 의해 지배당하는 현실원칙일 뿐이다.

그러한 현상은 성적 측면에서도 찾아볼 수 있다. 현대사회는 인류사에 유례를 찾아볼 수 없을 정도로 성적 자유를 구가한다. 그러나 그것을 성의 해방으로 생각할 수는 없다. 성은 이제 막대한 이익을 내는 거대산업의 상품이 되었다. 그리고 광고와 영화 등의 대중매체는 개인이 모방할 성의 이미지를 제공하기에 여념이 없다. 그것은 개인적 성이 사회관계 속으로 흡수되고 동화된다는 것을 의미한다. 말하자면, 과거에는 성적 억압의 에너지를 사회적 에너지로 전환하는 쾌락원칙과 현실원칙 사이의 모순과 갈등이 있었다면, 현재에는 그런 갈등관계가 현실원칙이 쾌락원칙 속으로 침투하게 되면서 희미해지게 되었다는 말이다.[11)]

이제 개인은 자신의 존재법칙을 자신 안에 가지고 있지 못하고 지배 이데올로기의 질료와 도구로 살아간다. 마르쿠제는 이것이 인간의 초자아 구성에도 영향을 끼친다고 말한다. 이것이 바로 오이디푸스 콤플렉스에 대한 심리학적 문제다.

---

10) Marcuse, *One Dimensional Man*, Boston: Beacon Press, 1991.
11) 마르쿠제, <에로스와 문명>, 103.

오이디푸스 콤플렉스의 쇠퇴

마르쿠제는 심리학적 측면에서 현대 산업사회의 특징을 오이디푸스 콤플렉스의 쇠퇴라는 점에서 찾는다. 오이디푸스 콤플렉스가 인간의 가족관계에서 일어나는 복잡한 심리적 관계를 표현하는 이론이라면, 마르쿠제는 오늘날의 사회가 프로이트의 시대와는 달리 가족이 담당하고 있던 역할의 많은 부분을 매스컴, 또래 집단, 학교 등이 차지하게 되었고, 그것은 심리학적으로 가족권위의 쇠퇴를 불러 왔다고 진단한다.

전통사회에서는 아버지의 권위가 거의 절대적이었고, 아버지 권위에 대한 오이디푸스 갈등에서 개인의 초자아가 형성되었다. 아버지의 권위는 농경과 목축의 전통사회는 물론이고, 가족기업이나 개인 기업이 주를 이루었던 초기 자본주의에서도 큰 역할을 하였다. 한마디로 아버지는 아들에게 기술과 능력과 재산을 줄 것이 많았다. 그러나 개인의 가치가 규격화된 기술과 사회적 적응 능력에 의해 측정되는 후기 자본주의 사회에서는 아버지가 아들에게 줄 것이 많지 않다. 줄 것이 적으면 간섭도 줄어들고, 간섭이 줄어들면 저항도 줄어든다. 한마디로 오이디푸스 콤플렉스의 쇠퇴요 약화다.

가족권위의 쇠퇴는 오이디푸스 갈등에도 영향을 미친다. 전형적인 오이디푸스 갈등에서는 아들이 아버지에 대한 공격 본능을 내면화하고 이를 초자아로 발달시킨다. 그러나 이제는 초자아 형성에 결정적 위치를 차지했던 아버지의 위치가 아버지의 대리자로 바뀐다. 유아는 학교에 들어가기도 전에 전자매체의 대량정보에 의해 무엇이 옳고 그른지를 배우고 쉽게 사회화된다. 말하자면 매스컴이 전달하는 내용이 개체화의 과정을 겪기도 전에 초자아의 내용을 결정해 버린다. 따라서 성숙한 초자아의 형성은 아버지를 통한 개인화의 단계를 건너뛰어 버린다. 즉 생물학적 원자는 직접적으로 사회적 원자가 되어 버린다.[12)]

---

12) 마르쿠제, <에로스와 문명>, 105.

사회적 원자가 된 아들은 현실원칙을 충실히 대표한다. 대량정보에 노출되어 살아가는 아들은 아버지보다 모든 것을 더 잘 아는 것으로 생각한다. 따라서 오이디푸스 상황에서 공격의 목표였던 아버지는 이제 공격에 적합한 대상이 되지 못한다. 이제 인격적인 아버지의 이미지는 지배체제의 현실원칙 뒤로 사라져 버린다. 그리고 지배의 관리체계가 명령하는 비인격적 내용이 초자아의 본질을 이룬다. 이로써 비인격적인 익명성의 제도와 체재가 개인의 생활을 조직하고, 개인의 욕구를 결정하며, 개인의 만족을 지배한다.[13)]

이러한 전체적 관리사회에서 인간의 의식과 정서는 획일적으로 조정됨으로써 초자아가 발달할 수 있는 공간이 사라진다. 초자아가 발달하지 못하는 곳에는 죄의식도 발달하지 못한다. 개인은 죄의식이나 양심에 따라 자신을 발전시키는 공간을 상실한다. "자아는 이드와 자아와 초자아의 적대적인 과정이 고전적인 형태 안에 자기를 들어내지 못할 정도로 위축된다."[14)] 종교가 죄의식의 바탕 위에 존재하는 것이라면, 죄의식의 부재는 종교의 의미를 약화시킨다. 이것이 현대사회에서 종교가 더 이상 궁극적 관심이나 심각한 관심이 되지 못하고 많은 관심들 중에서 하나의 관심으로 존재하는 이유이기도 하다.

이런 사정들을 감안한다면 현대문명은 인간에 대해 미증유의 잉여억압과 잉여조작을 실행하고 있다는 말이 성립된다. 단지 이것이 관리와 통제에 의해 획일적으로 삶의 모든 면에 침투해 있기 때문에, 사람들은 이를 마치 올더스 헉슬리(Aldous Huxley)의 <용감한 신세계>의 시민들처럼 자연 법칙이나 불변의 법칙으로 인식할 뿐이다.

이런 사회에서 인간은 현실원칙에 대한 부정성의 경험과 부정성의 사유를 상실한다. 부정성은 인간이 살아가는 세계로부터 살고 싶은 세계를 향한 비전에서만 가능하다. 그러나 현대사회가 제공하는 풍요한 빵과 장관의 서커스는 환상의 마취제로 작용하면서, 역사의식을 마비

---

13) 마르쿠제, <에로스와 문명>, 106.
14) 마르쿠제, <에로스와 문명>, 106.

시키고 부정성의 사유를 상실케 한다. 초자아가 발달하지 않고, 따라서 죄의식이 태동하지 않는 현대문화, 무거움이 사라지고 가벼움이 찬양되는 문화에서 리비도의 억압과 승화에 근거한 전통문화의 도덕과 윤리는 태동되지 않고, 전통적 오이디푸스 상황은 더 이상 존재하지 않는다. 이런 점에서 현대 문화는 전체적 차원에서 일어나는 억압의 문화이면서도, 승화가 부재하는 문화라고 말할 수 있다.

마르쿠제는 이를 '억압적 비승화'(repressive desublimation)의 문화라고 표현한다. 이것은 강력한 오이디푸스 콤플렉스 상황에서 일어나는 전통문화의 '억압적 승화'(repressive sublimation)에 대한 대립 개념이다. 그렇다면 헤겔의 유산을 따라 변증법적으로 억압은 없지만 승화는 있는 이상적 문화를 상정할 수 있을 것이다. 마르쿠제의 비전은 바로 이러한 '비억압적 승화'(non-repressive sublimation)의 문화에 대한 기대에 있다. 그러한 기대는 어떻게 가능하고 어떠한 모습을 취할 것인가? 마르쿠제는 그러한 가능성을 프로이트의 판타지에 대한 재해석을 통해서, 그리고 판타지를 통해서 현실의 공포와 희망을 그려내는 철학과 예술과 문학 작품에서 발견한다.

환상, 종교, 예술

마르쿠제가 그리는 비억압적 승화의 문명은 루소가 주장하듯이 역사의 원시적 자연 상태, 비문명적 상태로 회귀함으로써 달성되는 것이 아니라, 거꾸로 역사의 극도로 성숙된 선진 산업사회에서만 실현될 수 있다. 자연 상태의 비문명적 사회는 재화의 희소성과 궁핍의 필연성 때문에, 성적 리비도를 철저히 억압하고 그 에너지를 노동으로 전환함으로써 생존할 수 있었다. 그러나 선진 산업사회는 이로부터 해방되었기 때문에 성적 리비도를 과잉억압할 필요가 없어졌다. 반면에 선진 산업사회는 노동의 필연성에 의해서가 아니라 지배체제의 이익 때문에 노동을 생산성과 효율성이라는 사회조직의 관리체계로 흡수하고 인간을 노동의 도구로 만들어 버렸다. 말하자면 현실원칙이 쾌락원칙을 철저히 지배하게 된 것이다. 따라서 "억압 없는 현실원칙의 출현은 노동의 사회적 조직을 파괴하는 것이 아니고 변경하는 것"[15]에서 달성될 수 있을 것이다. 그렇다면 어떻게 노동의 사회조직을 변경할 수 있을까? 이런 질문에 대해 마르쿠제는 노동이 더 이상 소외의 산물이기를 그치고 노동이 놀이가 되는 비전을 그려본다.

노동이 놀이가 되는 비전은 어떻게 실현될 수 있는가? 마르쿠제는 이를 위하여 프로이트의 환상의 개념을 원용한다. 환상은 현실원칙이 등장한 후에 나타나는 정신적 소원성취를 내용으로 하고 있다. 프로이트에게 현실원칙은 즉각적 쾌락이 아닌 지연된 쾌락을 요청한다는 점에서 장기적으로는 쾌락원칙을 보호하는 역할을 한다. 그러나 현실원칙의 장벽이 존재하는 한, 쾌락원칙은 무의식 속에서라도 자신의 욕구를 실현하려는 소원성취의 환상을 일으킨다.

> 현실원칙이 도입되어도, 사고활동의 하나의 양식은 분기된다. 그것은 현실의 검사로부터 자유롭고 오직 쾌락원칙에만 종속된다. 아이들의 놀이에서 이미 시작되어 후에 백일몽으로 계속되는 그것은 실제적인 대상에의 의존을 포기하는 상상력(환상을 만드는 행위)이다.[16]

프로이트에게 환상은 현실원칙으로부터 벗어나서 소원성취를 바라는 무의식적 심리작용이다. 따라서 프로이트는 <환상의 미래>에서 환상은 현실에의 교육을 통하여 극복되어야 할 과제로 상정했다. 그러나 마르쿠제는 쾌락원칙에 봉사하는 환상이 있다는 자체가 현실원칙의 억압에 대한 부정과 거부의 몸짓이라고 해석한다. 따라서 환상은 현실원칙에 대한 부정의 원리요 역동의 기제가 될 수 있다.

---

15) 마르쿠제, <에로스와 문명>, 157.

16) *Collected Papers*, IV, London: Hogarth Press, 1950, 16-17. <에로스와 문명>, 145쪽에서 재인용.

현실원칙이 유용성과 합리성의 법칙에서 진행된다면, 환상은 계속 쾌락원칙의 언어를 이야기한다. 여기서 환상이 객관적 형태를 갖추고 객관적 우주를 창조할 때 종교가 나타나고 예술이 등장한다. 신경증 환자의 환상도 형태를 갖추고 있지만, 그것은 주관적 차원에 머물 뿐이다. 예술과 종교와 신경증의 차이는 공공적으로 소통할 수 있는 형태를 갖추고 있느냐 여부에 달려 있다. 신경증적 환상에서 객관적 소통이 불가능하다면, 종교와 예술은 소통가능한 객관적 차원을 가지고 있다.

먼저 종교를 살펴보자. 마르쿠제의 종교에 대한 평가는 긍정성과 부정성을 동시에 내포한다. 프로이트는 <환상의 미래>에서 종교를 불행한 현실에 대한 소원성취의 환상이라고 하였다. 마르쿠제는 이 점에서 종교는 현실원칙에 대한 '위대한 거부'의 혁명적 요소를 지니고 있음을 지적한다. 그러나 종교가 점차 제도화되고 교권주의로 변하면서 종교의 폭발적 요소는 사라지고, 오히려 고통과 죄에 직면한 인간을 양심으로 길들이고, 사회적 기존질서에 순응시키는 역할을 담당한다. 이제 종교는 인간으로 하여금 억압적 현실을 그대로 수용하고 이에 만족하도록 길들이면서, 마르크스가 '민중의 아편'이라고 불렀듯이 역사의식을 잠들게 하는 지배기구의 이데올로기로 변모한다. 이렇게 되면 종교의 환상적 요소, 혁명적 요소는 변증법적으로 역전되어 실증주의적 지배도구로 추락하고 타락하고 만다.

종교에 대한 이러한 진단은 아도르노(Adorno)와 호르카이머(Horkheimer)가 <계몽의 변증법>에서 지적하듯이, 인간에게 진보의 유토피아를 가져다 줄 것으로 약속했던 계몽주의적 이성의 과학이 마침내 인간 억압과 현상 유지의 실증주의적 과학으로 전락해 버린 변증법과 동일한 맥락에서 이해할 수 있다. 계몽주의적 과학은 종교의 지배적 이미지를 대체하는 새로운 세계를 약속했다. 그러나 과학은 종교를 대체하기는커녕 새로운 종교로서 자신의 위치를 굳히면서 인간을 억압하는 실증주의적 도구로 전락하였다. 따라서 과학은 더 이상 환상을 허락하지 않는다.

그러나 종교는 지배도구로 추락했음에도 불구하고 아직도 환상의 요소를 가지고 있다. 그것은 현실의 억압에 대한 위대한 거부로서 해방의 요소로 작용할 수 있다. 바로 이 부분이 마르쿠제가 종교를 아직도 긍정적으로 인정하는 부분이다.

> 종교는 아직도 평화와 행복을 향한 비타협적인 갈망을 보존하고 있기 때문에 종교의 환상은 평화와 행복을 제거하기 위하여 활동하는 과학보다는 아직도 훨씬 높은 진리가치를 가지고 있다. 종교의 억압되고 변질된 내용은 종교를 과학적인 태도에 예속시킴으로써 해방될 수 없다.17)

종교의 환상은 프로이트에게는 소원에 근거한 이념이기 때문에 진리에 대비되는 부정적 의미를 가지고 있다. 그러나 마르쿠제에게는 환상이 소원에 근거한 이념이라는 바로 그 이유 때문에 실재에 대한 진리를 내포하고 있다. 환상이 보여 주는 진리는 삶의 참다운 목표, 삶이 추구해야 하는 가치에 대한 진리다. 매튜 아놀드의 용어를 원용하자면 종교는 인간이 살아가는 '현실상황'에 대해 인간이 살고 싶은 '이상상황'에 대한 비전을 제시한다. 이런 점에서 환상으로서의 종교는 지배적 이미지로서의 종교와는 달리 현실에 대한 진리를 드러내고 있다.

그러나 현실적으로 종교는 제도를 벗어날 수 없고 제도화된 종교는 지배적 이미지를 벗어날 수 없다. 더욱이 근본주의와 문자주의와 보수주의의 종교 실증주의가 기승을 부리는 현대에서 종교의 혁명적 이미지를 발견하기란 거의 불가능하다. 따라서 종교가 현실에 대한 거부의 진리를 표현하고 있다는 것을 인정하면서도, 종교가 비억압적 문명의 미래를 담보할 수 있다고 생각하는 것은 비현실적이다. 이것이 마르쿠제가 종교의 패러다임으로부터 예술의 패러다임으로 선회하는 중요한

---

17) 마르쿠제, <에로스와 문명>, 84.

이유다.

예술은 종교와 달리 제도화되기를 거부한다. 제도화된 예술은 이미 예술이기를 그친 관습일 뿐이다. 예술은 쾌락원칙에 봉사하는 환상을 객관적 형태로 표현하면서, 무의식의 가장 깊은 층과 의식의 가장 높은 층, 꿈과 현실을 연결시키는 매개체다. 프로이트는 다음과 같이 말한다.

> 예술은 아주 독특한 방식으로 쾌락원칙과 현실원칙, 이 두 원칙을 화해시킨다. 예술가란 본디 처음부터 스스로가 현실이 요구한 본능적 만족의 포기를 받아들일 수 없기 때문에 등을 돌린 사람이다. 따라서 그는 환상적인 삶 속에서 자신의 야심에 가득 찬 소망과 성애적인 소망을 마음껏 펼쳐 보이고자 하는 사람이라 할 수 있다. 그러나 그는 그의 환상을 다른 사람들이 진정한 현실의 반영이라며 높게 평가하는 새로운 종류의 진실로 바꾸는 자신의 특별한 재능을 십분 활용하여, 환상의 세계에서 다시 현실의 세계로 되돌아오는 방법을 찾아내는 사람이기도 하다. 그러므로 그는 외부 세계에 어떤 현실적인 변화를 꾀하는 긴 우회로를 택하지 않고서도 자신 스스로가 영웅이 되고, 왕이 되고, 창조주가 되고, 혹은 그가 바라는 소망스러운 존재가 되는 것이다.[18]

예술은 쾌락원칙과 현실원칙을 환상의 형태를 통해서 화해시키기 때문에 아름다움과 기쁨을 선사한다. 그런데 여기서 화해된 현실은 수행원칙의 현실이 아니라 쾌락원칙에 의해 창조된 현실이다. 따라서 예술은 현실원칙에 대한 부정의 원리를 가지고 있을 뿐만 아니라 쾌락원칙의 실현이라고까지 말할 수 있다. 따라서 마르쿠제는 미학적 형식의 배후에는 "감각과 이성의 억압적 조화, 지배의 논리에 의한 삶의 조직에 대한 영원한 반항, 수행원칙의 비판이 있다"[19]고 말한다.

말하자면, 예술은 쾌락원칙을 해방하고 현실원칙을 비판하며, 쾌락원칙에 따라 창조된 새로운 세계, 비억압적 승화의 세계를 보여 준다.

---

18) "정신적 기능의 두 가지 원칙," <전집 11, 19-20>.
19) 마르쿠제, <에로스와 문명>, 148.

이것이 마르쿠제가 철학에는 '인간이 살아가는 세계'를 서술하는 철학과 '인간이 살고 싶은 세계'를 서술하는 철학이 있다고 한 진술의 구체적 내용이다. 전자가 현실원칙의 철학이라면, 후자는 쾌락원칙에 의해서 창조되는 새로운 세계에 대한 비전, 즉 미적 차원의 세계다.

예술은 이성과 감성을 통합하면서 현실 속에서 보다 아름다운 환경을 만들려고 한다. 질료가 없는 예술이 없듯이, 현실을 바탕으로 하지 않는 예술도 없다. 현실을 질료로 생각한다면 예술은 현실에 쾌락원칙의 판타지를 실현시키려고 할 것이다. 따라서 예술은 현실에 대한 부정의 원리와 현실에 대한 변혁의 원리를 가지고 현실에 대해 정치적 의미를 갖게 될 것이다. 따라서 예술의 진리는 억압으로부터의 해방과 자유의 선포와 새로운 질서의 추구라고 말할 수 있다.

실제로 초현실주의자들은 프로이트의 예술관에 혁명적 내용이 내포되어 있다는 것을 직감하였다. 이들은 예술이 삶의 근본적 문제를 해결하는 데 어떤 역할을 할 수 있는가를 사유하면서, 예술이 표방하는 자유와 해방의 메시지가 현실이 될 수 있기를 기대하였다. 이로써 예술과 정치, 예술과 혁명이 동맹할 수 있는 길이 열리게 되었다. 예술은 이미 정치혁명 이전에 정신혁명, 문화혁명의 내용을 갖출 수 있게 된 것이다. 이런 점에서 초현실주의자들의 혁명의 철학은 실러가 <인간의 미적 교육에 관한 서한>[20]에서 미적 차원의 새롭고도 성숙한 문명을 추구한 희망의 철학과 만난다. 여기서 마르쿠제는 실러와 초현실주의자들의 예술철학을 수용하면서, 비억압적 승화와 새로운 문명의 가능성을 바라본다. 이 점에서 마르쿠제는 예술을 과거적 기억과 퇴행적 환상에서 이해한 프로이트와는 달리 이를 역사적, 정치적으로 재해석하였다고 말할 수 있다.

그러나 마르쿠제가 꿈꾸는 비억압적 승화의 문명이 역사적으로 실현 가능한가 하는 질문은 또 다른 문제다. 흔히 정치혁명의 가능성을

---

20) 실러, <인간의 미적 교육에 관한 서한>, 최익희 옮김, 이진출판사.

상실한 마르크스주의자들이 문화혁명으로 방향을 선회하였고, 그것이 비평철학으로 발전한 소위 '서구 마르크스주의'(Western Marxism)의 현재 모습이라는 비판을 듣는다. 실제로 마르쿠제에게도 선진 산업사회에서의 정치혁명은 문화혁명을 통해서만 가능하다. 그리고 문화혁명의 패러다임을 제공하는 것이 현실원칙에 대한 거부의 몸짓, 부정의 정신을 본질로 하는 예술 정신이다. 마르쿠제는 그러한 예술 정신을 성육신한 문화, 비억압적 승화를 가능케 하는 새로운 문화의 구체적 내용을 나르키소스와 오르페우스라는 새로운 영웅을 등장시킴으로 제시한다.

나르키소스와 오르페우스

산업사회가 요구하는 수행원칙의 영웅은 프로메테우스다. 프로메테우스는 인간에게 불을 가져다주고, 영원한 고통을 대가로 치르면서도 문명을 창조한다. 그는 생산성과 효율성, 그리고 공격 본능으로 생명을 정복하려는 간단없는 진보의 노력을 상징한다. 따라서 프로메테우스의 세계에서는 성욕과 쾌락은 분열적이고 파괴적이며 비경제적인 저주의 대상으로 나타난다.

마르쿠제는 현실원칙의 영웅인 프로메테우스를 대신하여 쾌락원칙의 예술적 승화로서 나르키소스와 오르페우스를 새로운 영웅으로 옹립한다. 이들은 대체 어떤 이유에서 새로운 문화영웅이 되는가?

> 그들은 서구사회의 문화영웅이 되지 못했다. 그들의 이미지는 기쁨과 충족의 이미지다. 그들의 목소리는 명령하지 않고 노래한다. 선물을 주고받는 몸짓, 정복의 노동을 종결시키는 평화로운 행위, 인간과 신, 인간과 자연을 통일하는 시간으로부터의 해방[21]

---

21) 마르쿠제, <에로스와 문명>, 163.

오르페우스는 자연과 함께 노래하고 자연과 교통한 시인이다. 오르페우스의 노래에 나무와 동물이 함께 응답하고 춤을 춘다. 오르페우스의 노래는 이사야가 꿈꾸었던 사자와 어린양이 함께 먹고 더 이상 고통과 눈물이 없는 화해와 평화의 세상을 실현시킨다. 그것은 인간의 해방뿐만 아니라 자연의 해방이다.[22)]

> 자연의 세계도 인간의 세계와 마찬가지로 억압과 잔인과 고통의 세계이다. 자연의 세계는 인간의 세계와 마찬가지로 해방을 기다리고 있다. 해방은 에로스의 일이다. 올페우스의 노래는 응고를 분쇄하고 숲과 바위를 움직인다. 즐거움에 참여하도록 그들을 움직이는 것이다.

따라서 오르페우스는 새로운 에로티시즘을 달성한 시인, 예술과 자연과 문화를 영원히 결합하는 시인의 원형이다. 그는 "권력이 아니라 노래를 통하여 인간과 자연을 진정시킴으로써 평화와 구원을 가져오는 신이며 구속(救贖)의 시인이다."[23)]

나르키소스는 물속에 비친 자기의 아름다움을 잡으려다 물속으로 사라져버린 신화적 인물이다. 그러나 마르쿠제의 나르키소스는 자기애로 인한 정적과 죽음의 이미지를 뜻하지 않는다. 오히려 시간의 강물에 몸을 굽히고 낙원을 꿈꾸고 낙원을 창조하려는 명상의 존재, 현실원칙에 종속되지 않고, 자기 자신의 충만한 에로스에 의해 살아가는 자기 충족적 존재를 가리킨다. 나르키소스는 오르페우스와 같이 외부 현실에 조종되거나 지배되지 않고 현실로부터 해방된 에로스의 힘, 파괴가 아니라 평화, 공포가 아니라 아름다움의 힘을 상징한다.

그것은 프로이트가 일차적 나르시시즘이라고 불렀던 개념에 접근한다. 일차적 나르시시즘은 현실로부터 위축되어 자기 내면으로 도피한 이차적 나르시시즘과는 달리 자아와 환경이 비분별적으로 존재했던 상

---

22) 마르쿠제, <에로스와 문명>, 169.
23) 마르쿠제, <에로스와 문명>, 173.

태를 말한다. 일차적 나르시시즘에서는 아직 자아와 외부 현실 사이의 적대관계가 존재하지 않는다.

> 원래 자아는 모든 것을 포함한다. 후에 자아는 외부현실을 자신으로부터 분리한다. 우리가 지금 알고 있는 자아 감각은 매우 광대한 감각이 위축된 흔적에 불과하다. 인간의 감각은 우주를 포옹하였고 자아와 외부세계와의 떼어낼 수 없는 관계를 표현하였다.[24)]

여기서 마르쿠제는 자기애와 우주가 하나로 결합된다는 일차적 나르시시즘의 놀라운 역설이야말로 "포괄적인 존재의 질서를 생성하는, 현실에 대한 근본적인 관계"[25)]를 보여 주는 깊이를 드러낸다고 말한다. 나르키소스가 자기와 우주의 일치를 상징한다면, 이는 또한 오르페우스와 같이 자기와 우주의 분리를 거부하는 '위대한 부정'을 상징한다. 그렇다면 그 거부는 또한 분리된 것을 다시 결합하는 해방을 목적으로 할 것이다. 이것이 나르키소스와 오르페우스가 억압 없는 질서를 이 세계에 확립시키는 문화영웅이 되는 이유요, 비억압적 승화의 새로운 현실원칙과 역사적 비전을 보여 주는 이유다.

> 프로메테우스라는 문화적 영웅에 의하여 상징되는 세계에서 올페우스적이고 나르키소스적인 에로스는 모든 질서에 대한 부정이다. 그러나 이러한 부정 속에서 올페우스와 나르키소스는 다른 원칙에 의하여 지배되며 그 자신의 질서를 가지고 있는 새로운 현실을 드러낸다. 올페우스적인 에로스는 존재를 변형한다. 올페우스는 해방을 통하여 잔인과 죽음을 정복한다. 그의 말은 노래이며 그의 일은 놀이이다. 나르키소스의 삶은 아름다움의 삶이며, 그의 존재는 명상이다.[26)]

오르페우스와 나르키소스의 충만한 에로스에서 인간과 자연, 주체와

---

24) 마르쿠제, <에로스와 문명>, 171.
25) 마르쿠제, <에로스와 문명>, 171.
26) 마르쿠제, <에로스와 문명>, 174.

객체의 대립은 극복되고, 존재는 만족으로서 경험되며, 만족은 인간과 자연을 통일한다. 여기서 이들의 에로스는 성기에 국한된 성욕 리비도를 넘어서 만물에 대한 사랑과 화해의 질적 태도를 가리킨다. 그것은 비억압적 승화의 원형을 보여 준다.

승화의 개념은 원래 억압된 성 에너지가 변형되어 보다 높은 사회적, 문화적 생산으로 나타나는 것을 말한다. 따라서 프로이트에게 사회적, 문화적 행위는 억압적 승화를 필요로 하고, 억압적 승화의 결과로 이해된다. 그러나 억압과는 관계없이 사회적 관계와 문화적 표현으로 향하는 리비도의 내적 흐름이 있다. 예를 들어 부모와 자식의 애정, 친구들의 우정, 부부간의 사랑 등은 '비억압적 승화'라고 부를 수 있다. 여기서 오르페우스와 나르키소스의 에로스는 바로 억압적 승화를 거부했지만, 비억압적 승화를 이루었다고 말할 수 있다.

> 승화가 언제나 욕망의 부정인 것은 아니다. 승화가 언제나 본능에 대항하는 승화의 형식을 취하지는 않는다. 그것은 이상을 위한 승화일 수도 있다. 나르키소스는 이미 '나는 있는 그대로의 나 자신을 사랑한다!'고 말하지 않는다. 그는 '나는 내가 사랑하는 그런 자이다'라고 말한다.[27]

오르페우스와 나르키소스의 비억압적 에로스는 비억압적 문명의 가능성을 시사한다. 말하자면 문화는 억압에 근거하지 않고도 충만한 에로스의 자연스런 흐름의 산물, 비억압적 승화의 결과로 이해될 수 있다는 말이다. 그것은 에로스의 충만한 확대라는 전제조건에서만 가능하다.

에로스의 확대와 비억압적 문명

인간은 노동을 통하여 물질적 대상을 변형하고 이용함으로써 문명

---

27) 마르쿠제, <에로스와 문명>, 207.

을 발달시킨다. 프로이트 식으로 말하면 노동은 인간의 공격 본능이 물질적 대상을 향함으로써 인간의 삶을 윤택케 하는 삶의 본능, 에로스에 봉사한다. 그러나 도끼로 나무를 찍어 땔감을 만들면 유용한 노동이 되지만 사람을 찍으면 반문명적 살인이 되듯이, 공격 본능이 물질적 대상이 아닌 인간을 향하게 되면 비참한 결과를 초래한다. 이렇게 죽음 본능은 어떻게 사용되느냐에 따라서 에로스에 봉사할 수도 있고 파괴에 봉사할 수도 있다. 이런 극단적 예는 고사하고라도 공격 본능은 사회적 관계에서 타자에 대한 사디즘, 파괴 본능, 지배 본능, 권력에의 의지 등으로 나타난다. 이렇게 보자면 죽음 본능은 노동과 정치와 사회의 현실세계를 지배하는 원칙이다. 성서가 사탄을 '공중에 권세 잡은 자'로 불렀다면, 이것은 죽음 본능이야말로 현실을 지배하는 원칙이라는 것을 신화적으로 표현한 것이라고 말할 수 있다.

죽음 본능이 지배하는 세계는 홉스의 '만인의 만인에 대한 이리'와 같이 약육강식의 세계다. 약육강식의 세계를 피하기 위해서 홉스는 모든 사람이 자신의 권리를 국가 기관에 이양하여, 그 우산 밑에서 모두가 보호를 받게 되는 사회계약에서 해결책을 찾았다. 홉스에게 그것은 잘못 사용될 수 있는 공격 본능을 억제하고 문명을 발달시킬 수 있는 유일한 대안이었다. 여기서는 단지 국가적으로 허락된 군대나 형법을 통해서만 감금, 살해, 폭력 등의 파괴성이 정당화될 수 있을 뿐이다. 이런 이유로 국가는 알투세르의 용어를 따르자면 합법적으로 인정된 폭력기관이라고 부를 수 있다.

그러나 국가에 모든 권리를 일임한다고 해서, 인간의 죽음 본능이 사라지는 것은 아니다. 오히려 억압된 죽음 본능은 증기기관의 스팀과 같이 탈출구를 찾아서 끓고 있을 뿐이다. 프로이트는 전쟁, 폭동, 혁명과 같은 역사적 지진 현상을 바로 억압된 죽음 본능의 간헐적 폭발이라고 보았다. 그렇다면 어떻게 죽음 본능을 중화시킬 수 있을까? 프로이트는 죽음 본능에 대립하는 에로스, 생명을 연합하고 확대하는 생명 본능의 확대에서 그 해결의 실마리를 찾는다. 그럼에도 불구하고 프로이트의 본능의 이원론은 낙관론을 불허한다. 근원적으로 죽음 본능은 사라질 수 없는 것이요, 피의 역사는 반복될 것이기 때문이다.

반면에 마르쿠제는 오르페우스나 나르키소스와 같은 문화영웅을 통하여 문명의 미래를 그려 본다는 점에서 프로이트보다 덜 비관적이다. 노동과 성적 억압으로부터 비교적 해방된 선진 산업사회에서 오르페우스와 나르키소스는 노동이 놀이가 되고, 자유가 인간의 본질이 되는 세계를 그려 준다. 개인은 에로스의 확대를 통해 자기실현을 꾀하고, 쾌락원칙을 통해 현실원칙을 재구성한다. 이전의 문화에서는 현실원칙의 이성이 쾌락원칙의 감성을 지배했지만, 새로운 문명에서는 쾌락원칙이 새로운 합리성으로 자신의 질서를 조직한다. 이러한 세계는 바로 오르페우스와 나르키소스의 세계요, 예술의 세계며, 에로스 확대의 세계다. 마르쿠제는 예술적 세계가 현실적 세계로 확대되고, 현실적 세계가 예술적 세계로 변화할 수 있다고 생각하면서 프로이트의 비관론과는 달리 비억압적 승화의 문명이 가능하다고 보았다. 이 점에서 마르쿠제는 실러의 미학적 차원의 세계를 프로이트와 결합시켰다고 할 수 있다.

그러나 마르쿠제가 그리는 미학적 차원의 세계가 과연 실현될 수 있을지에 대해서 프로이트는 비관적으로 대답할 것이다. 그것은 기원론(archeology)적으로 전개되는 프로이트의 이원론적 비관론과 목적론(teleology)적으로 전개되는 마르쿠제의 헤겔적 변증법의 차이에 기인한다고 볼 수 있다. 말하자면 헤겔적 변증법에서는 이원론적 모순을 지양하고 극복하는 목적론적 이상이 존재하기에 낙관주의적 결말을 전망할 수 있지만, 프로이트의 급진적 이원론에서는 목적론적 지양과 극복이 근원적으로 불가능하기에 비관주의로 끝날 수밖에 없는 것이다.

프로이트에게는 문화가 아무리 발전한다 하더라도 문화가 현실원칙에 근거하는 한, 쾌락원칙에 속하는 무차별적 자연에 대하여 완전한 승리를 거둘 수는 없다. 프로이트에게 새 하늘과 새 땅의 유토피아는 결코 역사 안에서 실현될 수 없다. 더욱이 역사에는 새 것이 있을 수 없고, 단지 억압된 것의 주기적 출현과 순환이 있을 뿐이다. 이것이 프로이트의 역사에 대한 비관론의 핵심이다. 그렇다고 마르쿠제의 <에로스와 문명>이 보여 주는 유토피아적 세계의 희망이 빛을 잃는 것은 아니다. 이에 대해 보콕(Bocock)의 말을 인용함으로써 나가는 말을 대신하자.

> 에로스와 문명의 중요성은 여기에 있다. 그것은 인간의 불행과 씨름하면서, 보다 쾌락적인 삶을 향해 현실적 변화를 생각하는 진지한 시도다. 그것은 판타지로 보인다. 그러나 또한 그 속에는 일단의 실천성이 존재하고 있다.[28)]

28) Robert Bocock, *Freud and Modern Society*, Nelson, 1976, 172.

14. 결론: 미학적 차원의 종교

서언

우리는 본능의 이론에서 시작하여 문화와 종교에 대한 프로이트의 사상을 검토하는 먼 길을 돌아왔다. 이제 프로이트의 종교관을 일단 정리하면서 길을 멈출 차례다. 프로이트의 종교에 대한 평가는 이중적이다. 한편으로 종교는 인간에게 고통스런 삶을 유지할 수 있는 힘과 의미를 제공해 준다는 점에서 긍정적이다. 니체가 말하듯이 종교는 '거짓말'이지만, '유용한 거짓말'이라는 점에서 가치가 있다. 다른 한편으로 프로이트의 종교에 대한 평가는 대체적으로 부정적이다. 종교는 유아적 무력감의 발로요, 부모 권위의 대체물이다. 종교는 권위에의 순종을 강요하고, 복종에의 욕구를 충족시켜준다. 따라서 프로이트에게 종교는 억압적 문명의 핵심이요, 극복되어야 할 대상이다.

그러나 프로이트의 사상에는 억압적 종교로부터 벗어날 수 있는 비억압적 종교, 인간해방의 종교에 대한 개념이 도처에 존재하고 있다. 프로이트의 종교에 대한 부정적 평가는 인간을 유아적 상태에 감금시키고 성숙한 인간으로 가는 길을 방해하는 제도화된 종교, 억압적 종교, 비인간화된 종교에 대한 비판일 뿐이다.

만약 인간의 성숙을 촉진하는 비억압적 종교가 있다면, 프로이트가 이를 거부할 이유는 어디에도 없을 것이다. 프로이트는 그러한 가능성을 비록 간헐적이긴 하지만 로고스의 종교와 에로스의 종교로 제시하였다. 로고스의 종교가 성숙한 이성의 종교라면, 에로스의 종교는 생명 본능을 확대하고 실천하는 사랑의 종교다. 이러한 이상을 마르쿠제는 에로스의 문명 이론으로 표현하였고, 에리히 프롬은 인간주의적 종교의 개념으로 발전시켰다.

그런데 비억압적 종교는 비억압적 승화의 범주로부터만 생각할 수 있다. 프로이트에게 비억압적 승화의 범주는 놀이와 예술이다. 놀이와 예술은 쾌락원칙과 현실원칙의 어느 한쪽에만 속하지 않는 양자를 화해하고 승화하는 새로운 차원의 범주다. 마르쿠제가 이 새로운 차원에서 비억압적 승화의 문명을 기대하였다면, 마찬가지로 비억압적 승화의 종교도 생각해 볼 수 있을 것이다. 따라서 본 장에서는 먼저 프로이트의 종교비평이 어떻게 신학적으로 수용될 수 있는지를 생각하면서, 비억압적 승화의 종교가 어떻게 놀이와 예술의 개념으로부터 도출될 수 있으며, 그것이 어떤 형태와 내용을 갖게 될지를 그려보려고 한다.

한스 큉과 프로이트의 신학적 수용

한스 큉(Hans Küng)은 <프로이트와 신의 문제>에서 프로이트의 종교비평이 다음과 같은 점에서 매우 정당한 것이라고 평가했다.[1] 이것은 세기적 신학자의 프로이트에 대한 개방적 논술이자 신학적 수용

1) Hans Küng, *Freud and the Problem of God*, New Haven: Yale University Press, 1979, 96-98.

이기에 흥미를 끈다.

첫째, 큉은 프로이트가 종교의 불완전한 형태들을 옳게 비판했기 때문에, 기독자들은 자기비평의 정신에서 이를 인정해야 한다고 말한다. 큉이 예로 드는 종교의 불완전한 형태들은 다음과 같다. 첫째로 종교가 '전적 타자'인 신에게만 정신을 집중할 때, 종교는 필연적으로 현실과의 단절이 일어나고, 자기기만이나 현실도피의 형태로 전락한다. 여기서 "종교는 현실과는 관계없는 폭군적 초자아에 대한 유아적 헌신이 된다. 즉 신은 감정전이의 대체물이 된다."[2] 둘째로 종교가 내적 진리와는 관계없이 소원성취의 기복성에만 의존할 때, 종교는 단지 욕구 만족의 도구로 전락한다. 그러한 종교는 칭얼대기만 하면 욕구가 충족되든 유아적 시기로의 퇴행에 불과한 불완전한 형태의 종교라고 할 수 있다. 셋째로 종교가 문자에 대한 지나친 고착(문자주의)이나 율법적 양심에 대한 완고한 충성(율법주의), 또는 특정 기도나 신조나 의례를 강박적으로 하찮게 반복하는 것이라면, 종교 이념은 망상적 조립품에 가까워지고, 종교 의식은 강박적 제사 반복에서 유래하는 대체 만족과 유사해진다. 문자주의가 살아 있는 정신을 무기물로 변화시키는 죽음 본능의 소산이라면, 율법주의는 무의식적 죄의식의 결과물이고, 제의 지상주의는 무의식적 불안을 감추려는 방어기제일 수 있다. 그러한 종교 실천들은 강박신경증 환자에게서 나타나는 사적 의례처럼, "흔히 무의식적인 유혹과 임박한 징벌에 대한 공포와 죄의식과 괴로운 양심에 대한 수세적이고 보호적인 수단"[3]으로 나타나는 것이다.

둘째, 큉은 교회의 권력 남용에 대한 프로이트의 비평이 정당하다고 말한다. 교회 역사는 흔히 교과서적으로 말하듯이 사랑과 봉사와 순교의 아름다운 역사로만 구성되어 있는 것이 아니다. '야만의 역사가 없는 문명의 역사는 없다'는 발터 벤야민의 말처럼, 교회 역사에는 권력에 대한 탐욕과 오만과 오용의 예가 헤아릴 수 없을 정도로 많다. 교

2) Hans Küng, *Freud and the Problem of God*, 97.
3) Hans Küng, *Freud and the Problem of God*, 97.

회 권력은 정통 사수의 이름으로 자신과 다른 일탈자들을 불관용과 잔혹함으로 처단하였다. 십자군 전쟁을 일으켰고, 종교재판으로 마녀사냥을 자행하고 일탈자들을 처형했으며, 학문과 사상의 자유를 억압하였다. 큉 자신이 교황청으로부터 신학적 자유의 침묵을 강요당했던 억압의 경험을 한 사람이기에, 교회의 권력 남용에 대한 그의 지적은 실존적이기까지 하다.

교회는 오랫동안 개인과 사회의 초자아로 행세하면서, 신의 이름으로 영혼을 지배해 왔고, 의존적이고 미성숙한 불쌍한 죄인들을 착취해 왔다. 죄의식의 강화는 교회가 권력을 확대할 수 있는 근거다. 그럴 때 교회는 죄인에게 구원을 파는 신적 은총을 독점할 수 있다. 따라서 교회는 초자아적 공격 본능을 강화하면서 병 주고 약 주는 역할을 행했다. 교회는 성을 억압하고 여성을 경멸했다. 교회는 엄청난 조직과 기구가 되어 사람들이 자신의 권위에 복종할 것을 강요하고 순종이 제사보다 낫다는 교설을 퍼뜨렸다. 큉은 이렇게 교회조직의 억압, 사제의 지배, 고해성사, 성적 억압, 진보와 과학에 대한 적개심 등으로부터 발생하는 고질병을 '교회 발생적(ecclesiogenic) 신경증'이라고 불렀다.

셋째, 큉은 프로이트가 신에 대한 전통적 이지미를 옳게 비평했다고 말한다. 흔히 신자들의 신에 대한 이미지는 근원적 통찰이나 자유로운 결정으로부터 발생하는 것이 아니라 유아기에 각인된 아버지에 대한 애증의 양가감정적 이미지로부터 발생한다. 이러한 양가성의 이미지가 긍정적으로든지 부정적으로든지 간에 신에게로 전이된다. 따라서 신의 이미지 뒤에는 비록 무의식적이긴 하지만 자신의 부친에 대한 이미지가 은폐되어 있다. 또한 모친의 이미지는 '신의 어머니'(마리아)나 '어머니 교회'에 반영되어 있다.

흔히 부모는 자녀를 훈련시키기 위하여 징벌하시는 아버지 하느님을 교육의 수단으로 오용하는데, 이것이 자녀들이 성장한 후에 종교에 대해 부정적 태도를 갖게 하는 결과를 초래하리라고는 생각지 못한다. 또한 종교와 (종교에 의해 자주 억압되는) 성적 관심은 처음부터 긴밀하게 연결되어 있는데, 이렇게 종교적 갈등으로 보이는 종교와 성의 갈등은 실제로 최초의 가족 경험에 대한 고착이라고 볼 수 있다. 아마도 이 부분은 특히 큉이 속해 있는 가톨릭교회의 성애에 대한 억압을 염두에 두고 말한 것처럼 보인다.

여하튼 이런 관점에서 큉은 프로이트의 종교비평이 기독교의 자기비평의 정신으로 수용되어야 한다고 말한다. 종교가 기복적 소원성취를 달성시키는 도구에 불과하거나, 인간의 연약함을 이용하여 자유를 억압하고 해방을 억제하는 제도적 지배기구로 변모한다면, 종교가 표방하는 진리와 사랑의 내적 가치는 사라지고 말 것이다. 실로 큉이 지적하는 '교회 발생적' 신경증은 지배 본능이 지배하는 제도화된 교회의 실상처럼 보인다. 그렇다면 프로이트의 종교비평은 종교에 적대적인 것이 아니라 오히려 종교의 참된 모습을 드러내 주기 위한 서곡으로 이해될 수 있다.

프로이트는 아인슈타인에게 보낸 편지에서 다음과 같이 말한다. "'네 이웃을 네 몸같이 사랑하라'는 말을 종교가 사용한다고 해서 정신분석학이 이를 부끄러워할 필요는 없습니다."[4] 말하자면 무신론자 프로이트의 참된 종교는 기독교가 이상으로 말하는 사랑의 종교, 에로스의 종교와 다를 바가 없다. 그런데 어떻게 기독교의 이상인 사랑은 사라지고, 교회의 현실원칙은 지배 본능과 공격 본능의 각축장으로 변했는가? 기독교의 이상은 어떻게 해서 사라지게 되었는가? 이에 대한 대답을 우회적으로 헤겔을 통하여 들어보도록 하자.

헤겔과 기독교의 운명

헤겔의 초기 작품인 <기독교의 실증성>과 <기독교의 정신성>은

4) "왜 전쟁인가?," <전집 12, 350>, 필자의 의역.

기독교가 어떻게 사랑의 종교로부터 권위적이고 지배적인 종교로 변하게 되었는지를 보여 준다.[5)]

1) 헤겔은 <기독교의 실증성>에서 공격 본능과 지배 본능의 현실 원칙에 운영되는 종교를 실증종교라 불렀다. 그렇다면 예수의 삶과 교훈은 권위주의적인 실증종교와는 관계가 없다. 예수는 자기희생과 자기절제를 통한 도덕의 실천과 인간 해방의 복음을 주장하였기 때문이다. 이러한 교훈이 지배 본능에 사로잡혀 있던 유대교적 실증종교에 통할 수 없었다. 따라서 마침내 유대교적 실증종교는 예수를 증오한 나머지 처형하게 되었다.

그런데 예수의 죽음 이후에 예수의 종교는 그의 뜻과는 달리 실증적이고 권위적인 종교로 변화하였다. 그 이유는 무엇일까? 헤겔은 두 가지 원인에서 이유를 찾는다. 첫째로 예수가 실증종교를 세울 의도가 없었다면, 변화의 원인은 제자들과 후계자들에게 있다. 어느 종교를 막론하고 카리스마적 창시자가 죽고 그의 후계자들이 종교집단을 형성하게 되면, 제도화된 종교의 특성은 창시자의 의도와는 달리 실증종교의 길을 걷게 된다. 헤겔의 이러한 종교 발달에 대한 통찰은 윌리엄 제임스의 다음과 같은 말에 잘 요약되어 있다.

> 선지자는 단지 고독한 미치광이처럼 보였다. 만일 그의 교리가 다른 이들에게 확산될 만큼 전파력을 지녔음이 입증된다면, 그 교리는 특정한 명칭을 지닌 이교가 된다. 그러나 그때에도 박해를 이겨내고 전파된다면 그것은 그 자체로 정통이 된다. 종교가 정통으로 승인을 받으면 내적 생명력은 끝난다. 그 샘물은 말라 버린다. 충실한 신자들은 오로지 간접적이고 배타적 신앙생활을 하므로 이번에는 오히려 선지자들에게 돌을 던진다. 새로운 교회는 그 교회가 아무리 인간의 미덕을 키워낸다 할지라도 이후부터는 교조적 동맹자로서 자발적인 종교적 정신을 억누르려 하고, 순수했던 시절에는 영감을 공급해 주었던 솟아오르는 모든 물줄기를 멈추게 하려고 온갖 시도를 할 수도

5) Hegel, *Hegel's Early Theological Writings*, Chicago: University of Chicago Press, 1948.

> 있다. 사실 그렇지 않으면, 새로운 정신운동을 받아들여 그것에 편승하고 그것을 이기적인 집합적 목적을 위해 이용할 수도 있다. 이런 정치적 보호조치가 신속하게 또는 느리게 정해지고, 로마 교회 중심주의가 수많은 선지자와 성인들을 대했던 태도는 우리의 교훈이 되기에 충분한 예들을 만들었다.[6]

제임스의 종교적 특성에 대한 변화의 논지는 더 이상의 설명을 필요하지 않을 만큼 명백하다. 그러나 둘째로 헤겔은 이러한 변화가 예수 자신의 스타일과 교훈에도 원인이 있다고 생각한다. 여기서 헤겔의 통찰이 빛을 발하는데, 이를 헤겔은 예수와 소크라테스, 종교와 철학의 대비를 통하여 설명한다.

예수는 제자들에게 세상에 대한 관심을 무가치한 것으로 버리고 스승인 자신을 따라 나설 것을 권고하였다. 따라서 제자들의 관심은 오직 예수라는 한 인간이었다. 반면에 소크라테스에게 사회 정치적 관심은 무가치한 것이 아니었다. 소크라테스는 군인과 시민으로서 사회적 역할을 감당하였다. 소크라테스의 제자들은 스승의 덕과 철학 때문에 그를 사랑했지 소크라테스라는 한 인간 때문에 덕과 철학을 사랑하지는 않았다. 예수는 신뢰할 수 있는 제자들에게 교훈을 전승하였고, 이들에게 후계자의 권위를 부여하였다. 반면에 소크라테스는 덕을 사랑하는 사람이라면 누구든지 환영하였고, 자기 자신을 아는 일이 철학의 근본임을 설파하였다. 소크라테스의 철학은 스스로 깨닫는 이성의 지혜요, 다이몬(daimon)이라는 양심의 신에게 귀를 기울이는 것이었다. 따라서 소크라테스의 철학은 종파와 선교를 필요로 하지 않았다. 반면에 예수는 제자들에게 자신의 메시지를 선포할 선교의 역할을 담당시켰다.

헤겔은 비록 예수의 도덕종교가 종파를 의도하지 않았다 하더라도 선교의 명령으로 인하여 도덕종교는 실증종교로 발전될 수 있는 단초를 갖는다고 하였다. 따라서 소크라테스의 죽음 이후에 제자들은 학교

---

6) 윌리엄 제임스, <종교적 경험의 다양성>, 421.

를 설립하고 철학을 연구하며 스승을 능가하는 인물들을 배출하였던 반면에, 예수의 죽음 이후 제자들은 오직 예수라는 인물에 대한 추억과 권위에 근거하여 종파를 결성하였다. 그리고 예수를 능가한다는 것은 상상할 수도 없는 이단이 되었다. 여기서 중요한 문제는 예수의 도덕성의 교훈이 아니라 예수를 통한 구원이냐 저주냐의 문제로 변질되었고, 마침내 예수의 종교는 실증적 권위주의 종교로 변모했다.

헤겔은 예수와 소크라테스의 차이야말로 종교적 종파와 철학적 종파 사이의 차이라고 말한다. 철학적 종파에서는 스승과 제자가 모두 자신의 길을 가야만 하는 독립적 개체로 존재한다. 스승의 역할은 제자의 내적 덕을 깨우치고 스스로 독립적 인격이 되도록 보조하는 산파의 역할을 할 뿐이다. 반면에 종교적 종파에서 스승과 제자의 관계는 수직적 관계로 비평등적일 수밖에 없다.

프로이트가 종교를 권위에의 순종이라고 불렀듯이, 헤겔도 종교적 종파의 스승은 신앙의 대상이요 권위의 대상이라고 말한다. 이런 바탕에서 예수의 교훈이 실증적 교리로 외면화되고 각질화되며, 이를 재생산하기 위한 기구화와 정치화의 과정을 통하여 실증종교로 발달하게 된다는 것은 당연한 일처럼 보인다. 그 결과로 반정치적 성격을 가지고 있던 예수의 교훈은 변증법적 역전을 통하여 강제 권력을 행사할 수 있는 정치 기구와 절대 권위로 변모하게 되었다.

프로이트가 가톨릭교회를 절대 권위의 군대 집단에 비교하였듯이, 헤겔도 가톨릭교회에서 정치기구의 절정을 바라본다. 가톨릭교회는 정치기구의 권위를 갖고, 사회와 문화를 통제하고, 교육을 통하여 모든 세대에게 실증적 교리를 확대재생산한다. 그런데 가톨릭교회의 절대 권위에 대한 오이디푸스 반역이 개신교 혁명으로 나타났다. 종교개혁의 사상사적 의미는 신과 개체 인간 사이에 존재하는 가톨릭교회라는 매개체를 제거하고 신과 개체 인간 사이의 직접적 소통을 주장했다는 데 있다. 따라서 개신교는 기구적 교회의 권위보다는 개인의 양심과 선택과 자유의 원리를 강조한다. 말하자면 신앙은 객관적 실증교리의 문제가 아니라 주체적 선택의 문제다. 그런데 개신교 자체가 다시 기구화의 과정을 거치면서 정치화되고 제도화되고 권위주의적 실증종교로 변화하게 된다. 그것은 헤겔식으로 말하면 또 다른 변증법적 역전이요, 프로이트 식으로 말하면 억압과 반복의 영원한 회귀다.

헤겔에게 실증종교의 오류는 인간 정신의 최상 기관인 이성의 권리를 희생시킨다는 데 있다. 헤겔은 마치 프로이트를 예고하듯 교회기구가 인간 이성의 자유로운 선택을 억압하려고 할 때, 인간의 가능성을 모독하고 경멸하는 지배 본능의 근원지로 변한다고 말한다.

2) 헤겔은 <기독교의 정신성>에서 기독교의 본질을 사랑의 정신에서 찾는다. 기독교는 유대교적 율법주의의 연장이 아니라 단절적 승화다. 그렇다면 유대교의 본질은 무엇인가? 헤겔은 유대교의 본질을 아브라함을 통하여 설명한다. 유대인의 조상인 아브라함의 최초 행위는 고향을 떠나는 것이다. "여호와께서 아브람에게 이르시되 너는 너의 본토 친척 아비 집을 떠나 내가 네게 지시한 땅으로 가라."[7]

고향을 떠나는 것은 바로 '공동체적 삶과 사랑의 유대에 대한 단절'을 의미한다.[8] 고향을 떠난 아브라함은 일생 동안 낯선 이방을 유랑하면서 수많은 어려움을 타개하며 자신과 가족을 보호해야 했다. 따라서 아브라함은 고향을 떠나는 단절적 정신과 적대적 상황을 극복하는 자기보존의 정신으로 표상될 수 있다. 헤겔은 바로 이 정신이 바로 유대교의 본질이요 유대인의 역사적 운명이라고 말한다.

이러한 역사적 운명에서 유대교는 절대신을 찾는다. 절대신은 이방족의 위험을 물리치는 배타적 신이요, 유대인의 생존을 보장하는 절대권위의 신이다. 신이 절대 권위라면 인간은 신의 권위에 절대 순종해야 하는 타율적 존재다. 신이 전체라면 인간은 무(無)일 뿐이다. 따라서 유대교의 신은 진리의 형태를 취하지 않고 모세의 율법처럼 명령

7) 창세기 12: 1
8) Hegel, *Hegel's Early Theological Writings*, 185.

의 형태를 취한다.

헤겔은 이런 배경에서 예수의 정신을 반명제로 제시한다. 예수는 유대교의 타율적 운명을 사랑의 정신으로 초월하려고 했다. 예수의 '하나님을 사랑하고 이웃을 네 자신처럼 사랑하라'는 교훈은 유대교의 율법주의를 넘어서는 도덕법의 완성이다. 모세의 율법주의는 형벌과 억압을 통하여 정의를 실현하려고 한다. 반면에 예수의 사랑은 프로이트의 에로스처럼, 율법과 의무를 초월하는 화해와 통일의 개념이다.

헤겔은 사랑이야말로 모든 덕의 원리라고 주장한다. 예수의 종교는 무제한적 사랑과 자기희생의 종교다. 예수는 순수 사랑을 체현하고 있었기 때문에 그의 용서 또한 절대적일 수 있었다. 예수는 십자가상에서도 자신을 박해하는 사람들을 용서했다. 그리고 예수는 자신의 운명을 초월할 수 있었다. 예수의 신국은 바로 사랑의 왕국이었다.

그러나 무제한적 사랑에 근거한 예수의 정신과 갈등과 소유권을 근간으로 하는 현실사회를 구체적으로 연결하는 것은 불가능하다. 무제한적 사랑이 천국의 논리라면 갈등과 대립은 현실의 논리다. 따라서 예수는 두 개의 다른 세계에 존재해야 했다. 예수는 사랑만으로 살 수 없는 사회생활의 불순성을 알고 있었기 때문에 신국을 마음속에서 실현해야만 했다. 그리고 제자들을 훈련시켜 신국 공동체를 만들려고 했다. 그러나 불행하게도 그것은 실현될 수 없는 세계였다. 따라서 예수의 신국은 세계로부터 점차 분리되어, 지상에서 저 세상으로 옮겨 갔다. 따라서 이 세상에서 실현코자 하면서도, 이 세상에서 실현될 수 없는 사랑의 왕국은 이 세상과 저 세상이라는 이분법적 분열의 싹을 만들게 되었다.

예수의 죽음 이후 제자들은 스승에 대한 동경과 회상 속에서 어느 정도 세상에 대립하는 공동체 생활을 영위할 수 있었다. 그러나 사랑의 정신만으로는 아직 종교가 되지 않는다. 종교는 보편적 신성의 이념을 필요로 하고 객관적 형태로 조직되어야 하기 때문이다. 따라서 제자들은 예수의 부활이라는 구체적 이미지를 통하여 예수의 사랑을 신성의 종교로 변화시켰다. 그리고 예수의 사랑을 구원의 복음으로 객관화시켰다. 이로써 예수는 하늘과 땅을 연결하는 신적 존재로 표상되었고, 이와 함께 신성과 인간성의 결합이라는 모순적 이념이 발생하게 되었다.

예수가 신성화되고 종교화되면서 초대교회는 점차 실증교리를 발전시키고 사회적 조직과 기구로 발달되었다. 이와 함께 예수의 종교는 점차 실증종교로 변하고, 예수의 사랑은 단지 이상으로 남게 되었다. 그러나 예수의 종교가 남겨 놓은 이 세상과 저 세상의 이분법적 싹은 이후의 역사에서 계속 나타나게 된다. 아우구스티누스가 '하나님의 도성'(civitas Dei)과 '세속 도성'(civitas terrena)을 구별한 것을 비롯하여, 루터가 기독자의 본질을 '이 세상에 속하면서, 이 세상에 속하지 않는 존재'라고 말한 것이나, 틸리히의 '보이는 교회와 보이지 않는 교회' 등의 교리는 모두 이러한 분열상의 표현이다. 또한 교회사에 나타나는 경건주의나 금욕주의는 세상을 희생하면서 의를 추구한다는 점에서 분열상의 또 다른 표현이다. 역사는 교회와 국가, 예배와 삶, 경건과 덕, 영적 행위와 지상적 행위가 결코 하나가 될 수 없다는 것을 증언하고 있다. 헤겔은 이러한 분열상 때문에 이 세상에 속하면서도 이 세상에 속하지 않는 기독교인들은 '슬픔과 우울증'에 빠지게 되었다고 말한다.

여하튼 예수의 사랑은 실증종교의 필연적 등장과 함께 뒷면으로 사라지고, 교회는 지배 본능의 현실원칙이 지배하는 기구적 제도로 변화한다. 비록 신학은 보이는 교회와 보이지 않는 교회의 이상을 통하여 현실원칙의 교회를 해석하려고 하지만, 현실교회가 지배적 정치제도라는 사실이 달라지는 것은 하나도 없다.

여기서 프로이트의 동일시 이론은 예수의 사랑의 종교를 실현할 수 있는 훌륭한 이론으로 보인다. 프로이트는 에고가 도달하려는 완전함을 이상적 에고라고 불렀다. 그리고 이상적 에고가 내면화되어 자기 자신이 되는 것을 '동일시'라고 불렀다. 동일시는 대상의 본질을 변경시키지 않은 채, 대상과 동일하게 되려는 정신과정을 말한다. 따라서 만약 예수의 정신이 이상적 에고가 되어 자신과 동일시된다면, 자신은 사랑의 모델을 따르게 되고 결국 자기 자신을 사랑의 화신에 접근시킬 수 있다. 그것은 현실원칙이 지배하는 권위주의적 교회와는 달리 성숙한 개인의 종교행위일 수 있다. 이런 관점에서 종교의 성숙성을 진단한 것이 바로 에리히 프롬의 인간주의적 종교다.

권위주의적 종교와 인간주의적 종교

에리히 프롬은 종교를 "집단에 의해서 공유되면서 개인에게 삶의 틀과 헌신의 대상을 제공하는 사유와 행동의 조직"9)으로 정의한다. 이것은 넓은 의미에서 문화의 이념체계 또는 이데올로기로 이해할 수 있다. 종교를 이렇게 정의하면 종교의 문제는 종교를 믿느냐 여부의 문제가 아니라 어떤 종류의 종교를 믿느냐 또는 더욱 정확하게 삶에 대한 어떤 정신적 태도를 가지고 있느냐의 문제로 귀착된다.

> 그것이 '종교냐 종교가 아니냐'가 아니라, 그것이 과연 '어떤 종류의 종교냐'이며, 그것이 인간의 발달을 증진하여 인간이 자신의 힘을 펼쳐나갈 수 있도록 하는 것인지 아니면 그러한 힘을 마비시키는 것인지에 있다.10)

이렇게 보자면 프로이트는 철저히 종교적이라고 말할 수 있고, 종교의 문제는 인간 발달의 증진이냐 인간 발달의 마비냐의 문제로 귀착될 수 있다. 이런 척도에서 프롬은 권위주의적 종교와 인간주의적 종교의 두 유형을 대비시킨다. 두 유형의 대비는 어떤 특정 종교들을 비교하는 것이 아니라 모든 종교의 밑바닥에 흐르고 있는 특정 태도를 비교하는 것이다.

---

9) 에리히 프롬, <종교와 정신분석>, 이재기 옮김, 두영, 21.
10) 에리히 프롬, <종교와 정신분석>, 67.

권위주의적 종교에서 신은 인간이 소유할 수 있는 이성과 사랑의 힘을 모두 독차지하고 있는 객관적 대상이다. 반면에 인간주의적 종교에서는 신이 인간의 보다 높은 자아의 이미지, 이상적 에고로 나타난다. 따라서 권위주의적 종교에서는 신이 완전하면 할수록 인간은 불완전하고 인간은 신에게 속박된 존재로 나타난다. 반면에 인간주의적 종교에서는 프로이트의 동일시의 개념에서처럼 신의 완전성이 내면화되어 인간의 이상적 에고가 되고 인간은 이상적 자아를 향하여 자신을 조절하고 풍요롭게 하는 결과를 초래한다.

프롬의 권위주의적 종교는 프로이트의 '이상화'의 개념에 근거한 것이다. 이상화는 동일시와 달리 대상에 대한 과도집착과 대상을 위한 자기희생을 내용으로 하고 있다. 그 결과 대상이 부해질수록 자아는 빈곤해지고, 대상에 대해 자아는 노예의 상태로 전락한다. 마찬가지로 권위주의 종교에서 "인간은 자신이 가지고 있는 최상을 신에게 투사하고 이로써 자신을 가난케 한다. 이제 신은 모든 사랑, 모든 지혜, 모든 정의를 갖게 되고 인간은 이러한 것들을 박탈당해서 공허하고 가난하게 된다."[11]

권위주의적 종교는 결국 인간의 이상을 객관적 대상으로 투사하면서 발생하는 심리학적 투사의 메커니즘이요 헤겔의 용어로 자기 소외의 메커니즘이다. 따라서 포이에르바흐는 신학의 비밀은 인간학이라고 하였다. 인간의 본질이 투사되고 외화(外化)되어 스스로 자기 소외의 체계를 형성하는 것이 신학의 비밀이라는 말이다. 투사를 통하여 이상화된 대상은 거꾸로 에고를 억압하고 복종케 하는 대상으로 나타난다. 거꾸로 에고는 외화된 대상에 자신을 복종시키고 노예화한다. 이런 과정에서 인간은 자기 자신으로부터 소외된다. 여기서 인간이 자신에게 접근할 수 있는 길은 오직 신을 통해서 뿐이다.

11) 에리히 프롬, <종교와 정신분석>, 50.

> 신을 예배하는 가운데 그는 투사를 통해서 상실한 자기 자신의 부분에 접하게 된다. 신에게 모든 것을 준 다음에 그는 신이 원래 자기의 것이었던 것을 돌려주기를 간구한다. 그러나 자신을 잃어버렸기 때문에 그는 완전히 신의 자비 속에 놓여 있다.……그러나 이러한 자기 자신의 파워로부터의 소외는 인간을 신에 의존되는 노예적 존재로 느끼게 할 뿐 아니라 또한 그를 나쁘게 만든다. 그는 자기 자신의 사랑과 이성의 힘에 대한 경험이 없기 때문에 자신과 이웃에 대한 믿음이 없는 인간이 된다. 결과적으로 성과 속의 분리가 일어난다. 세상의 행위에서 인간은 사랑 없이 행동한다. 종교에 예비된 삶의 부분에서는 그는 죄인이라는 것을 느낀다. (사랑 없이 사는 것은 죄에서 사는 것이기 때문에 실재로 그는 죄인이다.) 그리고 신과 접촉을 함으로써 잃어버린 인간성의 일부를 회복하려고 한다. 동시에 그는 자신의 무력과 무가치를 강조함으로써 용서를 얻으려고 한다.……그는 고통스러운 딜레마에 사로잡힌다. 그가 신을 더욱 찬양할수록 그는 더욱 공허해진다. 그가 더욱 공허할수록, 그는 더욱 죄를 느낀다. 그가 더욱 죄를 느낄수록 신을 더욱 찬양한다. 그리고 더욱 자신을 회복할 수 없게 된다.[12)]

신적 대상에 대한 두려움과 떨림을 가지고, 보이지 않는 신이 인간의 운명을 조절한다고 믿으며, 신에 대한 복종과 복속이 강화될수록 믿음이 강한 것으로 인식된다. 절대 믿음은 절대 복종이다. 칼뱅은 "우리 안에 고귀하다고 생각하는 모든 것을 경멸함이 없이는 우리 자신에 대해서 생각할 수 없다"고 하였다. 신은 최상의 힘을 가지고 있기 때문에 최상의 존재고, 인간은 단순히 무력한 존재일 뿐이다.

자신의 모든 힘과 열망을 외적 타자에 속하게 하는 것은 마조히즘이라 불릴 수 있다. 프로이트가 슈레버의 케이스를 통하여 종교는 여성적, 수동적이라고 정의하였듯이, 권위주의적 종교는 복종적 마조히즘의 메커니즘이라고 할 수 있다. 프롬은 권위주의적 종교의 마조히즘적 메커니즘이 비인간적인 정치적 지도자에게 초월적 자비의 질을 부여하는 복종적 성격의 메커니즘과 동일하다고 하였다. 따라서 칼뱅주의의 권위적 신에 대한 절대 신앙이나 세속적 종교인 히틀러의 나치즘에

12) 에리히 프롬, <종교와 정신분석>, 50-51.

대한 절대순종이나 김일성을 민족의 태양, 어버이 수령 등으로 부르는 인간적 태도에는 동일한 마조히즘의 심리적 메커니즘이 작동하고 있다고 할 수 있다.

인간주의적 종교는 권위주의적 종교와는 달리 인간의 목적을 무기력이 아니라 최상의 힘에 두고 있다. "인간의 참된 타락은 자기 자신으로부터의 소외, 권력에의 복종, 비록 신의 예배의 형태를 띠고 있다 하더라도 자신에 대한 반역"이기 때문이다.[13] 인간주의 종교에서 인간은 자신의 한계와 가능성에 대한 진리를 인식하고 자신뿐만 아니라 이웃을 향한 사랑의 힘을 발전시키려는 목적을 갖는다. 이 목적을 향한 원칙과 규범의 이상화가 신이다. 신은 외적 대상이 아니라 내면화된 이상적 에고다. 인간은 이상적 에고인 신의 모델을 따라서 자신을 형성함으로써 자신을 풍요롭게 한다. 여기서 신은 인간 위에 군림하는 힘과 지배의 상징이 아니라 인간 자신의 힘의 상징이고, 덕은 순종이 아니라 자기실현이며, 신앙은 자신의 사유와 감정의 경험에 근거한 신념의 확실성이지 제안자의 권위적 진술에 대한 동의가 아니다. 따라서 인간적 종교의 "우세한 무드가 환희라면 권위적 종교의 우세한 무드는 슬픔과 죄의식이다."

프롬이 제시하는 인간주의적 종교의 본질은 다음의 두 가지 예에서 명백히 드러난다.

> 어느날 토끼가 망고나무 아래서 잠을 자고 있었다. 갑자기 토끼는 큰 소리를 들었다. 그는 세상이 종말이 오는 줄 알고 뛰기 시작했다. 다른 토끼들이 이를 보고 물었다. "왜 그렇게 급히 뛰니?" "종말이 오고 있다." 이를 듣고 다른 토끼들도 뛰기 시작했다. 사슴이 이를 보고 물었다……이렇게 해서 모든 동물들이 뛰기 시작했고 동물왕국이 멸망할 지경에 이르렀다. 부처가 이를 보고 맨 뒤를 따라가는 동물들에게 물었다. "왜 그렇게 급히 뛰느냐?" "종말이 오고 있습니다." 부처가 말했다. "그럴 리가 있느냐? 세계는 종말이 오고 있지 않단다. 왜 그렇게 생각하는지 알아보자." 마침내 그 소식이 토끼에게

---

13) 에리히 프롬, <종교와 정신분석>, 53.

> 까지 전달되었다. 부처는 토끼에게 물었다. "너는 왜 종말이 온다고 생각하느냐? 너는 어디 있었느냐?" 토끼가 대답했다. "망고나무 아래서 잠을 잤습니다." 부처가 말했다. "아마도 망고가 떨어지는 소리를 들은 모양이지. 그 소리가 너를 놀래게 해서 세상이 종말이 오는 줄 생각한 모양이구나. 가서 알아보자." 이들은 토끼가 잠자던 망고나무로 가 보았다. 거기에는 망고가 떨어져 있었다. 이로써 부처는 동물의 세계를 구원하였다.

또 다른 예를 들어 보자.

> 당나라 시대에 당가가 수도를 들렀을 때에 날씨가 몹시 추웠다. 그래서 사원에 있는 불상을 가져다 불을 땠다. 사원지기가 이를 보고 놀라서 말했다. "어쩌자고 감히 불상을 태운단 말이요?" 당가는 재를 뒤적이면서 무언가를 찾기 시작했다. 그리고는 말했다. "재에서 사리를 취하고 있소." "어떻게 불상에서 사리를 취할 수 있단 말이요?" 사원지기가 말했다. "불상 안에 사리가 없다면 남은 저 두 불상마저 때도 되겠소?" 사원 지기는 나중에 당가의 경건치 못함을 항의함으로써 눈썹을 모두 잃었다. 반면에 부처의 분노는 결코 당가에 떨어지지 않았다.

이런 예들이 말하는 바와 같이 인간주의적 종교의 본질은 인간의 실현에 있고, 인간의 지성적 힘에 중심을 두고 있다. 프롬은 인간주의적 종교의 예를 초기 불교, 도교, 이사야, 예수, 소크라테스, 스피노자, 신비주의, 불란서 혁명의 이성의 종교 등에서 발견한다.

권위주의적 종교와 인간주의적 종교의 차별은 종교 간의 차별성뿐만 아니라 동일한 종교의 안에서도 찾아볼 수 있다. 구약의 에덴동산은 선악에 무지케 하는 복종의 동산이다. 인간의 악 때문에 자연을 무차별적으로 절멸하는 노아의 대홍수는 권위적 심판이다. 그러나 신이라도 원칙을 어기면 인간의 항의를 받아야 하고 "다시는 멸망치 않으리라"는 새로운 창조의 언약을 하는 신은 인간적 신이다.

신비가들은 인간이 신을 필요로 하는 만큼 신도 인간을 필요로 한다고 말했다. 가난한 양복쟁이가 하시딕 랍비를 찾아왔다. "어제 신과 논쟁을 했습니다." 신에게 말하기를 "오! 신이시여, 당신은 큰 죄를 졌고 나는 조그만 죄를 졌습니다. 당신이 행한 것을 생각해 보십시오. 당신은 어린이들에게서 어머니를 빼앗아가서 그들이 굶게 했습니다. 내가 무엇을 했습니까? 나는 때때로 손님에게 옷을 돌려주지 않았고 율법을 철저하게 준수하지 못했습니다. 그러나 신이시여, 당신에게 말하겠습니다. 내가 당신을 용서하니 당신도 나를 용서하십시오. 그러니 우리는 이제 똑같습니다." 이 말을 듣고 랍비가 말했다. "이 어리석은 바보야. 왜 그렇게 쉽게 신을 돌려보냈느냐? 어제 너는 그에게 메시야를 보내라고 떼를 쓸 수 있었을 텐데."

"천국은 네 마음속에 있다"고 말한 요한의 예수는 인간주의적이다. 인간주의적 신은 인간 위에 군림하는 힘의 상징이 아니라 인간 자신의 힘의 상징이다. 프롬이 기대하는 종교는 인간의 자기실현을 성취하는 인간주의적 종교다. 인간주의적 종교는 인간의 교만과는 다르다. 오히려 그것은 자신의 한계를 깨달으면서도 자신을 실현하려는 겸손이다.

> 실로 인간은 의존적이다. 그는 죽음, 노약, 질병에 종속된다……그러나 자신의 의존성과 한계를 인식하는 것과, 의존성에 몰입해서 자신의 의존하는 힘을 경배하는 것과는 전혀 다른 것이다. 우리의 힘이 얼마나 제한적이라는 것을 실재적으로 이해하는 것은 지혜와 성숙의 본질적 부분이다. 그러나 이를 예배하는 것은 마조히즘적이고 자기 파괴적이다. 하나는 겸손(humility)이고 다른 하나는 자기비하(self-humiliation)다.[14]

프롬은 인간주의적 종교가 발현되기 위해서는 인간의 삶에 대한 태도, 성격의 변화가 필요하다고 보았다. 왜냐하면 인간이 생각하고 느끼는 것은 성격에 근거를 두고 있기 때문이다. 그러나 프롬에게 성격은 개인적일 뿐만 아니라 마르크스의 통찰과 같이 정치사회적 구조와 경제적 구조라는 삶의 전체적 상황에 의해서 형성된다. 따라서 종교의 유형은 사회구조와 언제나 상관관계를 맺고 있고, 성격의 변화는 사회

14) 에리히 프롬, <종교와 정신분석>, 53.

의 변화를 수반할 것을 주장할 수 있다.

강력한 소수에 의해서 사회가 지배되는 권위주의적 사회에서 개인은 공포에 사로잡혀 독립적 감정을 가질 수 없게 되고 권위주의적 성격과 권위주의적 종교 경험을 갖는 경향이 있다. 인간을 징벌하는 무서운 신을 섬기거나 그런 지도자를 섬기거나 양자 사이에는 차별이 없다. 따라서 세속 권력과 결탁된 종교가 언제나 권위주의적 종교가 된다는 것은 쉽게 알 수 있다. 물론 권위주의적 사회에서라도 스토아주의와 같이 자유와 독립을 추구하는 인간주의적 종교를 발달시킬 수 있지만, 그것은 창조적 소수에만 국한되는 일이다. 인간주의적 종교는 개인이 자신의 운명에 대해서 자유롭고 책임적으로 행동할 수 있는 사회에서 발달한다. 따라서 인간주의적 종교가 발달하기 위해서도 사회의 민주적 발달은 불가피하다.[15] 프롬의 공헌은 바로 인간주의적 종교의 발달을 사회발달의 역학과 관계시켰다는 데 있다.

프롬의 권위주의적 종교가 지배 본능과 죽음 본능이 지배하는 현실원칙의 종교라면, 인간주의적 종교는 프로이트의 사랑과 지성의 종교, 에로스와 로고스의 종교다. 권위주의적 종교가 지배와 제도의 종교라면, 인간주의적 종교는 해방과 자유의 종교다. 그렇다면 인간주의적 종교는 억압적 승화가 아닌 비억압적 승화의 범주에 속한다.

프로이트가 문명을 억압적 승화라고 본 것은 틀림없는 사실이지만, 또한 프로이트에게는 비억압적 승화의 영역이 존재한다. 그것이 바로 놀이와 예술의 영역이다. 그렇다면 놀이와 예술은 인간주의적 종교와 어떤 관계가 있을까?

---

15) 민주주의가 발달하지 않은 시대나 사회의 종교는 권위주의적이고, 민주주의가 발달한 시대나 사회의 종교는 인간주의적이다. 한국교회는 대체적으로 사제를 정점으로 하는 권위주의적 종교의 특성을 갖고 있다는 것이 대체적 의견이다. 그러나 점차 민주화의 목소리가 교회 안에서도 거세게 나타나고 있다. 그것은 사회의 민주화가 교회 안으로 밀려들어오고 있다는 신호다. 한국사회의 도처에 민주주의가 뿌리를 내리고, 교인들이 민주주의를 삶의 당연한 방식으로 알게 될 때, 교회의 민주화 또한 가속화될 것으로 기대할 수 있다.

프로이트의 놀이와 예술

프로이트는 정신분석적 미학에서 매우 중요한 위치를 차지하는 "작가와 몽상"(1907)[16]이라는 논문에서 놀이와 예술의 관계에 대한 탁월한 분석을 하고 있다.

어린이들의 놀이는 매우 흥미로운 사실을 보여 준다. 놀이에서 어린이들은 아버지가 되고 어머니가 되며, 모래는 빵이 되고 풀은 반찬이 된다. 놀이의 세계는 상상력의 세계요 창조의 세계며 애니미즘의 세계다. 즉 어린이들은 놀이에서 현실세계의 사물들을 상상력의 세계와 연결시키면서, 창조자처럼 새로운 세계를 창조하고, 시인처럼 사물들을 새로운 질서 속에 배열한다. 이와 함께 사물들은 더 이상 현실원칙에 속하는 죽은 사물이 아니라, 살아 있는 새로운 피조물로 변신한다.

그렇다고 어린이가 놀이의 세계를 심각하게 취급하지 않는다고 생각하는 것은 잘못이다. 반대로 어린이는 자신의 놀이를 매우 심각하게 취급하고 놀이에 많은 양의 감정을 투입한다. 따라서 프로이트는 "놀이의 반대는 진지함이 아니라 현실이다"[17]라고 말한다. 이렇게 보자면 놀이는 현실 속에서 새로운 질서의 세계를 창조함으로써 진지하게 즐기는 세계, 즉 쾌락원칙과 현실원칙의 이원론적 분열을 초월한 비억압적 승화의 세계라고 말할 수 있다.

사람들은 성장하면서 어린이의 놀이를 멈춘다. 그러나 어린이가 놀이에서 쾌락을 발견한 이상, 놀이에의 충동은 결코 포기될 수 없다. 어린이의 놀이는 어른의 놀이 형태로 대체될 뿐이다. 프로이트는 어린이가 성장하면서 놀이를 그칠 때, 그는 놀이 대신에 공상을 한다고 말한다.[18] 즉 판타지는 놀이의 다른 형태다.

판타지는 환상이다. 프로이트는 <환상의 미래>에서 종교를 환상으

---

16) "작가와 몽상," <전집 14, 143-157>.
17) "작가와 몽상," <전집 14, 144>.
18) "작가와 몽상," <전집 14, 146>.

로 정의하면서 '현실에의 교육'을 통하여 환상을 극복할 것을 제의하였다. 그러나 현실과 이상이 합치하고, 쾌락원칙과 현실원칙이 화해되지 않으며, 노동이 놀이가 되지 않는 한, 환상의 유토피아적 비전은 사라지지 않을 것이고 그 역할은 감소되지 않을 것이다.

놀이와 환상은 만족되지 않은 소원(wish)이 있는 한 존재한다. 소원은 현실원칙의 쾌락원칙에 대한 억압이요, 쾌락원칙의 현실원칙에 대한 저항이다. "행복한 사람은 결코 환상의 세계를 창조하지 않는다. 단지 불만족한 사람만이 판타지를 가질 뿐이다"라는 말이나, "새장의 새는 자유를 갈구한다. 그러나 새장 밖의 새는 날아갈 뿐이다"라는 말처럼, 억압된 소원이 없다면 놀이나 환상도 있을 수 없다.

어린이들의 놀이는 주로 자라서 어른이 되고 싶은 욕망에 의해 인도된다. 따라서 어린이는 언제나 어른 놀이를 한다. 반면 어른들의 판타지는 어린이의 놀이처럼 쉽게 관찰되지 않는다. 그것은 어른들의 소원들이 본질적으로 감추어야 하는 종류의 것들, 즉 실현될 수 없는 '야심적 소원'이나 '성애적 소원'을 포함하고 있기 때문이다. 따라서 어른들은 자신의 판타지를 부끄럽게 생각하고 감추려 한다.

예를 들어 어떤 가난한 고아 소년이 처음으로 취직을 했다고 가정해 보자. 집으로 돌아가는 길에 그는 다음과 같은 판타지에 사로잡힐 수 있다. 사장이 그를 신임하고 사랑해서 중요한 직책을 준다. 나중에는 사장의 사위가 되어 회사의 중역이 되고 후계자가 된다. 이 판타지에는 몽상가의 야심적 소원과 성애적 소원이 혼합되어 있다. 그리고 이 판타지에서 몽상가는 행복했던 유아시절에 자신이 소유했던 것, 즉 보호하는 집, 사랑하는 부모와 같이 자신이 사랑했던 최초의 대상들을 다시 얻게 된다.[19] 그러나 이런 백일몽은 거의 현실이 될 수 없다. 만약 이것이 흔히 일어날 수 있는 일이라면 환상의 대상일 필요가 없다. 신데렐라의 소원성취는 현실적으로 이루어질 수 없기 때문에 사람의

19) "작가와 몽상," <전집 14, 150>.

마음을 감동시키는 동화가 될 수 있다. 말하자면 소원성취의 모티브는 백일몽과 동화의 필요조건이요 구성요건이다.

프로이트는 밤에 꾸는 꿈이 판타지와 같다고 말한다. 인간은 소원이 있기 때문에 판타지를 만들고 꿈을 꾼다. 꿈의 의미가 흔히 모호한 이유는 밤에도 부끄러움을 느낄 수 있는 소원이 일어나기 때문이요, 억압된 소원이 꿈의 감시체계를 통과하면서 변형된 형태로 표현되기 때문이다. 따라서 꿈은 암호해독을 기다리는 상징적 텍스트가 된다.

어린이로부터 어른에 이르기까지, 놀이를 하고 판타지를 만들며 꿈을 꾼다면, 신경증 환자로부터 보통 사람에 이르기까지, 모든 사람들은 넓은 의미에서 예술가라고 말할 수 있다. 왜냐하면 예술은 현실의 한계를 넘어서는 판타지적 승화이기 때문이다. 이런 점에서 프로이트는 예술을 전 인간의 영역으로 확대시키는 예술의 민주화를 달성했다고 말할 수 있다. 인간은 꿈과 판타지 속에서 좌절된 소원의 미학적 카타르시스를 경험한다. 실로 프로이트에게 인간은 미학적 동물이고 예술적 동물이다.

그러나 엄밀한 의미에서 꿈과 예술 사이에는 차이가 있다. 꿈이 소통할 수 없는 개인 예술이라면, 예술은 소통할 수 있는 집단의 꿈이다. 이것이 또한 신경증과 예술의 차이기도 하다. 신경증 환자의 언어는 근본적으로 소통과는 관계없는 독백이다. 그러나 예술가는 자신의 공상을 공중과 소통할 수 있는 판타지로 표현한다. 따라서 판타지를 통한 공중 소통이야말로 신경증적 독백과는 다른 예술의 특징이다.

이런 점에서 예술가들의 공상과 어린이들의 놀이는 상통한다. 어린이들은 공상의 소통구조인 놀이를 놀이로 알면서 진지하게 논다. 마찬가지로 예술가는 판타지가 현실이 아니라는 것을 알면서도 진지하게 판타지를 창조한다. 예술가는 자신의 백일몽을 서술하면서 자신의 은밀한 판타지를 미학적 형식을 통하여 대중에게 전달한다. 실상 예술은 시인의 과거 기억과 현재 현실, 내적 충동과 외적 실재가 복합적으로 작용하는 가운데 일어나는 소원성취의 상상적 산물로서, 현실원칙을 쾌락원칙을 따라 재구성하고, 현실을 미학적 형태로 새롭게 창조한 것이다. 따라서 예술가는 자신의 백일몽을 소통이성을 통하여 전할 수 있고, 거꾸로 독자는 예술이라는 소원성취의 상상적 해소를 통하여 자신에게 억압되어 있는 긴장의 해방과 쾌락을 맛볼 수 있다. 여기에 예술의 미학적 차원이 종교적 환상과 공유할 수 있는 공동체적 기능과 심리학적 기능이 있다.

실러의 미학적 차원

헤겔과 동시대인이었던 프리드리히 실러는 정치적 혼란과 혁명의 와중에서 현실문제에 대한 해결을 미학적 질문을 통하여 해결하려고 하였다. 왜냐하면 실러에게 자유에 이르는 길은 아름다움을 통해서이기 때문이다. 따라서 실러의 예술학은 곧 바로 인간의 자유와 해방을 위한 원(原)정치학의 역할을 한다.

실러는 불멸의 명저 <인간의 미적 교육에 관한 서한>에서 인간의 본능을 감성과 이성, 즉 '감성충동'(sinnlicher Trieb)과 '형식충동'(Formtrieb)으로 구별하고, 이 둘을 통합하는 제3의 범주로서 '놀이충동'(Spieltrieb)을 제시하였다. 감성충동은 감관적인 것으로 "인간의 물리적 현존 또는 감성적 본성으로부터 출발하고 인간을 시간의 제한 속에 두고 물질로 만드는 일에 종사한다."[20] 형식충동 또는 이성은 시간을 초월하는 보편적 논리와 불변의 법칙을 부여하는 충동이다. 한마디로 감성충동이 변화를 지향한다면, 형식충동은 불변성을 지향한다. 실러는 이렇게 다른 충동이 서로 분리되어 대립할 때, 문화는 균형을 상실하고, 도착과 조야, 부자연과 맹목적 자연, 미신과 도덕적 무신념 사이에서 동요하게 된다고 말한다.

---

20) 프리드리히 실러, <인간의 미적 교육에 관한 서한>, 87.

> 감성충동은 본질적으로 수동적이고 수용적이며, 형식충동은 활동적이고 정복적이고 지배적이다. 문화는 두 충동의 결합과 상호작용에 의해서 건설된다. 그러나 기존문명에서 그것들의 관계는 적대적인 것이었다. 감성을 이성화하고 이성을 감성화 하여 두 충동을 화해시키는 대신에 문명을 감성을 이성에 예속시켰다. 만일 감성이 자기를 거듭 주장하려면 파괴적이고 야만적인 형식을 취하게 되고, 한편 이성의 독재는 감성을 불모화하고 야만화하였다. 인간의 가능성이 자유롭게 실현될 수 있으려면 그 갈등은 반드시 해소되어야 한다.[21]

여기서 형식충동 자체로는 힘이 없다. 왜냐하면 이성은 감성의 힘을 빌려야 힘을 낼 수 있기 때문이다. 그러나 감성충동만을 강조한다면, 문화는 도착과 야만으로 흐르게 될 것이다. 따라서 이성은 감성의 힘을 빌림으로써 힘을 얻어야 하고, 감성은 이성의 형식을 통해서 보편적 형식과 질서를 지녀야 한다. 여기서 감성과 이성의 결합, 질료와 형상의 통합, 또는 감성충동과 이성충동을 매개하는 제3의 충동이 바로 양쪽의 어느 하나도 억압하지 않으면서 양쪽을 모두 완성하는 놀이충동이다.

놀이충동의 대상은 아름다움이고 놀이충동의 목표는 자유다. 따라서 실러는 다음과 같이 말하였다. "인간은 흡족한 것, 선한 것, 완전한 것과 함께 있으면 엄숙해진다. 그러나 아름다움과 함께 있을 때에는 놀이한다." 여기서 놀이는 곧 자유다. 실러의 자유는 프로이트의 쾌락의 개념처럼 긴장으로부터의 해방이요, 물질이 정신으로 변하고, 무거움이 은총으로 변하는 경험이다. 그것은 아름다움에서 성취되고 아름다움을 통해 선포된다.

놀이충동은 바로 칸트가 말한 '목적 없이 목적에 부합하고, 법칙 없이 법칙에 부합'하는 자유의 질서요 질서의 자유로서의 미학이다. 따라서 실러는 놀이충동의 미학적 범주가 문명의 원칙으로서 지배권을 획득하면, 놀이충동은 글자 그대로 현실을 변형할 것이라고 하였다.

---

21) 마르쿠제, <에로스와 문명>, 188.

그것은 미학적 경험이 정치적, 사회적 자유에 대한 실천적 원형을 제공하기 때문이다.

실러의 미학적 차원은 곧 바로 마르쿠제의 억압 없는 승화의 문명에 대한 비전으로 나타난다. 마르쿠제는 실러의 감성충동과 형식충동을 프로이트의 쾌락원칙과 현실원칙으로 연결시키면서, 양자를 통합하는 제삼의 변증법적 통합의 범주로 예술이라는 미학적 차원의 세계를 제시하였다. 따라서 마르쿠제는 실러의 기대처럼 예술적 세계가 현실적 세계로 확대되고, 현실적 세계가 예술적 세계로 변화하는 비억압적 승화의 문명을 기대하였다. 비록 그러한 기대가 앞 장에서 말한 바와 같이 역사적으로 실현될 수 있느냐의 현실원칙의 문제는 고사하고라도, 예술 자체로 볼 때는 쾌락원칙과 현실원칙, 감성과 이성, 질료와 형태가 통합되고 화해된 새로운 세계의 창조요 자유의 실현임에는 틀림없다. 따라서 미학적 차원은 인간이 바랄 수 있는 자유와 해방의 최대 자산이라고 부를 수 있다.

미학적 차원의 종교

프로이트와 실러에게 놀이와 예술은 쾌락원칙과 현실원칙의 이원론을 통합하고 화해하는 영역이다. 그렇다면 종교가 내포하고 있는 모순과 갈등의 이원론, 즉 종교의 이상성과 현실성, 사랑의 정신과 지배의 현실, 에로스와 지배 본능, 보이는 교회와 보이지 않는 교회, 이 세상과 저 세상, 인간주의적 종교와 권위주의적 종교의 이원론 또한 미학적 차원에서 화해되고 통합될 수 있지 않을까라는 질문이 생길 수 있다. 말하자면 마르쿠제가 비억압적 승화의 가능성을 미학적 차원에서 찾았듯이, 종교도 미학적 차원에서 이해될 수 있지 않을까라는 질문이 생긴다.

프로이트의 종교 이해는 부정적 견해와 긍정적 견해로 구성되어 있다. 종교가 유아적 무력감과 권위와 보호에의 갈망에 원인을 두고 있는 집단 신경증이라면, 종교는 성숙한 이성에 의해서 부정되어야 하고 극복되어야 할 과제다. 반면에 종교가 개인 신경증을 집단 신경증 안에서 해소시키는 기능을 한다는 점에서는 긍정적이다. 그러나 신경증이 신경증으로 남는다는 점에서 종교는 역시 극복되어야 할 과제다. 따라서 프로이트의 종교이해에는 부정적 견해가 지배적이다.

그러나 마르쿠제가 말하듯이 종교를 환상으로 보는 프로이트의 종교 이해에는 환상이 내포하고 있는 진리 가치, 즉 평화와 행복을 향한 비타협적인 갈망, 현실원칙의 지배에 대한 부정성을 표현하고 있다. 그것은 과학적 이성으로 대체할 수 없는 높은 진리 가치를 내포한다. 평화와 행복을 향한 갈망은 쾌락원칙과 현실원칙이 통합되고 화해되는 변증법적 승화, 비억압적 승화를 향한 갈망이다. 종교는 이러한 갈망을 새 하늘과 새 땅의 유토피아적 비전으로 제시한다.

이사야의 비전은 이를 압축적으로 보여 준다. "보라 내가 새 하늘과 새 땅을 창조하나니 이전 것은 기억되거나 마음에 생각나지 아니할 것이라."[22] 새 하늘과 새 땅은 과거의 권위에 고착되지 아니한 과거로부터의 자유와 해방의 세계며, 지배와 억압의 현실원칙이 더 이상 적용될 수 없는 유토피아의 세계다. 그곳은 "상한 갈대를 꺾지 아니하며 꺼져가는 등불을 끄지 아니하고 진리로 공의를 베푸는"[23] 세계다. 이것은 역사적 수행원칙과는 전혀 다른 현실원칙의 탄생이다. 이사야는 새 하늘과 새 땅에서 실현될 새로운 현실원칙을 다음과 같이 노래한다.

> 무리가 그 칼을 쳐서 보습을 만들고
> 그 창을 쳐서 낫을 만들 것이며
> 이 나라와 저 나라가 다시는 칼을 들고

---

22) 이사야 65: 17.
23) 이사야 42: 3.

서로 치지 아니하며
다시는 전쟁을 연습하지 아니하리라.[24)]

여기서 이사야는 공격 본능의 현실원칙이 사라지고 에로스가 새로운 현실원칙이 되는 세계에 대한 비전을 말하고 있다. 이러한 비전을 이사야는 우주론적으로 극대화한다.

[그곳에서는] 이리와 어린 양이 함께 먹을 것이며
사자가 소처럼 짚을 먹을 것이며
뱀은 흙으로 식물을 삼을 것이니
나의 성산에서는 해함도 없겠고 상함도 없으리라.[25)]

현실원칙이 '만인이 만인에 대해 이리'가 되는 지배와 공격의 원칙이라면, 새 하늘과 새 땅의 비전은 이리와 어린 양이 동거하는 에로스의 세계요, 만물이 함께 평화의 노래를 부르는 오르페우스의 세계다. 그것은 수행원칙의 현실이 아니라 에로스에 의해 창조된 전혀 다른 현실이다. 이사야의 비전은 블레이크를 원용하자면, 예언의 세계요, 천재의 세계며, 예술의 세계다. 블레이크에게 예술은 상상력을 통하여 존재를 변형시키고, 새로운 가능성을 바라보는 창조적 비전이요, 그 비전을 역사적으로 실천하려는 행위다. 마찬가지로 이사야의 비전은 단순한 비전으로 끝나지 않는다. 이사야는 공격 본능이 지배하는 역사적 현실원칙을 에로스의 문명으로 변화시켜야 할 책무를 종교의 본질로 설파한다.

여호와께서 내게 기름을 부으사
가난한 자에게 아름다운 소식을 전하게 하려 하심이라.
나를 보내사 마음 상한 자를 고치며

24) 이사야 2: 4.
25) 이사야 65: 25.

포로 된 자에게 자유를
갇힌 자에게 놓임을 전파하며
여호와의 은혜의 해와
우리 하나님의 신원의 날을 전파하여
모든 슬픈 자를 위로하려 하심이라.[26]

이사야에게 종교의 진리가치는 바로 미학적 비전과 비전을 향한 실천에 있다. 이것은 예술과 종교의 본질적 일치를 주장했던 블레이크의 비전, 미학적 차원에서 문명의 미래를 건설하려 했던 실러의 희망, 예술과 정치를 결합하려 했던 초현실주의자들의 이상과 일치한다. 이렇게 미학적 차원에서 이해된 종교는 지배원리와 계층원리에 근거한 현실원칙의 종교와는 큰 차별성을 갖는다.

노드롭 프라이는 신화를 실재로 알면 종교가 되고, 신화를 판타지로 알면 문학이 된다고 하였다. 말하자면 종교와 예술은 동일한 근원에 있으면서도, 이를 어떻게 바라보고 실천하느냐에 따라 차별성이 나타난다. 신화가 실재가 되어 응고되어 버리면 제도와 교리가 상상력의 자리를 차지하고, 문자주의, 근본주의, 권위주의의 종교가 탄생한다. 그러나 발터 벤야민이 "이 세상에 거지가 한 사람이라도 존재하는 한 신화는 계속된다"고 하였듯이, 신화를 미학적 차원에서 바라볼 때 종교는 인간 해방의 예술적 판타지로 나타난다.

어린이들이 놀이를 놀이로 알면서 진지하게 놀고, 예술가가 판타지를 판타지로 알면서 진지하게 판타지를 창조하듯이, 미학적 차원의 종교는 종교를 예술적 환상으로 이해하면서 종교행위에 진지하게 참여한다. 그 참여에서 제의는 놀이가 되고, 신학은 문학이 되며, 신앙은 영감이 된다. 그리고 종교적 삶의 본질은 인간이 살고 싶은 세계, 에로스가 충만한 예술적 세계, 아름다운 세계를 이 땅에 실현하려는 프락시스로 나타난다. 이런 점에서 미학적 차원의 종교는 프롬의 인간주의

26) 이사야 61: 1-2.

적 종교, 마르쿠제의 비억압적 승화의 문명과 만나며, 프로이트의 로고스와 에로스의 종교와 맥을 같이 한다. 그리고 미학적 차원의 종교는 "네 이웃을 사랑하라"는 예수의 정신을 비억압적 승화의 비전으로 완성하려고 한다.

찾아보기

가

가이 소니 158
가타리 187
간디 143, 156
게오르그 그로덱 71
게자 로하임 36, 94, 220
공자 47, 156, 261, 321
괴테 298
길희성 156
김남석 27
김인환 61
김일성 365
김재영 20, 267, 298
김종업 115
김진식 186
김진호 178

나

노드롭 프라이 86, 307, 377
노만 O. 브라운 28, 64
노명식 190
노자 261, 285
니체 15, 156
니콜라우스 쿠사누스 236

다

다빈치 19
다윈 15
단테 289
데리다 192
도스토예프스키 237, 295
뒤르켐 275
드보르 333
들뢰즈 187

라

라인홀드 니버 140
라캉 26
라플랑슈 92, 203
러브록 225
레닌 156
레비 브룰 244
레비-스트로스 306
로버트슨 스미스 111
루돌프 오토 116, 267
루소 53
루터 236, 298
리 본 146
리쾨르 16, 193

리히텐베르크 256

마

마르쿠제 33, 64, 324
마르크스 15
막스 뮐러 108
막스 베버 32, 154
매튜 아놀드 306, 325
멜라니 클라인 64, 93, 220
모세 156
모하메드 321
무솔리니 142, 167
무하마드 142
미켈란젤로 169
밀턴 34, 188

바

바울 77, 156, 193
바코펜(Bachofen) 105
박정희 146, 157
반 델 레에우 115, 156, 268
발렌티누스 285
발터 벤야민 34, 146
베르그송 55, 313
베버 325
벤 버스텐 206
보콕 349
부처 142, 299, 321
분트 114
블레이크 18
비스마르크 169
비오 12세 289
비제 151
비코 109
빌헬름 플리스 91

사

사르트르 159, 263
산도르 페렌치 157, 247, 290
선한용 301
세르지오 벤베누토 150
셰익스피어 149
소렐 145
소크라테스 24
소포클레스 83
손봉호 156
쇼펜하우어 25, 64
수전 한델만 192
슈레버 271
슈뢰더 207
슈펭글러 222
슐라이에르마허 266
스피노자 21, 190, 263
시쿨로 236
실러 47, 140, 342

아

아놀드 토인비 190
아도르노 339
아리스토텔레스 85
아리스토파네스 56
아우구스티누스 139

아인슈타인 55
알렉상드르 코제브 105
알투세르 347
야스퍼스 113
야콥 부르크하르트 159
어네스트 존스 169, 265
에드워드 타일러 244
에라스무스 236
에른스트 란저 120
에리히 프롬 27, 101
에머슨 25
엠페도클레스 65
예수 47, 142, 218, 321
오고스트 콩트 112, 244
오토 랑크 215
올더스 헉슬리 336
워즈워드 36
월트 휘트먼 21
윌리엄 제임스 20, 267
융 170, 191
이경재 105
이레나이우스 288
이사야 375
이재기 362

자

제임스 조이스 38, 86, 286
조셉 캠벨 36
지라르 88, 186, 316
지젝 28
짐 존스 207

카

칼 바르트 107
칼뱅 364
케네스 벌크 56, 305
코드링톤 111
코페르니쿠스 15, 26
콘라드 로렌츠 317
크리스토퍼 래쉬 222
키르케고르 267

타

터툴리안 256, 288
토마스 아퀴나스 318
토마스 홉스 137
토머스 모어 236
토인비 190

파

파스칼 266
포스텔 236
포이에르바흐 269
폴 네케 196
프란시스 베이컨 88
프레이저 112, 124, 183, 244, 316
플라톤 24, 68
피치노 236
피코 델라 미란돌라 236
필립 리프 292

하

하비 콕스 179, 223

하이데거 19, 27, 43
한나 아렌트 75
한스 129
한스 큉 352
해롤드 블룸 18, 90, 191
허버트 스펜서 110
헤겔 19, 46
헤라클레이토스 46
헤로도토스 231
헤르만 헤세 239
헤링 64
호르카이머 339
호세 브루너 100
홉스 259
화이트헤드 25
황문수 199
히틀러 142, 146, 167

A~Z

Bettelheim 101
E. B. 타일러 110
Elaine Pagels 285
Erich Hoffer 155
Ernst Cassirer 109
Jeffrey Moussaieff Masson 91
Laurence Spurling 68
Peter Gay 170
R. R. 마레트 111
T. S. 엘리엇 224
W. H. 오든 19
W. McGuire 170

저자: 이경재(李景宰)

감리교신학대학교를 졸업한 뒤 미국 듀크대학교(Duke University)에서 석사학위를, 뉴욕주립대학교(SUNY at Stony Brook)에서 철학박사학위를 받았다.
현재 감리교신학대학교에서 종교철학과 교수로 재직 중이다.
저서로 <Difference and Nothingness>(1991), <神바람, 新바람, 신바람>(1994), <단군신화의 철학: 모순해소의 변증법적 시학>(1995), <현대문예 비평과 신학>(1996), <자연학적 인간학과 중층해석학>(1999), <非의 詩學: 노자와 서양사상>(2000), <현대문예 비평과 신학>(전면개정증보, 2001), <메타모르포시스: 변화의 신학, 변신의 말씀>(2001), <해석학적 신학>(2002), <신화해석학>(2002) 등이 있다.
e-mail: kjlee@mts.ac.kr

프로이트와 종교를 말한다 값 20,000원

2007년 3월 5일 1판 1쇄
2012년 2월 20일 1판 2쇄

저 자	이 경 재
발 행 인	임 동 규
발 행 처	**집 문 당**
주 소	413-756 경기도 파주시 광인사길 85(본사) 110-360 서울시 종로구 돈화문로 82(서울사무소)
등 록	1971. 3. 23. 제406-2003-000039호
영 업 부	(02)743-3192~3 팩스(02)742-4657
전자우편	sale@jipmoon.co.kr
편 집 부	(02)743-3096~7 팩스(02)743-0227
전자우편	edit@jipmoon.co.kr
홈페이지	www.jipmoon.co.kr

ISBN 89-303-1301-9

이 도서의 국립중앙도서관 출판시도서목록(CIP)은 e-CIP 홈페이지 (http://www.nl.go.kr/cip.php)에서 이용하실 수 있습니다.(CIP제어번호: CIP2007000468)